Leistungsstörungen und Fehlverhalten
von Gericht und Staatsanwaltschaft bei der Einstellung
von Strafverfahren gem. § 153 a StPO

Europäische Hochschulschriften
Publications Universitaires Européennes
European University Studies

Reihe II
Rechtswissenschaft

Série II Series II
Droit
Law

Bd./Vol. 4014

PETER LANG
Frankfurt am Main · Berlin · Bern · Bruxelles · New York · Oxford · Wien

Kerstin Jostes

Leistungsstörungen und Fehlverhalten von Gericht und Staatsanwaltschaft bei der Einstellung von Strafverfahren gem. § 153 a StPO

PETER LANG
Europäischer Verlag der Wissenschaften

Bibliografische Information Der Deutschen Bibliothek
Die Deutsche Bibliothek verzeichnet diese Publikation in der Deutschen Nationalbibliografie; detaillierte bibliografische Daten sind im Internet über <http://dnb.ddb.de> abrufbar.

Zugl.: Gießen, Univ., Diss., 2004

Diese Arbeit hat dem Fachbereich Rechtswissenschaften
der Justus-Liebig-Universität Gießen im Jahr 2003/2004
als Dissertation vorgelegen.

D 26
ISSN 0531-7312
ISBN 3-631-53016-1

www.peterlang.de

Vorwort

Die vorliegende Arbeit hat dem Fachbereich Rechtswissenschaften der Justus-Liebig-Universität Gießen im Jahr 2003/2004 als Dissertation vorgelegen.

Das Manuskript habe ich Mitte 2003 abgeschlossen und für die Drucklegung weitergehend bis Anfang 2004 aktualisiert.

Mein besonderer Dank gilt Frau Professorin Dr. Gabriele Wolfslast, die meine Arbeit mit Interesse und Engagement betreute und mir mit Rat und Hilfe zur Seite stand.

Weiterhin möchte ich Herrn Professor Dr. Bernd Hecker danken, der in kurzer Zeit das Zweitgutachten gefertigt und mir weitere Anregungen für die Arbeit gegeben hat.

Meinem lieben Mann, Herrn Rechtsanwalt Dr. Christian Jostes, danke ich dafür, dass er mich bei der Fertigung dieser Arbeit unterstützt hat.

Mein größter Dank gilt meinen lieben Eltern, Frau Barbara Wenzel und Herrn Dr. Rolf Wenzel. Sie haben mich bei der Erstellung dieser Arbeit stets ermutigt, unterstützt und gefördert.

Zum Gedenken an meine liebe Mutter, Frau Barbara Wenzel.

Krefeld, im Juni 2004

Inhaltsverzeichnis

Einleitung

Obwohl die Vorschrift des § 153 a StPO[1] bereits vor mehr als 29 Jahren eingeführt wurde, sind noch immer viele Fragen ungeklärt, insbesondere die nach den Folgen eines fehlerhaften Einstellungsverfahrens und von aufgetretenen Leistungsstörungen bei der Erfüllung der Sanktion.

Die Besonderheit der Einstellung nach § 153 a gegenüber anderen Einstellungen aus Opportunitätsgründen liegt darin, daß auch die staatsanwaltschaftliche Einstellungsentscheidung erstmals eine Sperrwirkung hinsichtlich des Vergehensbereichs der Tat entfaltet und die Einstellung in zwei Stufen stattfindet. Nach § 153 a I 1 trifft das Gericht oder die Staatsanwaltschaft zunächst eine Entscheidung, durch die das Verfahren vorläufig eingestellt und dem Beschuldigten[2] eine (oder mehrere) zur Überwindung des öffentlichen Interesses an der Strafverfolgung geeignete Auflagen und Weisungen auferlegt werden. Erfüllt der Beschuldigte diese Sanktion[3] innerhalb der ihm hierfür in der vorläufigen Einstellungsentscheidung gesetzten Frist, so tritt automatisch eine auf den Vergehensbereich beschränkte Sperrwirkung nach § 153 a I 5 ein. Sodann trifft das Strafverfolgungsorgan[4], das das Verfahren vorläufig eingestellt hat, eine Entscheidung, durch die das Verfahren nunmehr endgültig eingestellt wird.

Die Sperrwirkung nach § 153 a I 5 entsteht aber nur, wenn der Beschuldigte der Auflage oder Weisung ordnungsgemäß nachkommt. Gelingt es dem Beschuldigten beispielsweise nicht, die in der vorläufigen Einstellungsentscheidung festgelegte Sanktion fristgerecht zu erfüllen, so ist das Verfahren mangels Eintritts der Sperrwirkung grundsätzlich fortzusetzen. Von ihm auf die Einstellungsentscheidung hin erbrachte Teilleistungen werden ihm nicht zurückerstattet. Wie daraus resultierende Unbilligkeiten in Fällen vermieden werden können, in denen der Beschuldigte ohne sein Verschulden an der vollständigen oder ordnungsgemäßen Erfüllung der Sanktion gehindert war, ist im einzelnen zu untersuchen. In diesem Zusammenhang ist insbesondere zu überlegen, ob die festgelegte Sankti-

---

1 Nachfolgende Paragraphenangaben im Text und in den Fußnoten sind solche der StPO, wenn sie keine andere Bezeichnung führen.

2 Mit „Beschuldigter" ist in dieser Arbeit bei Ausführungen, die zugleich die staatsanwaltschaftliche wie die gerichtliche Einstellung betreffen, immer auch der Angeschuldigte oder Angeklagte gemeint.

3 Zu dem umstrittenen Begriff der Sanktion vgl. die Ausführungen im 1. Kapitel A.

4 Strafverfolgungsorgane sind das Gericht und die Staatsanwaltschaft.

on in Anpassung an das Leistungsvermögen des Beschuldigten abgeändert werden kann, so daß das Verfahren jedenfalls zunächst nicht fortgesetzt werden müßte. Unabhängig davon, ob den Beschuldigte ein Verschulden an der nicht ordnungsgemäßen Sanktionserfüllung trifft, ist zu untersuchen, auf welche Weise seine erbrachte Leistung im Rahmen einer späteren Verurteilung berücksichtigt werden könnte.

Gerade in diesem zweistufigen Verfahren nach § 153 a können überdies eine Vielzahl von Fehlern auftreten, die einer genaueren Untersuchung bedürfen. So kann das Gericht oder die Staatsanwaltschaft beispielsweise eine Einstellungsentscheidung erlassen, die sich nicht mit den eingeholten, für die Einstellung erforderlichen Zustimmungen deckt, oder die unzutreffend die ordnungsgemäße Erfüllung der Sanktion durch den Beschuldigten feststellt. Es ist daher zu prüfen, ob und wann eine Einstellungsentscheidung – insbesondere aufgrund eines Fehlverhaltens von Gericht und Staatsanwaltschaft – unwirksam ist und die Sperrwirkung insoweit nicht entfalten kann. Außerdem stellt sich die Frage, ob der in § 153 a I 6 vorgesehene Ausschluß der Rückerstattung der erbrachten Leistungen auch für die Fälle gelten kann, in denen den Strafverfolgungsorganen im Einstellungsverfahren Fehler unterlaufen sind, die den Nichteintritt des Strafklageverbrauchs verursacht haben. In diesem Zusammenhang sind auch die Rechtsschutzmöglichkeiten der Verfahrensbeteiligten zu untersuchen.

Diese Aufgabenstellung erfordert zunächst einige allgemeine Ausführungen zur Entstehungsgeschichte des § 153 a und zur Intention des Gesetzgebers. Von entscheidender Bedeutung für die Beurteilung der Folgen von Leistungsstörungen und Fehlverhalten der Strafverfolgungsorgane im Rahmen des Einstellungsverfahrens nach § 153 a ist insbesondere die Untersuchung der Sperrwirkung, die der Einstellungsvorschrift des § 153 a beigemessen wird. Im ersten Kapitel werden daher im einzelnen der Umfang und die Wirkung der Sperrwirkung nach § 153 a behandelt.

Anhand von Einzelfällen werden sodann im zweiten und dritten Kapitel verschiedene Leistungsstörungen und Fehlverhalten von Gericht und Staatsanwaltschaft behandelt. Jeder dieser Einzelfälle wirft die Frage auf, ob trotz der Leistungsstörung und des Fehlverhaltens die dem § 153 a beigemessene Sperrwirkung eintreten konnte und ob, soweit dies nicht der Fall ist, der Beschuldigte einen Rückerstattungsanspruch hinsichtlich von ihm auf die vorläufige Einstellungsentscheidung hin erbrachter Leistungen hat. Hieran schließt sich die im vierten Kapitel untersuchte Frage an, wie die Strafverfolgungsorgane in diesen Fällen vorgehen können, insbesondere ob sie die Sanktionen abändern oder das Verfahren erneut nach § 153 a oder § 153 einstellen dürfen. Abschließend wird die für die Verfahrensbeteiligten entscheidende Frage nach ihnen zur Verfügung stehenden Rechtsbehelfen gegen Entscheidungen über die Einstellung nach § 153 a und die hierbei anfallenden Nebenentscheidungen untersucht.

Erstes Kapitel. Allgemeine Erläuterungen zu § 153 a StPO und den Begriffen der Leistungsstörung und des Strafklageverbrauchs

A. Einordnung des § 153 a StPO in das System der strafprozessualen Beendigungsverfahren

Nach § 153 a I 1 können das Gericht und die Staatsanwaltschaft ein Strafverfahren mit Zustimmung des jeweils anderen Strafverfolgungsorgans und des Beschuldigten vorläufig gegen Auferlegung einer Auflage und/oder Weisung und Bestimmung einer Erfüllungsfrist einstellen, wenn die Auflage oder Weisung geeignet ist, das öffentliche Interesse an der Strafverfolgung zu beseitigen und die Schwere der Schuld nicht entgegensteht. Kommt der Beschuldigte dieser Auflage oder Weisung fristgerecht nach, so tritt gem. § 153 a I 5 eine auf den Vergehensbereich beschränkte Sperrwirkung ein, und das Verfahren wird vom selben Strafverfolgungsorgan, das das Verfahren vorläufig eingestellt hat, endgültig eingestellt.

Die Einstellung des Verfahrens nach § 153 a wird daher in der Literatur sehr häufig als ein „Beendigungsverfahren mit Selbstunterwerfung" bezeichnet[5]. Daß es sich bei den Auflagen und Weisungen um keine strafrechtlichen Sanktionen im Sinne des materiellen Strafrechts oder Sanktionen strafähnlicher Art handelt[6], ist allgemein anerkannt und zeigt sich daran, daß der Beschuldigte weder zur Annahme noch zur Erfüllung der Auflagen und Weisungen gezwungen werden kann[7].

Der Rechtscharakter der Einstellungsnorm des § 153 a wird unterschiedlich beurteilt[8]. Die Einstellungsvorschrift wird als rein prozessuale Vorschrift, als gemischt prozeßrechtlich-materiell-rechtliche Vorschrift oder als rein materielle Vorschrift in Form eines Strafausschließungsgrundes angesehen. Die Kontrover-

5 M-G § 153 a Rn. 12; Pfeiffer § 153 a Rn. 9; BGH NJW 1978, 2519; Bär DAR 1984, 129, 130.

6 Grezesch wistra 1985, 183, 184.

7 BGH NJW 1993, 605, 606; L/R-Meyer-Goßner 23. Auflage § 153 a Rn. 7; Radtke S. 202 Fußn. 17; Michel MDR 93, 409; a.A. LG Stuttgart AnwBl 1979, 201, das von Strafsanktion unter Ersparung des Strafmarkels spricht; Jeutter S. 96, der allein der Unterhaltssanktion den strafrechtlichen Charakter aberkennt, allen anderen Sanktionen dagegen einen Strafcharakter zuweist, weil sie einen „tatbezogenen Ausgleich rein strafrechtlicher Art" enthielten.

8 Darstellung des Streitstandes in der Literatur zumeist im Rahmen des § 153; insbesondere: Terbach S. 135 ff, Braun S. 124 ff; Bohnert S. 209 ff.

se beruht vornehmlich auf dem Umstand, daß manche Regelungsgehalte sowohl prozessual als auch materiell-rechtlich regelbar sind[9]. Die Zuordnung zum Prozeß- oder materiellen Recht erfolgt dabei allein nach dem Inhalt der Vorschrift, nicht dagegen nach ihrer systematischen Stellung[10]. So meinen einige, die Vorschrift des § 153 a stelle keine rein prozessuale Lösung der Bewältigung von Bagatellkriminalität dar, sondern enthalte ebenso materiell-rechtliche Elemente[11]. Die zu treffende Entscheidung, ob der Täter zu bestrafen sei, sei nämlich anhand der Kriterien des Schuldgrades und des öffentlichen Interesses zu beurteilen[12]. Da die Einstellung nach § 153 a eine Entscheidung über die Strafwürdigkeit des Täters darstelle, ersetze sie qualitativ einen Strafausschließungsgrund[13] oder einen materiell-rechtlichen allgemeinen Strafmilderungsgrund[14]. Auch die Eingliederung ins Prozeßrecht stehe dieser Klassifizierung nicht entgegen[15].

Diesen Grenzbereich sehen auch andere, die im Ergebnis jedoch von einer prozessualen Lösung ausgehen[16]. Nicht aufgrund der systematischen Stellung der Norm im Gesetz, aber aufgrund ihres Inhalts und der mit ihr verbundenen Intention[17], den durch ein vollständig durchgeführtes Strafverfahren verursachten Aufwand zu umgehen, handele es sich um eine Verfahrensvorschrift, die nicht dazu diene, die Frage der Strafwürdigkeit des Täters zu untersuchen[18].

Dagegen wird von anderen eine Zuordnung der Norm unter die persönlichen Strafausschließungsgründe vorgenommen. Kennzeichnend für diese sei ihre Einordnung zwischen Tatbestand, Rechtswidrigkeit und Schuld auf der einen Seite und den Erwägungen der Strafzumessung auf der anderen Seite. Das Merkmal der „nicht entgegenstehenden Schwere der Schuld" ermögliche wie die persönli-

---

9 Vgl. Kausch S. 63; Kapahnke S. 135.

10 Krümpelmann S. 229; Bloy GA 1980, 161, 173.

11 Wissgott S. 377; Braun S. 190, Kausch S. 63, 64; 112 : „auf prozessualem Weg die Funktion eines materiellen allgemeinen Strafmilderungsgrundes".

12 Braun S. 132 damals anhand des Kriteriums „geringe Schuld".

13 So z.B. Braun S. 132, 133.

14 Kausch S. 112 f, der allerdings die Unterschiede beider Institute sieht.

15 Kausch S. 63, der im folgendem weiter ausführt (S. 63 ff), daß § 153 a ein „eigenständiges Reaktionssystem" darstelle, das faktisch dem materiellen Recht angehöre und gerade nicht dem Opportunitätsprinzip unterstellt werden könne, weil dieses im Alternativitätsverhältnis zur Sanktionsverhängung, wie sie auch durch § 153 a erfolge, stünde.

16 Krümpelmann S. 229 ff, insbes. S. 114, 237; vgl. Naucke FS-Maurach S. 197, 204 Fußn. 23; Kühl S. 115; 116.

17 Krümpelmann S. 229.

18 Bloy GA 1980, 162, 173.

chen Strafausschließungsgründe die Verneinung der Strafwürdigkeit trotz Vorliegens einer schuldhaft rechtswidrigen Tat[19].

Zutreffend verneinen andere die materiell-rechlichen Elemente der Entscheidung und sehen in ihr allein eine prozeßrechtliche Vorschrift[20], weil es sich um eine Verfahrensbeendigung ohne Sachurteil handelt[21]. Diese Auffassung wird durch folgende Überlegungen bestätigt:

Auch dem Verfahrensrecht können materiell-rechtliche Voraussetzungen zugrunde liegen[22], ohne daß die Verfahrensnormen dem materiellen Recht zugeordnet werden. Im Hinblick darauf, daß der Beschuldigte gerade nicht freigesprochen, sondern das Verfahren nur eingestellt wird, ist die Annahme eines persönlichen Strafausschließungs- oder Strafmilderungsgrundes abzulehnen[23]. Wegen der Unterschiedlichkeit der in Betracht kommenden Fälle war vielmehr gerade eine Regelung im materiell-rechtlichen Sinne nicht möglich, weil diese einen präziseren Gesetzeswortlaut als eine Regelung des Prozeßrechts erfordert hätte[24]. Im Prozeßrecht wird nämlich die notwendige ausgeglichene Handhabungspraxis nicht allein durch die Gesetzesfassung, sondern vielmehr gerade auch durch den zwischen Gericht und Staatsanwaltschaft grundsätzlich zu erzielenden Konsens gesichert[25].

Auch die Charakterisierung der Auflagen und Weisungen wird unterschiedlich vorgenommen[26].

Zumeist werden sie als Sanktionen[27] besonderer, nicht strafrechtlicher Art[28], angesehen[29], weil sie geeignet sind, das öffentliche Interesse an der Strafverfol-

---

19 Naucke FS-Maurach S. 197, 203 ff insbes. S. 203 zur „geringen Schuld“ in § 153; vgl. Braun S. 133.

20 So wohl Lorenzen FS-StA S. 541, 550; L/R-Rieß 24. Auflage § 153 a Rn. 31; L/R-Beulke 25. Auflage § 153 a Rn. 39; § 153 Rn. 2, der die Ansicht, nach der es sich um einen persönlichen Strafausschließungsgrund handele, ablehnt.

21 Terbach S. 137.

22 Bloy GA 1980, 1616, 173.

23 Terbach S. 136, 137.

24 L/R-Rieß 24. Auflage § 153 Rn. 2, 5; L/R-Beulke 25. Auflage § 153 Rn. 2, 5.

25 L/R-Rieß 24. Auflage § 153 Rn. 2, 5; L/R-Beulke 25. Auflage § 153 Rn. 2, 5.

26 Zum Streitstand im einzelnen Kausch S. 50 ff.

27 Wissgott S. 377; Kausch S. 50, 65; M-G § 153 a Rn. 12; L/R-Schäfer 23. Auflage Einl. Kap. 12 Rn. 46, § 410 Rn. 29; Theerkorn S. 58; Blankenburg/Sessar/Steffen S. 7; Momberg ZRP 1982, 70, 74; Rieß FG-Koch S. 215, 218, 222; Fezer ZStW 106 (1994) 1, 22.

28 L/R-Beulke 25. Auflage § 153 a Rn. 9; L/R-Rieß 24. Auflage § 153 a Rn. 9; BGH NJW 1978, 2519; a.A. Jeutter S. 95 f, der die Sanktionen mit Ausnahme der Unterhaltssanktion als strafrechtlich einordnet, da diese „einen tatbezogenen Ausgleich strafrechtlicher Art“ enthalte.

29 L/R-Beulke 25. Auflage § 153 a Rn. 9; L/R-Rieß 24. Auflage § 153 a Rn. 8.

gung zu beseitigen und ihnen keine Unwert- und Schuldfeststellung zugrunde liegt[30]. Es sind aber auch andere Beschreibungen ihres Rechtscharakters zu finden[31]. Diese reichen von der sehr ähnlichen Einordnung als Quasi-Sanktionen[32] über Sühneleistungen[33] bis hin zur Beschreibung als reine freiwillige Leistungen[34]. Hierauf soll aber im Rahmen dieser Arbeit nur kurz zur Klarstellung hingewiesen werden, da die Charakterisierung der Auflagen und Weisungen für die eigentliche Aufgabenstellung der Arbeit ohne Bedeutung ist. Im Folgenden werden die Auflagen und Weisungen unter dem Begriff der Sanktionen zusammengefaßt.

B. Entstehungszeitpunkt und Änderungen des § 153 a StPO

Um die in dieser Arbeit behandelten Meinungsstreitigkeiten hinsichtlich einer Einstellung des Verfahrens gem. § 153 a nachvollziehen zu können, ist es notwendig, die Entstehung und den Wandel dieser Vorschrift genauer zu betrachten[35].

Die Verfahrenseinstellung gegen Auflagen und Weisungen nach § 153 a StPO wurde durch Art. 21 Nr. 44 des Einführungsgesetzes zum Strafgesetzbuch (EGStGB) vom 2. März 1974[36], welches zum 1. Januar 1975 in Kraft trat[37], eingeführt.

30 L/R-Beulke 25. Auflage § 153 a Rn. 9; L/R-Rieß 24. Auflage § 153 a Rn. 9.

31 Vgl. hierzu die Einzelheiten in Kausch S. 50 ff; auch L/R-Meyer-Goßner 23. Auflage § 153 a Rn. 7 f.

32 Radtke S. 199; Trepper S. 115.

33 Hanack FS-Gallas S. 339, 348, 352.

34 L/R-Meyer-Goßner 23. Auflage § 153 a Rn. 8; vgl. Kausch S. 51 im Hinblick auf die Unschuldsvermutung des Art. 6 MRK.

35 Empirische Untersuchungen zu § 153 a sind unter anderem zu finden bei von Schlieben; Ahrens; Hertwig; Dölling in FS-Geerds; Blankenburg/Sessar/Steffen; Blankenburg ZRP 1978, 263 ff; Feltes KrimJour 84, 50 ff; Kunz, Die Einstellung wegen Geringfügigkeit durch die Staatsanwaltschaft, und in KrimJ 1979, 35 ff; Keunecke/Schinkel MschrKrim 1984, 157 ff; Meinberg; Werner NStZ 1984, 401, 402 f; Rieß ZRP 1983, 93 ff und ZRP 1985, 212 ff; Langer S. 256 ff; Hergenröder S. 73 ff, Berckhauer Kriminalisitk 1987, 79 ff; Schirrmacher S. 95 ff; Treiber S. 474 ff; Kaiser/Meinberg NStZ 1984, 343 ff.

36 BGBl. I 1974, S. 469 ff, 508 f; Kargl/Sinner Jura 1998, 231; vgl. BT-Drucks. 7/1261, S. 26 ff; BT-Drucks. 7/550, S. 297 ff.

37 von Schlieben S. 1; Sessar S. 156, 159.

Mit dieser Vorschrift wollte der Gesetzgeber die Justiz entlasten sowie das Verfahren straffen und damit beschleunigen[38]. Daneben bezweckte er, den „Bereich der kleineren Kriminalität" zu entkriminalisieren[39], ohne dabei auf eine Sanktionierung außerhalb des Anwendungsbereichs des § 153 völlig zu verzichten[40]. In den Fällen des § 153 a meinte der Gesetzgeber nicht verantworten zu können, den „Täter ohne jede Sanktion von einer Bestrafung freizustellen[41]. Durch die Schaffung des § 153 a wollte er die Möglichkeit eröffnen, „kleinere Strafverfahren rasch und zweckmäßig ohne Schuldspruch und Hauptverhandlung" zu erledigen, damit sich Staatsanwaltschaft und Gerichte auf diese Weise „mit der mittleren und schweren Kriminalität intensiver" befassen können[42]. Die Einstellungsmöglichkeit nach § 153 a im Bereich der kleineren Kriminalität sollte besonders einen Ausgleich für die durch das EGStGB abgeschafften Privilegierungstatbestände, insbesondere des Mundraubs gem. § 370 I Nr.5 StGB a.F. und der Notentwendung gem. § 248 a StGB a.F., bewirken[43]. Die Vorschrift des § 153 a übernahm insoweit die Entkriminalisierungsaufgabe der Privilegierungstatbestände.

Obwohl Verfahrenseinstellungen gegen Zahlung eines Geldbetrages oder Schadenswiedergutmachung, zumeist auch gegen Übernahme der Verfahrenskosten, vor allem bei Verkehrsstraftaten bereits vor Schaffung des § 153 a ohne gesetzliche Grundlage[44] nach § 153 praktiziert wurden, führte die Einführung des § 153 a zu einer breiten Kontroverse über die Rechtmäßigkeit seiner konkreten Ausgestaltung im Hinblick auf die vorgesehene Einschränkung des Legali-

---

38 Blankenburg/Sessar/Steffen S. 327; Kargl/Sinner Jura 1998, 231; Ahrens S. 13 f; Männlein S. 34 f; Marquardt S. 151; Hanack FS-Gallas S. 339, 350; Kerl ZRP 1986, 312, 315; BT-Drucks. 7/551 S. 44; allgemein zur Verfahrensbeschleunigung bei Einstellungen aus Opportunitätsgründen Pott S. 95.

39 Bandemer NStZ 1988, 297, 299; Bär DAR 1984, 129, 130; Kerl ZRP 1986, 312, 315; Heinz ZStW 96 (1984), 632, 635; Fezer ZStW 106 (1994), 1, 24; L/R-Beulke 25. Auflage § 153 a Rn. 3; L/R-Rieß 24. Auflage § 153 a Rn. 3, 4; AK-Schöch § 153 Rn. 9.

40 Wolfslast S. 106 m.w.N.; AK-Schöch § 153 a Rn. 1; Ahrens S. 10 f, 14 f mit dem Hinweis auf die Notwendigkeit der Schaffung eines Ausgleichs insbesondere für durch das EGStGB abgeschaffte Vorschriften wie des Mundraub gem. § 370 I Nr. 5 StGB a.F. und die Notentwendung gem. § 248 a StGB a.F.; ebenso Männlein S. 34 f; vgl. BT-Drucks. 7/550, S. 298.

41 BT-Drucks. 7/551, S. 69.

42 BT-Drucks. 7/550, S. 297, 298; BT-Drucks. 7/551, S. 69.

43 Marquardt S. 151; Männlein S. 24 f; Kunz S. 11, 12; Treiber S. 444, 447; Waller DRiZ 1986, 47, 48; BT-Drucks. 7/551, S. 44; BT-Drucks. 7/1261, S. 11, 26.

44 Ausführlich Ahrens S. 11 ff; L/R-Meyer-Goßner 23. Auflage § 153 a Rn. 3; Krümpelmann S. 226, der sich gegen diese Praxis wandte; Männlein S. 3; Jeutter S. 93.

tätsprinzips[45]. Diese in ihrer vollen Breite darzustellen, übersteigt den Rahmen dieser Arbeit, so daß nur einige der Kritikpunkte angesprochen werden.

Auf der einen Seite werden die Voraussetzungen der Vorschrift als zu unbestimmt empfunden[46]. In der staatsanwaltschaftlichen Einstellung ohne Zustimmungserfordernis wird zudem ein Verstoß gegen das in den Art. 20 Abs. 3 und 92 GG enthaltene Gewaltenteilungsprinzip[47] gesehen. Auf der anderen Seite wurde ein Verstoß gegen die Unschuldsvermutung nach internationalem Recht (Art. 6 II MRK) moniert, da die Sanktionen auch Unschuldige treffen können[48]. Es bestand auch die Sorge, daß die Vorschrift ungleichmäßig gehandhabt werden könnte[49]. Weiterhin wurden Befürchtungen geäußert, daß die Vorschrift ein „Klassenstrafrecht"[50] schaffen könnte, da gerade dem Mittellosen die Einstellungsmöglichkeit mangels Leistungsfähigkeit verwehrt bleiben könnte[51]. In diesem Zusammenhang wurde insbesondere einerseits vom „Freikaufverfahren"[52],

---

45 Ausführlich Wolfslast S. 106 f m.w.N.; Ahrens S. 18 ff; Marquardt S. 150 ff; AK-Schöch § 153 a Rn. 4; vgl. Schreiber Strafprozeß und Reform S. 15, 20; Eckl JR 1975, 99.

46 Roxin S. 89; Hanack FS-Gallas S. 339 ,349 ff, insbesondere Fußnote 49 (S. 353); Walk S. 221.

47 Kühne Rn. 598.2 im Hinblick auf die quasi-Rechtskraft; Walk S. 223, 224; Roxin S. 89; vgl. Weigend KrimJ 1984, 8, 14 ff; vgl. Radtke S. 352 ff; vgl. Blankenburg/Sessar/Steffen S. 5 Fußn. 10; Problemaufriß ohne Lösungsvorschlag Koller S. 342, 343.

48 Vgl. Ahrens S. 32; Dencker JZ 1973,144,150; Walk S. 264, 276; wohl auch Männlein S. 158 ff; a.A. h.M.: die Unschuldsvermutung des Art. 6 II MRK wird weder durch die Einstellung nach § 153 a selbst noch durch die zum gerichtlichen endgültigen Einstellungsbeschluß ergehende Kostenentscheidung – soweit nicht ausnahmsweise in deren Begründung von der Schuld des Täters ausgegangen wurde – berührt, da die Sanktion einvernehmlich festgelegt wird und der Einstellende keine abschließende Schuldfeststellung trifft, sondern die Schuldfrage vielmehr „ungeklärt" läßt; so Rieß FG-Koch S. 215, 222; L/R-Beulke 25. Auflage § 153 a Rn. 12; L/R-Rieß 24. Auflage § 153 a Rn. 12, 14 Fußn. 38, 48 m.w.N.; Fezer ZStW 106 (1994), 1, 33; M-G § 153 a Rn. 2; BT-Drucks. 7/550, S. 298; ausführlich: Kühl, Unschuldsvermutung, Freispruch und Einstellung S. 104 ff, 136, der detailliert darlegt, daß weder die Einstellung noch die dabei ergehenden Annexentscheidungen die Unschuldsvermutung verletzten, da ersterer nur eine echte Prozeßentscheidung – die keine Sachfragen behandle – darstelle und letztere denknotwendig keine weitergehende Feststellung – wie einen Schuldspruch – als erstere enthalten könnten, da diese allein einer Verurteilung vorbehalten sei; Kühl NJW 1984, 1264, 1267.

49 Walk S. 223.

50 Hanack FS-Gallas S. 339, 363; Radtke S. 200; Jeutter S. 97 zeigt die Problematik auf.

51 Hanack FS-Gallas S. 339, 358 362 f; Schmidhäuser JZ 1973, 529, 535.

52 Schmidhäuser JZ 1973, 529, 535; vgl. Ahrens S. 25 f; vgl. Rönnau S. 118.

der „Kommerzialisierung der Strafrechtspflege“[53] und dem „Tuschelverfahren“[54] und andererseits vom „praktisch an § 136 a heranreichenden Zwang“ zur Zustimmung und Erfüllung gesprochen[55].

Die Gefahr, daß ein vermögender Beschuldigter versuchen könnte, sich aufgrund seiner finanziellen Lage freizukaufen, hat der Gesetzgeber ebenfalls gesehen und sie dadurch als behoben angesehen, daß er die Einstellung vom Vorhandensein der „geringen Schuld“ abhängig machte[56].

Die erste Abänderung erfuhr die Vorschrift durch Art. 1 Nr. 12 des Strafverfahrensänderungsgesetzes 1987 vom 27. Januar 1987[57], durch die der heutige Satz 5 des Absatzes 2 im Zuge der Neuerung der Anfechtung von Kostenentscheidungen nach § 464 III 1 eingeführt wurde[58]. In diesem Satz 5 des zweiten Absatzes wurde nunmehr auch die Feststellung der Erfüllung der Auflagen und Weisungen für unanfechtbar erklärt[59]. Hierdurch hat der Gesetzgeber den Streit um die Rechtsnatur und die Rechtsgrundlage der endgültigen Einstellung zwar nicht entschieden, ihr jedoch die Relevanz genommen, da fortan als Folge des neuen Absatzes 2 Satz 5 eine Anfechtung der Kostenentscheidung in jedem Fall ausscheidet[60].

Durch Art. 2 Nr. 3 des Gesetzes zur Entlastung der Rechtspflege vom 11. Januar 1993[61] wurde der Anwendungsbereich des § 153 a erheblich erweitert. Hiernach wurde die Einstellung gegen Auflagen und Weisungen nicht nur „bei geringer Schuld“ zulässig, sondern bereits „wenn die Schwere der Schuld“ der Einstellung nicht entgegensteht[62]. Damit wurde § 153 a über den Bereich der Bagatellkriminalität auch auf den Bereich der mittleren Kriminalität ausgedehnt[63].

---

53 Vgl. Roxin S. 89; AK-Schöch § 153 a Rn. 16.

54 Schmidhäuser JZ 1973, 529, 535.

55 Roxin S. 89; Dencker JZ 1973, 149; vgl. Ahrens S. 30 f; nicht ganz so weitreichend, aber doch die Drucksituation des Beschuldigten darlegend auch Schmidhäuser JZ 1973, 529, 534; weniger weitreichend Paschmanns S. 168 f, der die Freiwilligkeit anzweifelt, je höher die Geldbuße ausfalle; Walk S. 222: Freiwilligkeit bestünde nur rein theoretisch.

56 BT-Drucks. 7/551, S. 44.

57 BGBl. I 1987, S. 475 ff.

58 L/R-Rieß 24. Auflage Nachtrag zu § 153 a Rn. 1; Meyer-Goßner NJW 1987, 1161, 1168.

59 Vgl. L/R-Rieß 24. Auflage Nachtrag zur § 153 a Rn. 3; Meyer-Goßner NJW 1987, 1161, 1168.

60 Vgl. hierzu die Ausführungen im Rahmen der Rechtsgrundlage für die endgültige Einstellung.

61 BGBl. I 1993, S. 50 ff, das am 1.3.1993 in Kraft trat; vgl. Walk S. 203.

62 HK-Krehl § 153 a Rn. 7, § 153 Rn. 2; Fezer ZStW 106 (1994) 1, 24; vgl. KK-Schoreit § 153 a Rn. 4; Kühne Rn. 589; BR-Drucks. 314/91, S. 96, 97; zum bereits 1984 vom Bundesrat unterbreiteten Vorschlag einer diesbezüglichen Erweiterung

Des weiteren wurde der Anwendungsbereich der zustimmungsfreien staatsanwaltschaftlichen Einstellung des § 153 I S. 2 und damit auch der des § 153 a, der in seinem Absatz 1 Satz 7 auf vorgenannten Satz verweist, durch Art. 2 Nr. 2 dieses Gesetzes erweitert. Nunmehr war eine gerichtliche Zustimmung zur Einstellung bereits entbehrlich, wenn das Vergehen nicht mit einer im Mindestmaß erhöhten Strafe bedroht und die durch die Tat verursachten Folgen gering waren. Die Unterscheidung zwischen Vermögens- und Nichtvermögensdelikten wurde damit aufgehoben und erstmals auch bei Nichtvermögensdelikten eine zustimmungsfreie Einstellung ermöglicht[64].

Durch das Gesetz zur Änderung des Straßenverkehrsgesetzes und anderer Gesetze vom 24. April 1998 wurde der Katalog der Auflagen und Weisungen um die damalige Auflage Nr. 5, Aufbauseminare zu besuchen, erweitert und der Wortlaut der Vorschrift angepaßt (§ 153 a Abs. 1 Satz 1 Nr. 3, 4, Sätze 2 und 6)[65].

Letztmals wurde § 153 a durch Art. 1 Nr.1 des Gesetzes zur strafrechtlichen Verankerung des Täter-Opfer-Ausgleichs usw. vom 20.12.1999 ergänzt und geändert[66]. Der Täter-Opfer-Ausgleich wurde als neue Weisung unter Nr. 5 in den Katalog des § 153 a aufgenommen, wodurch die bis dahin unter Nr. 5 aufgeführte Auflage eine Ziffer nach hinten rückte. Außerdem wurde Satz 1 des Absatzes 1 in zwei Sätze geteilt, so daß sich die Nummerierung der folgenden Sätze änderte. In dem insoweit neuen Satz 2 wurde das Wort „insbesondere" aufgenommen, wodurch eine Einstellung des Verfahrens fortan nicht nur gegen Festlegung einer der bis dahin ausschließlich möglichen Auflagen und Weisungen des Katalogs des § 153 a I[67], sondern auch einer anderen nicht aufgezählten Sanktion möglich ist[68].

---

vgl. Stellungnahme des Bundesrates BT-Drucks. 10/1313, S. 49; kritische Betrachtung zum Entwurf des Rechtspflegeentlastungsgesetzes bei Schoreit DRiZ 1991, 404.

63 Kargl/Sinner Jura 1998, 231; Trepper S. 119; Loos FS-Remmers S. 565, 567; BT-Drucks.12/1217, S. 17 f, 34, 63; BR-Drucks. 314/91, S. 106; a.A. Düwel S. 480 ff, insbesondere S. 481, 482, der bereits vor der Gesetzesänderung von einer Anwendbarkeit bei jedem Vergehen auch im Bereich der mittleren Kriminalität ausging, da die geringe Schuld und ein fehlendes oder zu beseitigendes öffentliches Interesse eine Beschränkung auf Kleinkriminalität nicht vorschrieben.

64 Walk S. 203; BR-Drucks. 314/91, S. 96, 97.

65 BT-Drucks. 13/6914, S. 94

66 BGBl. I 1999, S. 2491; L/R-Beulke 25. Auflage § 153 a vor Rn. 1

67 Zur früheren Gesetzeslage Sieg MDR 1981, 200; OLG Frankfurt MDR 1980, 515, 516; Schlüchter Rn. 406.4 Fußn. 67 d.

68 L/R-Beulke 25. Auflage § 153 a Rn. 69; M-G § 153 a Rn. 14; wohl auch Pfeiffer § 153 a Rn. 4.

C. Voraussetzungen für eine Einstellung nach § 153 a StPO

I. Anwendungsbereich

Der Anwendungsbereich der Einstellungsnorm des § 153 a ist durch drei Voraussetzungen definiert.

1. Nur Vergehen

Voraussetzung für die (vorläufige) Einstellung nach § 153 a ist zunächst das Vorliegen eines Vergehens[69] im Sinne des § 12 II StGB. Maßgebend für die Einordnung ist dabei der Erkenntnisstand im Zeitpunkt der Einstellungsentscheidung[70].

2. Die Schuldvoraussetzung

Eine Einstellung nach § 153 a kommt immer nur dann in Betracht, wenn die Schwere der Schuld dem Absehen von der Anklageerhebung und/oder von der weiteren Strafverfolgung nicht entgegensteht[71]. Dies setzt zunächst eine gewisse Wahrscheinlichkeit für das Vorliegen der Schuld des Täters voraus[72].

a. Begriff der Schuld

Die Bestimmung des Begriffs der „Schuld" wird zumeist im Rahmen des § 153 behandelt. Auf diese Ausführungen kann aber auch für den § 153 a zurückgegriffen werden, auch wenn § 153 a durch das Rechtspflegeentlastungsgesetz geändert wurde und nicht mehr wie § 153 eine „geringe Schuld"[73] voraussetzt, sondern auf

---

69 Auf die Art des Vergehens kommt es dabei nicht an (a.A. Kunz Bagatellprinzip S. 311 (zur alten Gesetzeslage), der Tötungsdelikte und Vergehen, die Strafschärfungsgründe enthalten, ausschließen wollte).

70 LG Mönchengladbach StV 1987, 335 zu § 153; OLG Hamm NStE 1987 Nr. 1 zu § 153 a.

71 M-G § 153 a Rn. 47; zum Hintergrund der Gesetzesänderung BR-Drucks. 314/91, S. 97, 98.

72 KK-Schoreit § 153 a Rn. 11.

73 Als der Begriff der „geringen Schuld" noch Voraussetzung für eine Einstellung nach § 153 a war, war äußerst umstritten, ob sich die Anwendungsbereiche der §§ 153, 153 a allein durch das Merkmal des öffentlichen Interesses unterschieden oder ob ihnen auch entgegen ihrem gleichlautenden Gesetzestext ein unterschiedliches Schuldmaß zugrundeliegen sollte. Aufgrund des identischen Wortlauts („geringe Schuld") gingen Rieß in L/R 24. Auflage § 153 a Rn. 24 und in FS-Koch

Vergehen mittlerer Kriminalität ausgeweitet wurde, indem er nunmehr eine Einstellung des Verfahrens auch dann noch ermöglicht, wenn „die Schwere der Schuld nicht entgegensteht“. Bei dieser Gesetzesänderung wurde indes nur der Grad der Schuld, bei dem eine Einstellung nach § 153 a in Betracht kommt, erhöht, nicht dagegen der der Vorschrift zugrundeliegende Begriff der Schuld verändert.

Welcher Schuldbegriff im Rahmen der Einstellungsvorschrift Anwendung findet, ist jedoch seit jeher umstritten[74]. Das Strafrecht kennt einerseits den Begriff der Einzeltatschuld, andererseits den der Strafzumessungsschuld.

aa. Meinungsstand

Ausgangspunkt der Kontroverse um die Bestimmung des Schuldbegriffs im Sinne des § 153 a ist die unterschiedliche Schwerpunktsetzung der Normzwecke des § 153 a[75]:

Nur eine nicht weiter ausgeführte und begründete Einzelmeinung stellt losgelöst vom Normzweck[76] bei der Bestimmung der Schuld auf moralische Ge-

---

S. 219 sowie Paschmanns auf S.161 ff, 170 f von einem identischen Schuldbegriff und -maß aus und hielten eine Abgrenzung allein über den Begriff des öffentlichen Interesses für möglich. Denn der Gesetzgeber habe wegen der Reduktion des Sanktionsbedürfnisses eine vermehrte Einstellung erreichen wollen. Dagegen sollte nach Meinung Schöchs in AK § 153 a Rn. 15 das Maß der geringen Schuld in § 153 und § 153 a unterschiedlich sein. Dabei sollte die Schuld bei § 153 a größer sein als bei § 153 (Geringfügigkeitsschwelle), weil die Begriffe der geringen Schuld und des öffentlichen Interesses aufgrund der weitgehend identischen Merkmale („Verweisung auf die jeweils anerkannten Sanktionszwecke des materiellen Strafrechts“) nicht klar voneinander abgrenzbar seien und es damit bei der Frage nach der tatangemessenen prozeßrechtlichen Vorgehensweise bereits entscheidend auf den Schuldbegriff ankomme. Denn das öffentliche Interesse an der Strafverfolgung könne sich unter anderem auch aus dem erhöhten Unrechtsgehalt der Tat ergeben.

74 Die Kontroverse um den Begriff der Schuld findet sich in der Kommentarliteratur aufgrund der ehemalig gleichen Voraussetzung der „geringen Schuld“ in § 153 a und § 153 zumeist im Rahmen der Ausführungen zu § 153.

75 H.M.; L/R-Beulke 25. Auflage § 153 Rn. 28; L/R-Rieß 24. Auflage § 153 Rn. 21 Fußn. 52 m.w.N; ders. NStZ 1981, 2, 8; Teske wistra 1989, 131; Schmidt-Hieber Rn. 54, 47; Eb. Schmidt Nachtragsband I § 153 Rn. 4; Meinberg S. 34; Kühne Rn. 586.; KK-Schoreit § 153 Rn. 18; Theerkorn S. 56; Hobe S. 629, 634; Düwel S. 479, 481 f; HK-Krehl § 153 Rn. 8; Trepper S. 119; Radtke S. 204; M-G § 153 Rn. 3; Jeutter S. 117; a.A. Paschmanns S. 132; im Rahmen des § 153 Krümpelmann Begatelldelikte S. 212 ff, insbesondere S. 215.

76 Kunz S. 37 sieht zutreffend die Eigenständigeit der Ansicht; a.A. Meinberg S. 23 spricht von Ähnlichkeiten mit der Ansicht, die die Strafzumessungschuld heran-

sichtspunkte ab[77], weil Vorsatz und Fahrlässigkeit ohnehin zur strafbaren Handlung gehörten[78].

Soweit die Autoren die Justizentlastungsfunktion der Einstellungsvorschrift besonders hervorheben[79], definieren sie den Begriff der Schuld in § 153 a im Sinne der Tatschuld, bei der sich die Schuld bereits aus der gesetzlichen Mißbilligung eines bestimmten Handelns ergibt. Ihr Anknüpfungspunkt für das Schulderteil ist insoweit lediglich die vorwerfbare Verwirklichung der konkreten mit Strafe bedrohten Tat[80]. Dem Zweck der Justizenlastung werde dieser Schuldbegriff gerechter, da ihm ein objektiver Maßstab zugrunde liege und er im Gegensatz zur Strafzumessungsschuld eine weniger umfassende Sachverhaltsaufklärung erfordere[81]. Die Strafzumessungsschuld ist dagegen nicht i.S. der Voraussetzungen jeder Straftat zu verstehen, sondern als das Maß des Vorwurfs, der dem Täter für seine Tat zu machen ist[82]. Zu berücksichtigen sind insoweit gem. § 46 StGB auch die Beweggründe und Ziele des Täters, die Gesinnung, die aus der Tat spricht, und der bei der Tat aufgewendete Wille, das Maß der Pflichtwidrigkeit, die Art der Ausführung und die verschuldeten Auswirkungen der Tat, das Vorleben des Täters, seine persönlichen und wirtschaftlichen Verhältnisse sowie sein Verhalten nach der Tat, besonders sein Bemühen, den Schaden wiedergutzumachen, sowie das Bemühen des Täters, einen Ausgleich mit dem Verletzten zu erreichen. Außerdem verfolge der Begriff der Schuld[83] im Sinne des § 153 a nach dieser Meinung keine – entsprechend dem Schuldbegriff im Rahmen der Strafzumessung – „individualisierende[84], sondern allein „begrenzende“ Zwecke[85],

---

zieht; L/R-Meyer-Goßner 23. Auflage § 153 Rn. 13 beurteilt die Ansicht als eine auf rein formelle Aspekte gestützte Meinung.

77 L/R-Kohlhaas 22. Auflage § 153 Anm. 3, insbesondere auch in GA 1956, 241, 247 will den Begriff der Schuld „nicht juristisch-technisch nach Schuldgrundsätzen des materiellen Rechts“ beurteilt wissen, sondern zieht „moralische Maßstäbe“ zur Beurteilung der Schuld heran („...neben der Erfüllung des gesetzlichen Tatbestandes auch das Vorleben des Täters, seinen sonstigen moralischen Ruf, seine asoziale Gesinnung etc. ...“).

78 L/R-Kohlhaas 20. Auflage § 153 Anm. 5.

79 Vgl. Trepper S. 97.

80 Sch/Sch-Lenckner Vorbem. §§ 13 ff Rn. 113;Tröndle Vor § 13 Rn. 28

81 Vgl.Trepper S. 97; vgl. Radtke S. 165.

82 Tröndle/Fischer § 46 Rn. 4.

83 Paschmanns S. 131 verweist zur Begründung auf den festen „Begriffskern“ des Elements der „Schuld“ im Gegensatz zum Merkmal „gering“, das einen weitgehend unbestimmten „Begriffshof“ darstelle.

84 Wobei Krümpelmann in Fußnote 66 konzediert, daß der (ehemalige) Gesetzeswortlaut „Schuld des Täters“ vordergründig im Hinblick auf die Unterscheidung von „Tatschuld“ und „Täterschuld“ auch den Schluß zuließe, daß ein individualisierender Schuldbegriff gemeint sei; diese terminologische Differenzierung hätte aber, da

weil er die einzige Voraussetzung für die nur in Ausnahmefällen zulässige Durchbrechung des Legalitätsprinzips sei[86]. Die Einstellung sei eben nur eine kriminalpolitische Entscheidung zugunsten der intensiveren Bekämpfung schwererer Taten als derjenigen, die unter § 153 fielen, und nicht eine adäquate Reaktion auf die konkrete Tat. Um diese Funktion zu erreichen, müsse die Tatschuld zugrunde gelegt werden. Während nämlich die Schuld als Strafzumessungsbegriff der konkreten Beurteilung und Reaktion auf die Tat[87] diene, gewährleiste die Tatschuld die beabsichtigte objektive Beschränkung der Strafverfolgung im Sinne des § 153 a[88]. Die Strafzumessungsschuld als Maßstab der Schuld sei aber auch aufgrund folgender Überlegungen ungeeignet: Die Berücksichtigung des Alters und der sozialen Stellung des Täters im Rahmen der Strafzumessungsschuld führten zwangsläufig zu einer möglichen Ungleichbehandlung der Täter und damit zu einer Verletzung des Art. 3 GG[89]. Auch Aspekte wie bestehende Vorstrafen könnten bei der Beurteilung der konkreten Schuld nicht von Bedeutung sein, weil diese spezialpräventiven Gesichtspunkte ebenso wie generalpräventive Gründe schon und ausschließlich im Rahmen der Überlegungen zum „öffentlichen Interesse" zu berücksichtigen seien[90]. Ferner ließen die unscharfen Konturen des Strafzumessungsbegriffs und die unterschiedliche Gewichtung der Umstände durch den jeweiligen Richter oder Staatsanwalt das erforderliche Maß an „Objektivierbarkeit" und „Nachvollziehbarkeit" vermissen, während die Tatschuld konkret an der Tatbestandsmäßigkeit und Rechtswidrigkeit des Täterverhaltens bemessen werde[91]. Schließlich trenne das Gesetz klar zwischen Schuld und Strafzumessung[92]. Ein Grenzfall zur Strafzumessung liege bei der Verfahrenseinstellung anders als beim Absehen von Strafe aber nicht vor[93].

Dagegen wird überwiegend die Meinung vertreten, daß der in den §§ 153 ff enthaltene Schuldbegriff im Sinne der Strafzumessungsschuld zu verstehen sei, weil die Einstellungsvorschriften der §§ 153, 153 a neben dem Ziel der Justizentlastung auch besonders die Entkriminalisierung von Bagatelldelikten be-

---

sie vom Gesetz an keiner anderen Stelle gemacht werde, in der Norm Niederschlag finden oder sich zumindest anhand des Gesetzeszwecks belegen lassen müssen; vielmehr sei allgemein unter „Schuld des Täters" die Einzeltatschuld zu verstehen.

85 Bloy GA 1980, 161, 172, Erb S. 70 Fußnote 152, 81.

86 Krümpelmann S. 215, 220; Paschmanns S.132 Strafzumessungsschuld entspreche objektivem Beurteilungsmaßstab für die „geringe Schuld" nicht.

87 Bloy GA 1980, 161, 172.

88 Bloy GA 1980, 161, 172; Paschmanns S. 132.

89 Paschmanns S. 134, 135.

90 Paschmanns S. 135.

91 Paschmanns S. 135, 136.

92 Krümpelmann S. 213.

93 Krümpelmann S. 214.

zweckten[94]. Das Entlastungsziel der Vorschriften werde außerdem in besonderem Maße bei Verwendung des Begriffs der Strafzumessungsschuld erreicht, da die Anwendungsbereiche der §§ 153, 153 a bei Zugrundelegung des Schuldbegriffs nach § 46 StGB weiter gefaßt seien als bei Heranziehung der Tatschuld[95]. Die Vorschriften der §§ 153, 153 a gliederten sich in das „Gesamtkonzept abgestufter strafrechtlicher Interventionen" ein und gewährleisteten, daß die Verhängung von Strafe oder Maßnahmen zur Besserung und Sicherung nur als „ultima ratio" erfolgten[96]. Da dieser prozessuale Regelungsgehalt auch kriminalpolitische Wirkung entfalte, müßten die entscheidenden Voraussetzungen („Schuld" und „öffentliches Interesse") anhand der dem materiellen Strafrecht zugrundeliegenden Strafzwecke beurteilt werden[97]. Nicht allein die Tatschuld, sondern auch die Strafzumessungsschuld seien zur Begrenzung des Legalitätsprinzips geeignet. Im Gegensatz zur Tatschuld entspreche die Strafzumessungschuld aber dem im gesamten Strafprozeß geltenden „Prinzip des Schuldausgleichs", weil sie eine weitgehend vollständige Beurteilung der Schuld ermögliche und deshalb zu zutreffenden Ergebnissen führe[98]. Eine Ausrichtung der Schuld nur nach dem tatbestandsmäßigen Erfolg unter Ausschluß der Bemessungsfaktoren des § 46 StGB, insbesondere der Tatauswirkungen, sei nicht gerechtfertigt, weil die Beurteilung der Schuld für die Frage der Ahndung gerade anhand der durch sie zu schützenden Rechtsgüter, ihrer Verletzlichkeit und nicht zuletzt der Verletzungshäufigkeit im Hinblick auf den Schutzzweck auszurichten sei[99]. Nicht unwesentlich wiege auch der Umstand, daß die Strafzumessungschuld ständiges „Werkzeug" des Richters und ihm daher besonders vertraut sei[100]. Ein so verstandener Schuldbegriff führe überdies eine Rechtseinheitlichkeit mit dem Schuldbegriff der Aussetzung des Strafrests einer lebenslangen Freiheitsstrafe nach § 57 a StGB herbei,

94 L/R-Beulke 25. Auflage § 153 a Rn. 3, 32; L/R-Rieß 24. Auflage § 153 a Rn. 3, 25, § 153 Rn. 1, 20; Fezer ZStW 106 (1994), 1, 28; Trepper S. 97; Meinberg S. 30 führt aus, das Ziel der Einzelfallgerechtigkeit werde durch das Ersetzen der materiellen Strafvorschriften durch die prozessuale Regelung noch verstärkt; Radtke S. 203 merkt an, daß die Entkriminalisierungsfunktion nach der Ausdehnung des Schuldumfangs im Rahmen der Novellierung des § 153 a nur noch bedingt zutreffe, diese Änderung vielmehr durch die Justizentlastung motiviert gewesen sei; ohne Erklärung Maurer StuB 2000 506, 507.

95 Meinberg S. 31.

96 L/R-Beulke 25. Auflage § 153 Rn. 20; L/R-Rieß 24. Auflage § 153 Rn. 20.

97 L/R-Beulke 25. Auflage § 153 Rn. 20; L/R-Rieß 24. Auflage § 153 Rn. 20.

98 Hobe S. 629, 635 f; Schirrmacher S. 43, 44.

99 Bär DAR 1984, 129, 131.

100 Radtke S. 166.

bei dem ebenfalls die Strafzumessungskriterien als maßgeblich angesehen würden[101].

bb. Stellungnahme

Aufgrund des stetigen Wandels des allgemeinen Moralempfindens und der rein subjektiven Beurteilung des Sachverhalts durch den Zuständigen eignen sich moralische Aspekte nicht dazu, eine gleichartige Handhabung der Einstellungsvorschrift zu erzielen. Daß die Entkriminalisierung ein besonderes Anliegen des Gesetzgebers war, ist insbesondere dem ersten Bericht des Sonderausschusses für Strafrechtsreform zu dem von der Bundesregierung eingebrachten Entwurf des EGStGB zu entnehmen[102]. Dieses Ziel ist nur sinnvoll anhand der Beurteilung aller Tatkriterien, wie sie auch bei der Strafzumessung herangezogen werden, erreichbar, da bei der Heranziehen der Strafzumessungskriterien ein weiterer Anwendungsbereich des § 153 a als bei Zugrundelegung der Tatschuld erreicht wird. Hierdurch wird auch die ebenfalls mit der Vorschrift angestrebte Justizentlastung gefördert. Die hinter der Einstellungsvorschrift stehende Intention einer gestuften staatlichen Reaktion auf Vergehen ist nur durch eine für alle Reaktionen einheitliche Beurteilung anhand der für die Strafzumessung vorgesehenen Kriterien nach § 46 I 1 StGB handhabbar und gewährleistet[103]. Gerade weil die Einstellungen nach §§ 153, 153 a die Ausnahme vom Grundsatz der Bestrafung schuldhaft rechtswidrigen Handelns darstellen, müssen für sie die gleichen Bewertungsmerkmale wie für den Regelfall gelten. Zutreffend wird auch auf das hierdurch zu erzielende einheitlichen Verständnis des Begriffes der „Schwere der Schuld“, wie es auch bei einer Aussetzung des Strafrests einer lebenslangen Freiheitsstrafe nach § 57 a StGB besteht, hingewiesen[104]. Der Heranziehung der Strafzumessungskriterien steht auch nicht entgegen, daß der Entkriminalisierungszweck durch die Ausdehnung des Anwendungsbereichs des § 153 a auf Vergehen mittlerer Kriminalität nicht mehr vornehmliches Ziel sein kann und er insoweit an Bedeutung eingebüßt hat[105]. Der mit der Gesetzesänderung bezweckten Erweiterung der Einstellungsmöglichkeiten würde durch die Verwendung der der Tatschuld zugrunde liegenden Kriterien sogar entgegengewirkt werden[106].

---

101 Schirrmacher S. 45.
102 BT-Drucks. 7/1261, S. 11, 27.
103 So auch Radtke S. 203.
104 Vgl. Töndle/Fischer § 57 a StGB Rn. 7 b.
105 Radtke S. 203.
106 Trepper S. 119.

Der Schuldumfang bemißt sich daher im Sinne der Strafzumessungsschuld insbesondere an den Tatmotiven und Beweggründen des vermeintlichen Täters, seiner Gesinnung und seinem bei der Tat aufgewendeten Willen, dem Maß seiner Pflichtverletzung, der Art und Weise seiner Tatausführung (kriminelle Intensität), den von ihm verschuldeten Folgen, nach seinem „Nachtatverhalten" (z.B. Schadenswiedergutmachung) sowie danach, ob einmaliges Versagen des vermeintlichen Täters vorliegt[107].

b. Die Schwere der Schuld

Durch die bereits eingangs erwähnte Novellierung des § 153 a durch das Rechtspflegeentlastungsgesetz, aufgrund derer Voraussetzung dieser Vorschrift nicht mehr eine „geringe Schuld" des Täters ist, sondern die Schwere seiner Schuld der Einstellung nicht entgegenstehen darf, wurde über den Bereich der Bagatellkriminalität auch der Bereich der mittleren Kriminalität in den Anwendungsbereich der Vorschrift einbezogen.

Das Maß der Schuld, bei dessen Vorhandensein eine Einstellung grundsätzlich möglich ist, reicht seither von der geringen Schuld bis zur Grenze der schweren Schuld[108]. Eine Einstellung nach § 153 a kommt somit bei leichtem und mittlerem Schuldvorwurf in Betracht[109]. Mithin hat die Bedeutung der Schuldvoraussetzung zur Begrenzung des Anwendungsbereichs des § 153 a durch diese Gesetzesänderung eine Verminderung erfahren[110]. Die Bewertung des Schuldmaßes erfolgt anhand der bis zum Einstellungszeitpunkt ermittelten Umstände[111].

In welchen Fällen die Schwere der Schuld einer Einstellung entgegensteht, ist der Vorschrift nicht zu entnehmen. Eine Ableitung des Schuldbegriffs aus § 17 Abs. 2 2. Alt. JGG, in dem ebenfalls der Begriff der „Schwere der Schuld" ver-

---

107 KK-Schoreit § 153 Rn. 18, 19; Theerkorn S. 56, 60 f; Düwel S. 479, 481; HK-Krehl § 153 Rn. 8; im einzelnen Meinberg S. 40 ff.

108 KK-Schoreit 4. Auflage § 153 a Rn. 11, zustimmend P/F-Pfeiffer § 153 a Rn. 2.

109 KK-Schoreit 4. Auflage § 153 a Rn. 11.

110 Krehl (in HK § 153 a Rn. 9) behauptet sogar, daß die ehemalige Begrenzungsfunktion des Schuldmaßes durch die Novellierung praktisch entfallen sei; bestehe kein öffentliches Interesse, so könne praktisch auch keine Schwere der Schuld vorliegen, weil die Schwere der Schuld vor allem vorliege, wenn ein öffentliches Interesse bestehe; auch Schoreit (in KK § 153 a Rn. 13) stellt fest, daß dem öffentlichen Interesse nunmehr nach der Aufgabe der Voraussetzung der „geringen" Schuld eine herausragende Bedeutung für die Garantie der „effektiven Strafrechtspflege" zukomme, während das Schuldmerkmal an Relevanz verloren habe; Radtke (S. 202, 203) weist darauf hin, daß der erweiterte Anwendungsbereich nunmehr (verstärkt) über das Merkmal des „öffentlichen Interesses" Einschränkungen erfahre.

111 KK-Schoreit 4. Auflage § 153 a Rn. 11.

wendet wird, scheidet aus, weil dieser für den Bereich des Jugendstrafrechts in besonderem Maße erzieherische Zwecke verfolgt, auf die das „Erwachsenenstrafrecht“ nicht abzielt. Die zu § 17 Abs. 2 2. Alt. JGG entwickelte Definition ist daher im „Erwachsenenstrafrecht“ ungeeignet[112], so daß die Schuldintensität gesondert und unabhängig von gesetzlichen Vorschriften ermittelt werden muß.

Die Obergrenze der Schuld, bei der eine Einstellung nach § 153 a noch möglich ist, könnte entweder für jedes einzelne Vergehen gesondert oder für alle Vergehen einheitlich durch Bestimmung einheitlicher Richtwerte festgelegt werden.

aa. Meinungsstand

Waller erwägt die für eine Einstellung nach § 153 a maximale Schuldschwere danach zu bemessen, ob sich die konkrete Tat als eine durchschnittliche Verletzung der verletzten Strafvorschrift darstellt. Er gibt dabei jedoch zu bedenken, daß über diese Begriffsbestimmung auch gravierende Vergehen in den Anwendungsbereich des § 153 a fallen könnten[113].

Dagegen halten die meisten Autoren eine einheitliche Obergrenze bei § 153 a für erforderlich[114].

Im Rahmen der Schuldbestimmung nach alter Gesetzeslage hatte Boxdorfer eine Einordnung der Einstellung gegen Auflage und Weisung nach Intensität und Härte der „Straf“mittel zwischen einer Einstellung nach § 153 und einer Verwarnung mit Strafvorbehalt nach § 59 StGB vorgenommen. Daraus zog er den Schluß, daß die für die Einstellung nach § 153 a geltende Grenze in jedem Fall unterhalb der für § 59 StGB geltenden liegen müsse[115]. Zu dem damaligen Recht, nach dem die Schuld unter dem Durchschnitt angesiedelt sein mußte, schlug er weitergehend einen Strafrahmen von fiktiv zu erwartenden 10 bis 20 Tagessätzen vor[116].

Ein weitgehend gleicher Ansatz ist auch bei Schöch zu finden, der § 153 a a.F. („geringe Schuld“) bei Einordnung in ein abgestuftes Strafsystems unterhalb der Verwarnung mit Strafvorbehalt ansiedelte und daher für die staatsanwalt-

---

112 Ranft Rn. 1163; vgl. Eisenberg § 17 Rn. 34; Loos FS-Remmers S. 565, 569.

113 Waller DRiZ 1986, 47, 51 zum damaligen Erweiterungsvorschlag.

114 Literaturangaben zur alten Gesetzteslage bei AK-Schöch § 153 a Rn. 16; vgl. Wolter GA 1989, 397, 399; Boxdorfer NJW 1976, 317, 319; zur aktuellen Gesetzteslage Trepper S. 117 f; Radtke S. 206 f; Loos FS-Remmers S. 565, 570; Schirrmacher S. 82, 84; Fezer ZStW 106 (1994), 1, 44, 45, 59.

115 Boxdorfer NJW 1976, 317, 319.

116 Boxdorfer NJW 1976, 317, 319.

schaftliche Einstellung einen „Sanktionsbereich von 1 bis 30 Tagessätzen, für die gerichtliche Einstellung von bis zu 90 Tagessätze in Extremfällen erwog[117].

Aufgrund des geänderten Wortlauts des § 153 a [118] fordern nunmehr einige Autoren verstärkt eine Definition einer für alle Delikte einheitlich geltenden neuen Obergrenze der Schuld, um eine übermäßigen Ausdehnung des Anwendungsbereichs des § 153 a infolge einer zu groß werdende Kluft zwischen den Einstellungsvorschriften der §§ 153 und 153 a zu vermeiden, die sie trotz der Restriktion über das Merkmal des „öffentlichen Interesses" befürchten[119].

Radtke stellt zunächst Überlegungen dahingehend an, daß die absolute Obergrenze, bei der die „Schwere der Schuld der Einstellung nicht entgegensteht", bei einer im Falle einer Verurteilung zu erwartenden Freiheitsstrafe von bis zu einem Jahr mit einer zu erteilenden positiven Sozialprognose anzusiedeln sei[120]. Diese Erwägung stützt er auf die Regeln der Strafaussetzung zur Bewährung nach § 56 I StGB, deren Anwendung Richter und Staatsanwalt eingehend geläufig seien[121]. Eine Bestätigung erführe diese Annahme durch den Vergleich mit dem ebenfalls summarischen Strafbefehlsverfahren nach § 407 II, dessen Anwendungsbereich durch eben diesen Strafrahmen begrenzt werde[122]. Im Ergebnis hält er jedoch eine Einstellung nach § 153 a nur in den Fällen, in denen die Verhängung einer Geldstrafe bei ungehindertem Verfahrensfortgang zu erwarten sei, für zulässig[123].

Letzterem Ansatz hat sich auch Trepper mit dem Hinweis auf dessen Praktikabilität und dessen im Hinblick auf die Rechtsfolgen des § 153 a zu erzielende adäquate Einschränkung des Anwendungsbereichs angeschlossen[124].

Zum gleichen Ergebnis kommt auch Loos, allerdings mit anderer Begründung. Eine Einschränkung des Anwendungsbereichs auf die Fälle, bei denen nur eine Geldstrafe zu erwarten sei, biete sich schon aufgrund der Dominanz der Geldauflage, die in 98 % aller Einstellungen nach § 153 a erteilt werde, an[125]. Die 2 % der Fälle, in denen andere Auflagen oder Weisungen verhängt würden, erforderten auch keinen ausgedehnteren Anwendungsbereich als den vorgeschla-

117 AK-Schöch Rn. 16.

118 Trepper S. 117 f; Radtke S. 206 f.

119 Auch bereits vor der Gesetzesänderung wurde von einzelnen Autoren der Sanktionsrahmen im einzelnen nach generellen Maßstäben abgesteckt; die Meinungen verloren jedoch durch die Novellierung ihre Bedeutung.

120 Radtke S. 207.

121 Radtke S. 206, 207 weist darauf hin, daß dagegen § 56 II StGB im Hinblick auf die angestrebte Restriktion und dessen ohnehin geringe Anwendungshäufigkeit nicht herangezogen werden sollte.

122 Radtke S. 207.

123 Radtke S. 207.

124 Trepper S. 120.

125 Loos FS-Remmers S. 565, 570.

genen[126]. Dies ergebe sich bei der Weisung, den Unterhaltspflichten nachzukommen, von selbst[127]. Die Erteilung der Auflage, eine gemeinnützige Leistung zu erbringen, sei auch nur im Hinblick auf Art. 12 Abs. 3 GG[128] in engen Grenzen zulässig[129]. Obgleich eine Wiedergutmachung vom Befriedigungsgedanken her auch in Fällen denkbar sei, in denen mit einer Geldstrafe nicht mehr zu rechnen sei, stünde einer Einstellung gegen Erteilung einer Wiedergutmachungsauflage das Erfordernis eines gesetzlich normierten Verfahrens zur angemessenen Berücksichtigung der general- und individualpräventiven Gesichtspunkten entgegen, da § 153 a diesem nicht entspreche[130]. Zudem führte diese Beschränkung des Anwendungsbereichs der Vorschrift zu einer Harmonisierung des Verhältnisses zwischen dem Strafbefehls- und dem Einstellungsverfahren, da dem Strafbefehlsverfahren insoweit eine besondere Bedeutung für gravierendere Fälle beigemessen wird[131].

Schirrmacher siedelt die zulässige Obergrenze der Schuldintensität im Hinblick auf das staatliche Reaktionssystem bei einer Straferwartung von 180 Tagessätzen an[132]. Die gerichtliche Einstellung nach § 153 a stelle nämlich eine zur gerichtlichen Verwarnung mit Strafvorbehalt nach § 59 StGB – mit einem Anwendungsbereich bis zu 180 Tagessätzen – parallele Handlungsmöglichkeit des Gerichts als nächst höhere Reaktionsmöglichkeit gegenüber § 153 dar[133]. Die staatsanwaltschaftliche Einstellung nach § 153 a füge sich demgegenüber zwischen der Einstellung nach § 153 einerseits und dem Strafbefehl andererseits ein, der bei einer zu verhängenden Geldstrafe von bis zu 360 Tagessätzen möglich sei, da ein rechtskräftiger Strafbefehl einem Urteil gleich stehe und im Gegensatz zur Einstellung nach § 153 a zur Eintragung im Bundeszentralregister führe[134]. Die Grenze der Geringfügigkeit müsse jedenfalls bei einer zu erwartenden Strafe von 90 Tagessätzen bzw. drei Monaten liegen[135]. Eine Einstellung nach § 153 a käme dagegen nie bei einer zu erwartenden Freiheitsstrafe in Betracht, weil die Vorschrift des § 47 StGB dieser entgegenstünde. Denn eine Freiheitsstrafe unter 6 Monaten sei nur für den Fall zu erwarten, daß sie zur Verteidigung der Rechts-

---

126 Loos FS-Remmers S. 565, 570.
127 Loos FS-Remmers S. 565, 570.
128 Art. 12 Abs. 3 GG: „Zwangsarbeit ist nur bei einer gerichtlich angeordneten Freiheitsentziehung zulässig.“.
129 Loos FS-Remmers S. 565, 570.
130 Loos FS-Remmers S. 565, 570; die neuen Sanktionen Nr. 5 und 6 des § 153 a bestanden bei Veröffentlichung dieses Beitrags noch nicht.
131 Loos FS-Remmers S. 565, 572.
132 Schirrmacher S. 82, 84.
133 Schirrmacher S. 83.
134 Schirrmacher S. 84.
135 Schirrmacher S. 84.

ordnung und zur Einwirkung auf den Täter unentbehrlich sei. In diesem Fall könne aber das öffentliche Interesse an der Strafverfolgung nicht – auch nicht, wenn eine Strafaussetzung zur Bewährung in Betracht käme – durch die Erfüllung einer Sanktion nach § 153 a entfallen[136].

Eine weitergehende Beschränkung des Anwendungsbereichs des § 153 a I nimmt Fezer[137] vor. Seiner Meinung nach sollte die Obergrenze bei einer Straferwartung von mehr als 30 Tagessätzen Geldstrafe und einer kompensierbaren Rechtsgutsverletzung von maximal 5.000,- DM – auch im Hinblick auf die für den Beschuldigten anderenfalls nicht überschaubaren Sanktionsmöglichkeiten[138] – liegen[139].

Erb will eine Limitierung des Anwendungsbereichs des § 153 a dadurch erreichen, daß die von der Staatsanwaltschaft festgesetzte Geldauflage einen von ihm nicht näher bestimmten Betrag nicht überschreiten dürfe, während das Gericht im Rahmen einer gerichtlichen Einstellung nicht an diese Grenze gebunden sei[140].

Nach Beulke soll eine mittlere Schuld, bei der eine Einstellung nach § 153 a gerade noch möglich sei, nicht mehr gegeben sein, wenn eine Freiheitsstrafe in Rede steht, die nicht mehr zur Bewährung ausgesetzen werden könnte[141]. Denn es erschiene widersprüchlich, wenn das Gericht die Strafe nicht zur Bewährung aussetzen, aber das Verfahren einstellen dürfte[142]. Eine weitergehende Einschränkung des Anwendungsbereichs des § 153 a, insbesondere auf die Fälle, in denen die Verhängung einer Geldstrafe zu erwarten sei, komme nicht in Betracht, da sie sich nicht aus § 153 a ergebe[143].

bb. Stellungnahme

Die Festlegung der Schuldgrenze anhand der für dieses Delikt durchschnittlichen Schuld führte zu dem unbefriedigenden Ergebnis, daß ein Verfahren bei Vorliegen durchschnittlicher Schuld hinsichtlich einer schweren Deliktsart (mit einer hohen Straferwartung) einstellungsfähig wäre, während ein solches wegen einer leichteren Deliktsart bei überdurchschnittlicher Schuld (mit einer vergleichsweise niedrigeren Straferwartung) nicht mehr in den Anwendungsbereich der Einstel-

---

136 Schirrmacher S. 86.
137 Fezer ZStW 106 (1994), 1, 44, 45, 59.
138 Fezer ZStW 106 (1994), 1, 35.
139 Fezer ZStW 106 (1994), 1, 44, 45, 59.
140 Erb S. 249, 251.
141 L/R-Beulke 25. Auflage § 153 a Rn. 32
142 L/R-Beulke 25. Auflage § 153 a Rn. 32
143 L/R-Beulke 25. Auflage § 153 a Rn. 32

lungsnorm fallen würde[144]. Das Kriterium der durchschnittlichen Verletzung der Strafnorm führte insoweit zu einer ungleichen und ungerechten Einstellungspraxis und damit zu einer Bevorzugung eines Beschuldigten, der nach dem gegenwärtigen Ermittlungsstand bei Beendigung des Strafverfahrens durch Urteil mit einer höheren Strafe zu rechnen hätte, gegenüber einem Täter, der voraussichtlich eine geringere Strafe zu erwarten hätte. Deshalb muß zur Erreichung einer gleichartigen Einstellungspraxis eine Definition der Schwere der Schuld gefunden werden, die für jede Deliktsart einheitlich ausfällt.

Die Ansätze und Begründungen von Radtke, Trepper und Loos hinsichtlich eines für jedes Vergehen einheitlichen restriktiven Verständnisses des Anwendungsbereichs des § 153 a im Hinblick auf eine anderenfalls durch die Neufassung des § 153 a zu befürchtende unvertretbare Kluft zwischen den Einstellungsvorschriften der § 153 und § 153 a sind weitgehend zutreffend. Diese Einschränkung des Anwendungsbereichs des § 153 a durch die Begrenzung auf Fälle, in denen bei ungehindertem Verfahrensfortgang mit einer Geldstrafe zu rechnen ist, ist, gerade im Hinblick auf die am häufigsten angeordnete Sanktion der Geldauflage, konsequent. Aus den von Loos dargelegten Gründen stehen die wenigen Fälle, in denen keine Geldauflage festgelegt wird, diesem Ansatz nicht entgegen. Auch die beiden neu hinzugekommenen Sanktionen des § 153 a I 2 Nr. 5 und 6 erfordern keinen weiteren Anwendungsbereich der Einstellungsvorschrift. Der Verweis Treppers auf die Praktikabilität ist dagegen unfruchtbar, weil er undogmatisch ist.

Bei der Bestimmung des für § 153 a zulässigen Schuldmaßes ziehen Boxdorfer[145] und Schöch[146] zu Recht im Hinblick auf die Intensität und Härte der „Straf"mittel die Vorschriften über die Einstellung nach § 153 und die Verwarnung mit Strafvorbehalt nach § 59 StGB heran. Allerdings decken sich nach der Erweiterung des Anwendungsbereichs des § 153 a auf Vergehen der mittleren Kriminalität, wie Schirrmacher zu Recht ausführt, die oberen Anwendungsgrenzen der Einstellung nach § 153 a und der Verwarnung mit Strafvorbehalt nach § 59 StGB aus folgenden Überlegungen: Die Verwarnung mit Strafvorbehalt wiegt zwar auf der einen Seite insoweit schwerer als die Einstellung nach § 153 a, als sie ins Bundeszentralregister eingetragen wird[147]. Auf der anderen Seite wurde der Beschuldigte aber bei einer Einstellung nach § 153 a des Vergehens nicht überführt und muß zur endgültigen Beendigung des Verfahrens Sanktionen erfüllen. Die von Schirrmacher entwickelte maximal zulässige potentielle Tages-

144 So auch Schirrmacher S. 78; AK-Schöch § 153 Rn. 18.
145 Boxdorfer NJW 1976, 317, 319.
146 AK-Schöch § 153 a Rn. 16.
147 §§ 4 Nr. 3, 5 I Nr. 7 BZRG.

satzhöhe von 180 Tagessätzen für eine Einstellung nach § 153 a ist zudem zur Erreichung einer gleichmäßigen, abgestuften strafrechtlichen Reaktion auf strafbares Verhalten geeignet, da sie einen selbständigen und bedeutsamen Anwendungsbereich sowohl für das Einstellungs- als auch für das Strafbefehlsverfahren bewahrt. Einer Einschränkung des Anwendungsbereichs der Einstellungsvorschrift des § 153 a auf Fälle, in denen zum Einstellungszeitpunkt nur mit einer Verurteilung zu einer Geldstrafe von maximal 180 Tagessätzen zu rechnen ist, ist daher beizupflichten.

Eine weitergehende Einschränkung des Anwendungsbereichs und eine Festsetzung eines unterschiedlichen Anwendungsbereichs zwischen staatsanwaltschaftlicher und gerichtlicher Einstellung sind nicht gerechtfertigt. Für letztere Differenzierung besteht im Hinblick auf die Einheitlichkeit der Norm kein Anlaß. Die Verweisung des § 153 a in Abs. 2 S. 2 auf den Abs. 1 S. 3 - 6 steht dieser Annahme sogar entgegen. Im Hinblick auf die Mitwirkung des Gerichts im Rahmen des Zustimmungsverfahrens trägt dieses eine Mitverantwortung an der Einstellungsentscheidung, insbesondere auch an der Festlegung der konkreten Sanktion, so daß eine Einschränkung der staatsanwaltschaftlichen Befugnisse gegenüber den gerichtlichen bei der Beurteilung einer Einstellungsmöglichkeit nicht nachvollziehbar zu begründen ist. Auch die Fälle, in denen keine gerichtliche Zustimmung für die staatsanwaltschaftliche Einstellung nach § 153 a I erforderlich ist, können eine Differenzierung nach der Person des Einstellenden nicht rechtfertigen, da es sich bei diesen Fällen erstens um Ausnahmefälle handelt, die zweitens gerade nur leichtere Vergehen, nämlich solche, die nicht mit einer im Mindestmaß erhöhten Strafe bedroht sind und deren Folgen gering sind, betreffen. Zudem ist eine Obergrenze für die staatsanwaltschaftliche Einstellung nach § 153 a auf Fälle, in denen eine Geldstrafe von maximal 30 Tagessätze zu erwarten wäre und bei denen die kompensierbare Rechtsgutsverletzung bei maximal 5.000,- DM liegt, als zu beschränkend abzulehnen. Die Obergrenze von 30 Tagessätzen ist zu gering angesetzt, da die Einstellung nach § 153 a gegenüber der Strafaussetzung zu einer Bewährung – wie bereits zuvor erläutert – insoweit schwerer wiegt, als der Beschuldigte zur Verfahrensbeendigung eine Sanktion erfüllen muß, während bei einer Verwarnung mit Strafvorbehalt die Verurteilung zur bestimmten Strafe nur vorbehalten wird und die Verwarnung nach Ablauf der Bewährungszeit ohne erneute Straffälligkeit des Täters ihr Bewenden hat [148], so daß der Verurteilte die festgesetzte Strafe nicht erfüllen muß.

Die Begrenzung des Geltungsbereichs des § 153 a über den ermittelten eingetretenen Schaden ist ebenfalls abzulehnen, weil er keine zuverlässigen Schlüsse über das Maß der Schuld zuläßt. Ein verursachter höherer Schaden kann nicht

148 Gerichtliche Feststellung gem. § 59 b II StGB

pauschal zu einer Verneinung der Einstellung gegen Auflage und Weisung führen. Es sind durchaus Fälle vorstellbar, in denen eine Einstellung trotz hohen Schadens erwogen werden muß, so beispielsweise bei geringem Verschulden des Täters oder wenn der Täter sofort nach Eintritt des Schadens versucht, den Schaden zu minimieren[149].

Es bleibt insoweit dabei, daß die obere Grenze für eine Einstellung des Verfahrens nach § 153 a bei einem zu erwartenden Strafrahmen von 180 Tagessätzen anzusiedeln ist.

3. *Beseitigung des öffentlichen Interesses an der Strafverfolgung*

Schließlich muß das „öffentliches Interesse" an der Strafverfolgung[150] durch die Erfüllung der festzusetzenden Auflagen und Weisungen kompensiert[151] werden können[152]. Hierzu können verschiedene Auflagen und Weisungen kombiniert werden[153]. Der Begriff des öffentlichen Interesses gleicht dem des § 376[154], so daß die Kriterien der Nr. 86 II RiStBV entsprechend herangezogen werden können[155]. Die für die Beurteilung der Schuld und des öffentlichen Interesses maßgeblichen Kriterien überschneiden sich teilweise[156], was der Gesetzgeber in seine Überlegungen mit einbezogen hat[157]. Trotzdem kommt dem Begriff des öffentlichen Interesses eine Eigenständigkeit zu, da er nicht nur spezialpräventive Ge-

---

149 So auch Schirrmacher S. 76.

150 Insoweit ist der Gesetzeswortlaut unkorrekt gefaßt.

151 Radtke S. 201 f; Kausch S. 109 ff; Kirstgen S. 26 ff; Bloy GA 1980, 161, 175; Theerkorn S. 55 ff; a.A. Düwel S. 481, der wohl § 153 a auch für anwendbar hält, wenn von vornherein kein öffentliches Interesse und geringe Schuld bestanden.

152 Wolfslast S. 106; Bloy GA 1980, 161, 175.

153 HK-Krehl § 153 a Rn. 10; AK-Schöch § 153 a Rn. 19, 22.

154 L/R-Beulke 25. Auflage § 153 Rn. 30; L/R-Rieß 24. Auflage § 153 Rn. 27.

155 AK-Schöch § 153 Rn. 20; das Verletzteninteresse, das sich vor allem im Genugtuungsinteresse darstellt, findet allerdings (bei der Generalprävention) weniger als bei der Privatklagevorschrift Beachtung: L/R-Beulke 25. Auflage § 153 Rn. 31, 32; L/R-Rieß 24. Auflage § 153 Rn. 28, 29; Schirrmacher S. 64; HK-Krehl § 153 Rn. 9; nach Homann S. 93 scheidet der Strafzweck der Genugtuung aus; Jeutter S. 103 will das Genugtuungsinteresse des Verletzten im Rahmen des öffentlichen Interesses erst für den Fall, daß aus präventiven Aspekten eine Strafverfolgung angezeigt sei, berücksichtigen, wobei das Fehlen des Genugtuungsinteresses allein das öffenliche Interesse nicht entfallen lasse; nach Meinung von M-G § 153 a Rn. 12 dienen die zur Beseitigung des öffentlichen Interesses auferlegten Auflagen und Weisungen der Genugtuung.

156 Schirrmacher S. 72, 73; Hanack FS-Gallas S. 339, 354: dies führe aber nicht zu einer Gleichsetzung der Begriffe.

157 L/R-Beulke 25. Auflage § 153 Rn. 20; L/R-Rieß 24. Auflage § 153 Rn. 20.

sichtspunkte – wie sie zumeist in Rahmen der Schuldprüfung bereits erwogen wurden –, sondern auch generalpräventive Aspekte[158] enthält[159]. Bei der anhand des jeweiligen Einzelfalls[160] zu beurteilenden Frage, ob durch die Auflagenerfüllung die präventiven Sanktionszwecke kompensiert werden können[161], läßt sich eine „Wechselwirkung" zwischen den für den Beschuldigten mit den Sanktionen verbundenem Aufwand und dem öffentlichem Interesse an der Strafverfolgung erkennen[162]. Je beträchtlicher sich die Schuld und das öffentliche Interesse an der Strafverfolgung darstellen, desto schwerer müssen die Auflagen und Weisungen wiegen[163]. Die Einstellungsgrenze ist jedoch dann erreicht, wenn die Sanktionen den Betroffenen unzumutbar belasten würden. In diesem Fall ist das öffentliche Interesse nicht kompensierbar und eine Verfahrensfortsetzung unvermeidbar[164].

II. Rechtsnatur der „nicht entgegenstehenden Schwere der Schuld" und des „öffentlichen Interesses" / Frage eines Handlungsermessens

Die Rechtsnatur der Einstellungsvoraussetzungen der „nicht entgegenstehenden Schwere der Schuld" und des „öffentlichen Interesses" ist ebenso wie die Frage, ob der für die Einstellung Zuständige ein Handlungsermessen besitzt, für die Erwägungen der Erfolgsaussichten etwaiger möglicher Rechtsmittel von Bedeutung, insbesondere hinsichtlich des diesbezüglichen Prüfungsumfangs und soll daher an dieser Stelle vorab untersucht werden.

---

158 Bloy GA 1980, 161, 174; Trepper S. 97; unter Aufzählung dieser Gesichtspunkte : Paschmanns S. 178 ff; L/R-Beulke 25. Auflage § 153 a Rn. 32, 38; L/R-Rieß 24. Auflage § 153 a Rn. 25, 30; KK-Schoreit § 153 a Rn. 12 ff; HK-Krehl § 153 Rn. 9; L/R-Meyer-Goßner 23. Auflage § 153 a Rn. 20; Homann S. 93.

159 Kühne Rn. 588; Schmidt-Hieber Rn. 54, 48.

160 L/R-Rieß 24. Auflage § 153 a Rn. 30; L/R-Beulke 25. Auflage § 153 a Rn. 38; bezüglich der weiteren Einzelheiten zu den Begriffen des öffentlichen Interesses und der nicht entgegenstehenden Schuld wird auf die einschlägige Literatur verwiesen; zu dem Begriff der nicht entgegenstehenden Schwere der Schuld siehe im einzelnen Radtke S. 203 ff; Trepper S. 119; AK-Schöch § 153 a Rn. 13 f mit Beispielen; Wissgott S. 370 ff für die ehemalige Voraussetzung des § 153 a der „geringen Schuld"; zu dem Begriff des öffentlichen Interesses Radtke S. 201 f; Kausch S. 109 ff; Kirstgen S. 26 ff; AK-Schöch § 153 a Rn. 15 f mit Beispielen; Schirrmacher S. 47 ff (insbesondere bei Umweltdelikten).

161 L/R-Beulke 25. Auflage § 153 a Rn. 35; L/R-Rieß 24. Auflage § 153 a Rn. 27.

162 L/R-Beulke 25. Auflage § 153 a Rn. 36; L/R-Rieß 24. Auflage § 153 a Rn. 28.

163 AK-Schöch § 153 a Rn. 15.

164 L/R-Beulke 25. Auflage § 153 a Rn. 36, 48; L/R-Rieß 24. Auflage § 153 a Rn. 28, 39.

1. Rechtsnatur der „nicht entgegenstehenden Schwere der Schuld" und des „öffentlichen Interesses"

Die rechtliche Qualifizierung der Begriffe der „nicht entgegenstehenden Schwere der Schuld" und des „öffentlichen Interesses" ist umstritten[165]. Diskutiert werden sie als unbestimmte Rechtsbegriffe und als Ermessensbegriffe.

Wären sie unbestimmte Rechtsbegriffe, so ließen sie nur eine richtige und rechtmäßige Subsumtion zu und unterlägen insoweit grundsätzlich einer vollumfänglichen gerichtlichen Kontrolle[166]. Hielte man sie hingegen für Ermessensbegriffe, so verfügte das Strafverfolgungsorgan über eine Freiheit bei seiner Beurteilung, so daß in der Regel mehrere rechtmäßige Entscheidungsalternativen in Betracht kämen und eine gerichtliche Überprüfung dieser Entscheidungen grundsätzlich nur auf Ermessensfehler hin möglich wäre[167].

Da die fast einhellige Meinung die beiden Begriffe der „nicht entgegenstehenden Schwere der Schuld" und des „öffentlichen Interesses" der Tatbestandsseite zuordnet – nur Paschmanns ordnet den Begriff des öffentlichen Interesses der Rechtsfolgenseite zu[168] –, hängt ihre Rechtsnatur zunächst von der umstrittenen Frage ab, ob Ermessen nur auf der Rechtsfolgenseite anzutreffen ist, oder ob es ein solches auch auf der Tatbestandsseite gibt[169]. Im Verwaltungsrecht erfolgt die Abgrenzung der beiden Begriffe durch die Zuordnung zur einen oder anderen Seite. Während Ermessen dort auf der Rechtsfolgenseite vorkommen kann, sind unbestimmte Rechtsbegriffe gegebenenfalls mit Beurteilungsspielraum auf der Tatbestandseite zu finden[170]. Enthält eine Vorschrift des Verwaltungsrechts auf der Tatbestandsseite einen unbestimmten Rechtsbegriff und auf der Rechtsfolgenseite eine Ermessensermächtigung (Koppelungsvorschrift) und überschneiden sich deren Erwägungen, so wird entweder die „Kann"-Vorschrift als „Muß"-Vorschrift angesehen, oder der unbestimmte Rechtsbegriff als Ermessensdirektive auf Tatbestandsseite für das auszuübende Ermessen verstanden[171].

Diese benannten Grundsätze des Verwaltungsrechts werden teilweise auch im Strafrecht für anwendbar erklärt, mit der Folge, daß Ermessen im Rahmen des

165 Dabei bezieht sich die Literatur und Rechtsprechung weitgehend auf § 153.

166 Erichsen/Ehlers-Ossenbühl S. 217.

167 Erichsen/Ehlers-Ossenbühl S. 209, 210.

168 A.A. Paschmanns S. 121, der den Begriff des „öffentlichen Interesses" wie später dargelegt der Rechtsfolgenseite zuordnet.

169 Zum Streitstand: Warda S. 6 f; Paschmanns S. 79 ff, 116 f.

170 Maurer S. 140.

171 Maurer S. 150, 151; Erichsen/Ehler-Ossenbühl S. 226.

Tatbestandes verneint und dort allein von unbestimmten Rechtsbegriffen ausgegangen wird[172].

Zum Teil geht man demgegenüber davon aus, daß die strengen im Verwaltungsrecht geltenden Kriterien nicht auf das Strafrecht projizierbar seien. Da die beiden Seiten nicht strikt voneinander trennbar, sondern vielmehr miteinander verknüpft seien, gebe es auch ein Ermessen bei der Auslegung der Tatbestandsmerkmale[173]. Diese Verknüpfung zeige sich unter anderem daran, daß die Wahl der Rechtsfolge sich an Merkmalen des Tatbestandes, ebenso wie sich der Tatbestand an Rechtsfolgenmerkmalen, wie beispielsweise dem Unrechtsgehalt einer Tat, orientiere[174]. Die weitere Abgrenzung von unbestimmten Rechtsbegriffen und Ermessen sei nach dem allgemein anerkannten Grundsatz[175], daß unbestimmte Rechtsbegriffe durch kognitive Elemente und Ermessensbegriffe durch voluntative Merkmalen geprägt seien, vorzunehmen. Letztere ließen damit im Gegensatz zu ersteren mehrere richtige Entscheidungen zu, wohingegen bei unbestimmten Rechtsbegriffe nur eine richtige Subsumtion möglich sei.

a. Meinungsstand zur Rechtsnatur im einzelnen

Vor diesem Hintergrund stellt sich der Meinungsstand im wesentlichen wie folgt dar[176]:

Überwiegend ist man heute der Auffassung, daß es sich bei den Begriffen der „nicht entgegenstehenden Schwere der Schuld“ und dem „öffentlichen Interesse“ um unbestimmte Rechtsbegriffe handelt[177], bei denen der Staatsanwaltschaft oder dem Gericht ein Beurteilungsspielraum zugestanden wird[178].

---

172 Vgl. Paschmanns S. 81, 118; Warda S. 40, 81, der dieses Ergebnis mit Verweis auf den Begriff der „besonderen Bedeutung“ in § 24 Abs. 1 Nr. 2 GVG a.F. (heutiger § 24 Abs. 1 Nr. 3 GVG), der nach der Rechtsprechung des BVerfG – E 9, 223, 229 – ebenfalls kein Ermessensbegriff, sondern ein unbestimmter Rechtsbegriff auf Tatbestandsseite einer strafprozessualen Vorschrift sei, untermauert.

173 Krümpelmann S. 218 Fußn. 82.

174 Krümpelmann S. 218 Fußn. 82.

175 Kritisch Bohnert S. 200 f.

176 Vgl. Vogel S. 167 ff.

177 Zur ehemaligen „geringen Schuld“ und dem „öffentlichen Interesse“ Ahrens S. 36; Vogel S. 243, 144, 204; Warda S. 96; L/R-Beulke 25. Auflage § 153 a Rn. 46; L/R-Rieß 24. Auflage § 153 a Rn. 37, § 152 Rn. 50; KK-Schoreit § 152 Rn. 23, § 153 Rn. 32; HK-Krehl § 153 Rn. 12; KK-Pfeiffer Einl. Rn. 6; Sailer NJW 1977, 1138; Schlüchter Rn. 406.1; Thierfelder NJW 1961, 1101, 1102; ders. DVBl. 1961, 119, 120; Langer S. 99; Zätzsch ZRP 1992, 167 ff.

178 Thierfelder DVBl. 1961, 119, 120; ders. NJW 1961, 1101, 1102 für das „öffentliche Interesse“; L/R-Rieß 24. Auflage § 152 Rn. 50; AK-Schöch § 153 Rn. 37.

Nach anderer Ansicht soll die „nicht entgegenstehende Schwere der Schuld" einen Begriff des Ermessens darstellen[179], weil sie so vieldeutig sei, daß sie eine klare Subsumtion nicht zulasse. Darauf, daß die Begriffsauslegung einer Ermessensausübung bedürfe, weise auch die Formulierung „kann einstellen" hin[180].

Zum Teil wird sowohl das „öffentliche Interesse" als auch die „nicht entgegenstehende Schwere der Schuld" als Ermessensbegriff gewertet, weil weder das Maß der Schuld, noch das öffentliche Interesse, welches vor allem anhand des unpräzise erscheinenden Strafrahmens bestimmt werde, nicht zweifelsfrei und eindeutig bestimmbar sei[181].

Schließlich differenzieren einige zwischen den beiden Begriffen. Dabei wird die „nicht entgegenstehende Schwere der Schuld" als ein unbestimmter Rechtsbegriff, das „öffentliche Interesses" dagegen als Ermessensbegriff bzw. Umschreibung des Ermessens gedeutet[182].

Die angeführten Begründungen für die differenzierende Betrachtungsweise sind dabei unterschiedlich.

Krümpelmann hält die Abgrenzung nach Tatbestand und Rechtsfolgeseite für das Strafrecht aus den oben angeführten Gründen für ungeeignet und bestimmt den Rechtscharakter der Begriffe anhand einer Analyse vorhandener voluntativer und kognitiver Elemente[183]. Die „nicht entgegenstehende Schwere der Schuld" sei ein unbestimmter Rechtsbegriff, weil sie an allgemeine Wertentscheidungen gebunden sei[184]. Weil ihre Bejahung die Durchbrechung des Legalitätsprinzips ermögliche, damit zugleich den Anwendungsbereich des Opportunitätsprinzips eröffne und somit die Grenze des Opportunitätsprinzips definiere[185], müsse sie zu deren Gewährleistung anhand objektiver Maßstäbe konkret bestimmt werden. Gewisse bestehende Ungenauigkeiten seien, ebenso wie sie typischerweise bei normativen Tatbestandsmerkmalen auftreten würden, vorhanden[186]. Der Begriff des „öffentlichen Interesses" sei dagegen als Umschreibung des Ermessens der

---

179 Naucke FS-Maurach S. 197, 205; Eb. Schmidt § 153 Rn. 4 jeweils zur „geringen Schuld" in § 153.

180 Naucke FS-Maurach S. 197, 205.

181 Kausch S. 109, 115 noch für den Begriff der „geringen Schuld" (und das „öffentliche Interesse").

182 Zu § 153: Krümpelmann S. 210, 216 f; Bloy GA 1980, 161, 172, 174; zu § 153 a: Paschmanns S. 131, 172 differenziert im Rahmen der „geringen Schuld" zwischen der „Schuld" als feststehendem „Begriffskern" und dem Element „gering" als unbestimmtem „Begriffshof".

183 Krümpelmann S. 217, 218 Fußn. 82.

184 Krümpelmann S. 217.

185 Krümpelmann S. 214, 215, 217.

186 Krümpelmann S. 218.

Justizbehörde[187] zu sehen, weil er keine weitere Begrenzung des Anwendungsbereichs bezwecke, sondern allein einen in das Abwägungsermessen einzubeziehenden Gesichtspunkt nenne[188] und „eine Mahnung zu besonderer Sorgfalt und Sachlichkeit bei der Ausübung des Ermessens" enthalte[189].

Demgegenüber nimmt Paschmanns die Unterscheidung nach ihrer Zuordnung zur Tatbestands- oder Rechtsfolgenseite vor. Die sprachliche Fassung der Vorschrift des § 153 a, nach der beide Begriffe auf der Tatbestandsseite anzusiedeln seien, könne nicht ausschlaggebend für deren Einordnung sein, weil sie möglicherweise zufällig getroffen worden sei[190]. Die „nicht entgegenstehende Schwere der Schuld" sieht er als ein Tatbestandsmerkmal an, weil sie Voraussetzung, nicht aber Gegenstand des Ermessens sei[191]; sie sei die erste zu prüfende Voraussetzung im Rahmen der Einstellungsvorschrift des § 153 a[192]. Das öffentliche Interesse ist dagegen seiner Meinung nach – wie eingangs in Abweichung zur weitgehend einhelligen Auffassung erwähnt – auf der Rechtsfolgenseite anzusiedeln, weil eine obligatorische Abhängigkeit zwischen der Verfahrenseinstellung und dem öffentlichen Interesse bestehe. Im Gegensatz zum Merkmal der „nicht entgegenstehenden Schwere der Schuld", bei dessen Bejahung allein noch keine Einstellung möglich sei, entscheide das Vorliegen oder Nichtvorliegen des öffentlichen Interesse unter Einbeziehung der Schuldintensität abschließend darüber, ob die Einstellung zu erfolgen habe[193]. Ob eingestellt werden könne, entscheide der Befaßte nach seinem Ermessen anhand der Fragestellung, ob das öffentliche Interesse durch Auflagen und Weisungen beseitigt werden kann[194]. Dies zeige, daß eine untrennbare Verbindung zwischen der Beurteilung des öffentlichen Interesses und der Einstellungsentscheidung bestehe[195]. Das Merkmal des öffentlichen Interesses diene zudem als Regulativ, welches es ermögliche, Fälle gleicher Schuldintensität in unterschiedlichen Regionen unter dem Aspekt der Generalprävention je nach verbrechensspezifischer „Auftretungshäufigkeit" verschieden zu entscheiden[196]. Dieser Zweck spreche ebenfalls für die Zuordnung des Merkmals zur Rechtsfolgenseite.

---

187 Krümpelmann S. 222; Erb S. 70 Fußnote 154, 81.
188 Vgl. L/R-Beulke 25. Auflage § 153 Rn. 21; L/R-Rieß 24. Auflage § 153 Rn. 18.
189 Krümpelmann S. 221.
190 Paschmanns S. 82, 83.
191 Paschmanns S. 115.
192 Paschmanns S. 115.
193 Paschmanns S. 121.
194 Paschmanns S. 122.
195 Paschmanns S. 121.
196 Paschmanns S. 124.

b. Stellungnahme

Ein Ermessen bei der Ausfüllung strafrechtlicher Tatbestandsmerkmale käme nur in Betracht, wenn es mit der Verfassung vereinbar wäre. Zunächst liegt eine Überprüfung anhand der Verfassungsnorm des Art. 103 II GG nah, nach dem eine Tat nur bestraft werden kann, wenn die Strafbarkeit gesetzlich bestimmt war, bevor die Tat begangen wurde[197]. Dieser Grundsatz beinhaltet somit das Erfordernis der bestimmten Abfassung von Straftatbeständen[198]. Die Einhaltung dieses Grundsatzes obliegt nicht allein dem Gesetzgeber, sondern auch der Richter und der Staatsanwalt sind gehalten, das Prinzip zu gewährleisten, indem sie sich eng an die normierten Tatbestandsmerkmale halten[199]. Bestünde jedoch ein Ermessen auf Tatbestandsseite, wären die Voraussetzungen der Strafvorschrift nicht eindeutig und abschließend im voraus zu ermitteln, weil mehrere Bewertungen in Betracht kommen könnten[200]. Daneben erfordert auch die Bindung der Rechtsprechung an das Gesetz nach Art. 20 III GG die Einhaltung des Bestimmtheitsgrundsatzes[201]. Weiterhin könnte ein Ermessen auf Tatbestandsseite zu einem Verstoß gegen Art. 2 II 3 GG und Art. 104 I GG führen, weil es zu einer mit dem Gesetzesvorbehalt für Freiheitsentziehungen unvereinbaren Unbestimmtheit der Vorschriften des materiellen Strafrechts führte[202]. Der Bestimmtheitsgrundsatz steht damit auch im Strafrecht der Annahme eines Tatbestandsermessens entgegen. Außerdem muß jedes Ermessen an gesetzlich festgelegte Voraussetzungen anknüpfen, an denen es bei einem Ermessen auf Tatbestandsseite fehlte, weil der Tatbestand erst diese Voraussetzungen festlegt. Auch ein von einigen vertretenes – jedoch abzulehnendes – Handlungsermessen des mit der Sache Befaßten würde ansonsten an Tatbestandsmerkmale anknüpfen, deren Auslegung ihrerseits bereits im Ermessen des Beurteilenden standen[203].

Da das Merkmal der „nicht entgegenstehenden Schwere der Schuld“ als erste zwingende Voraussetzung für eine Einstellung nach § 153 a und die damit verbundene Durchbrechung des Legalitätsprinzips zugunsten des Opportunitätsprinzips genannt ist, muß es sich um ein solches auf Tatbestandsseite handeln. Gestützt wird diese Annahme dadurch, daß der Grad der Schuld anhand der im Einstellungszeitpunkt ermittelten Umstände der Tat und des Täterverhaltens zu be-

197 Warda S. 40.
198 Jarass/Pieroth Art. 103 Rn. 48.
199 Warda S. 40.
200 Warda S. 40.
201 Warda S. 41 ff, insbes. S. 43.
202 Warda S. 41.
203 Paschmanns S. 118.

stimmen ist, insoweit keiner Entscheidung des Staates mehr unterliegt[204] und somit durch kognitive Elemente gekennzeichnet ist.

Auch das Merkmal des öffentlichen Interesses beschreibt dem Wortlaut nach den Anwendungsbereich der Norm, u.a. in Abgrenzung zum Anwendungsbereich der Einstellungsvorschrift des § 153, so daß es ebenfalls auf der Tatbestandsseite anzusiedeln ist. Eine unterschiedliche Einstellungspraxis in verschiedenen Regionen rechtfertigt die von Paschmanns vorgenommene Zuordnung des öffentlichen Interesses zur Rechtsfolgenseite nicht, weil die tatsächliche Umsetzung einer Norm nicht maßgeblich für die rechtliche Qualifizierung eines ihrer Merkmale sein kann. Die Verknüpfung der Einstellungsvoraussetzungen der „nicht entgegenstehenden Schwere der Schuld" und des „öffentlichen Interesses", die zusammen erst den Bereich der Taten definieren, den die Einstellungsnorm des § 153 a umfaßt, weist vielmehr auf ihre Zuordnung auf der Tatbestandsseite hin. Einheitlich müssen beide Voraussetzungen daher als unbestimmte Rechtsbegriffe angesehen werden. Eine Einordnung eines oder beider Begriffe als Ermessensdirektive im Sinne einer Koppelungsvorschrift kommt trotz der in § 153 a enthaltenen Formulierung „kann (...) von der Klageerhebung absehen" oder „einstellen" nicht in Betracht, da dem Strafverfolgungsorgan hierdurch kein Handlungsermessen eingeräumt, sondern dieses nur von seiner grundsätzlichen Pflicht zur Weiterverfolgung befreit wurde.

Es ist festzustellen, daß es im Strafrecht wie im Verwaltungsrecht kein Tatbestands-, sondern nur ein Rechtsfolgenermessen geben kann[205].

2. *Ist das öffentliche Interesse eine Prozeßvoraussetzung?*

Weiterhin ist umstritten, ob das Vorliegen des öffentlichen Interesses eine Prozeßvoraussetzung und daher vom Prozeßgericht immer im weiteren Verfahrens zu prüfen ist[206].

a. Meinungsstand

Eine Ansicht betrachtet das Vorliegen des öffentlichen Interesses als eine Verfahrensvoraussetzung, mit der Folge, daß dieses stets von Amts wegen vom Gericht

---

204 Paschmanns S. 119.

205 Vgl. Paschmanns S. 118, vgl. Warda S. 40.

206 Die im Rahmen des öffentlichen Interesses i.S. des § 232 StGB a.F. ausgetauschten Standpunkte und Argumente hinsichtlich der Charakterisierung des Begriffs und Anfechtung der Einschätzung des öffentlichen Interesses werden auch für diese Fragen hinsichtlich des § 153 a herangezogen: vgl. Feiter Fußn. 460; vgl. Terbach S. 137 ff; Hohmann S. 112 ff für die Heranziehung im Rahmen des § 153.

zu prüfen sei[207]. Die Einordnung dieser Voraussetzung als Prozeßvoraussetzung ergebe sich aus dem Umstand, daß das Gericht auch seine am Merkmal der „Bedeutung des Falles" ausgerichtete Zuständigkeit nach den §§ 24 I Nr. 3, 74 GVG vom Amts wegen überprüfen dürfe[208]. Es erschiene aber unverständlich, wenn das Gericht zwar seine Zuständigkeit für die „Möglichkeit der Aburteilung der Tat" überprüfen dürfte, nicht dagegen „die Aburteilung der Tat" selbst[209]. Dabei gehen die Meinungen darüber auseinander, ob die Staatsanwaltschaft bei der Beurteilung des öffentlichen Interesses an der Strafverfolgung einen nicht überprüfbaren Ermessensspielraum besitzt[210], oder ob eine vollständige gerichtliche Kontrolle erfolgt[211]. Eine umfassende Kontrolle wird damit begründet, daß es sich beim „öffentlichen Interesse" zwar um einen unbestimmten Rechtsbegriff mit Beurteilungsspielraum handele, das Gericht aber die Grenzen diese Beurteilungsspielraums im Rahmen seiner Entscheidungen abstecke[212].

Überwiegend wird dagegen das „öffentliche Interesse" – ebenso wie das Schulderfordernis – nicht als Prozeßvoraussetzung betrachtet[213]. Das BayOLG begründet dies damit, daß der Staatsanwaltschaft ein freies Ermessen bei der Beurteilung der Einstellungsfrage zustehe[214].

Rieß verweist auf das im Rahmen der §§ 153, 153 a geltende „Prinzip der übereinstimmenden Beurteilung" des öffentlichen Interesses durch Gericht und Staatsanwaltschaft, welches einer einseitigen Entscheidung entgegenstünde[215].

b. Stellungnahme

Es ist zwar richtig, daß die Einschätzung der „besonderen Bedeutung des Falles" vom Gericht von Amts wegen zu überprüfen ist[216], jedoch ist der daraus gezogene Schluß auf eine Prozeßvoraussetzung nicht zwingend. Bei § 24 GVG geht es allein um die Beurteilung der Zuständigkeit eines ohnehin stattfindenden Verfahrens, während es bei § 153 a I um die Einschätzung geht, ob ein gerichtliches

207 Keller GA 1983, 512 f, 520 zu § 153; Vogel NJW 61, 761, 763 für § 232 StGB; LG München StV 1990, 400 für § 232 StGB.
208 Sch/Sch-Stree § 232 Rn. 3; LG München StV 1990, 400, 401 für § 232.
209 LG München StV 1990, 400, 401 für § 232.
210 Keller GA 1983, 512 f.
211 Vogel NJW 1961, 761, 763.
212 Vogel NJW 1961, 761, 763.
213 L/R-Beulke 25. Auflage § 153 Rn. 39; L/R-Rieß 24. Auflage § 153 Rn. 36; BayObLG 49-51, Nr. 196; BVerfGE 1980 (51), 176, 184.
214 Bay ObLG 49-51, Nr. 196; Eb. Schmidt Nachträge und Ergänzungen Teil II § 153 Rn. 8.
215 L/R-Beulke 25. Auflage § 153 Rn. 39; L/R-Rieß 24. Auflage § 153 Rn. 36.
216 Vgl. KMR-Müller 6. Auflage § 24 GVG Anm. 4 a aa.

Verfahren überhaupt erforderlich ist. Die Frage, ob ein Verfahren eingestellt werden kann, überprüft die Staatsanwaltschaft in eigener Verantwortung. Im Regierungsentwurf zum EGStGB ist zu § 153 a I S. 6 a.F., 153 I S. 2 zu lesen, daß „die Staatsanwaltschaft ein Recht habe, ohne gerichtliche Zustimmung von der Verfolgung der Tat abzusehen"[217]. Die Annahme, bei der Einschätzung handele es sich um eine Verfahrensvoraussetzung, nimmt der Staatsanwaltschaft aber ihr Recht, eigenverantwortlich das öffentliche Interesse zu prüfen und dieses selbständig zu bejahen. Denn das Gericht müßte anderenfalls, wenn es vom Fehlen des öffentlichen Interesses ausginge, die staatsanwaltschaftliche Entscheidung im nachhinein mißachten, weil es das Verfahren insoweit nach § 206 nicht eröffnen oder es nach § 206 a oder 260 III wegen Fehlens einer Prozeßvoraussetzung einstellen müßte[218]. Daß die eigenverantwortliche staatsanwaltschaftliche Beurteilung unterlaufen und diese damit zu einer Farce wird, kann vom Gesetzgeber nicht gewollt gewesen sein, zumal das Gericht auf eine Zustimmungserteilung durch die Staatsanwaltschaft zur gerichtlichen Einstellung nach § 153 a hinwirken könnte. Außerdem liefe dies der vom Gesetzgeber normierten gemeinsamen Entscheidung von Gericht und Staatsanwaltschaft über die Einstellung entgegen, wenn das Gericht einseitig über die Einstellungsvoraussetzungen entscheiden könnte. Eine Ausnahme von dem Grundsatz der einvernehmlichen Entscheidung hat der Gesetzgeber bewußt nicht zugelassen, wie sich daran zeigt, daß er keine mit den §§ 153 a I 7, 153 I 2 vergleichbare Regelung traf. Der überwiegenden Meinung, die sich gegen die Charakterisierung des „öffentlichen Interesses" als Prozeßvoraussetzung ausspricht, ist daher beizupflichten.

3. Handlungsermessen?

Nach § 153 a kann die Staatsanwaltschaft ebenso wie das Gericht das Verfahren einstellen. Insoweit besteht für sie bei Vorliegen der Einstellungsvoraussetzungen jedenfalls keine Pflicht mehr, das Verfahren weiter zu betreiben.

Seit jeher besteht aufgrund dieser Gesetzesformulierung jedoch im Rahmen der Einstellungsvorschriften nach §§ 153 ff ein Streit darüber, ob das für die Einstellung zuständige Strafverfolgungsorgan nach Bejahung der Einstellungsvoraussetzungen betreffend den Schuldgrad und das öffentliche Interesse ein Handlungsermessen besitzt[219]. Der Begriff der „Einstellung aus Opportunitätsgründen"

---

217 BT-Drucks. 7/550, S. 298.

218 Vgl. Terbach S. 139.

219 Vgl. Vogel S. 167 ff, der allerdings die Unterscheidung der beiden Streitigkeiten nicht klar herausarbeitet.

wird, nebenbei bemerkt, auch von denjenigen verwandt, die ein Handlungsermessen ablehnen[220].

a. Meinungsstand

Eine Rechtsfolgeermessen wird von einigen Autoren im Hinblick auf den Wortlaut der Vorschrift des § 153 a angenommen[221], nach dem die Staatsanwaltschaft bis zur Anklageerhebung und das Gericht nach Anklageerhebung das Verfahren vorläufig einstellen „kann". Auch bei der Kostenregelung des § 467 IV, unter den allgemein die §§ 153 ff[222] subsumiert würden, sei von „Ermessen" die Rede.

Im Schrifttum[223] findet sich, ebenso wie in einer neueren Bundesverfassungsgerichtsentscheidung[224], überwiegend die gegenteilige Auffassung. Mit der Formulierung „kann" habe der Staatsanwaltschaft nur das Recht eingeräumt werden sollen, entgegen § 152 II von weiteren Ermittlungen und Einschreiten abzusehen[225]. Im Rahmen der Beurteilung der unbestimmten Rechtsbegriffe der „nicht entgegenstehenden Schwere der Schuld" und des „öffentlichen Interesses" seien auch bereits alle entscheidenden Aspekte für eine Einstellung berücksichtigt worden, so daß ein Entscheidungsspielraum nicht verbleibe[226]. Dienten die beiden Begriffe dem Strafzweck, entfiele dieser bei Vorliegen der „Nichtverfolgungsvoraussetzungen", so daß eine weitere Strafverfolgung ausscheide[227].

Ein Handlungsermessen wird auch von der Meinung, die die „nicht entgegenstehende Schwere der Schuld" als Ermessensbegriff versteht, verneint[228]. Mit „kann" werde ausgedrückt, daß der Begriff der „nicht entgegenstehenden Schwere der Schuld" nicht so eindeutig sei, daß er eine Subsumtion zulasse, sondern

---

220 KK-Schoreit 4. Auflage § 153 Rn. 2.

221 Krümpelmann S. 218; Kühne Rn. 584; Schmidt-Hieber Rn. 56; Schlüchter Rn. 406.1; Zätzsch ZRP 1992, 167 ff.

222 Vgl. L/R-Beulke 25. Auflage § 153 Rn. 38; vgl. L/R-Rieß 24. Auflage § 153 Rn. 35

223 Nelles/Velten NStZ 1994, 366, 368; L/R-Beulke 25. Auflage § 153 a Rn. 46; L/R-Rieß 24. Auflage § 153 a Rn. 37; KK-Schoreit § 153 Rn. 32; BVerfG StV 1994, 295, 301.

224 BVerfG StV 1994, 295, 301.

225 L/R-Meyer-Goßner 23. Auflage § 153 a Rn. 49, 80, KK-Schoreit § 153 Rn. 32

226 L/R-Beulke 25. Auflage § 153 Rn. 38; L/R-Rieß 24. Auflage § 153 Rn. 35; Ahrens S. 36, 37; L/R-Meyer-Goßner 23. Auflage § 153 a Rn. 49, 80; HK-Krehl § 153 Rn. 12; Vogel S. 243; Naucke FS-Maurach S. 197, 205; Jeutter S. 108.

227 L/R-Beulke 25. Auflage § 153 a Rn. 38; L/R-Rieß 24. Auflage § 153 Rn. 35; Schirrmacher S. 93.

228 Naucke FS-Maurach S. 197, 205 Fußn. 25.

seine Ausfüllung anhand der Ermessensübung zu erfolgen habe. Ein darüber hinausgehendes Handlungsermessen sei damit aber nicht gemeint[229].

Nach einer vermittelnden Ansicht gewährt § 153 a ein Ermessen, das jedoch bei Vorliegen beider Merkmale, insbesondere wegen der damit verbundenen Verneinung des spezial- und generalpräventiven Erfordernisses der Strafverfolgung, auf Null reduziert sei, so daß die Einstellung des Verfahrens die einzig rechtmäßig Vorgehensweise sei[230]. Ein Ermessen habe der Gesetzgeber vermutlich deshalb geschaffen, um unangebrachten Einstellungen bei zu enger Interpretation des „öffentlichen Interesses" entgegenzuwirken[231].

b. Stellungnahme

Allein aus der Wortlautinterpretation der Formulierung „kann (...) von einer Klageerhebung absehen" bzw. „einstellen" zu schließen, die Vorschrift räume ein Rechtsfolgeermessen ein, greift zu kurz. Dies gilt auch für die Heranziehung des Wortlauts der Kostenvorschrift des § 467 IV, der zudem nicht die Einstellung nach § 153 a betrifft, für den die gesonderte Regelung des § 467 V zu finden ist. Vielmehr ist eine Auslegung der Vorschrift anhand ihres Sinns und Zwecks und der mit ihr verbundenen Gesetzgeberintention vorzunehmen, nicht zuletzt unter dem Blickwinkel des Gesamtgefüges, in das sie sich eingliedert. Den Gesetztesmaterialien läßt sich entnehmen, daß der Gesetzgeber durch die Fassung des § 153 – der in diesem Punkt § 153 a entspricht – die Staatsanwaltschaft in jedem Stadium der Ermittlungen von der Pflicht zur weiteren Erhebung und Verfolgung befreien wollte[232]. Daraus, daß den Gesetztesmaterialien keine weiteren Ausführungen zu der gewählten Formulierung zu entnehmen sind, kann gefolgert werden, daß ihr Zweck sich hierauf beschränken sollte. Auch die teleologische Auslegung der Vorschrift des § 153 a ergibt, daß der Gesetzgeber durch die Norm kein freies Handlungsermessen des Einstellenden schaffen wollte. Die mit der Einstellungsvorschrift bezweckte Arbeitsentlastung der Gerichte und Staatsanwaltschaften hinsichtlich der Bagatelltaten bis nunmehr hin zur mittleren Kriminalität sollte dazu führen, daß sie sich verstärkt der Bekämpfung von Schwersttaten zuwenden. Bestünde jedoch ein Handlungsermessen des Strafverfolgungsorgans und würde es von der Einstellungsvorschrift des § 153 a keinen Gebrauch machen, könnte seine Arbeitsbelastung so stark ansteigen, daß es an einer gründlichen Strafverfolgung von Schwerststraftaten gehindert wäre. Zutreffend wird

229 Naucke FS-Maurach S. 197, 205 Fußn. 25.

230 Paschmanns S. 177, 195; wohl auch Hobe FS-Leferenz S. 629, 646; Weber NJW 1966, 1241, 1244; wohl auch Bloy GA 1980, 161, 174; wohl auch Döhring S. 137.

231 Hobe FS-Leferenz S. 629, 646.

232 BT-Drucks. 7/550, S. 298; BT-Drucks. 7/551, S. 43.

außerdem angeführt, daß bereits im Rahmen der Prüfung der Einstellungsvoraussetzungen der „nicht entgegenstehenden Schwere der Schuld" und des zu beseitigenden „öffentlichen Interesses" sämtliche entscheidenden Überlegungen – insbesondere Gedanken der General- und Spezialprävention bei der Beurteilung des öffentlichen Interesses – eingeflossen sind, so daß die Einräumung eines darüber hinausgehenden Handlungsermessens zu einer überflüssigen Doppelverwertung führen würde, die vom Gesetzgeber ungewollt erscheint. Kommen Gericht und Staatsanwaltschaft zu der Einschätzung, daß die Schwere der Schuld einer Einstellung nicht entgegen steht und das öffentliche Interesse an der Strafverfolgung durch die Erfüllung der Sanktionen entfällt, so fehlt der Strafzweck mit der Folge, daß das Verfahren nicht weiterbetrieben werden kann.

Die daraus zum Teil gezogenen Schlußfolgerung, es handle sich bei Vorliegen aller Tatbestandvoraussetzungen um eine auf Null reduzierte Ermessensentscheidung[233], kann aber, was eine Untersuchung des Wesens des Ermessens ergeben wird, auch nicht geteilt werden. Durch die Einräumung eines Ermessens wird dem Handelnden die Wahl zwischen unterschiedlichen rechtmäßigen Verhaltensweisen eröffnet[234]. Eine Ermessensreduktion auf Null führt dagegen dazu, daß im Einzelfall das Ermessen nur in einer bestimmten Richtung geübt werden kann und damit nur eine bestimmte Reaktion rechtmäßig ist[235]. Eine Ermessensvorschrift erfordert damit zunächst einmal die Einräumung eines (freien) Ermessens. Auch die von den Vertretern dieser Meinung angeführte Argumentation, der Gesetzgeber habe ein Ermessen vermutlich deshalb eingeräumt, um „unangebrachte Verfahrenseinstellungen" für den Fall einer zu engen Auslegung des Begriffs des „öffentlichen Interesses" zu verhindern, überzeugt nicht. Zwar benennen sie insoweit einen Fall, in dem ein uneingeschränktes Ermessen bestehen soll, jedoch wird die Ansicht dem Regel-Ausnahmeverhältnis von freiem Ermessen und auf Null reduziertem Ermessen nicht gerecht. Denn ihr zufolge besteht grundsätzlich ein auf Null reduziertes Ermessen, wenn die Voraussetzungen des § 153 a bejaht wurden, wohingegen ein freies Ermessen allenfalls bei zu enger Auslegung des Begriffs des „öffentlichen Interesses" bestände. Ein damit praktisch an eine Bedingung geknüpftes Ermessen kann aber nicht die Regel, sondern nur die Ausnahme sein, so daß das Regel-Ausnahmeverhältnis gerade umgekehrt würde. Daneben birgt die Annahme, bei Vorliegen aller Voraussetzungen des § 153 a bestünde eine auf Null reduziertes Ermessen, Gefahren. So würde die Vorschrift dem Schein möglicher willkürlicher Ungleichbehandlung ausgesetzt,

---

233 Paschmanns S. 177, 195; wohl auch Hobe FS-Leferenz S. 629, 646; Weber NJW 1966, 1241, 1244; wohl auch Bloy GA 1980, 161, 174; wohl auch Döhring S. 137.
234 Maurer S. 139.
235 Maurer S. 139.

weil einer Ermessensreduktion auf Null immer zugleich auch die Vorstellung von grundsätzlichem Ermessen und damit weitreichender Entscheidungsfreiheit anhaftet. Eben diese Fehleinschätzung mag auch dem entsprechenden Sachbearbeiter unterlaufen, der damit von einer Entscheidungsalternative ausgehen könnte.

Abschließend bleibt damit festzuhalten, daß die „kann"-Formulierung entsprechend dem der Vorschrift zugrundeliegenden Beschleunigungszweck nur die Befugnis der Staatsanwaltschaft zu entnehmen ist, weitere Ermittlungen entgegen § 152 II, der einen Verfolgungszwang statuiert, zu unterlassen.

III. Ermittlungsgrad

Im Rahmen der Einstellung nach § 153 a ist außerdem umstritten, wie weitgehend die Ermittlungen erfolgt sein müssen. Dabei lassen die kontroversen Ansichten zwei grobe Richtungen erkennen. Zum einen gibt es Meinungen, die von einem einheitlichen Verdachtsgrad für Einstellungen nach § 153 a I und II ausgehen[236], zum anderen werden an die staatsanwaltschaftliche und die gerichtliche Einstellung je nach Verfahrensstand unterschiedliche Anforderungen gestellt.

Einigkeit besteht insoweit, als für die Einstellung nach § 153 a kein Anfangsverdacht genügen soll[237], sondern vielmehr ein „Durchermitteln"[238] vorausgesetzt wird. Wann dieser Begriff erfüllt ist, ist allerdings umstritten[239]. Sicher ist, daß darunter (zumindest) der hinreichende Tatverdacht zu verstehen ist, der für den Abschluß der staatsanwaltschaftlichen Ermittlungen erforderlich ist[240].

1. Meinungsstand

Bei diesem Erfordernis des hinreichenden Tatverdachts belassen es einige[241]. Bei der Begriffsbestimmung wird auf die angestellten Überlegungen zum „hinrei-

---

236 Soweit einzelne Autoren die Erwägungen zum Ermittlungsgrad nur im Rahmen der staatsanwaltschaftlichen Einstellung abhandeln, läßt sich ihre Zuordnung zumeist aus den von ihnen vorgenommenen Verweisen auf andere auch die gerichtliche Einstellung behandelnde Autoren vornehmen.

237 L/R-Beulke 25. Auflage § 153 a Rn. 39; L/R-Rieß 24. Auflage § 153 a Rn. 31; Kunz S. 36.

238 L/R-Meyer-Goßner 23. Auflage § 153 a Rn. 16; Wissgott S. 363; KK-Schoreit § 153 a Rn. 10; Döhring S. 138.

239 Radtke S. 208.

240 Radtke S. 208; M-G § 153 a Rn. 7, 46; Schäfer Rn. 364; Schlüchter Rn. 406.4.

241 M-G § 153 a Rn. 7, 46; Trepper S. 120; Kühne Rn. 589.2 Fußn. 44; Kapahnke S. 112; HK-Krehl § 153 a Rn. 9, 29 verweist bezüglich der gerichtlichen Ein-

chenden Tatverdacht" des § 203, der nach allgemeiner Auffassung[242] auch mit dem Begriff des „genügenden Anlasses" des § 170 I identisch ist[243], zurückgegriffen[244]. Hinreichender Tatverdacht im Sinne dieser Vorschrift liegt vor, wenn nach vorläufiger Tatbewertung die Verurteilung des Beschuldigten mit Wahrscheinlichkeit in der Hauptverhandlung zu erwarten ist[245]. Welcher Wahrscheinlichkeitsgrad hierbei zugrunde zu legen ist, wird im Rahmen des § 153 a innerhalb dieser Ansicht – ebenso wie bei § 203 – nicht einheitlich gesehen[246]. Dabei geht man zum großen Teil von einer „einfachen Wahrscheinlichkeit"[247], zum Teil aber auch von einer „erhöhten Wahrscheinlichkeit" aus[248]. Im Rahmen der Diskussion zu § 203 werden für die erhöhten Anforderungen vor allem Gründe der Verfahrensökonomie und der Vermeidung unnötiger Belastungen der Beschuldigten durch ohnehin erfolglose Verfahren angeführt[249].

Schuth verlangt das Vorliegen einer „subjektive Verurteilungsgewissheit beider befaßter Justizorgane", wobei der Ermittlungsgrad in den Bereich des drin-

---

stellung nur auf die Ausführungen zur staatsanwaltschaftlichen Einstellung; Schäfer 5. Auflage Rn. 364; 1140; KMR-Plöd § 153 a Rn. 5; nur für die staatsanwaltschaftliche Einstellung: Schlüchter Rn. 406.4 und KK-Schoreit 3. Auflage § 153 a Rn. 10; wohl auch Bär DAR 1984, 129, 131 f.

242 L/R-Graalmann-Scheerer 25. Auflage § 170 Rn. 22; L/R-Rieß 24. Auflage § 170 Rn. 19 trotz der Beibehaltung des Begriffs „genügender Anlaß" nach dem 1. StVRG.

243 L/R-Meyer-Goßner 23. Auflage § 203 Rn. 18 Fußn. 2; Rieß weist in L/R 24. Auflage § 170 Rn. 14, 18 darauf hin, daß die andere Begriffswahl auf historischen Gründen beruhe; ebenso L/R-Graalmann-Scheerer 25. Auflage § 170 Rn. 21.

244 Vgl. Schäfer Rn. 598.

245 M-G § 170 Rn. 1, § 203 Rn. 2; Pfeiffer § 203 Rn. 2; L/R-Meyer-Goßner 23. Auflage § 203 Rn. 13, der aber den hinreichenden Tatverdacht bei § 153 a nicht für ausreichend hält.

246 Jeweils zu § 203: L/R-Rieß 25. Auflage § 203 Rn. 11, 12; Problemaufriß: HK-Julius § 203 Rn. 5.

247 Schäfer 5. Auflage Rn. 364, 6. Auflage Rn. 599; KK-Schoreit 3. Auflage § 153 a Rn. 11; KK-Treier § 203 Rn. 3; KK-Wache/Schmid § 170 Rn. 3, 17: „bei vorläufiger Tatbewertung muß eine Verurteilung wahrscheinlicher als ein Freispruch sein"; ebenso HK-Krehl § 153 a Rn. 9, § 170 Rn. 2; wohl auch M-G § 153 a Rn. 7, 46, § 203 Rn. 2, § 152 Rn. 4; zu § 203 L/R-Meyer-Goßner 23. Auflage § 203 Rn. 13; wohl Pfeiffer § 203 Rn. 2.

248 Ranft Rn. 1163, 625, 1089, 1303 f verlangt eine hohe, erhebliche Wahrscheinlichkeit; L/R-Rieß 25. Auflage § 203 Rn. 12 siedelt den Wahrscheinlichkeitsgrad im Rahmen des § 203 im Bereich des dringenden Tatverdachts an und stellt damit beide praktisch gleich, um u.a. innerhalb eines Falles eine gleichmäßige Spruchpraxis bzgl. Eröffnungsbeschluß und Haftbefehl zu erlangen.

249 L/R-Rieß 25. Auflage § 203 Rn. 12.

genden Tatverdachts rücke[250]. Der hinreichende Tatverdacht könne nicht für eine Einstellung nach § 153 a genügen, weil bei diesem noch Zweifel an der Täterschaft und an einzelnen Tatbestandsmerkmalen bestehen könnten, was zu einer dem rechtsstaatlichen Prozeß widersprechenden Sanktionsauferlegung auf bloßen Verdacht einer Straftat hin führte[251]. Zudem bestünde anderenfalls die Gefahr, daß die Ermittlungen nicht vollständig abgeschlossen würden[252]. Ein über eine subjektive Verurteilungsgewißheit hinausgehendes Überzeugtsein des Einstellenden schreibe die Vorschrift aber nicht vor. Ein solches passe auch nicht in das System der Verdachtsstufen[253], denn bei einer Einstellung im Vor- und Zwischenverfahren sei gerade die sichere Beurteilung der Sach- und Beweislage nicht möglich[254].

Von einigen Autoren wird weiterhin ein Überzeugtsein von der Erfüllung der objektiven und subjektiven Tatbestandsvoraussetzungen gefordert[255], weil die Festsetzung und Auswahl von Sanktionen eine Schuldbeurteilung voraussetze[256].

Eine andere Auffassung verlangt darüber hinaus sogar auch die Überzeugung von der Schuld des Täters[257]. Dies wird damit begründet, daß erst nach der Feststellung der Schuld die Frage der Anwendungsmöglichkeit der Vorschrift beantwortet werden könne. Denn zum einen sei deren Anwendungsbereich nur eröffnet, wenn die Schwere der Schuld der Einstellung nicht entgegenstehe[258], zum anderen sei die Auswahl der zu erteilenden Auflagen und Weisungen anhand dieses Verschuldensgrads zu treffen[259]. Die mit der Vorschrift beabsichtigte Verfahrensbeschleunigung und –vereinfachung rechtfertige einen früheren Abschluß der Ermittlungen nicht[260].

Differenzierend verlangen andere eine „Schuld- und Verurteilungswahrscheinlichkeit" entsprechend der für das jeweilige Verfahrensstadium typischen

250 Schuth S. 166 hinsichtlich der staatsanwaltschaftlichen und gerichtlichen Einstellung.
251 Schuth S. 164.
252 Schuth S. 164.
253 Schuth S. 163.
254 Schuth S. 163.
255 Eckl JR 1975, 99, 101; nur im Zusammenhang mit der staatsanwaltschaftlichen Einstellung ausgeführt bei L/R-Meyer-Goßner 23. Auflage § 153 a Rn. 16; Hanack FS-Gallas S. 339, 349.
256 L/R-Meyer-Goßner 23. Auflage § 153 a Rn. 16.
257 Rüth DAR 1975, 1, 6; Wissgott S. 362, 363, im Widerspruch zu S. 370, wo er hinreichenden Tatverdacht bei Abschluß der Ermittlungen genügen läßt.
258 Wissgott S. 363 für das ehemalige Merkmal der geringen Schuld.
259 Wissgott S. 363.
260 Wissgott S. 363.

Verdachtsintensität[261]. Vor der Eröffnung des Hauptverfahrens sei für eine Einstellung nach § 153 a I oder II hinreichender Tatverdacht gem. § 203 erforderlich[262]. Eine Einstellung in der Hauptverhandlung erfordere die Erwartung des Fortbestehens des hinreichenden Tatverdachts auch bei Fortfahren mit der Beweisaufnahme[263]. Nach vollständig durchgeführter Beweisaufnahme dürfe nur eingestellt werden, wenn das Gericht anderenfalls den Täter verurteilen müßte[264]. Insoweit sei dann das Überzeugtsein von der Schuld des Täters erforderlich, welches aber nicht im herkömmlichen Sinne der StPO zu verstehen sei, da es auf einem Verfahren beruhe, dem entscheidende Abschnitte eines gewöhnlichen Verfahrens – wie die Schlußvorträge und die Beratung – fehlten[265].

Radtke folgt vorstehender Meinung im Grundsatz, verneint allerdings das Erfordernis der Überzeugung von der Schuld des Täters nach vollständig durchgeführter Hauptverhandlung, weil ein Schuldurteil gegenüber dem Angeklagten nicht mit der Unschuldsvermutung vereinbar sei[266].

2. *Stellungnahme*

Der Gesetzgeber unterscheidet, wie sich unter anderem an der die Ausschließung des Verteidigers regelnden Norm des § 138 a zeigt, zwischen dringendem und hinreichendem Verdacht[267]. Verlangte man für einen hinreichenden Tatverdacht eine hohe Wahrscheinlichkeit, führte dies zu einer Annäherung an den dringenden Tatverdacht, da sich dieser durch eine hohe Wahrscheinlichkeit auszeichnet[268], wodurch die vom Gesetzgeber vorgenommene strikte Trennung verletzt wäre. Da eine Einstellung nicht erfolgen darf, wenn sich die Anzeichen mehren, daß das Verfahren mit einem Freispruch enden könnte und diese Frage nicht in allen Verfahrensabschnitten einheitlich anhand des hinreichenden Tatverdachts im Sinne einer einfachen Wahrscheinlichkeit beurteilt wird, kann eine Einstellung nicht in jedem Verfahrensstadium aufgrund eines einfachen Tatverdachts erfolgen. Je weiter das Verfahren fortgeschritten ist, um so höher sind die Anforderungen an das Belastungsmaterial und die Beweisführung. Das Verfahren darf

---

261 L/R-Beulke 25. Auflage § 153 a Rn. 40; L/R-Rieß 24. Auflage § 153 a Rn. 32; AK-Schöch § 153 a Rn. 11; wohl Pfeiffer § 153 a Rn. 2; Schirrmacher S. 37; Böttcher/Mayer NStZ 1993, 153, 154.

262 L/R-Beulke 25. Auflage § 153 a Rn. 40; L/R-Rieß 24. Auflage § 153 a Rn. 32; Rieß FS-Koch S. 215, 223.

263 L/R-Beulke 25. Auflage § 153 a Rn. 40; L/R-Rieß 24. Auflage § 153 a Rn. 32.

264 L/R-Beulke 25. Auflage § 153 a Rn. 40; L/R-Rieß 24. Auflage § 153 a Rn. 32.

265 L/R-Beulke 25. Auflage § 153 a Rn. 40; L/R-Rieß 24. Auflage § 153 a Rn. 32.

266 Radtke S. 212

267 Zu § 203 Schäfer Rn. 599; M-G § 138 a Rn. 12 ff.

268 M-G § 112 Rn. 5, § 138 a Rn. 13.

daher im Hauptverfahren nach teilweiser oder vollständiger Beweisaufnahme nicht allein aufgrund des hinreichenden Tatverdachts eingestellt werden, weil der Angeklagte in diesem Fall ein Recht auf Freispruch hätte. Von einer Verurteilung des Angeklagten kann zu diesem Zeitpunkt nur ausgegangen werden, sofern es zu einer weiteren Erhärtung des Verdachts gekommen ist. Da innerhalb dieses Verfahrensabschnitts eine Meinungsbildung durch die Beweisaufnahme ohnehin stattfindet, wird das Verfahren bei Zugrundelegung einer höheren Verdachtsintensität nicht verlängert oder erschwert. Zu einem derartig späten Zeitpunkt ist der Angeklagte außerdem sowieso schon durch die Durchführung einer Hauptverhandlung belastet und verdient daher, wie jeder andere Angeklagte, eine dem Verfahrensabschnitt entsprechende Tatbeurteilung.

Einen ebenso strengen Maßstab an die Einstellungsverfügung wie an den Erlaß eines Haftbefehls zu stellen, wie Schuth dies mit der Forderung nach einer „subjektiven Verurteilungsgewissheit", die er im Bereich des dringenden Tatverdachts ansiedelt, verlangt, ist unnötig, weil die Einstellung aufgrund der Zustimmung des Beschuldigten nicht die dem § 112 typischen empfindlichen Grundrechtsverletzungen des Betroffenen mit sich bringt. Außerdem ist eine Einstellung für den Beschuldigten auch vorteilhaft, indem sie ihm die anderenfalls eventuell bevorstehende Hauptverhandlung und einen etwaigen Schuldspruch erspart. Hielte man aber einen über den hinreichenden Tatverdacht hinausgehenden Verdacht für eine staatsanwaltschaftliche Einstellung für erforderlich, hätte dies im Hinblick auf die unterschiedlichen Anforderungen an den Verdachtsgrad zur Konsequenz, daß zwar eine Klageerhebung bei Vorliegen eines hinreichend Tatverdachts erfolgen dürfte, eine Einstellung aber auszuscheiden hätte. Dies verstieße gegen den Beschleunigungs- und Entlastungszweck der Norm. Aus den im wesentlichen gleichen Gründen kann noch viel weniger verlangt werden, daß die Staatsanwaltschaft von der objektiven und subjektiven Tatbestandsverwirklichung oder sogar noch darüber hinaus von der Schuld des Beschuldigten überzeugt ist, weil eine staatsanwaltschaftliche Einstellung ohne Hauptverhandlung und Beweisaufnahme, durch die ein Überzeugtsein im herkömmlichen Sinne überhaupt erst entstehen kann, erfolgt[269].

Richtiger erscheint es vielmehr, eine differenzierte Betrachtung vorzunehmen. In jedem Verfahrensstadium muß der Tatverdacht weiterhin bestehen bleiben. Der Verdachtsgrad richtet sich dabei nach dem für den jeweiligen Verfahrensabschnitt zur Aufrechterhaltung der Schuldvermutung erforderlichen Schuldwahrscheinlichkeit. Eine Einstellung im Ermittlungs- und Zwischenverfahren erfordert damit das Bestehen eines hinreichenden Tatverdachts. Im Hauptverfahren muß dieser weiterhin auch unter Berücksichtigung der zu erwartenden weitere Be-

269 So auch Schirrmacher S. 37.

weisaufnahme aufrechterhalten bleiben. Nach dem Abschluß der Beweisaufnahme muß der Einstellende schließlich von der Schuld des Angeklagten überzeugt sein. Radtkes Einwand gegen das in diesem Verfahrensstadium verlangte Erfordernis der Überzeugung von der Schuld des Angeklagten und zugleich seinem Begründungsansatz, ein Überzeugtsein verstieße gegen die Unschuldsvermutung, ist entgegenzuhalten, daß diese Meinung das Überzeugtsein nicht im herkömmlichen Sinn, wie es in der StPO verwandt wird, verstanden wissen will. Damit wird aber entgegen Radtkes Ansicht kein Schuldurteil gegen den Angeklagten getroffen. Bis zum Erlaß eines Urteil ist es dem Richter nämlich unbenommen, seine Meinung über den Tathergang noch einmal eingehend zu überdenken und zu revidieren. Es bleibt möglich, daß er durch die Schlußvorträge oder nach einer Beratung bei einer Kollegialentscheidung noch zu einer anderer Einschätzung gelangt. Die Überzeugung, die er bis zu diesem Zeitpunkt erlangt, ist nur eine vorübergehende, die sich automatisch während des Verfahrensfortgangs einstellt. Denn wäre der Richter nach der Beweisaufnahme unsicher, was die Schuld des Täters anbeträfe, so müßte er den Angeklagten freisprechen. Verlangte man daher für die Einstellung keine Verurteilungswahrscheinlichkeit, so scheint es naheliegend, daß der Angeklagte in der Praxis entweder unzulässigerweise um seinen verdienten Freispruch gebracht würde – denn in diesem Fall überschnitten sich die beiden Anwendungsbereiche – oder eine Einstellung immer mit Abschluß der Beweisaufnahme unmöglich wäre. Dies sieht das Gesetz aber nicht vor. Mithin ist nach vollständig erfolgter Beweisaufnahme die Verurteilungswahrscheinlichkeit zu verlangen.

IV. Zustimmungserfordernisse

Die Einstellung nach § 153 a ist nur mit Zustimmung des Beschuldigten einerseits und der grundsätzlich erforderlichen Zustimmung des anderen Strafverfolgungsorgans andererseits zulässig.

1. Zustimmung des anderen Strafverfolgungsorgans

Die Staatsanwaltschaft darf das Verfahren grundsätzlich nur mit der Zustimmung des Gerichts nach § 153 a I einstellen und die Auflagen und Weisungen festlegen. Ausnahmsweise ist die gerichtliche Zustimmung jedoch hinsichtlich der Festlegung der Sanktionen nach § 153 a I S. 1 Nr. 1 - 5 entbehrlich, wenn die verfolgte Tat als ein geringfügiges Vergehen nach § 153 a I S. 7 i.V.m. § 153 I

S. 2 zu qualifizieren ist[270]. Ein geringfügiges Vergehen i.S.d. § 153 I S. 2 liegt vor, wenn die Straftat nicht mit einer im Mindestmaß erhöhten Strafe bedroht ist und die durch die Tat verursachten Folge gering sind[271].

Zur gerichtlichen Einstellung nach § 153 a II bedarf das Gericht dagegen nach weithin einhelliger Ansicht stets der Zustimmung der Staatsanwaltschaft, weil 153 a II S. 2 nur auf § 153 a I S. 2 - 6, nicht dagegen auf § 153 I S. 7, der durch seine Verweisung auf § 153 I S. 2 eine Zustimmung für entbehrlich erklärt, verweist[272].

Einzig Terbach hält eine gerichtliche Einstellung trotz verweigerter staatsanwaltschaftlicher Zustimmung aufgrund einer verfassungskonformen Auslegung des § 153 a im Hinblick auf Art.19 IV und 3 I GG für zulässig, wenn die Staatsanwaltschaft die Zustimmung willkürlich, gleichheitswidrig oder rechtsfehlerhaft aufgrund eines Abwägungsfehlers bei der Einschätzung des öffentlichen Interesses, der nicht mehr von ihrem Beurteilungsspielraum umfaßt sei, versagt habe[273]. Die verfassungskonforme Auslegung der Norm sei zur Beschränkung der „Zustimmungssperre“ erforderlich, die bei der wenig effektiven Rechtsschutzmöglichkeit des Angeschuldigten nach § 23 EGGVG zu Tage trete. Zwar sei der gegen die Staatsanwaltschaft gerichtete Verpflichtungsantrag nach § 23 I, II EGGVG bei gleichheitswidriger oder willkürlicher staatsanwaltschaftlicher Zustimmungsverweigerung zulässig, da der Entkriminalisierungszweck eine individuelle Rechtsposition enthalte, die durch Art. 3 I GG Schutz erführe. Jedoch habe sich der Verpflichtungsantrag jedenfalls zum Entscheidungszeitpunkt in der Regel bereits durch ein inzwischen ergangenes Urteil erledigt und sei deshalb als unzulässig zurückzuweisen[274]. Die verfassungskonforme Auslegung führe dazu, daß das Gericht die Einschätzung des „öffentlichen Interesses“ in Entsprechung zur Rechtsprechung des BGH zur Strafmaßrevision auf Tatsachenmängel, Abwägungsausfall, -defizit, -fehlgebrauch und -disproportionalität hin überprüfen und das Verfahren bei einer abweichenden gerichtlichen Beurteilung gegebenenfalls ohne staatsanwaltschaftliche Zustimmung einstellen könne[275].

Die durch die Vorschrift des § 153 a bezweckte Entkriminalisierung soll dazu führen, daß das „Strafschwert“ im Interesse der Rechtsgemeinschaft „im Über-

---

270 Pfeiffer § 153 a Rn. 3.

271 M-G § 153 Rn. 15, 17.

272 L/R-Meyer-Goßner 23. Auflage § 153 a Rn. 81; Terbach S. 197, 198 will eine gerichtliche Substitution der gleichheitswidrig oder willkürlich verweigerten staatsanwaltschaftlichen Zustimmung im Rahmen einer verfassungskonformen Auslegung des § 153 a II S.1 im Hinblick auf Art. 19 IV und 3 I GG zulassen.

273 Terbach S. 197, 198.

274 Terbach NStZ 1998, 172, 174.

275 Terbach NStZ 1998, 172, 175, 176.

maß des Strafens (...) nicht stumpf wird"[276]. Der Entkriminalisierungszweck der Norm dient damit entgegen der Meinung Terbachs keineswegs auch dem Schutz des Beschuldigten, sondern nur dem Schutz der Allgemeinheit vor der Verübung von Straftaten. Zwar kommt eine Einstellung dem Beschuldigten zweifelsfrei zugute, diese Begünstigung ist jedoch nur eine zwangsläufige, nicht primär beabsichtigte Folge – ein Reflex – der auf Justizentlastung, Verfahrensbeschleunigung und Entkriminalisierung gerichteten Verfahrenseinstellung. Da der Beschuldigte somit nicht in den Schutzbereich der Norm fällt, bedarf die Vorschrift des § 153 a zu ihrer Wirksamkeit wegen des Umstandes, daß durch die Verweigerung der staatsanwaltschaftlichen Zustimmung eine gerichtliche Einstellung entsprechend dem Wortlaut der Norm ausscheiden muß und Rechtsschutz – sofern man ihn entgegen der hier vertretenen Meinung für zulässig erachtet – nicht rechtzeitig erlangt werden kann, keiner verfassungskonformen Auslegung.

2. Wirkung der Zustimmung und deren Verweigerung

Die erteilte gerichtliche oder staatsanwaltschaftliche Zustimmung bezieht sich immer auf die jeweilige Verfahrenslage und verliert automatisch ihre Wirkung, wenn sich diese wesentlich verändert hat und das Verfahren bis dahin nicht vorläufig eingestellt worden ist[277]. Daneben kann das jeweilige Strafverfolgungsorgan seine Zustimmung widerrufen, solange das Verfahren noch nicht vorläufig eingestellt wurde[278].

Wurde die gerichtliche Zustimmung verweigert, so kann die Staatsanwaltschaft nicht einfach weitere Ersuchen um Zustimmung bei anderen zuständigen Gerichten stellen[279]. Dies verbietet das Legalitätsprinzip, das jegliche Manipulation der Voraussetzungen einer Opportunitätsentscheidungen untersagt[280]. Wurde dagegen die Entscheidung über die Zustimmung in der Sache verweigert – z.B. weil das Gericht sich für unzuständig hielt[281], aber nach hier vertretener Meinung auch, wenn es von einer Zustimmungsfreiheit nach §§ 153 a I 7, 153 I 2 ausging – so darf ausnahmsweise ein anderes zuständiges Gericht um seine Zustimmung

276 Kaiser S. 134; Kaiser Kriminologie S. 351.
277 L/R-Beulke 25. Auflage § 153 Rn. 67; L/R-Rieß 24. Auflage § 153 Rn. 64.
278 Veränderte Sachlage gefordert von L/R-Beulke 25. Auflage § 153 Rn. 47; L/R-Rieß 24. Auflage § 153 Rn. 44; wohl M-G § 153 Rn. 26; neuen Umstände für einen Widerruf halten nicht für erforderlich L/R-Meyer-Goßner 23. Auflage § 153 Rn. 28, 63; KK-Schoreit § 153 Rn. 29, 50; HK-Krehl § 153 Rn. 11, 21; AK-Schöch § 153 Rn. 27.
279 AK-Schöch § 153 Rn. 25; HK-Krehl § 153 Rn. 10.
280 L/R-Meyer-Goßner 23. Auflage § 153 Rn. 26.
281 KK-Schoreit § 153 Rn. 29; HK-Krehl § 153 Rn. 10.

gebeten werde. In diesem Fall wird das Legalitätsprinzip nämlich nicht rechtsmißbräuchlich umgangen, da es bislang zu keiner bzw. keiner umfassenden sachlichen Prüfung der Vorraussetzungen für eine Opportunitätsentscheidung gekommen ist. Eine Manipulation des dominanten Legalitätsprinzips durch mehrfache Antragstellung bei verschiedenen Gerichten mit dem Ziel, die Folgen der vorherigen Zustimmungsverweigerung durch Erlangung einer nunmehr anderenorts positiven Einschätzung der beabsichtigten Vorgehensweise zu umgehen, ist hier nicht zu befürchten. Mangels eingehender Prüfung des vorgelegten Sachverhalts bezog das zuerst ersuchte Gericht noch keine Stellung zur beabsichtigten Einschränkung des Legalitätsprinzips. Allein durch die Begutachtung der Folgen der Tat und des möglichen Strafrahmens ist der Sachverhalt im zweiten Fall nicht so umfassend gewürdigt worden, wie es bei vom Gericht angenommenem Zustimmungserfordernis, insbesondere im Hinblick auf die Frage nach dem Schuldgrad und der Möglichkeit zur Beseitigung des öffentlichen Interesses an der Strafverfolgung durch Erfüllung bestimmter Auflage und Weisung, geschehen wäre.

3. Prüfungsumfang und Bindungswirkung hinsichtlich der Einschätzung der Zustimmungsfreiheit oder -bedürftigkeit der Einstellungsentscheidung

Fraglich ist, ob das Gericht immer zur Entscheidung über das Vorliegen aller Einstellungsvoraussetzungen im Rahmen eines staatsanwaltschaftlichen Zustimmungsersuchen verpflichtet ist, oder ob es die Akte, ohne zu den anderen Einstellungsvoraussetzungen Stellung zu nehmen, unter Verneinung des Zustimmungserfordernisses an die Staatsanwaltschaft zurücksenden darf. Auf der anderen Seite stellt sich, wenn das Gericht einen Fall der zustimmungsfreien Einstellung annahm, das Problem, ob die Staatsanwaltschaft an ihre ursprüngliche Einschätzung, daß eine gerichtliche Zustimmung für die beabsichtigte Einstellung notwendig sei, gebunden ist, oder ob sie ihre Ansicht ändern darf, oder ob es sogar nicht mehr auf das Zustimmungserfordernis ankommt, weil das Gericht die Möglichkeit zur Stellungnahme hatte.

a. Meinungsstand

Nach einer Meinung ist das Gericht an die staatsanwaltschaftliche Einschätzung des Zustimmungserfordernisses aufgrund deren Alleinzuständigkeit gebunden, weshalb das Gericht zur sachlichen Entscheidung über die Einstellungsmöglichkeit verpflichtet sei, wenn die Staatsanwaltschaft die gerichtliche Zustimmung für notwendig halte[282]. Denn mit dem Ersuchen um Zustimmung habe die Staatsanwaltschaft eine endgültige Einschätzung über die Notwendigkeit der gerichtlichen Zustimmung getroffen, die sie bei gegenteiliger Auffassung des Gerichts nicht abändern und somit das Verfahren nicht ohne eine gerichtliche Zustimmung einstellen dürfe. Eine Ausnahme von dieser Bindung bestünde nur für den Fall, daß sich die Sache im späteren Verfahrensverlauf als entscheidend geringfügiger als zuvor angenommen darstelle, weil insoweit die Zustimmungsvoraussetzung nachträglich gem. § 153 I 2 entfalle[283].

Andere lassen eine staatsanwaltschaftliche Verfahrenseinstellung ohne gerichtliche Zustimmung auch dann zu, wenn die Staatsanwaltschaft das Gericht um Zustimmung ersuchte und dieses keine Entscheidung über die Zustimmung traf, weil es von einer Zustimmungsfreiheit der Einstellung nach § 153 I 2 ausging. Das Gericht habe in dem Fall die Möglichkeit zur Mitgestaltung des Verfahrens erhalten[284]. Darauf, ob eine Zustimmung tatsächlich nötig war, komme es nicht an.

Zwischen den vorgenannten Meinungen einzuordnen ist die Auffassung, nach der die Staatsanwaltschaft an ihre frühere Einschätzung bezüglich des Zustimmungserfordernisses nicht gebunden sei, sondern diese trotz gerichtlicher Verweigerung neu vornehmen und bei nunmehriger Verneinung der Zustimmungsbedürftigkeit das Verfahren ohne Zustimmung einstellen könne[285]. Das Gericht sei nicht an die Einschätzung der Staatsanwaltschaft gebunden, sondern dürfe die Akten ohne Entscheidung über die gesamten Einstellungsvoraussetzungen allein wegen der Annahme der Zustimmungsfreiheit der Einstellung an die Staatsanwaltschaft zurückgeben[286].

b. Stellungnahme

Die Auslegung des Gesetzes anhand der Gesetztesmaterialien führt dazu, daß die Einschätzung der Zustimmungsbedürftigkeit allein der Staatsanwaltschaft obliegen sollte, während sie für das Gericht umgekehrt bindend ist. Der Gesetzgeber wollte der Staatsanwaltschaft durch §§ 153 a I 7, 153 I 2 das Recht einräumen,

---

282 L/R-Beulke 25. Auflage § 153 Rn. 54; L/R-Rieß 24. Auflage § 153 Rn. 52; L/R-Meyer-Goßner 23. Auflage § 153 Rn. 53; HK-Krehl § 153 Rn. 19; AK-Schöch § 153 Rn. 35; a.A. M-G § 153 Rn. 18.

283 L/R-Beulke 25. Auflage § 153 Rn. 54; L/R-Rieß 24. Auflage § 153 Rn. 52; AK-Schöch § 153 Rn. 35; L/R-Meyer-Goßner 23. Auflage § 153 Rn. 53; HK-Krehl § 153 Rn. 19.

284 KMR-Müller 8. Auflage § 153 Rn. 10.

285 M-G § 153 Rn. 19.

286 M-G § 153 Rn. 18.

von der Strafverfolgung ohne Zustimmung des Gerichts abzusehen[287]. Die Staatsanwaltschaft besitzt damit auch das Privileg, eigenverantwortlich über die Zustimmungsbedürftigkeit zu entscheiden. Denn wenn sie die Einstellung für zustimmungsfrei hält, wird das Gericht niemals mit der Sache befaßt. Umgekehrt ist es aber auch nicht ihre Pflicht, in den Fällen des § 153 I 2 ohne Mitwirkung des Gerichts zu handeln. Denn eine solche Verpflichtung stellt der Gesetzgeber nicht auf. Vielmehr ist gerade aus dem Umstand, daß der Gesetzgeber die Zustimmungsvoraussetzung zur gegenseitigen Kontrolle der Strafverfolgungsorgane einführte, um einen Mißbrauch der Einstellungsvorschrift zu vermeiden[288], zu folgern, daß er die Ausnahme von diesem Erfordernis restriktiv handhaben und damit die Zustimmungsanfrage nicht generell für die Anwendungsfälle des § 153 I 2 ausschließen wollte. Die vom Gesetzgeber geäußerte Befürchtung, daß durch die Vorschrift des § 153 I 2 kleinkriminelle Taten, die oftmals Einstiegsdelikte sind, durch die einseitige Einstellung seitens der Staatsanwaltschaft vernachlässigt werden könnten[289], würde in den (Grenz-)Fällen ausgeräumt, in denen die Staatsanwaltschaft die Zustimmung des Gerichts erbittet. Das Gericht ist daher verpflichtet, eine Stellungnahme in der Sache abzugeben, wenn es um seine Zustimmung ersucht wird.

Die Staatsanwaltschaft ist auch nicht entsprechend der zweiten Ansicht befugt, eine zustimmungsbedürftige Einstellung ohne Zustimmung des Gerichts vornehmen, weil anderenfalls die mit der Zustimmung beabsichtigte und das Legalitätsprinzip schützende gegenseitige Kontrolle auf diese Weise umgangen würde. Wenn das Gericht die Zustimmung wegen von ihm angenommener Zustimmungsfreiheit ablehnte, hat es den Sachverhalt nämlich nur hinsichtlich dieses Erfordernisses, nicht jedoch umfassend hinsichtlich der Einstellungsvoraussetzungen gewürdigt.

4. Zustimmung des Beschuldigten

Schließlich muß auch der Beschuldigte der Erteilung der Auflage und/oder Weisung zugestimmt haben[290]. Seine Zustimmung wurde für notwendig erachtet, um Verzögerungen zu vermeiden, die entstünden, wenn ein Verfahren gegen einen von vornherein erfüllungsunwilligen Beschuldigten eingestellt würde[291]. Seine Zustimmung kann er bis zur vollständigen Erfüllung der Auflagen und Weisungen widerrufen, weil er trotz ihrer Erteilung nicht verpflichtet ist, den Sanktionen

287 BT-Drucks. 7/550, S. 298.
288 BT-Drucks. 7/551, S. 44 zu § 153.
289 Vgl. BT-Drucks. 7/1261, S. 27.
290 Hohendorf NJW 1987, 1177.
291 BT-Drucks. 7/551, S. 70; BT-Drucks. 7/550, S. 298.

nachzukommen[292]. Hat er bereits Teilleistungen innerhalb der ihm gesetzten Erfüllungsfrist erbracht, steht ihm allerdings wegen der Regelung des § 153 a I 6 kein Rückerstattungsanspruch zu[293].

5. Bezugspunkt der Zustimmung

Die Zustimmung muß sich immer auf die konkrete Art und den Umfang der Auflage oder Weisung beziehen[294]. Ob die Zustimmung darüber hinaus auch den Leistungsempfänger der Geldauflage umfassen muß, ist umstritten.

a. Meinungsstand

Da die möglichen Leistungsempfänger der sehr häufig erteilten Geldauflage[295] – die Staatskasse und die gemeinnützigen Einrichtungen – gleichberechtigt im Hinblick auf die Einheitlichkeit dieser Auflage nebeneinander stehen, sind sie nach einer Meinung von der Zustimmung nicht erfaßt und können daher einseitig oder auch entgegen dem Inhalt der erteilten Zustimmung vom Einstellenden bestimmt werden[296]. Der Leistungsempfänger sei für die Beurteilung der Frage, ob das öffentliche Interesse durch die Erfüllung der Auflagen und Weisung beseitigte werden könne, nicht von Bedeutung[297]. Dieser Schluß lasse sich auch aus der Überlegung ziehen, daß nachträglich sogar wesentliche Änderungen der Auflagen und Weisungen festgelegt werden könnten, ohne daß hierzu eine erneute staatliche Zustimmung von Nöten sei[298]. Die Frage, ob eine wirksame Zustimmung im Hinblick auf die Einigkeit über den Leistungsempfänger erteilt wurde, würde überdies zu Lasten des Beschuldigten ausgetragen[299], was nicht richtig sein könne[300].

Dagegen verlangt eine andere Auffassung, daß die Zustimmung neben der Auflage und Weisung im allgemeinen auch den Leistungsempfänger beinhalten

292 L/R-Beulke 25. Auflage § 153 a Rn. 44, 116; L/R-Rieß 24. Auflage § 153 a Rn. 35, 86; HK-Krehl § 153 a Rn. 13.
293 HK-Krehl § 153 a Rn. 13.
294 Michel MDR 1993, 409; L/R-Beulke 25. Auflage § 153 a Rn. 104; L/R-Rieß 24. Auflage § 153 a Rn. 74; OLG Karlsruhe NStZ 1987, 42; LG Zweibrücken NStE 1991 Nr. 4 zu § 153 a.
295 Nach Beulke in L/R 25. Auflage § 153 a Rn. 22 wurde die Geldauflage in 98 % der Fälle, die von der Staatsanwaltschaft nach § 153 a eingestellt wurden, verhängt.
296 Michel MDR 1993, 409, 410.
297 Michel MDR 1993, 409, 410; LG Zweibrücken NStE 1991 Nr. 4 zu § 153 a.
298 LG Zweibrücken NStE 1991 Nr. 4 zu § 153 a.
299 LG Zweibrücken NStE 1991 Nr. 4 zu § 153 a; OLG Karlsruhe NStZ 1987, 42.
300 LG Zweibrücken NStE 1991 Nr. 4 zu § 153 a; OLG Karlsruhe NStZ 1987, 42.

müsse[301]. Um etwaigen wirtschaftlichen oder ideellen Interessen des Einstellenden begegnen zu können, sei eine gegenseitige Kontrolle in Form des Zustimmungserfordernisses erforderlich[302]. Auch der Leistungsempfänger sei entscheidend für die Beurteilung der Frage, ob das Strafverfolgungsinteresse behoben werden könne[303], denn gerade die Deliktsnatur schließe oftmals den einen oder anderen Leistungsempfänger aus[304]. So geböte es das öffentliche Interesse bei Steuerstraftaten, die Staatskasse als Begünstigte zu benennen[305]. Die im Gesetz vorgenommene Unterscheidung zwischen den Leistungsempfängern lege gerade den Schluß nahe, daß der Gesetzgeber damit den deliktspezifischen Eigenarten habe Rechnung tragen wollen[306]. Aber auch innerhalb der Gruppierung der gemeinnützigen Einrichtungen könne die Leistung an eine bestimmte öffentliche Einrichtung dem Zweck der Vorschrift zuwiderlaufen, wenn einer der Beteiligten besondere Sympathien für diese besitzt oder ein Affektionsinteresse verfolge[307]. Dies ist beispielsweise der Fall, wenn der Beschuldigte einen Geldbetrag an einen Verein erbringen soll, dem er zugetan ist und an den er ohnehin jährlich einen bestimmten, womöglich der Höhe der Geldauflage entsprechenden Betrag spendet. Es verstieße auch gegen den Verfahrensgrundsatz des „fair trial", würde ein anderer Zuwendungsempfänger bestimmt als der, auf den sich die Zustimmung bezogen habe, weil insbesondere der Beschuldigte oftmals seine Zustimmung gerade vom Zustimmungsempfänger abhängig mache. Einer Leistung an einen anderen Empfänger würde er möglicherweise nicht zugestimmt haben. Dies sei beispielsweise denkbar, wenn der Leistungsempfänger eine Religionsgemeinschaft oder ein Verein sei, dem der Beschuldigte nicht angehöre und der in Konkurrenz zu seiner Mitgliedschaft stehe[308].

b. Stellungnahme

Da beide in § 153 a I 1 Nr. 2 genannten Leistungsempfänger – die Staatskasse und die gemeinnützigen Einrichtungen – als gleichwertige Leistungsempfänger innerhalb derselben Auflage angesehen werden, wie ihre Aufführung unter ein und demselben Gliederungspunkt ergibt, leitet sich der Leistungsempfänger nicht zwingend aus der dem Verfahren zugrundeliegenden Straftat ab. Die Geldauflage

301 LG Frankfurt NJW 1985, 2601.
302 Grohmann DRiZ 1983, 365, 366.
303 OLG Düsseldorf OLGSt § 153 a Nr. 1 S.1 ff.
304 OLG Düsseldorf OLGSt § 153 a Nr. 1 S.1 ff.
305 OLG Düsseldorf OLGSt § 153 a Nr. 1 S.1 ff, insbes. S. 3.
306 OLG Düsseldorf OLGSt § 153 a Nr. 1 S.1 ff, insbes. S. 5.
307 OLG Düsseldorf OLGSt § 153 a Nr. 1 S.1 ff, insbes. S. 3.
308 OLG Düsseldorf OLGSt § 153 a Nr. 1 S.1 ff, insbes. S. 3, 4.

ist eine Sanktion, zwar nicht im strafrechtlichen – weil sie einvernehmlich festgelegt wird und der Beschuldigte sie freiwillig erfüllt[309] –, jedoch im weiteren Sinne. Als solche ist für sie – ähnlich wie bei der Geldstrafe – maßgeblich, daß der Beschuldigte eine ihn schmerzende Geldleistung in einer bestimmten Höhe erbringen muß. Der Leistungsempfänger ist für die Sanktionierung des Beschuldigten nicht ausschlaggebend. Der Einstellende hat im Falle einer Einstellung nach § 153 a den Leistungsempfänger – im Gegensatz zur Verurteilung zur Geldstrafe – deshalb zwangsläufig zu bestimmen, weil das Gesetz nur zwei mögliche Empfängergruppen nennt, aus denen der Einstellende einen konkreten Empfänger der Sanktion bestimmen muß. Insoweit wird die Sanktion nicht durch den konkreten Leistungsempfänger, sondern durch die vorzunehmende Handlung definiert. Diese ist letztentscheidend für die Frage der Möglichkeit der Beseitigung des öffentlichen Interesses an der Strafverfolgung.

Ist der Leistungsempfänger für den Beschuldigten ausnahmsweise von ausschlaggebender Bedeutung, so kann der Beschuldigte, sollte nicht dieser, sondern ein anderer Leistungsempfänger im Einstellungsbeschluß angegeben sein, entweder auf eine Änderung der Sanktion hinwirken oder ihr nicht nachkommen. Besondere Sympathien des Beschuldigten sind überdies bei der Auswahl der Sanktion nicht zu berücksichtigen, da die Einstellungsvorschrift und die Festlegung der Auflagen und Weisungen nicht seinem Interesse, sondern dem Interesse der Allgemeinheit dienen.

V. Wahl der Auflagen und Weisungen

Die konkrete Sanktion orientiert sich am Tatschuld- und Unrechtsgehaltsvorwurf[310]. Bei der Wahl der Art und Höhe der Sanktionen ist der Grundsatz der Verhältnismäßigkeit zu beachten, d.h. die Auflagen und Weisungen dürfen nicht außer Verhältnis zum Maß der Schuld stehen[311]. Dabei variiert die Einstellungspraxis in den verschiedenen Regionen[312].

Durch die Neuformulierung des § 153 a im Rahmen des Gesetzes zur strafrechtlichen Verankerung des Täter-Opfer-Ausgleichs wurden die in einer Einstellungsverfügung möglichen Sanktionen, die sich aus dem bisher abschließen-

309 Vgl. BT-Drucks. 7/1261, S. 28.

310 Schuth S. 28.

311 Paschmanns S. 165 m.w.N. in Fußnote 1; Theerkorn S. 57; KK-Schoreit § 153 a Rn. 25; Fünfsinn NStZ 1987, 97; Hobe FS-Leferenz S. 634.

312 Hergenröder S. 77, 78.

den Katalog des § 153 a I ergaben[313], erweitert. Wie der neue Wortlaut des § 153 a ergibt, nach dem „insbesondere" die in § 153 a I aufgezählten Auflagen und Weisungen verhängt werden können, sind die genannten Sanktionen fortan nur noch beispielhaft aufgezählt[314].

VI. Zeitpunkt der Einstellungsmöglichkeit nach § 153 a II StPO

Die gerichtliche Einstellung ist erst ab Klageerhebung und nicht mehr in der Revisionsinstanz zulässig[315]. Allerdings ist die Einstellung durch das erstinstanzliche Gericht wieder möglich, wenn das Revisionsgericht die Sache zurückverweist[316]. Die Einstellung kann auch erfolgen, wenn das Verfahren wieder aufgenommen (Aufhebung der Ausgangsentscheidung) und die Hauptverhandlung angeordnet wurde[317]. Vor einer Wiederaufnahme zuungunsten eines Verurteilten oder anstelle einer solchen ist eine Einstellung nicht möglich, weil sie zu einem Verstoß gegen den Grundsatz des ne bis in idem führte, wenn eine Sanktion neben die rechtskräftig verhängte Strafe treten würde[318].

Ob eine Einstellung voraussetzt, daß gegenüber einem früheren möglichen Einstellungszeitpunkt neue Aspekte des Sachverhalts bekannt geworden sind, ist umstritten.

1. Meinungsstand

Zum Teil wird die gerichtliche Einstellung nur für zulässig erachtet, wenn sich die Beurteilungsgrundlage entscheidend verändert hat, weil die Einstellungsmöglichkeit bereits im Vorverfahren und Zwischenverfahren geprüft worden sei[319].

---

313 Sieg MDR 1981, 200; OLG Frankfurt MDR 1980, 515, 516; Schlüchter Rn. 406.4 Fußn. 67 d.

314 L/R-Beulke 25. Auflage § 153 a Rn. 69; M-G § 153 a Rn. 14; wohl auch Pfeiffer § 153 a Rn. 4.

315 L/R-Rieß 24. Auflage § 153 a Rn. 91; L/R-Beulke 25. Auflage § 153 a Rn. 121; Döhring S. 210.

316 KMR-Plöd § 153 a Rn. 49.

317 KK-Schmidt § 362 Rn. 4.

318 KK-Schmidt § 362 Rn. 4; damit entfällt die sonst hinsichtlich anderer Opportunitätsvorschriften umstrittene Frage, ob anstelle einer Wiederaufnahme zuungunsten des Verurteilten eine Einstellung nach §§ 153 ff ohne Zustimmung des Gerichts möglich ist; bejahend L/R-Gössel 25. Auflage § 362 Rn. 1; M-G § 362 Rn. 1; AK-Loos § 362 Rn. 3; verneinend KK-Schmidt § 362 Rn. 4; HK-Krehl § 362 Rn. 1.

319 M-G § 153 a Rn. 48.

Dagegen kann das Gericht nach einer anderen Meinung auch bei gegenüber den anderen Verfahrensabschnitten unveränderter Beurteilungsgrundlage das Verfahren nach § 153 a II einstellen[320].

Schließlich differenziert eine weitere Ansicht zwischen der Einstellung im Zwischen- und im Hauptverfahren. Im Zwischenverfahren komme eine Einstellung nur in Betracht, wenn die Staatsanwaltschaft die Möglichkeit der Einstellung verkannt habe oder neues Tatsachenmaterial vorhanden sei[321]. In der Hauptverhandlung dürfe eine Einstellung dagegen ohne eine neue Tatsachengrundlage beschlossen werden, wenn sich die Schuld des Angeschuldigten gegenüber der in der Anklageschrift angenommenen als geringer herausstelle[322].

2. Stellungnahme

Eine Einschränkung der gerichtlichen Einstellung auf Fälle, in denen sich die Sachlage während des Verfahrens verändert hat, sieht die Vorschrift des § 153 a nicht vor, und sie entspräche auch nicht ihrem Sinn und Zweck. Dem Beschleunigungs- und Entlastungsziel der Vorschrift entsprechend muß eine Einstellung jederzeit und ohne Veränderung der Beurteilungsgrundlage möglich sein. Denn auch die spätere Einstellung dient noch dem Interesse der Allgemeinheit an der Einhaltung eines funktionsfähigen, weniger überlasteten Strafverfolgungsapparats einerseits und birgt andererseits für den Angeschuldigten den Vorteil, das Verfahren auf schnelle Weise ohne Schuldspruch zu beenden. Überdies ist nicht auszuschließen, daß die Staatsanwaltschaft die Sachlage anders beurteilt hätte, wenn ein Dialog und Meinungsaustausch zwischen ihr und dem Gericht stattgefunden hätte, wozu es aber in den Fällen, in denen die Staatsanwaltschaft die Einstellungsmöglichkeit einseitig verneinte, nicht kam. Gerade in diesen Fällen bietet eine spätere einvernehmliche Einstellung eine Möglichkeit zur Korrektur der einseitigen und möglicherweise fehlerhaften Verfahrensentscheidung.

VII. Formerfordernisse, Anhörung

Auch wenn eine formlose Mitteilung der Entscheidung über die vorläufige Einstellung des Verfahrens an den zum Zeitpunkt der Einstellungsentscheidung abwesenden Beschuldigten für die Wirksamkeit der Entscheidung ausreichend ist, erscheint eine Zustellung der Einstellungsentscheidung an den Beschuldigten

320 AK-Krehl § 153 a Rn. 29.
321 AK-Schöch § 153 a Rn. 56.
322 AK-Schöch § 153 a Rn. 56.

nach § 35 II 1 oder an seinen Anwalt nach § 145 a, versehen mit dem Hinweis auf die Verfahrensfortsetzung bei Nichterfüllung im Hinblick auf die aufzuerlegende Erfüllungsfrist, zweckmäßig[323]. Auf diese Weise kann der Einstellende sicher gehen, daß der Beschuldigte die Einstellungsentscheidung erlangt und Kenntnis vom Lauf der Erfüllungsfrist erhalten hat. Der Beschuldigten kann in diesem Fall jedenfalls nicht vortragen, er habe vom Fristablauf und seinen Folgen nichts gewußt.

Voraussetzung der endgültigen Einstellung ist die fristgerechte Erfüllung der Auflagen und Weisungen durch den Beschuldigten. Vor der endgültigen Einstellung nach § 153 a II sind die Staatsanwaltschaft und der Nebenkläger zwingend zu hören[324]. Trotz des bereits durch die vollständige Erfüllung eingetretenen Verfahrenshindernisses ist ein deklaratorischer Einstellungsbeschluß, wie die Kostenregelung des § 467 V belegt, zur formalen Verfahrensbeendigung erforderlich[325]. Der Beschluß, durch den das Verfahren endgültig eingestellt wird, muß nicht begründet und zugestellt werden, weil er nach hier vertretener Meinung keine Entscheidung nach § 3 StrEG enthält und insoweit keiner Anfechtung unterliegt[326].

VIII. Rechtsgrundlage für die vorläufige und die endgültige Einstellung

Die vorläufige Einstellung erfolgt nach § 153 a I 1 bzw. § 153 a II 1 i.V.m. I 1.

Umstritten ist dagegen die Rechtsgrundlage für die Entscheidung (Verfügung bzw. Beschluß), durch die das Verfahren endgültig eingestellt wird[327]. Hierzu werden im wesentlichen zwei Meinungen vertreten.

1. Meinungsstand

Eine Meinung sieht die Rechtsgrundlage in § 170 II bzw. § 206 a, weil aufgrund der eingetretenen Sperrwirkung des § 153 a I 5 ein Verfahrenshindernis beste-

---

323 Pfeiffer § 153 a Rn. 6.

324 L/R-Beulke 25. Auflage § 153 a Rn. 128; L/R-Rieß 24. Auflage § 153 a Rn. 98.

325 Pfeiffer § 153 a Rn. 9.

326 L/R-Rieß 24. Auflage Nachtrag zu § 153 a Rn. 9; vgl. hierzu 5. Kapitel A I 2 d und B I 2.

327 Die Frage der Rechtsgrundlage war bis zur Einführung des § 153 a II 5 durch das StVÄG 1987 entscheidend für die Frage der Anfechtbarkeit der Nebenentscheidung, sofern man die Anfechtung von Nebenentscheidungen bei Unanfechtbarkeit der Hauptsacheentscheidung verneinte, was mangels einer dem § 464 III 1 entsprechenden Regelung umstritten war, vgl. hierzu L/R-Rieß 24. Auflage § 153 a Rn. 71, 106, § 153 Rn. 81; L/R-Beulke 25. Auflage § 153 a Rn. 101; § 153 Rn. 84.

he[328]. Auch entspreche dies der Vorstellung des Gesetzgebers[329], der bewußt nur die vorläufige, nicht hingegen die endgültige Einstellung in § 153 a normiert habe. Dies belege insbesondere die Vorschrift des § 467 V, in der der Gesetzgeber die Vorschrift des § 153 a nur nach der Erwähnung der vorläufigen, nicht dagegen auch hinter der Nennung der endgültigen Einstellung zitiert habe[330]. Die vorläufige und die endgültige Einstellungsentscheidung bildeten nämlich aufgrund der zeitlichen Zäsur, ihrer verschiedenen Voraussetzungen, insbesondere was das Zustimmungserfordernis betreffe, und ihrer unterschiedlichen Wirkungen keine Einheit[331].

Nach überwiegender Meinung erfolgt die endgültige Einstellung dagegen auch aufgrund des § 153 a, da die §§ 153 ff abschließende Sonderregeln darstellten[332], die einen Rückgriff auf andere Normen der StPO nicht zuließen[333]. Konkret sei die Rechtsgrundlage in § 153 a I 5 und nicht in § 153 a I 1 zu sehen, was sich daran zeige, daß der Gesetzgeber mit der Formulierung des Ausschlusses des Klageerzwingungsverfahrens nach § 172 II 3, der allein die Sätze 1 und 7 des § 153 a I aufzähle, nur die vorläufige Einstellung und nicht die endgültige Einstellung habe erfassen wollen[334]. Aufgrund der vom Gesetzgeber vorgenommenen systematischen Stellung der Vorschrift des § 153 a bei den Einstellungsvorschriften der §§ 153 ff wäre anderenfalls eine ausdrückliche Verweisung auf andere Regelungen erforderlich gewesen, die er ersichtlich nicht habe erlassen wollen[335]. Zudem habe die Einstellung nach § 153 a nur deklaratorische Bedeutung, während der Beschluß nach § 206 a konstitutiv wirke und insoweit verfahrensverzögernd dem § 153 a zugrundeliegenden Zweck der Verfahrensbeschleunigung und -vereinfachung entgegenwirke[336].

Ohne Begründung differenziert eine weitere Meinung bei der Frage nach der Rechtsgrundlage für die endgültige Einstellungsentscheidung nach der Person des Einstellenden. Die Rechtsgrundlage für den gerichtlichen endgültigen Einstel-

---

328 KMR-Müller 8. Auflage § 153 a Rn. 23; L/R-Beulke 25. Auflage § 153 a Rn. 101; L/R-Rieß 24. Auflage § 153 a Rn. 71; Eckl JR 1975, 99, 101 bzgl. § 170 II; LG Stuttgart AnwBl 1979, 201.

329 L/R-Beulke 25. Auflage § 153 a Rn. 101; L/R-Rieß 24. Auflage § 153 a Rn. 71.

330 LG Stuttgart AnwBl 1979, 201.

331 LG Stuttgart AnwBl 1979, 201.

332 L/R-Beulke 25. Auflage § 153 a Rn. 101; L/R-Rieß 24. Auflage § 153 a Rn. 71; KMR-Plöd § 153 a Rn. 40; M-G § 153 a Rn. 53; Schuth S. 123; Schäfer Rn. 1559; OLG Frankfurt MDR 1980, 515; KK-Schoreit 3. Auflage § 153 a Rn. 60.

333 L/R-Rieß 24. Auflage § 153 a Rn. 71; L/R-Beulke 25. Auflage § 153 a Rn. 101; OLG Düsseldorf MDR 1976, 423.

334 L/R-Meyer-Goßner 23. Auflage § 153 a Rn. 72.

335 OLG Düsseldorf MDR 1976, 423.

336 OLG Frankfurt MDR 1980, 515; L/R-Meyer-Goßner 23. Auflage § 153 a Rn. 97.

lungsbeschluß soll danach § 153 a[337], die Grundlage für die staatsanwaltschaftliche endgültige Einstellungsverfügung § 170 II sein[338].

2. *Stellungnahme*

Eine Differenzierung danach, wer die Entscheidung erläßt, ist insoweit inkonsequent, als § 153 a II (in seinem Satz 1 und 2) auf § 153 a I (Satz 1 bis 6), der die staatsanwaltschaftliche Einstellung behandelt, verweist, und die staatsanwaltschaftliche und die gerichtliche vorläufige Einstellung parallel verlaufen. Da § 153 a trotz dieses Umstandes weder die endgültige gerichtliche noch die endgültige staatsanwaltschaftliche Einstellung ausdrücklich regelt, ist nicht ersichtlich, wieso zwischen den beiden Einstellungsvarianten im Rahmen der nachfolgenden endgültigen Einstellung Unterschiede gemacht werden sollten. Der ersten Meinung ist entgegen zu halten, daß § 206 a bei Verfahrenshindernissen gilt, die ohne Einfluß des Beschuldigten entstehen, was auf das Hindernis des § 153 a I 5 nicht zutrifft, bei dem der Beschuldigte den Eintritt des Verfahrenshindernisses durch Sanktionserfüllung selbst herbeiführt[339]. Daneben ist die Annahme des § 170 II als Rechtsgrundlage für die endgültige staatsanwaltschaftliche Einstellung ebenfalls ungeeignet. Eine Einstellung nach § 170 II würde nämlich bekunden, daß es nicht genügend Anlaß zur Klageerhebung gegeben habe, obwohl der hinreichende Tatverdacht bei der Einstellung nach § 153 a bejaht worden war[340]. Auch aufgrund der systematischen Stellung des § 153 a bei den Opportunitätsvorschriften, denen gemein ist, daß sie die Rechtsgrundlage für die jeweilige Einstellung enthalten, ist trotz der insoweit einmaligen Zweistufigkeit des Einstellungsverfahrens nach § 153 a mangels besonderer Regelung davon auszugehen, daß § 153 a selbst die Rechtsgrundlage für die endgültige Einstellungsentscheidung enthält. Hierfür spricht auch der Umstand, daß § 153 a II 5 eine Regelung über die Unanfechtbarkeit der endgültigen Einstellungsentscheidung enthält. Wie zutreffend angeführt wird, wollte der Gesetzgeber den Ausschluß des Klageerzwingungsverfahrens allein auf die vorläufige Einstellung nach § 153 a, bei der im Gegensatz zu der endgültigen Einstellungsverfügung Wertungsgesichtspunkte mit einfließen, beschränken[341]. Aus der Nennung des § 153 a I 1, 7 in § 172 II 3 ist daher zu schließen, daß die Rechtsgrundlage für die endgültige Einstellung insoweit nicht in § 153 a I 1, sondern in § 153 a I 5, der die endgültige Sperrwir-

337 Schäfer Rn. 1559.

338 Schäfer 5. Auflage Rn. 364.

339 So auch OLG Düsseldorf MDR 1976, 423.

340 So auch L/R-Meyer-Goßner 23. Auflage § 153 a Rn. 71.

341 Vgl. BT-Drucks. 7/1261, S. 29 und 7/550, S. 301 und 7/551, S. 78; vergleiche hierzu auch die Ausführungen im 5. Kapitel A II 1 b aa.

kung regelt, zu sehen ist. Die endgültige Einstellung des Verfahrens erfolgt mithin gem. § 153 a I 5 bzw. § 153 a II 2 i.V.m. I 5.

D. Sperrwirkung des § 153 a I 5 StPO

I. Wirkung und Umfang des § 153 a I 5 StPO

Nach § 153 a I 5 kann die Tat nicht mehr als Vergehen verfolgt werden, wenn der Beschuldigte die Auflagen und Weisungen fristgerecht erfüllt hat. Hierin ist nach einhelliger Meinung die Regelung eines Verfolgungshindernisses zu sehen, dessen Umfang jedoch seit jeher umstritten ist. Er richtet sich nach der Charakterisierung des in § 153 a I 5 enthaltenen Verfahrenshindernisses[342] und nach dessen Bezugspunkt[343].

1. Regelungsgehalt des § 153 a I 5 StPO

Teilweise wird die Regelung des § 153 a I 5 nur als ein Verfolgungshindernis eigener Art, überwiegend jedoch als eine Regelung des Strafklageverbrauchs gesehen.

Enthielte die Regelung des § 153 a nur ein Verfolgungshindernis eigener Art, so wäre eine erneute Strafverfolgung nur hinsichtlich des Vergehens, wie es sich zum Zeitpunkt der Einstellung für Gericht und Staatsanwaltschaft darstellte, ausgeschlossen, während eine spätere Strafverfolgung wegen neu bekannt gewordener Umstände – unabhängig davon, ob die neuen Tatsachen auf ein Vergehen oder ein Verbrechen hinweisen – möglich bliebe[344].

Führte die Erfüllung der in der Einstellungsentscheidung nach § 153 a enthaltenen Sanktion dagegen zu einem Strafklageverbrauch, so stünde die insoweit materiell rechtskräftige Einstellungsentscheidung einer erneuten Strafverfolgung der Tat als Vergehen entgegen[345]. Statt des Begriffs des Strafklageverbrauchs

---

342 Diese klare Trennung der Charakterisierung und des Bezugspunktes der Vorschrift stellt Radtke S. 150 f, 158 f dar; Problematik angerissen von Loos JZ 1978, 592, 597 f.

343 Der Tatbegriff als Bezugspunkt für den Umfang der Sperrwirkung wird besonders klar herausgearbeitet bei L/R-Meyer-Goßner 23. Auflage § 153 a Rn. 74; vgl. L/R-Schäfer 23. Auflage Einl. Kap. 12 Rn. 45; vgl. Molière JZ 1977, 192; allgemein zum Bezugspunkt der materiellen Rechtskraft Radtke S. 147, 149 ff.

344 Molière JZ 1977, 192, 193.

345 L/R-Rieß 24. Auflage § 153 a Rn. 71; L/R-Beulke 25. Auflage § 153 a Rn. 101; AK-Schöch § 153 a Rn. 37; L/R-Rieß 25. Auflage Einl. Abschn. J Rn. 84.

werden vielfach auch die synonymen Begriffe der Sperrwirkung[346] und des Grundsatzes des ne bis in idem[347] als die wichtigste Wirkung der materiellen Rechtskraft verwandt, wonach eine erneute Strafverfolgung wegen derselben (prozessualen) Tat gegen den gleichen Beschuldigten grundsätzlich nicht mehr möglich ist[348].

a. 1. Meinung

Molière sieht in der Regelung des § 153 a I 5 allein ein „Verfolgungshindernis eigener Art“[349]. Die Einstellungsentscheidung sei nicht der materiellen Rechtskraft fähig, da sie keinen in einer Hauptverhandlung getroffenen „Wahrspruch“ über die Schuld des Täters[350], sondern nur eine Schuldvermutung enthalte[351]. Sie erfülle somit nicht den für die materielle Rechtskraft und damit den Strafklageverbrauch vorausgesetzten Anspruch auf sachliche „Richtigkeit“[352]. Die Vorschrift des § 153 a könne insoweit nur ein Verfolgungshindernis eigener Art regeln. Im Hinblick auf den mit § 56 IV OWiG a.F. übereinstimmenden Wortlaut des § 153 a I 5 – nach § 56 IV OWiG a.F. konnte die „Tat“ nach wirksamer Verwarnung nicht mehr als Ordnungswidrigkeit verfolgt werden – und der dieser Vorschrift zugrundeliegenden ähnlichen Situation müsse der Umfang des Verfolgungshindernisses des § 153 a I 5 anhand des in § 56 IV OWiG a.F. enthaltenen Tatbegriffs beurteilt werden[353]. Beide Vorschriften seien insoweit vergleichbar, als sie die Möglichkeit böten, das Verfahren ohne Feststellung der Schuld durch Verhängung einer Sanktion zu beenden. Er verweist hinsichtlich dieser Argu-

346 H.M. L/R-Rieß 25. Auflage Einl. Abschn. J Rn. 83; KMR-Sax 6. Auflage Einl. Kap.14 B I a; a.A. „allgemeine“ Sperrwirkung als Bezeichnung der der formellen Rechtskraft innewohnenden Wirkung, die die Fortsetzung desselben Verfahrens verhindert, vgl. KMR-Walter 6. Auflage Einl. Kap. 14 A e und B I a; vgl. Radtke S. 28.

347 Art. 103 III GG, der den auch schon vor seiner Einführung geltenden Grundsatz des „ne bis in idem“ erstmals verfassungsrechtlich fixiert, erfaßt über seinen engen Wortlaut, nach dem „niemand wegen derselben Tat aufgrund der allgemeinen Strafgesetze mehrfach bestraft werden darf“, hinaus auch den Fall des zuvor erkannten Freispruchs, vgl. hierzu Ranft Rn. 1870; Hellmann S. 261 f; Jarass/Pieroth Art. 103 Rn. 63; Pieroth/Schlink Rn. 1112; L/R-Rieß 25. Auflage Einl. Abschn. J Rn. 83.

348 Ausführlich zu den einzelnen Begriffen Radtke Rn. 1869 ff; Hellmann S. 261 ff; Beulke Rn. 503.

349 Molière JZ 1977, 192.

350 Vgl. allgemein zum fehlenden Wahrspruch und reiner Tatverdachtsbeurteilung bei staatsanwaltschaftlicher Tätigkeit Schmidt MDR 1964, 629, 631.

351 Molière JZ 1977, 192, 193.

352 Molière JZ 1977, 192, 193.

353 Molière JZ 1977, 192, 193.

mentation auf die Ausführungen K. Schäfers, der ursprünglich die Ansicht vertrat, daß die Sperrwirkung bei einer staatsanwaltschaftlichen Einstellung nur die Tat im Sinne des § 56 IV OWiG erfasse[354]. Nach der von K. Schäfer früher losgelöst von der Frage der rechtlichen Qualifizierung der beiden Vorschriften (als eine Regelung des Strafklageverbrauchs oder als ein Verfahrenshindernis eigener Art) vertretenen Meinung, derzufolge der Tatbegriff des § 153 a I 5 demjenigen des § 56 IV OWiG a.F. ensprechen sollte, zeigte sich die Vergleichbarkeit beider Vorschriften an der Möglichkeit der Verfahrensbeendigung ohne Feststellung der Schuld, aber mit dem Erfordernis der Sanktionsverhängung, die als Verwarnungsgeld bei § 56 IV OWiG und bei § 153 a zumeist in Form der Geldauflage ausgestaltet sei, und die nur mit Zustimmung des Betroffenen ergehen könne[355]. Im Hinblick auf die nicht getroffene Schuldfeststellung bei der Einstellung gegen Auflage und Weisung ist nach Meinung von Molière eine enges, an die Regelung des in § 56 IV OWiG anlehnendes Verständnis vom Tatbegriff unerläßlich[356].

b. 2. Meinung

Die überwiegende Meinung begreift die Vorschrift als eine Regelung der materiellen Rechtskraft[357], die jedoch in ihrer Wirkung auf den Vergehensbereich be-

---

354 L/R-Schäfer 23. Auflage Einl. Kap. 12 Rn. 48; § 410 Rn. 28, 29 wobei zweifelhaft ist, ob er die Sperrwirkung im Zusammenhang mit der formellen oder materiellen Rechtskraft meint.

355 Er verweist dabei auf den Ansatz von K. Schäfer in L/R 23. Auflage Einl. Kap. 12 Rn. 48; § 410 Rn. 28; 29 nach dem aber bei der gerichtlichen Einstellung der Tatbegriff des § 264 gelten sollte, während der von ihm angenommene Sperrwirkung bei einer staatsanwaltschaftlichen Einstellung nur der eingeschränkte Tatbegriff des § 56 IV OWiG a.F. zugrunde liegen sollte; K. Schäfer nahm aber bereits in der 24. Aufl. Einl. Kap. 12 Rn. 49 von dem bei staatsanwaltschaftlichen Einstellungen herangezogenen eingeschränkten Tatbegriff mit dem Hinweis auf die Bewährung der Vorschrift Abstand.

356 Moliere JZ 1977, 192, 193.

357 Bezeichnung als Rechtskraftwirkung von KK-Schoreit § 153 a Rn. 7; M-G Einl. Rn. 182, 183; OLG Karlsruhe Die Justiz 1990, 28 (rechtskraftähnlicher Verfahrensabschluß); Bezeichnung als Regelung des Strafklageverbrauchs (als die wichtigste Wirkung der materiellen Rechtskraft) von M-G § 153 a Rn. 45; L/R-Beulke 25. Auflage § 153 a Rn. 97; L/R-Rieß 24. Auflage § 153 a Rn. 67; L/R-Meyer-Goßner 23. Auflage § 153 a Rn. 74; OLG Nürnberg NJW 1977, 1787; BayObLG JZ 1976, 692 = JA 1977, 47; Anm. Kleinknecht zu BayObLG JR 1977, 477, 480; AK-Schöch § 153 a Rn. 37 ff; Kühne Rn. 606; Trepper S. 113, 117 f; BGH NStZ 1984, 231; BayObLG NJW 1976, 2139; L/R-Schäfer 23. Auflage Einl. Kap. 12 Rn. 48, der nunmehr, nachdem er einst die Frage für die staatsanwaltschaftliche Einstellung offengelassen hatte und nur der gerichtlichen Einstellung ausdrücklich strafklagever-

schränkt ist. Dabei handele es sich insoweit um ein Novum, als § 153 a I einen Strafklageverbrauch auch bei einer staatsanwaltschaftlichen Einstellungsverfügung statuiere. Die Vorschrift stelle damit eine Ausnahme zu dem Grundsatz dar, daß staatsanwaltschaftlichen Einstellungsverfügungen keine materielle Rechtskraft zukomme[358].

Die Sperrwirkung umfasse die gesamte prozessuale Tat i.S.d. § 264[359], jedoch beschränkt auf den Vergehensbereich[360].

Aufgrund der insbesondere durch K. Schäfer aufgeworfenen und von ihm losgelöst von der Charakterisierung der Norm geführten Diskussion[361] über einen von § 264 abweichenden eingeschränkten Tatbegriff im Rahmen des § 153 a I 5 wird und wurde diese Meinung durch weitere Argumente untermauert. Im Hinblick darauf, daß staatsanwaltschaftliche Entscheidungen bisher keinen Strafklageverbrauch entfalten konnten und aufgrund einer zu § 56 IV OWiG a.F. gezogenen Parallele, behauptete K. Schäfer, daß der in § 56 IV OWiG a.F. enthaltene Tatbegriff auch für die Regelung des § 153 a I 5 zu gelten habe.

Dagegen sei jedoch anzuführen, daß der Begriff der „Tat" in der gesamten StPO – beispielsweise in §§ 155, 264, aber auch in Art. 103 III GG[362] – einheitlich im Sinne der gesamten prozessualen Tat verwandt werde[363]. Hätte der Gesetzgeber der Vorschrift die Tat im materiellen oder in einem anderen Sinne zugrunde legen wollen, so hätte er einen anderen Begriff gewählt, wie beispielsweise „Handlung", dessen er sich in den §§ 19 und 21 OWiG, oder „einzelne ab-

---

brauchende Wirkung zukommen ließ, von einer einheitlichen Regelungswirkung im Sinne eines Strafklageverbrauchs ausgeht.

358 Schäfer 5. Auflage Rn. 384, 385; Radtke S. 157,158, der auf die Ausführungen von Loos JZ 1978, 592, 598 verweist, diskutiert einen eventuellen Strafklageverbrauch auch bei anderen staatsanwaltschaftlichen Einstellungsverfügungen bei unverändertem Sachverhalt und gleicher rechtlicher Bewertung; zur Rechtskraftfähigkeit staatsanwaltschaftlicher Verfügungen allgemein und im speziellen Radtke S .152 ff.

359 H.M.; Radtke S. 250; Loos JZ 1978, 597; Schuth S. 36, 90, 91; Ranft Rn. 1167; OLG Karlsruhe Die Justiz 1990, 28; L/R-Rieß 24. Auflage § 153 a Rn. 67; L/R-Beulke 25. Auflage § 153 a Rn. 97; OLG Hamm MDR 1981, 870 f; M-G § 153 a Rn. 45; Heimler S. 106; AK-Schöch § 153 a Rn. 37; OLG Nürnberg NJW 1977, 1787, 1788; Schäfer Rn. 1142, 1208; Trepper S. 118; Roxin S. 88.

360 H.M.; L/R-Rieß 24. Auflage § 153 a Rn. 67; L/R-Beulke 25. Auflage § 153 a Rn. 97; M-G § 153 a Rn. 45; EuGH NJW 2003, 1173 f, nach dem der Strafklageverbrauch auch im Schengener Rechtsraum gem. Art. 54 SDÜ Wirkung entfalte; zum Strafklageverbrauch i.S.d. Art. 54 SDÜ im einzelnen: Hecker StV 2001, 306 ff.

361 Vgl. auch Groth NJW 1978, 197, 198 Fußn. 17.

362 Vgl. Kröpil DRiZ 1986, 448; vgl. Büchner S. 178.

363 L/R-Meyer-Goßner 23. Auflage § 153 a Rn. 76; Radtke S. 150; vgl. zum prozessualen Tatbegriff: Kröpil DRiZ 1986, 448; Herzberg JuS 1972, 113 ff; Achenbach ZStW 87 (1975), 74, 83.

trennbare Teile einer Tat", dessen er sich in § 154 a bediente[364]. Auch die historische Auslegung der Vorschrift führe zu diesem Ergebnis. Zwar sei den Gesetzgebungsmaterialien keine Aussage über den Umfang des Verfolgungsverbots zu entnehmen[365]. Der Gesetzgeber habe jedoch mit der Einfügung der Vorschrift eine Entlastung der Justiz im Auge gehabt[366]. Mit der endgültigen Einstellung nach § 153 a sollte das Verfahren abschließend beendet und eine erneute Strafverfolgung nur bei Vorliegen eines Verbrechens zugelassen sein[367]. Der Tatbegriff des § 264 dürfe zudem aus rechtstheoretischen und dogmatischen Gesichtspunkten nicht unterschiedlich verstanden werden[368]. Schließlich ließe sich auch die systematische Stellung der Norm für diese Auslegung anführen. Allen bereits vor der Schaffung des § 153 a I existierenden Vorschriften über die Einstellungen aus Opportunitätsgründen habe der Tatbegriff des § 264 zugrunde gelegen[369].

In § 153 a I 5 sei somit ein Strafklageverbrauch, der die gesamte prozessuale Tat i.S.d. § 264 erfasse, geregelt. Es seien keine Gründe ersichtlich, weshalb sich die materielle Rechtskraft ausnahmsweise nicht am Tatbegriff des § 264 orientieren sollte.

c. *Stellungnahme*

Die Vorschrift des § 153 a I 5 enthält eine Regelung eines auf den Vergehensbereich beschränkten Strafklageverbrauchs.

Der Ansatz von Molière zur rechtlichen Charakterisierung der Regelungswirkung des § 153 a I 5 geht insoweit fehl, als er behauptet, Entscheidungen, die keinen Wahrspruch enthalten, könnten nicht in materieller Rechtskraft erwachsen[370]. Diese Schlußfolgerung, die er scheinbar aus der Umkehrung des Grundsatzes, daß ein richterlicher Wahrspruch eine Sperrwirkung herbeiführe, zieht, widerspricht verschiedenen strafprozessualen Vorschriften und kann daher nicht vom Gesetzgeber gewollt gewesen sein[371]. Sie wird insbesondere durch die §§ 174, 211 widerlegt. Diese Vorschriften sehen eine beschränkte Rechtskraftwirkung des die Eröffnung des Hauptverfahrens ablehnenden sowie des den Klageerzwingungsantrag zurückweisenden Beschlusses vor[372], ohne daß es zuvor zu

364 OLG Nürnberg NJW 1977, 1787, 1788; ähnlich Schuth S. 36.
365 Schuth S. 38, 39.
366 Schuth S. 40, 41.
367 OLG Nürnberg NJW 1977, 1787, 1788.
368 Wissgott S. 394.
369 Radtke S. 151.
370 Radtke S. 151, Loos JZ 1978, 592, 598; Neu-Berlitz S. 8, 9.
371 Vgl. Loos JZ 1978, 592, 598.
372 L/R-Rieß 25. Auflage Einl. Abschn. J Rn. 114

einem richterlichen Wahrspruch gekommen ist[373]. Auch die zu § 56 IV OWiG gezogene Parallele ist abzulehnen. Molière sieht in der Vorschrift des § 56 IV OWiG richtigerweise ein Verfolgungshindernis eigener Art[374], auf den der Grundsatz des „ne bis in idem“ keine Anwendung findet[375]. Gleichwohl ist die Heranziehung des § 56 IV OWiG zur Begründung des Rechtscharakters des § 153 a I 5, wie sich aus dem Vergleich der Vorschriften und ihrer Entstehungsgeschichte zeigt, abzulehnen:

Wie Molière selbst anführt, sollte durch die Neufassung des § 56 IV OWiG klargestellt werden, daß dieser keine Regelung der materiellen Rechtskraft, sondern ein Verfolgungshindernis eigener Art enthalte[376]. Bis dahin bestand nämlich ein Streit über die Charakterisierung der Norm. So wurde überwiegend für die Auslegung des § 56 IV a.F. OWiG die Rechtsprechung zu dem im Wortlaut ähnlichen § 22 II StVG a.F herangezogen[377]. § 22 II StVG a.F. zufolge konnte „nach Zahlung der Gebühr die Zuwiderhandlung nicht mehr als Übertretung verfolgt werden“. Hierin sah der BGH entgegen der bis dahin allgemein vorgenommenen Einordnung der Vorschrift als Regelung der materiellen Rechtskraft[378] nur ein „Verfahrenshindernis eigener Art“[379]. Dagegen gab es auch Stimmen im Schrift-

---

373 Radtke S. 151.

374 Jörg S. 98; OLG Düsseldorf NJW 1991, 241; Göhler § 56 Rn. 42, 43; Mitsch S. 167; OLG Düsseldorf VRS 91, 129, 130; R/R/H § 56 Rn. 19; BGHSt 17, 101, 111 zum ehemaligen § 22 II StVG a.F., der aufgrund seines im wesentlichen gleichen Wortlauts zur Auslegung des § 56 IV OWiG a.F. herangezogen wird; vgl. dazu Rotberg § 56 Rn. 13; Göhler 3. Auflage § 56 Anm. 11 A

375 OLG Düsseldorf NJW 1991, 241; Göhler § 56 Rn. 43; OLG Düsseldorf VRS 91, 129, 130; R/R/H § 56 Rn. 19; Bohnert OWiG S. 67 spricht von „eingeschränkt“.

376 Moliere JZ 1977, 192, 193.

377 Z.T. wurde der Tatbegriff im Anschluß an die Rechtsprechung des BGH zu § 22 II StVG a.F. – vgl. BGHSt 17, 101, 111 – wegen des „im wesentlichen“ gleichlautenden Wortlauts entsprechend der jetzigen gesetzlichen Regelung definiert, so Göhler 2. Auflage § 56 Anm.11 A; vgl. Berz VOR 1972, 328, f; er wurde z.T. aber auch i.S.d. § 264 verstanden, so Berz VOR 1972, 329, 331, Bay ObLG VRS 39, 61 ff weil der Wortlaut – „Tat“ – eindeutig sei und zudem mit dem des § 84 I OWiG übereinstimme, für den dieser Tatbegriff gelte; 22 II StVG sei auf den vor Ort handelnden Polizeibeamten, § 56 IV dagegen auch auf die Verwaltungsbehörde zugeschnitten, bei der eine Einschränkung nicht passe, und da eine Differenzierung gesetzlich nicht vorgesehen sei, im Sinne einer Einheitlichkeit von dem weitgehenderen Tatbegriff auszugehen sei; zur Erreichung des schnellen Verfahrensabschlusses seien Fehlentscheidungen hingenommen worden, was sich insbesondere auch an den beschränkten Anfechtungsmöglichkeiten zeige; vgl. Schmitt S. 71; Göhler 3. Auflage § 56 Anm. 11 A.

378 Anm. Hartung JZ 1963, 99, 102; mißverständlich KMR-Sax 6. Auflage Einl. Kap. 14 B V.

379 BGH JZ 1963, 99, 102.

tum und der Rechtsprechung, die der Verwarnung nach § 56 IV OWiG a.F. im Hinblick auf seinen ihrer Ansicht nach eindeutigen und dem der Rechtskraftregelung des § 84 I OWiG entsprechenden Wortlaut materielle Rechtskraft beimaßen[380]. Vor diesem Hintergrund der Kenntnis um die Problematik der gewählten Formulierung des § 56 IV OWiG a.F. für die Einordnung der Vorschrift scheint es aber widersinnig, daß der Gesetzgeber bei der späteren Einführung des § 153 a eben gerade diese gewählt haben soll, um die Norm als bloße Strafverfolgungsbeschränkung[381] zu qualifizieren[382]. Dies gilt umso mehr, als die Novellierung des § 56 IV OWiG a.F. im selben Gesetzeswerk[383] erfolgte wie die Einführung des § 153 a, mithin diese Wortlautschwierigkeiten allgegenwärtig waren. Hätte der Gesetzgeber ein Verfolgungshindernis eigener Art schaffen wollen, hätte er vielmehr die Formulierung des § 56 IV OWiG n.F. gewählt. Die Fassung des § 153 a läßt deshalb gerade – entgegen der Meinung Molières – auf eine Regelung eines Strafklageverbrauchs[384], dem der allgemein gültige Tatbegriff des § 264 zugrunde liegt, schließen[385]. Zudem unterscheidet sich die Situation der Verwarnung im Ordnungswidrigkeitenrecht von der Situation der Einstellung des Strafverfahrens nach § 153 a[386]. Denn die Verwarnung im Ordnungswidrigkeitenrecht beruht auf einer spontan am Tatort zu fällenden Entscheidung mit der zwangsläufigen Folge, daß Beurteilungsfehler leichter unterlaufen können als bei der Einstellung im Strafverfahren, die in der Regel nach ausgiebigen Untersuchungen des Sachverhalts im Hinblick auf die Bejahung des hinreichenden Tatverdachts getroffen wird[387]. Da die endgültige Einstellung nach § 153 a im Gegensatz zu jener nach § 153 erst nach Erfüllung der Auflagen und Weisungen zulässig ist, kann der Umfang ihrer Sperrwirkung auch nicht geringer sein als der des § 153 II[388]. Bezüglich des Umfangs der beschränkten Rechtskraft eines gerichtlichen Einstellungsbeschlusses nach § 153 II – der staatsanwaltschaftlichen Einstellung nach § 153 I kommt dagegen unstreitig kein Strafklageverbrauch zu – werden nämlich im wesentlichen folgende Meinungen vertreten[389]:

380 Schmitt S. 71 in Anlehung an die Anm. Hartungs JZ 1963, 99,102, 103; Bay ObLG VRS 39, 61, 62.

381 Von einer solchen spricht Loos JZ 1978, 592, 595 Fußn. 51.

382 BT-Drucks. 7/550, S. 349 entsprechend der Rechtsprechung zu § 22 II StVG a.F..

383 Vgl. BT-Drucks. 7/1261, S. 26 - 28, 41; mit Entwurf BT-Drucks. 7 /1232 S. 167; vgl. Rüth DAR 1975, 1, 9.

384 Vgl. Groth NJW 1978, 197, 198.

385 Schuth S. 80; Loos JZ 1978, 592, 597; Radtke S. 150.

386 Ausführlich Schuth S. 77 ff, insbesondere S. 81.

387 Vgl. Loos JZ 1978, 592, 597; Schuth S. 81.

388 Loos JZ 1978, 592, 597.

389 Bezüglich der jeweiligen Begründungen hierzu wird, weil für die Fragestellung dieser Arbeit unerheblich, auf die Kommentarliteratur zu § 153, insbesondere auf AK-

So soll nach einer Auffassung eine Weiterverfolgung nach gerichtlicher Einstellung nach § 153 II nur bei Vorliegen neuer Tatsachen und Beweismittel zulässig sein, ohne daß diese zugleich eine Änderung des rechtlichen Gesichtspunktes bewirken müßten[390].

Andere verlangen darüber hinaus, daß diese Nova zu einer erhöhten Strafbarkeit[391] oder zu einer anderer Beurteilung der Schuld oder des öffentlichen Interesses führten[392].

Schließlich wird teilweise auch nur dann eine Verfahrensfortsetzung für möglich gehalten, wenn ein Verbrechens vorliege, wobei es auf das Vorhandensein von Nova nicht ankomme[393].

Der Umfang der Sperrwirkung nach § 153 II reicht also nach allen hierzu vertretenen Meinungen weiter als der des § 56 IV OWiG[394], so daß sich die Sperrwirkung des § 153 a I 5 auch aus diesem Grunde nicht an dem dem § 56 IV OWiG zugrundeliegenden Tatbegriff bemessen läßt.

d. Einschränkung des Strafklageverbrauchs

Schließlich wurden vereinzelt auch Überlegungen zu einer andersartigen als über den Tatbegriff zu erzielenden Einschränkung der materiellen Rechtskraft der Einstellungsentscheidung angestellt. Erwägungen im Hinblick auf die Lehre der eingeschränkten Rechtskraft des Strafbefehls[395], dürften nach der Gesetzesänderung durch das StVÄG 1987, durch die der Strafbefehl gem. § 410 III nun „einem rechtskräftigen Urteil gleich steht", obsolet sein. G. Schäfer schlug früher vor, die Sperrwirkung analog §§ 174 II, 211 zu beschränken und damit eine erneute Strafverfolgung bereits dann zuzulassen, wenn „neue Tatsachen und Beweismittel" eine höhere Strafbarkeit begründeten, auch wenn sich die Tat weiterhin als Vergehen darstellte[396]. Diese Einschränkung der Wirkung hielt er für erforderlich, weil einer staatsanwaltschaftlichen oder amtsgerichtlichen Einstellung ansonsten eine größere Wirkung als einer oberlandesgerichtlichen Entscheidung im Klageerzwingungsverfahren nach § 174 II beigemessen würde, ohne daß hierfür

---

Schöch § 153 Rn. 57, sowie auf Radtke S. 176, Trepper S. 102 ff und Loos JZ 1978, 592 ff verwiesen.

390 Roxin S. 92; M-G § 153 Rn. 37.

391 L/R-Meyer-Goßner 23. Auflage § 153 Rn. 87.

392 L/R-Beulke 25. Auflage § 153 Rn. 91; L/R-Rieß 24. Auflage § 153 Rn. 88.

393 AK-Schöch § 153 Rn. 56, 57; Loos JZ 1978, 592, 598.

394 Loos JZ 1978, 592, 597.

395 Vgl. Schuth S. 55 ff, der dies im Ergebnis ablehnt; M-G § 410 Rn. 11, 12; G. Schäfer 5. Auflage Rn. 1210 aufgrund der Gesetzesänderung durch das StVÄG 1987; Meyer-Goßner NJW 1987, 1161, 1167.

396 G. Schäfer 1. Auflage S. 421.

ein Grund ersichtlich sei[397]. Denn trotz der Verwerfungsentscheidung des Oberlandesgerichts sei gem. § 174 II die öffentliche Klage zulässig, wenn neue Tatsachen und Beweismittel vorhanden seien. Von dieser Einschränkung hat G. Schäfer mittlerweile – soweit ersichtlich – Abstand genommen[398].

e. *Stellungnahme*

Einschränkungen des Strafklageverbrauchs entgegen dem Wortlaut, wie sie von G. Schäfer vorgeschlagen wurden, sind mit dem Wortlaut der Vorschrift, nach dem eine Strafverfolgung wegen eines Vergehens uneingeschränkt ausgeschlossen ist, nicht vereinbar[399] und werden zutreffend von der nunmehr allgemeine Meinung abgelehnt[400]. Insbesondere seien die bei § 153 II gemachten weiteren Einschränkungen der beschränkten Rechtskraft aufgrund der unterschiedlichen Beteiligung des Beschuldigten sowie der differenten Ausgestaltung und Zielrichtung des Verfahrens nicht übertragbar[401]. Auch komme aufgrund der unvergleichbaren Zielsetzung, Ausgestaltung und Entscheidungslage[402] weder eine Einschränkung entsprechend § 174 II[403] noch entsprechend § 211 in Betracht, weil dieser für jeden Deliktstyp und nicht nur für Vergehen gelte[404]. Wegen des erzieherischen Zwecks des § 47 III JGG und seiner Anwendbarkeit auch auf Verbrechen könne auch dieser nicht herangezogen werden[405]. Die Vorschrift des § 84 II OWiG, nach der die nach schriftlichem Verfahren im rechtskräftigen Urteil als Ordnungswidrigkeit abgeurteilte Tat nicht mehr als Straftat verfolgt werden darf, spreche ebenfalls für eine dem Wortlaut des § 153 a I 5 entsprechende Rechtskraftwirkung[406].

2. *Beschränkung der Sperrwirkung auf den Vergehensbereich*

Die Sperrwirkung der Einstellung nach § 153 a ist – wie erwähnt – auf den Vergehensbereich beschränkt. Erfolgte eine endgültige Einstellung nach § 153 a,

---

397 G. Schäfer 1. Auflage S. 422.
398 Vgl. G. Schäfer 5. Auflage Rn. 384, 1208 und 6. Auflage Rn. 1635, in der er diese Einschränkung nicht mehr vornimmt.
399 Groth NJW 1978, 197, 199; Achenbach ZRP 1977, 86, 87 Fußn. 5.
400 L/R-Beulke 25. Auflage § 153 a Rn. 97; vgl. hierzu Schäfer 5. Auflage Rn. 1210.
401 Ausführlich Schuth S. 42 ff, insbesondere S. 49.
402 Ausführlich Schuth S. 74 ff, insbesondere S. 77.
403 Vgl. Schuth S. 75, der auf G. Schäfer 1. Auflage S. 421 verweist, der diesen Auslegungsvorschlag aber in der 5. Auflage Rn. 1208 nicht mehr vertritt.
404 Schuth S. 85
405 Schuth S. 86.
406 Schuth S. 85.

obwohl die Tat als Verbrechen zu qualifizieren war, ist umstritten, ob die Weiterverfolgung des Verbrechens wie bei §§ 211, 174 nur zulässig ist, wenn neuen Tatsachen und Beweismittel vorhanden sind. Dies ist nach zutreffender Meinung abzulehnen, da § 153 a ein solches Erfordernis nicht vorsieht[407].

3. Auswirkungen auf tateinheitliche Ordnungswidrigkeiten

Es sind verschiedene Konstellationen vorstellbar, in denen Straftaten und Ordnungswidrigkeiten aufeinandertreffen.

a. Erste Fallvariante

Zunächst ist an den Fall zu denken, daß das Strafverfahren nach § 153 a eingestellt wurde und sich nun die Frage stellt, ob trotz der Sperrwirkung des § 153 a I 5 eine Weiterverfolgung der Tat als Ordnungswidrigkeit in Betracht kommen kann.

aa. 1. Meinung

Rüth[408] differenziert zwischen zwei Fällen. Nur wenn durch Hinzutreten eines tatbestandlichen Erfolges eine Ordnungswidrigkeit zu einem Vergehen werde, sei auch die Ordnungswidrigkeit vom Strafklageverbrauch des § 153 a betroffen, da aufgrund der Einheitlichkeit der Tat ein Wiederaufleben der Tatbewertung als Ordnungswidrigkeit nicht möglich sei[409]. Bei tateinheitlich zusammentreffender Straftat in Form eines Vergehens und einer Ordnungswidrigkeit stehe der Verfolgung der Ordnungswidrigkeit nicht § 21 I OWiG entgegen, der allein das Strafgesetz für anwendbar erkläre. Vielmehr gelte § 21 II OWiG, demzufolge eine Handlung, die gleichzeitig eine Straftat und eine Ordnungswidrigkeit sei, als Ordnungswidrigkeit verfolgt werden könne, wenn eine Strafe nicht verhängt werde. Dem stehe auch § 153 a nicht entgegen, da durch ihn nur ein Strafklageverbrauch für den Bereich der Vergehen geschaffen werde. Praktisch werde diese Weiterverfolgungsmöglichkeit jedoch in der Regel ausscheiden, weil die gleichen Gesichtspunkte, die bei der Einstellung nach § 153 a Berücksichtigung gefunden hätten, auch in die Überlegungen im Rahmen der Verfolgung einer Ordnungswidrigkeit einflössen[410].

---

407 Vgl. hierzu die folgenden Ausführungen im 3. Kapitel A III 2 sowie im 5. Kapitel A III 1 a bb und 2 a aa ccc.

408 Rüth DAR 1975, 1 ff.

409 Rüth DAR 1975, 1,7.

410 Rüth DAR 1975, 1, 7.

bb. 2. Meinung

Überwiegend geht man jedoch aus zutreffenden Erwägungen davon aus, daß die Einstellung nach § 153 a die gesamte prozessuale Tat i.S.d. § 264 – welche ausnahmsweise sogar bei Tatmehrheit vorliegen könne – auch unter dem Gesichtspunkt der Ordnungswidrigkeit erfasse[411]. Wenn schon von der Verfolgung der Tat als Vergehen abgesehen werde, dann müsse dies erst recht für einen im Vergleich zur Straftat weniger gravierenden Verstoß gegen die Rechtsordnung in Form der Ordnungswidrigkeit gelten[412]. Insbesondere sei § 153 a eine Sondervorschrift gegenüber § 21 II OWiG und schließe damit eine Verfolgung der Tat auch unter dem Aspekt einer Ordnungswidrigkeit aus[413]. § 21 II OWiG finde immer nur dann Anwendung, wenn keine Straftat vorliege oder die Verfolgung der Straftat wegen Fehlens einer Verfahrensvoraussetzung ausscheide[414]. Bei § 153 a werde aber eine Sachentscheidung in einem summarischen Verfahren gefällt[415]. Außerdem verbiete § 153 a nach seinem Wortlaut die Weiterverfolgung der „Tat", unter der grundsätzlich die prozessuale Tat i.S.d. § 264 zu verstehen sei[416]. Anderenfalls hätte der Gesetzgeber einen Begriff wie „Handlung", wie er in §§ 19, 21 OWiG verwandt worden sei, gewählt[417].

Hierfür spricht auch, daß das Gericht die Ordnungswidrigkeiten ebenfalls im Strafverfahren gem. § 82 OWiG beurteilt; insoweit wollte der Gesetzgeber das Ordnungswidrigkeiten- und Strafverfahren einheitlich führen und beenden lassen. Die vom Gesetzgeber mit der Schaffung des § 153 a bezweckte Verfahrensbeschleunigung durch eine endgültige Verfahrensbeendigung bezüglich der Tat – sofern die Straftat kein Verbrechen darstellt – wäre aber nur hinsichtlich des Strafverfahrens erzielbar, wenn man mit Rüth die mit der Straftat tateinheitlich zusammentreffende Ordnungswidrigkeit weiterhin gem. § 21 II OWiG für verfolgbar hielte. Dies kann der Gesetzgeber aufgrund seiner Zielsetzung mit der Einführung des § 153 a aber nicht beabsichtigt haben. Auch wenn im Rahmen der

---

411 OLG Frankfurt NJW 1985, 1850; OLG Hamm MDR 1981, 870, 871; L/R-Rieß 24. Auflage § 153 a Rn. 20; L/R-Beulke 25. Auflage § 153 a Rn. 27; KK-Schoreit § 153 a Rn. 7, 59; OLG Nürnberg NJW 1977, 1787, 1788; Göhler 5. Auflage § 21 Anm. 6 B; M-G § 153 a Rn. 45.

412 OLG Nürnberg NJW 1977, 1787, 1788; Zettel MDR 1978, 531, 533; Heimler S. 183, der das Argument nur unter der Annahme, die Ordnungswidrigkeit sei ein „wesensgleiches Minus" und kein Aliud zur Straftat, wie zumeist vertreten, anerkennt.

413 Zettel MDR 1978, 531, 533; OLG Nürnberg NJW 1977, 1787, 1788.

414 Zettel MDR 1978, 531, 533.

415 Göhler 5. Auflage § 21 Anm. 6 B.

416 Heimler S. 183.

417 Zettel MDR 1978, 531, 533.

Einstellung des Verfahrens nach § 153 a keine Sanktion strafrechtlicher Art verhängt wird, so geht ihr dennoch eine Sanktionserfüllung durch den Beschuldigten voraus, die dazu dient, das öffentliche Interesse an der Strafverfolgung zu beseitigen. Wenn aber durch die Erfüllung der Auflagen und Weisungen sogar das öffentliche Interesse an der Strafverfolgung der Tat entfallen ist, so kann erst recht kein öffentliches Interesse an der Verfolgung einer tateinheitlichen leichteren Ordnungswidrigkeit mehr bestehen[418]. Die Erfassung der gesamten Tat i.S.d. § 264 durch die Einstellung nach § 153 a ist auch sachgerecht, weil im Rahmen des § 153 a bei der Beurteilung, ob die Erfüllung einer Sanktion nach § 153 a geeignet ist, das Verfolgungsinteresse zu beseitigen, die Schuld in ihrer Gesamtheit[419] bewertet wurde und eine andere Beurteilung im Rahmen von Ordnungswidrigkeiten ohnehin nicht in Betracht käme.

b. Zweite Fallvariante

Es sind aber auch Fälle denkbar, in denen das Strafverfahren erst nach Erlaß eines Bußgeldbescheides betrieben wird.

aa. Ist der Bußgeldbescheid bereits rechtskräftig, so kann dieser bei der Wahl der Sanktionen – insbesondere bei der Bemessung einer Geldauflage – Beachtung finden[420].

bb. Weitaus schwieriger stellt sich dagegen die Behandlung eines vor Einstellung des Strafverfahren erlassenen Bußgeldbescheides dar, der bei der Einstellung nach § 153 a – aus Unkenntnis des Einstellenden oder weil dieser noch nicht rechtskräftig war – keine Berücksichtigung fand.

Die Einstellungsentscheidung nach § 153 a ist trotz der Nichtberücksichtigung des Bußgeldbescheides wirksam. Die Verfolgung der dem Bußgeldbescheid zugrundeliegenden Tat ist nach § 84 I OWiG eben nur als Ordnungswidrigkeit, nicht dagegen als Straftat ausgeschlossen[421]. Eine Aufhebung des Bußgeldbescheides nach § 86 I i.V.m. § 102 II OWiG kommt überdies nach § 153 a nicht in Betracht, weil diese weder eine Verurteilung noch eine andere abschließende, gerichtliche Entscheidung darstellt[422], deren Feststellungen dem Bußgeldbescheid entgegenstehen. Auch eine entsprechende Anwendung dieser Vorschriften – insbesondere des § 86 I, der den Anwendungsbereich der Aufhebungsvorschrift definiert – muß wegen ihres Ausnahmecharakters im Hinblick auf ihre die Rechtskraft von Entscheidungen anderer Stellen durchbrechenden Wirkung ausschei-

418 Vgl. Zettel MDR 1978, 531, 533.
419 Vgl. Zettel MDR 1978, 1977, 1978.
420 Göhler NStZ 1984, 158.
421 Göhler NStZ 1984, 158.
422 Göhler NStZ 1984, 158 für die staatsanwaltschaftliche Einstellung.

den[423]. Ganz entscheidend spricht auch gegen die Ausweitung des Anwendungsbereichs des § 86 OWiG auf eine staatsanwaltschaftliche Einstellungentscheidung, daß nach § 102 II OWiG die nachträgliche Entscheidung über die Aufhebung des Bußgeldbescheides dem Gericht obliegt, das die das Strafverfahren abschließende Entscheidung getroffen hat. Die Staatsanwaltschaft selbst hat danach niemals die Entscheidungskompetenz. Denn das Gesetz sieht nur vor, daß das Gericht, das die strafrechtliche Entscheidung erließ, nunmehr die notwendigen Folgeentscheidungen trifft. Fehlt es aber an einer solchen gerichtlichen Entscheidung, so besteht die Zuständigkeit des Gerichts auch nicht. Die Zuständigkeit eines Gerichts kann auch nicht über eine Entsprechung hergeleitet werden[424], weil kein Bedarf für eine Analogie besteht. Denn der Einstellende hat die Befugnis zur nachträglichen Abänderung und Anpassung der Auflagen und Weisungen nach § 153 a I 4 sowie die Möglichkeit, die Vollstreckung aus dem Bußgeldbescheid auf dem „Gnadenweg“ zu verhindern[425]. Auch obliegt es dem Beschuldigten, die Existenz des Bußgeldsbescheides während des Einstellungsverfahrens vorzutragen.

II. Bedingte und endgültige Sperrwirkung

Nach § 153 a I 5 kann die Tat nicht mehr als Vergehen verfolgt werden, wenn der Beschuldigte die ihm nach § 153 a auferlegten Auflagen und Weisungen fristgerecht erfüllt hat. Ab diesem Zeitpunkt tritt also die endgültige Sperrwirkung ein.

Aber schon vor Eintritt dieser endgültigen Sperrwirkung nach § 153 a I 5 muß eine Weiterverfolgung der Tat während des Laufs der für die Erfüllung der Sanktion gesetzten Frist ausgeschlossen sein. Die Existenz einer solchen bedingten Sperrwirkung ergibt sich aus mehreren Gesichtspunkten. Zum einen läßt sich aus der Regelung des § 153 a I 5 der Schluß ziehen, daß nur bei Nichterfüllung eine Weiterverfolgung des Vergehens zulässig ist. Da bis zum Ablauf der dem Beschuldigten gesetzten Erfüllungsfrist ungeklärt ist, ob er die Sanktionen fristgerecht erfüllen kann und will, muß bis zum Fristende von einer weiteren Strafverfolgung abgesehen werden. Dies ergibt sich auch aus § 153 a I 4, nach dem zwar die nachträgliche Änderung der Auflagen und Weisungen, nicht aber die Aufhebung der vorläufigen Einstellung an sich – als eine dem Beschuldigten ge-

423 Göhler NStZ 1984, 158 für die staatsanwaltschaftliche Einstellung.
424 Göhler NStZ 1984, 158.
425 Göhler NStZ 1984, 158.

währte Möglichkeit der Verfahrensbeendigung nach § 153 a I 5[426] – möglich ist[427]. Der Beschuldigte ist bezüglich des Bestandes der auferlegten Sanktionen geschützt, da deren nachträgliche Änderung nur mit seiner Zustimmung erfolgen kann[428]. Eine andere Auslegung des § 153 a I 4 verstieße gegen den Gesetzeswortlaut[429] und würde dazu führen, daß der Beschuldigte im Wettlauf gegen die mögliche Entscheidungsaufhebung der Staatsanwaltschaft die Auflagen erfüllen müßte und die ihm gesetzte Frist nicht ausnutzen könnte. Dies führte zu einer Bevorteilung des wohlhabenden und sofort zahlungsfähigen Beschuldigten gegenüber dem mittellosen, was sozialstaatlich unvertretbar wäre[430]. Die mit der vorläufigen staatsanwaltschaftlichen Einstellung geschaffene Option des Beschuldigten, eine Hauptverhandlung zu umgehen, würde bei Negierung der bedingten Sperrwirkung verfehlt. Denn insoweit wäre dann eine Anklage trotz vorläufiger Einstellung möglich. Wäre dagegen das Verfahren nach Anklageerhebung vorläufig eingestellt worden, stünde die anderweitige Rechtshängigkeit einem erneuten Verfahren entgegen[431]. Dies führte zu einer Ungleichbehandlung der beiden Einstellungsvarianten, die nicht vertretbar erscheint.

III. Zeitpunkt des Eintritts der Sperrwirkung

Die endgültige Sperrwirkung tritt durch die Erfüllung der Auflagen und Weisungen ein. Die von Gericht und Staatsanwaltschaft zu erlassende endgültige Einstellungsentscheidung – Beschluß bzw. Verfügung – ist rein deklaratorischer Art[432]. Das endgültige Verfahrenshindernis des § 153 a I 5 tritt auch unabhängig davon ein, ob der Beschuldigte einer ihm auferlegten Erfüllungsnachweispflicht, die als Annexauflage, weil als reine Obliegenheit ihn nicht übermäßig belastend, zulässig ist[433], nachkommt.

Uneinig ist man sich über den Zeitpunkt des Eintritts der bedingten Sperrwirkung.

Einige nehmen an, diese trete ein, sobald die Staatsanwaltschaft oder das Gericht dem Beschuldigten die konkreten Auflagen oder Weisungen im Sinne des

426 AK-Schöch § 153 a Rn. 39.
427 L/R-Meyer-Goßner 23. Auflage § 153 a Rn. 56.
428 Wissgott S. 391.
429 Wissgott S. 392.
430 Schuth S. 24.
431 Schuth S. 24.
432 L/R-Beulke 25. Auflage § 153 a Rn. 101; L/R-Rieß 24. Auflage § 153 a Rn. 71.
433 Schmid JR 1979, 53; Schuth S. 31; M-G § 153 a Rn. 26; L/R-Beulke 25. Auflage § 153 a Rn. 47; L/R-Rieß 24. Auflage § 153 a Rn. 38.

§ 153 a I 1 Nr. 1 bis 6 erteilt und dieser ihnen zustimmt habe. Auf die formale Einstellungsentscheidung komme es nicht an[434].

Von anderen wird dagegen zutreffend auf den Zeitpunkt der vorläufigen Einstellungsentscheidung abgestellt[435]. Denn im Hinblick auf die erforderliche Rechtsklarheit, was den Zeitpunkt des Eintritts der Sperrwirkung anbetrifft, ist es notwendig, diesen objektiv, für jedermann ersichtlich festzulegen, da bestimmte Maßnahmen der Strafverfolgung ab diesem Moment nicht mehr zulässig sind. Diese Bestimmbarkeit des Eintritts der Sperrwirkung ist nur umfassend gewährleistet, wenn auf den formalen Akt des Erlasses der Einstellungsverfügung bzw. des -beschlusses abstellt wird.

IV. Folgen der Sperrwirkung

Die bedingte Sperrwirkung schließt während der Erfüllungsfrist eine Einstellung des Verfahrens nach anderen Vorschriften aus. Dies gilt selbst für eine Einstellung nach § 170 II, da ihr keine Sperrwirkung zukommt[436]. Während Zwangsmaßnahmen zum Zweck der Verfahrenssicherung nur noch in sehr beschränktem Umfang aufrechterhalten werden dürfen[437] und vielmehr i.d.R. aufgehoben werden müssen, weil sie in Anbetracht des anvisierten Ziels der Verfahrenserledigung unnötig oder unverhältnismäßig sind, ist die Beweissicherung dagegen während der Erfüllungsfrist – sofern nicht ebenfalls unverhältnismäßig – möglich und z.T. auch geboten[438].

Das objektive Verfahren, das auf die Einziehung, den Verfall und die Unbrauchbarmachung nach §§ 76 a I, III StGB i.V.m. §§ 440, 442 I gerichtet ist, kann noch nachträglich betrieben werden[439]. Allerdings ist das Vertrauen des Beschuldigten auf die Nichtverhängung strafähnlicher Maßnahmen bei Sanktionserfüllung zu beachten[440].

Die Einstellung nach § 153 a wird weder im Verkehrszentralregister noch im Bundeszentralregister eingetragen[441]. Allerdings wird sie im zentralen staatsan-

---

434 L/R-Rieß 24. Auflage § 153 a Rn. 62; L/R-Beulke 25. Auflage § 153 a Rn. 92.

435 HK-Krehl § 153 a Rn. 21; AK-Schöch § 153 a Rn. 39.

436 L/R-Beulke 25. Auflage § 153 a Rn. 98; L/R-Rieß 24. Auflage § 153 a Rn. 68.

437 M-G § 153 a Rn. 44; L/R-Rieß 24. Auflage § 153 a Rn. 65; L/R-Beulke 25. Auflage § 153 a Rn. 95.

438 AK-Schöch § 153 a Rn. 54; L/R-Rieß 24. Auflage § 153 a Rn. 65; L/R-Beulke 25. Auflage § 153 a Rn. 95; M-G § 153 a Rn. 44.

439 M-G § 153 a Rn. 59, § 153 Rn. 40.

440 M-G § 153 a Rn. 59.

441 KK-Schoreit § 153 a Rn. 45, 46; AK-Schöch § 153 a Rn. 2; hinsichtlich des BZR Düwel S. 485; Bornheim PStR 2000, 32, 34.

waltschaftlichen Verfahrensregister gem. § 492 gespeichert, um insbesondere Erkenntnisse über überörtlich auftretende Mehrfachtäter zu sammeln[442].

E. Ruhen der Verjährung

Neben der Sperrwirkung kommt es durch die vorläufige Einstellung des Verfahrens zum Ruhen der Verjährung nach § 153 a III. Der Lauf der Verjährung ruht während der für die Erfüllung der Sanktionen festgelegten Frist. Fehlt die Zustimmung des Beschuldigten zur Einstellung, tritt diese Wirkung nicht ein[443].

F. Zusammenfassung

I. § 153 a ist eine prozeßrechtliche Vorschrift und regelt ein Beendigungsverfahren mit Selbstunterwerfung.

II. Der dem § 153 a zugrundeliegende Schuldbegriff („nicht entgegenstehende Schwere der Schuld") umfaßt den Begriff der Strafzumessungsschuld. Der durch das Ersetzen der Voraussetzung der „geringen Schuld" durch die Voraussetzung der „nicht entgegenstehenden Schwere der Schuld" erweiterte Anwendungsbereich der Einstellungsnorm bedarf zur Vermeidung einer zu großen „Kluft" zwischen den Anwendungsbereichen der Einstellungsnormen der §§ 153, 153 a einer Einschränkung dergestalt, daß eine Einstellung nach § 153 a nur in Fällen möglich ist, in denen zum Einstellungszeitpunkt mit der Verhängung einer Geldstrafe in einer maximal zu erwartenden Höhe von 180 Tagessätzen zu rechnen ist.

III. Die Voraussetzungen der „nicht entgegenstehenden Schwere der Schuld" und des „öffentlichen Interesses an der Strafverfolgung" sind unbestimmte Rechtsbegriffe.

IV. Die Vorschrift des § 153 a („kann") eröffnet dem Einstellenden kein Handlungsermessen.

V. Der für eine Einstellung nach § 153 a erforderliche Verdachtsgrad richtet sich nach der Verdachtsintensität, die für das Verfahrensstadium, in dem sich das einzustellende Verfahren zum Einstellungszeitpunkt befindet, eigentümlich ist.

VI. Das Gericht ist zur Stellungnahme in der Sache auch in den Fällen verpflichtet, in denen die Staatsanwaltschaft das Verfahren auch ohne gerichtliche Zustimmung nach §§ 153 a I 7, 153 I 2 einstellen darf, weil die Entscheidung über die Zustimmungsbedürftigkeit allein der Staatsanwaltschaft obliegt und ihr

---

442 K/M-G § 474 Rn. 1.
443 M-G § 153 a Rn. 56.

durch die Regelung nur ein Recht, nicht dagegen eine Pflicht zum alleinigen Agieren gewährt wurde.

VII. Die Zustimmung muß den Leistungsempfänger der Geldauflage nicht umfassen, da die möglichen Leistungsempfänger gleichwertig sind.

VIII. Eine Einstellung in einem späteren Verfahrensabschnitt kann jederzeit erfolgen, ohne daß neue Tatsachen und Beweismittel vorhanden sein müssen, da das Gesetz eine derartige Einschränkung der Einstellungsoption nicht vorsieht und sie dem Beschleunigungs- und Entlastungszweck der Vorschrift widersprechen würde.

IX. Die vorläufige Einstellung des Verfahrens gegen Auflage und Weisung erfolgt aufgrund des § 153 a I 1 bzw. §§ 153 a II 1 i.V.m. I 1. Die endgültige Einstellung des Verfahrens findet ihre Rechtsgrundlage in § 153 a I 5 bzw. in §§ 153 a II 2 i.V.m. I 5.

X. § 153 a I 5 regelt einen auf die Tat i.S.d. § 264 bezogenen und auf den Vergehensbereich beschränkten Strafklageverbrauch, der auch tateinheitlich mit der Straftat zusammentreffende Ordnungswidrigkeiten umfaßt. Er tritt automatisch mit der ordnungsgemäße Erfüllung der festgelegten Sanktion ein.

XI. Die bedingte Sperrwirkung tritt mit Erlaß der vorläufigen Einstellungsentscheidung ein. Während der Erfüllungsfrist müssen etwaige getroffene Zwangsmaßnahmen – da sie in der Regel unverhältnismäßig im Hinblick auf die anvisierte Verfahrensbeendigung sein dürften – aufgehoben werden.

Zweites Kapitel. Auswirkungen von Leistungsstörungen auf das Verfahren und auf die erbrachte Leistung

A. Wann liegen Leistungsstörungen vor?

Eine Leistungsstörung liegt vor, wenn der Beschuldigte die von Gericht und Staatsanwaltschaft bestimmte Auflage und/oder Weisung – bei nachträglicher Abänderung in der aktuellen Form – nicht innerhalb der ihm gesetzten Frist ordnungsgemäß erfüllt[444]. Der Begriff der Leistungsstörung umfaßt damit die Fälle der Nicht-, Teil-, Spät- und Schlechtleistung.

In den Fällen der Nicht- und Teilleistung kommt der Beschuldigte der ihm auferlegten Auflage oder Weisung gar nicht oder nur unvollständig nach.

Erfüllte er die ihm auferlegte Sanktion dagegen zwar vollständig, jedoch erst nach Ablauf der Erfüllungsfrist, liegt eine Spätleistung vor.

Erbringt der Beschuldigte zwar Leistungen, um die ihm auferlegte Auflage oder Weisung zu erfüllen, genügen diese Leistungen jedoch im Hinblick auf ihre konkrete Ausführung – insbesondere im Falle der Wiedergutmachungsauflage – nicht den Anforderungen an eine ordnungsgemäße Sanktionserfüllung, handelt es sich um eine Schlechtleistung.

B. Folgen der Leistungsstörungen für das Verfahren

I. Zwingende Verfahrensfortsetzung?

Ist der Beschuldigte ohne sein Verschulden nicht in der Lage, die festgesetzte Sanktion ordnungsgemäß zu erfüllen, so stellt sich die Frage, ob das Verfahren zwingend fortzusetzen ist, oder ob das Nichtverschulden des Beschuldigten an der Leistungsstörung über eine Abänderung der Sanktion berücksichtigt werden kann.

444 Schuth S. 154.

Einige sind der Meinung, daß das Verfahren immer fortgesetzt werden müsse, weil mangels vollständiger, fristgerechter Erfüllung der Auflagen und Weisungen das Verfahrenshindernis des § 153 a I 5 nicht entstanden sei[445].

Nach der überwiegenden Ansicht muß das Verfahren dagegen nur grundsätzlich fortgesetzt werden, während im Einzelfall Ausnahmen möglich sind. Auch wenn den Beschuldigten kein Verschulden an der Leistungsstörung treffe, könne das Verfahrenshindernis des § 153 a I 5 nicht entstehen mit der Folge, daß das Verfahren grundsätzlich fortgesetzt werden müsse[446], da dem Beschuldigten ansonsten, hielte man eine Verfahrensfortsetzung nur bei verschuldeter Leistungsstörung für zulässig, ermöglicht würde, eine Reihe von Entschuldigungsgründen vorzutragen, deren Überprüfung nach dem geltenden Recht für Verfahrenshindernisse in diesem Umfang nicht möglich und dem Beschleunigungszweck des § 153 a nicht zuträglich sei. Die Tatsache des Nichtverschuldens könne in Einzelfällen im Rahmen einer Änderung der Auflage oder Weisung und durch Fristverlängerung Berücksichtigung finden[447].

Nach einer differenzierenden Ansicht ist eine Änderung oder Aufhebung der Auflagen und Weisungen zur Anpassung an das Leistungsvermögen des Beschuldigten generell unzulässig. Eine Änderung oder Aufhebung könne nur erfolgen, wenn die Auflage oder Weisung nicht (mehr) zur Beseitigung des öffentlichen Interesses an der Strafverfolgung geeignet erscheine. Die „Geeignetheit" der Auflage sei dabei ein objektiver Maßstab, der sich am Tatschuldvorwurf und am Unrechtsgehalt orientiere. Er könne daher durch individuelle Veränderungen seitens des Beschuldigten nicht beeinflußt werden.[448] Jedoch sei eine Fristverlängerung bei verspäteter Leistungserbringung zulässig, da sich die Frist nicht am Tatschuldvorwurf und Unrechtsgehalt der Tat bemesse[449]. In Härtefällen käme auch eine Einstellung nach § 153 in Betracht.

Weiter wird vertreten, daß ein Verfahren immer nur dann fortgesetzt werden dürfe, wenn der Beschuldigte die Auflagen und Weisungen in nicht nur unerheblicher Weise nicht erfüllt oder ihnen zuwidergehandelt habe, da nur dann das

---

445 OLG Düsseldorf MDR 76, 423; Kleinknecht Rn. 40; Pfeiffer § 153 a Rn. 8.

446 Schuth S. 153; kritisch Hanack FS-Gallas S. 339, 361; KK-Schoreit § 153 a Rn. 39; HK-Krehl § 153 a Rn. 19.

447 L/R-Meyer-Goßner 23. Auflage § 153 a Rn. 65, 95; Hanack FS-Gallas S. 339, 362; AK-Schöch § 153 a Rn. 35; L/R-Rieß 24. Auflage § 153 a Rn. 51; L/R-Beulke 25. Auflage § 153 a Rn. 81; KMR-Müller 8. Auflage § 153 a Rn. 15; HK-Krehl § 153 a Rn. 18.

448 Schuth S. 153.

449 Schuth S. 155.

Verfahrenshindernis des § 153 a I 5 nicht entstünde[450]. Ohne Einfluß sei dagegen, ob die Leistungsstörung auf Verschulden des Beschuldigten beruhe. Diesen Fällen könne man ausnahmsweise durch eine Änderung oder Aufhebung der Auflagen und Weisungen oder eine Fristverlängerung gerecht werden[451].

Schließlich hält eine Ansicht eine Verfahrensfortsetzung bei einer vom Beschuldigten innerhalb einer ihm zu setzenden Frist glaubhaft gemachten, unverschuldeten Leistungsstörung für unzulässig, wenn Teilleistungen erbracht wurden. Gelinge die Glaubhaftmachung nicht, habe eine Verfahrensfortsetzung zu erfolgen. Eine sofortige Verfahrensfortsetzung sei dagegen nur in zwei Fällen zulässig. Zum einen wenn der Beschuldigte überhaupt keine Leistungen erbracht habe oder auch sicher mit keiner Leistung zu rechnen sei, weil dann die Voraussetzungen für eine endgültige Einstellung nach § 153 a nicht gegeben seien. Zum anderen auch bei erbrachter Teilleistung, wenn auf die Möglichkeit der Verfahrensfortsetzung gesondert im Vorfeld hingewiesen worden sei[452].

2. *Stellungnahme*

Da die Sanktion gerade in ihrer konkreten Ausgestaltung als geeignet empfunden wurde, um das öffentliche Interesse an der Strafverfolgung zu beseitigen, kann eine Teilleistung als ein Weniger hierfür grundsätzlich nicht ausreichend sein. Das Verfahren ist daher generell fortzusetzen. Für eine Verfahrensfortsetzung nur bei erheblicher Diskrepanz zwischen vorgenommener und festgelegter Sanktionserfüllung spräche zwar die ursprüngliche Ausführungsverordnung des niedersächsischen Justizministers vom 3.12.1974[453], nach der ein erheblicher Verstoß gegen die Auflagen und Weisungen für eine Wiederaufnahme für erforderlich erklärt wurde. Die Streichung des Wortes „erheblich" durch die spätere Ausführungsverordnung des niedersächsischen Justizministers vom 11.2.1976[454] läßt diese Erwägung jedoch wieder entfallen. Gegen diese Auffassung sind überdies die Auslegungsschwierigkeiten, die mit dem Begriff „erheblich" verbunden sind, anzuführen. Auch liefe die daraus resultierende Möglichkeit der Berufung auf die Unerheblichkeit der Abweichung zwischen der erbrachten und der auferlegten Auflage oder Weisung dem Zweck des § 153 a, der Entlastung der Gerichte und der Verfahrensbeschleunigung, entgegen.

Auf der anderen Seite ist zu berücksichtigen, daß die finanzielle Situation des Beschuldigten als Strafzumessungskriterium bei der Auswahl der Sanktion mit

---

450 Eckl JR 1975, 99, 101.
451 Eckl JR 1975, 99, 101.
452 Rüth DAR 1975, 1, 7.
453 NdsRpfl. 1974, 298, 299; vgl. auch L/R-Meyer-Goßner § 153 a Rn. 65 Fußn. 4.
454 NdsRpfl. 1976, 48.

berücksichtigt worden ist und der Beschuldigte keinen Rückerstattunganspruch hinsichtlich der von ihm erbrachten Leistungen hat. Insoweit kann ein Nichtverschulden nicht in jedem Fall gänzlich unbeachtet bleiben. Vielmehr ist der Grundsatz der individuellen Leistungsfähigkeit auch im Rahmen des § 153 a zu beachten[455], was sich nicht zuletzt an der Möglichkeit der Ratenzahlung zeigt. Die Fortführung des Verfahrens auch unter der Prämisse der Leistungsberücksichtigung bei der Strafzumessung ist überdies im Einzelfall ungerecht, wenn der Beschuldigte alles in seiner Macht stehende getan hat, um die Sanktion vollständig zu erfüllen, ihm dies aber ohne sein Verschulden nicht gelang (z.B. aufgrund eines Geldmangels nach unverschuldetem Verlust des Arbeitsplatzes oder Krankheit). Dies führte für den Beschuldigten zu erheblichen Nachteilen – insbesondere der Eintragung im Bundeszentralregister im Falle der Verurteilung – gegenüber einem anderen Beschuldigten, dem es problemlos und ohne größere Mühen gelungen ist, seiner Auflage oder Weisung nachzukommen. Daß es dem Beschuldigten unverschuldet nicht möglich sein kann, die Sanktion zu erfüllen, hatte der Gesetzgeber ebenfalls erkannt und sich aus verfahrensökonomischen Gründen gegen eine Geltendmachung der Entschuldigungsgründe im fortgesetzten Verfahren ausgesprochen[456]. Insoweit auftretende Ungerechtigkeiten sollten nach seinem Willen im Einzelfall durch Änderung und Aufhebung der Auflagen und Weisungen oder eine neue Einstellung nach § 153 a erreicht werden[457]. Eine nachträgliche Abänderung oder eine erneute Einstellung – entweder nach § 153 oder § 153 a – werden der Situation des Beschuldigten und dessen Leistungsvermögen auch ausreichend gerecht. Eine Abänderung kommt daher im Einzelfall in Betracht, wenn eine Sanktion entsprechend dem Leistungsvermögen des Beschuldigten gewählt werden könnte, deren Umfang noch zur Beseitigung des öffentlichen Interesses an der Strafverfolgung geeignet ist. Anderenfalls muß eine Abänderung der Auflage und/oder Weisung ausscheiden.

II. Formelle Anforderungen an die Verfahrensfortsetzung

Nach einer staatsanwaltschaftlichen vorläufigen Einstellung nach § 153 a Abs. 1 wird das Verfahren bei Nichteintritt des Strafklageverbrauchs nach § 153 a I 5 einfach fortgesetzt. Die Staatsanwaltschaft erhebt nunmehr Klage[458].

455 Vgl. dazu Schmidt JR 1979, 51, 54.
456 BT-Drucks. 7/550, S. 299.
457 BT-Drucks. 7/550, S. 299.
458 M-G § 153 a Rn. 46; AK-Schöch § 153 a Rn. 36.

Nach einer gerichtlichen Einstellung nach § 153 a II wird ebenfalls die einfache Verfahrensfortsetzung für ausreichend erachtet[459]. Ein förmlicher Wiederaufnahmebeschluß, durch den dem Beschuldigten die Verfahrensfortsetzung mitgeteilt wird, ist jedoch geboten, wenn dieser Teilleistungen erbracht hat, um ihn unter dem Hinweis auf den nicht existierenden Rückerstattungsanspruch[460] von weiteren Zahlungen im Falle einer Geldauflage abzuhalten[461].

III. Problem: Nichteinhaltung von Teilzahlungsterminen

Kontovers diskutiert wird die Frage, ob die bloße Nichteinhaltung der Teilzahlungstermine bei gewährter Ratenzahlung – auch wenn die Frist für die letzte Rate noch nicht abgelaufen ist – bereits einen Fall der Teil- oder Nichtleistung (je nachdem, ob bereits eine Rate gezahlt wurde) darstellt und insoweit die Wirkung einer endgültigen Nichterfüllung der Geldauflage hat, so daß die bedingte Sperrwirkung endgültig entfiele und das Verfahren weiter zu betreiben wäre.

1. Meinungsstand

Mangels gesetzlicher Regelung soll dies nach überwiegender Meinung nicht der Fall sein[462].

Dagegen hält eine andere Ansicht eine Analogie zur Widerrufsmöglichkeit nach § 56 f I und II StGB und zur Verfallsklausel nach § 42 S. 2 StGB für angebracht. Hiernach könne entweder die vorläufige Aussetzung bei Zutagetreten der mangelnden Leistungsbereitschaft des Beschuldigten widerrufen werden mit der Folge, daß die vom Beschuldigten nicht erbrachte gesamte Sanktion sofort fällig werde oder die Einstellung an sich entfalle, sofern dies zuvor angekündigt worden sei[463].

---

459 L/R-Rieß 24. Auflage § 153 a Rn. 96; L/R-Beulke 25. Auflage § 153 a Rn. 126; Pfeiffer § 153 a Rn. 8.

460 Sofern man den Ausschluß auch auf verfristete Leistungen bezieht, was nach hier vertretener Ansicht abgelehnt wird.

461 L/R-Meyer-Goßner 23. Auflage § 153 a Rn. 66, 95; AK-Schöch § 153 a Rn. 36; M-G § 153 a Rn. 52.

462 L/R-Rieß 24. Auflage § 153 a Rn. 39; L/R-Beulke 25. Auflage § 153 a Rn. 48; AK-Schöch § 153 a Rn. 23.

463 M-G § 153 a Rn. 24; vgl. L/R-Rieß 24. Auflage § 153 a Rn. 39; L/R-Beulke 25. Auflage § 153 a Rn. 48.

2. *Stellungnahme*

Der Bildung einer Analogie zur Widerrufsmöglichkeit oder zur Regelung der Verfallsklausel ist entgegenzuhalten, daß die Vorschrift des § 153 a keine planwidrige Regelungslücke für den Fall der Nichteinhaltung von Teilzahlungsterminen enthält. Vielmehr knüpft die Sperrwirkung in § 153 a an die gesamte Leistung und nicht an Teilzahlungstermine an. Teilzahlungstermine sieht § 153 a überhaupt nicht vor. Somit kann ein Verzug mit einer Teilleistung keinen Einfluß auf die Sperrwirkung haben, sondern allein die Nichterbringung der gesamten Leistung bei Ablauf der Endfrist die Sperrwirkung entfallen lassen. Die Nichteinhaltung eines Teilzahlungstermins ist insoweit nicht als Leistungsstörung in Form der Teil- oder Nichtleistung anzusehen, die die vorläufige Sperrwirkung entfallen ließe und einer späteren endgültigen Sperrwirkung entgegenstünde. Aus der verspäteten Teilleistung kann auch nicht auf den Willen des Beschuldigten, die gesamte Leistung nicht zu erbringen, geschlossen werden. Gerade in den Fällen, in denen eine Ratenzahlung gewährt wurde, ist es um die finanzielle Situation des Beschuldigten nicht gut bestellt, so daß die Nichtleistung nicht auf seinem fehlenden Leistungswillen, sondern auch auf fehlendem Leistungsvermögen beruhen kann. Da sich allerdings die Situation ständig wandeln kann, kann aus einem finanziellen Engpaß heraus auch nicht bereits zu diesem Zeitpunkt auf das fehlende Leistungsvermögen bei Ablauf der Gesamtfrist geschlossen werden. Aus diesen Erwägungen heraus entfällt die bedingte Sperrwirkung nur, wenn die Gesamtleistung nicht zum Zeitpunkt der Fälligkeit der letzten Rate erbracht wurde.

Zahlt der Beschuldigte eine andere als die letzte Rate verspätet, so liegt zwar eine verspätete Teilleistung vor, die bedingte Sperrwirkung entfällt jedoch aus den ausgeführten Gründen nicht, soweit die Frist für die Erbringung der letzten Raten noch läuft.

C. Folgen für die erbrachte Leistung

I. *Nur Teilzahlung vor Ablauf der Erfüllungsfrist erbracht*

Kommt es aufgrund einer Leistungsstörung zu einer Fortführung des Verfahrens, so sind die Leistungen, die vor Ablauf der Erfüllungsfrist nur teilweise erbracht wurden, gem. § 153 a I 6 nicht zurückzuerstatten[464]. Wie diese erbrachten Leistungen im weiteren Verfahren Berücksichtigung finden, ist äußerst umstritten.

---

464 AK-Schöch § 153 a Rn. 35; HK-Krehl § 153 a Rn. 19; L/R-Beulke 25. Auflage § 153 a Rn. 89; L/R-Rieß 24. Auflage § 153 a Rn. 59.

1. Meinungsstand

Eine Meinung will eine Anrechnung entsprechend § 56 f III 2 StGB auf eine Geld- oder Freiheitsstrafe[465] vornehmen[466]. Die Zulässigkeit einer Anrechnung auch auf eine Freiheitsstrafe zeige sich zudem an § 26 III 2 JGG, der vorsehe, daß im Fall des Widerrufs der Strafaussetzung eine Anrechnung erbrachter Leistungen des Verurteilten auf eine Jugendstrafe, die nach § 17 I JGG zwar keine Freiheitsstrafe i.S.d. § 38 StGB, wohl aber wie diese eine Freiheitsstrafe im Sinne jeder freiheitsentziehenden Strafe sei, erfolgen könne[467].

Nach einer anderer Ansicht sind die erbrachten Leistungen bei der Strafzumessung im Rahmen der Würdigung des Täterverhaltens zu berücksichtigen[468]. Die Situation sei mit der ähnlichen Problematik des „Härteausgleichs" bei einer nicht mehr möglichen Gesamtstrafenbildung[469] oder mit der der Berücksichtigung der beamtenrechtlichen Folgen[470] zu vergleichen[471]. Eine Anrechnung dieser Leistungen auf die verhängte Strafe käme dagegen nicht in Betracht, da § 153 a eine solche nicht vorsehe. Auch eine analoge Anwendung des § 56 f III 2 StGB oder § 26 III 2 JGG scheide als nicht prozeßökonomisch aus, weil die Leistung bereits beim Erlaß des Urteils und nicht erst danach – wie in den Fällen des Widerrufs der Strafaussetzung – bekannt geworden sei und daher in die Entscheidung mit einbezogen werden könnte[472]. Die Analogie sei darüber hinaus auch aufgrund der Eigentümlichkeiten der beiden Verfahrensarten – insbesondere der Zielrichtung der Erteilung der Auflagen und Weisungen – ausgeschlossen[473]. Während bei der Strafaussetzung zur Bewährung die Auflagen der Genugtuung und die Weisungen der Führung des Verurteilten dienten, seien die Sanktionen des § 153 a allein zur Überwindung des öffentlichen Interesses erforderlich[474]. Dies zeige sich an der vom Gesetzgeber bewußt anders als bei § 56 b I 1 und

465 LK-Ruß § 56 f Rn. 15; SchSch-Stree § 56 f Rn. 19.

466 Hanack FS-Gallas S. 339, 362 entsprechend § 25 III StGB a. F.; Eckl JR 1975, 99, 101 Fußn. 26; HK-Krehl § 153 a Rn. 19; KK-Schoreit § 153 a Rn. 40; Kalomiris NStZ 1998, 500; AK-Schöch § 153 a Rn. 35.

467 M-G § 153 a Rn. 46; hierzu Eisenberg §§ 26, 26 a Rn. 24.

468 Schmid JR 1979, 53; L/R-Rieß 24. Auflage § 153 a Rn. 59; L/R-Beulke 25. Auflage § 153 a Rn. 89; L/R-Meyer-Goßner 23. Auflage § 153 a Rn. 69; Pfeiffer § 153 a Rn. 8.

469 Vgl. hierzu Lackner/Kühl § 55 Rn. 3; Tröndle § 55 Rn. 8 b.

470 Vgl. hierzu Tröndle § 46 Rn. 44.

471 L/R-Rieß 24. Auflage § 153 a Fußn. 151.

472 Schmid JR 1979, 53, 55.

473 L/R-Meyer-Goßner 23. Auflage § 153 a Rn. 69.

474 Vgl. Wissgott S. 386.

§ 56 c I 1 StGB gewählten Formulierung des § 153 a I 1[475]. Weiterhin ergebe sich die andere Ausgestaltung aus dem Umstand, daß eine Zustimmung zur Erteilung der Sanktionen nur bei § 153 a erforderlich sei[476]. Die Festlegung der Auflagen und Weisungen setze bei §§ 56 b und c einen Schuldspruch voraus, während bei der Einstellung hinreichender Tatverdacht genüge[477]. Der Bewährungswiderruf setze schließlich einen gröblichen und beharrlichen Verstoß gegen die Auflagen und Weisungen voraus, eine Wiederaufnahme des Verfahrens nach einer Einstellung nach § 153 a könne dagegen auch bei unverschuldeter Nichterfüllung erfolgen[478]. Auch aus Gleichheitsgründen komme eine Anrechnung für den Verurteilten, der bisher weniger als seine jetzige Geldstrafe geleistet hat, nicht in Betracht. Denn der Freigesprochene und derjenige, der zu einer niedrigeren Geldstrafe als der bereits erfüllten Geldauflage verurteilt werde, habe nach § 153 a I S. 5 auch keinen Rückerstattungsanspruch hinsichtlich des Differenzbetrages zwischen dem geleisteten und dem im Urteil festgelegten Betrag[479].

2. *Stellungnahme*

Da § 153 a eine Anrechnung von erbrachten Teilleistungen nicht vorsieht, obwohl der Gesetzgeber die Möglichkeit der Teilleistung in § 153 a I 6 regelte, und sie auch der Prozeßökonomie widerspräche, weil die Leistung bereits bei der Strafzumessung berücksichtigt werden kann, muß sie abgelehnt werden. Die erbrachten Leistungen sind bereits im Zeitpunkt der Urteilsfällung bekannt, so daß sie – im Gegensatz zum Fall des Widerrufs der Strafaussetzung zur Bewährung – noch bei der Strafzumessung hinsichtlich dieser Tat berücksichtigt werden können und müssen. Die Heranziehung der den Widerruf der Strafaussetzung zur Bewährung betreffenden Norm des § 56 f III StGB ist deshalb überflüssig. Denn § 56 f III StGB wird nur dem Umstand gerecht, daß die Strafzumessung im Falle des Widerrufs der Strafaussetzung bereits hinsichtlich einer abgeurteilten Tat abgeschlossen ist und erbrachte Leistungen insoweit nicht mehr in das Strafmaß mit einfließen können. Daher wird in jenem Fall die erbrachte Leistung nachträglich durch Anrechnung auf die verhängte Strafe berücksichtigt.

Wenn das Gericht jedoch in Unkenntnis der erbrachten Leistungen einen Strafbefehl oder ein Urteil erlassen hat, kann die Teilleistung, abgesehen von den Fällen der nachträglichen Gesamtstrafenbildung, nur auf ein Rechtsmittel hin im Rahmen der Strafzumessung berücksichtigt werden. Eine nachträgliche Anrech-

475 Schmid JR 1979, 53, 55.
476 Schmid JR 1979, 53, 55.
477 Schmid JR 1979, 53, 55.
478 Schmid JR 1979, 53, 55.
479 Schmid JR 1979, 53, 55.

nung kommt auch in diesen Fällen nicht in Betracht, weil entsprechend § 56 e StGB nur eine nachträgliche Aufhebung, Anordnung oder Änderung einer Entscheidung nach § 56 b bis § 56 d StGB, nicht dagegen einer Entscheidung nach § 56 f StGB zulässig wäre[480]. Eine Berücksichtigung der Leistung ist, wenn keine Rechtmittel mehr zur Verfügung stehen, allenfalls im Gnadenweg möglich[481].

II. Nach Fristablauf erfolgte Teil- oder Vollzahlung

Umstritten ist auch die Frage, ob der Beschuldigte einen Anspruch auf Rückerstattung von nach Fristablauf vorgenommenen Leistungen hat.

Eine Ansicht lehnt auch bei verspäteter Leistung einen Rückerstattungsanspruch mit dem Hinweis auf die dem § 153 a I 6 zugrundeliegenden Motive ab[482].

Aufgrund des klaren Wortlauts des § 153 a I 6, nach dem nur zur Erfüllung erbrachte Leistungen nicht zurückerstattet werden, ist der Rückerstattungsanspruch des Beschuldigten nach der zutreffenden Gegenmeinung[483] aber nicht ausgeschlossen. Da die vorläufige Einstellung zum Leistungszeitpunkt bereits entfallen war, kam der Beschuldigte den Sanktionen insoweit rechtsgrundlos nach und eine Erfüllung schied aus. Dies entspricht auch dem Sinn und Zweck der Ausschlußnorm, eine Verpflichtung zur Erstattung fristgerechter Teilleistungen auszuschließen, für die im Leistungszeitpunkt ein Rechtsgrund vorgelegen hat, der aber im nachhinein entfallen ist[484]. Leistungen nach Ablauf der Erfüllungsfrist erfolgen dagegen von Anfang an rechtsgrundlos[485]. Ob dieser Rückerstattungsanspruch durchsetzbar oder ausgeschlossen ist – insbesondere im Falle der Aufrechnung mit gegen den Beschuldigten bestehenden Ansprüchen, z.B. aufgrund unterhaltsrechtlicher Vorschriften[486], oder aufgrund des Rechtsgedankens des § 814 –, hängt vom Einzelfall ab.

480 Kalomiris NStZ 1998, 500; Neumann NJW 1977, 1185.
481 Neumann NJW 1977, 1185; Kalomiris NStZ 1998, 500.
482 L/R-Rieß 24. Auflage § 153 a Rn. 59, der zu den Motiven auf L/R-Meyer-Goßner 23. Auflage § 153 a Rn. 68 verweist; L/R-Beulke 25. Auflage § 153 a Rn. 89.
483 AK-Schöch § 153 a Rn. 35; HK-Krehl § 153 a Rn. 19; KK-Schoreit 3. Auflage § 153 a Rn. 40; Pfeiffer § 153 a Rn. 8.
484 Kalomiris NStZ 1998, 500.
485 Kalomiris NStZ 1998, 500.
486 Vgl. KK-Schoreit § 153 a Rn. 40; vgl. HK-Krehl § 153 a Rn. 19.

D. Zusammenfassung

I. Die Nichteinhaltung bloßer Teilzahlungstermine im Falle gewährter Ratenzahlung bei Fortlaufen der Gesamterfüllungsfrist läßt die bedingte Sperrwirkung der vorläufigen Einstellung nicht entfallen.

II. Gelingt es dem Beschuldigten ohne sein Verschulden nicht, die ihm auferlegte Sanktion ordnungsgemäß zu erfüllen, so ist das Verfahren grundsätzlich fortzusetzen. Das Strafverfolgungsorgan, das das Verfahren vorläufig eingestellt hat, hat allerdings die Möglichkeit, die Sanktion im Einzelfall auch nach Fristablauf noch abzuändern, insbesondere die Erfüllungsfrist zu verlängern. Hierzu bedarf es erneut der Zustimmung von Gericht oder Staatsanwaltschaft im Hinblick auf die Mitverantwortung an der ursprünglichen Einstellungsentscheidung. Alternativ kann der hierfür Zuständige das Verfahren auch erneut nach § 153 a oder erstmals nach § 153 einstellen.

III. Eine Leistungsstörung bei Sanktionserfüllung wirkt sich auf die erbrachten Leistungen wie folgt aus:

1. Vom Beschuldigten vor Ablauf der Erfüllungsfrist erbrachte Teilleistungen sind gem. § 153 a I 6 nicht zurückzuerstatten. Sie sind jedoch im Rahmen der Strafzumessung bei einer etwaigen späteren Verurteilung zu berücksichtigen.

2. Hinsichtlich einer Teilleistung oder einer Gesamtleistung, die der Beschuldigte nach Ablauf der Erfüllungsfrist vorgenommen hat, besteht ein Rückerstattungsanspruch des Beschuldigten.

Drittes Kapitel. Folgen eines Fehlverhaltens von Gericht und Staatsanwaltschaft

In Literatur und Rechtsprechung hat sich eine Diskussion über die Folgen von Fehlverhalten auf staatlicher Seite bei verschiedenen Fallvarianten herausgebildet. Dabei stellt sich für jede Fallkonstruktion die Frage, ob die Einstellungsentscheidung unwirksam oder nichtig ist und ob der Beschuldigte einen Rückerstattungsanspruch hinsichtlich auf die Entscheidung erbrachter Leistungen hat.

Unwirksam ist eine Entscheidung, wenn die intendierten Rechtsfolgen nicht eintreten, weil die Rechtsordnung ihr die Geltung versagt[487]. Dabei gibt es verschiedene Arten und Grade der Unwirksamkeit[488]. Die stärkste Form der Unwirksamkeit ist die Nichtigkeit, bei der die Entscheidung dauerhaft und in jeder Beziehung unwirksam bleibt[489].

Für die Frage, ob die Einstellungsentscheidung nach § 153 a trotz eines Fehlverhaltens von Gericht oder Staatsanwaltschaft wirksam ist, müssen zunächst ihre zwingenden Wirksamkeitsvoraussetzungen bestimmt werden.

Da § 153 a I 5 eine Regelung der materiellen Rechtskaft enthält, in dem er der Einstellung nach § 153 a einen auf die Tat i.S.d. § 264 StPO bezogenen und auf den Vergehensbereich beschränkten Strafklageverbrauch zumißt, will eine Meinung die Wirksamkeit der Einstellungsentscheidung anhand der gleichen Grundsätze beurteilen, die für ein fehlerhaftes Urteil gelten[490]. Ein solches Urteil ist nur dann nichtig, wenn ein offensichtlicher, schwerster Mangel vorliegt, so daß die Gültigkeit der Entscheidung für die „Rechtsgemeinschaft unerträglich wäre“ und „der Autorität des Rechts und der Rechtspflege mehr Abbruch täte, als die Anerkennung der Nichtigkeit“ [491].

Eine solche Übertragbarkeit der Grundsätze käme nur dann in Betracht, wenn Einstellungsentscheidungen und Urteile in ihrer Wirkung ähnlich und vergleichbar wären. Einstellungsbeschlüsse nach §§ 153 ff führen aber – im Gegensatz zu

---

487 Larenz S. 454 für Rechtsgeschäfte.

488 Larenz S. 454, z.B. schwebende Unwirksamkeit von Rechtsgeschäften, bei denen das zunächst unwirksame Rechtsgeschäft nachträglich durch Genehmigung noch wirksam wird.

489 Larenz S. 454.

490 Sieg MDR 1981, 200; Heinitz überträgt in seiner Anm. zu OLG Hamburg JZ 1963, 131 ff die Nichtigkeitsgrundsätze, die für Urteile gelten, die den gesetzlichen Strafrahmen überschreiten, auch auf Einstellungsbeschlüsse nach § 153 III a.F..

491 Sieg MDR 1981, 200; M-G Einl. Rn. 103.

Urteilen – insbesondere, wenn überhaupt, nur zu einem beschränkten Strafklageverbrauch und entfalten keine Bindungswirkung für jedermann, da sie nicht vollstreckbar sind[492]. Die für die Nichtigkeit von Urteilen entwickelten Maßstäbe sind somit für die Beurteilung der Wirksamkeit der Einstellungsbeschlüsse nach §§ 153 ff ungeeignet[493]. Die Frage der Wirksamkeit eines Einstellungsbeschlusses hängt insoweit vielmehr von seinen spezifischen Eigentümlichkeiten und den Umständen des Einzelfalls ab[494].

A. Einstellung trotz Vorliegens eines Verbrechens

I. Wirksamkeit der Einstellungsentscheidung

Wurde das Verfahren nach § 153 III a.F. eingestellt, obwohl die betroffene Tat ein Verbrechen darstellte, sollte die Einstellungsentscheidung nach Meinung von Heinitz[495] nichtig sein, da auch Urteile und Beschlüsse, bei denen der gesetzlich vorgesehen Strafrahmen überschritten werde, nichtig seien[496].

Aufgrund der bereits ausgeführten unterschiedlichen Wirkungsweise von Urteilen und Einstellungsbeschlüssen nach §§ 153 ff können die für die Nichtigkeit von Urteilen geltenden Grundsätze nicht einfach für die Untersuchung der Wirksamkeit dieser Einstellungsbeschlüsse herangezogen werden[497].

Bei der Untersuchung der Frage nach der Wirksamkeit der vorläufigen Einstellungsentscheidung nach § 153 a, wenn die der Einstellung zugrundeliegende Tat als Verbrechen zu qualifizieren ist, ist danach zu unterscheiden, ob das einstellende Strafverfolgungsorgan den Verbrechenscharakter der Tat im Zeitpunkt der Einstellungsentscheidung kannte oder nicht.

Wurde das eingestellte Verfahren wegen eines Vergehensverdachts betrieben, so handelte der Einstellende im Rahmen seiner prozessualen Handlungsmöglichkeiten nach § 153 a, da hierfür der Verdacht im Zeitpunkt der Einstellungsentscheidung entscheidend ist[498]. Die Einstellungsentscheidung erfolgte aus der ex-ante-Sicht korrekt, so daß die Entscheidung jedenfalls nicht an einem schweren Mangel leidet, der ihre Nichtigkeit bedingen könnte. Wurde also ein wegen eines Vergehens betriebenes Verfahren nach § 153 a vorläufig eingestellt und stellt

492 Vgl. L/R-Rieß 25. Auflage Einl. Abschn. J Rn. 138.
493 Vgl. L/R-Rieß 25. Auflage Einl. Abschn. J Rn. 138.
494 Vgl. L/R-Rieß 25. Auflage Einl. Abschn. J Rn. 138.
495 Heinitz Anm. zu OLG Hamburg JZ 1963, 131 ff.
496 Heinitz Anm. zu OLG Hamburg JZ 1963, 131, 133.
497 Vgl. L/R-Rieß 25. Auflage Einl. Abschn. J Rn. 138.
498 So auch LG Mönchengladbach StV 1987, 335.

sich später heraus, daß die einst verfolgte Tat auch einen Verbrechenstatbestand erfüllte, so ist die Einstellungsentscheidung als wirksam anzusehen. Der Strafklageverbrauch erfaßt jedoch gem. § 153 a I 5 nicht die Tat als Verbrechen.

Wurde das Verfahren dagegen wegen eines Verbrechensverdachts betrieben und unter Aufrechterhaltung dieses Verdachts nach § 153 a eingestellt, so erging die vorläufige Einstellungsentscheidung offensichtlich rechtsfehlerhaft. Da die elementare Voraussetzung für die Einstellung nach § 153 a, der Verdacht des Vorliegens eines reinen Vergehens, insoweit fehlte, was sogar der Einstellungsentscheidung zu entnehmen ist, ist die vorläufige Einstellungsentscheidung insoweit nichtig und entfaltet keine Sperrwirkung.

Krümpelmann hält dagegen einen Einstellungsbeschluß nach § 153 a III a.F. trotz Vorliegens eines Verbrechens für wirksam, weil sogar ein Urteil im Falle der Rechtsbeugung wirksam sei, wie die Vorschriften des § 359 Nr. 3 und § 362 Nr. 3 belegten[499].

Dieser Ansatz führt jedoch insoweit nicht weiter, als diese Unwirksamkeitsgesichtspunkte, wie erläutert, nicht auf Beschlüsse nach §§ 153 ff übertragbar sind. Darüber hinaus sind die §§ 359 ff auf diese Einstellungsentscheidungen nicht anwendbar, so daß diese Vorschriften keine Argumente für die Wirksamkeit von Einstellungsentscheidungen bieten können.

II. Folgen

Die spätere endgültige Einstellungsentscheidung ist in beiden vorgenannten Fällen wirksam. Denn sie ist rein deklaratorisch und enthält allein die inhaltliche Feststellung, daß der Beschuldigte die ihm auferlegten Sanktionen ordnungsgemäß erfüllt hat.

Wurde das Verfahren eingestellt, obgleich die Tat ein Verbrechen darstellte, so kann die Staatsanwaltschaft nach einer staatsanwaltschaftlichen Einstellung das Ermittlungsverfahren bezüglich des Verbrechens trotz vollständiger, fristgerechter Auflagenerfüllung fortsetzen, weil keine Sperrwirkung hinsichtlich des Verbrechens eintreten konnte[500]. Denn diese tritt nach § 153 a I 5 nur hinsichtlich der Tat als Vergehen ein. Ein Einleiten eines neuen staatsanwaltschaftlichen Verfahrens nach der Einstellung wäre ein reiner Formalismus, da erneut die gleiche Behörde mit der Sache befaßt wäre.

---

499 Vgl. Anm. Krümpelmann zu OLG Celle NJW 1966, 1978, 1979.

500 L/R-Beulke 25. Auflage § 153 a Rn. 89; L/R-Reiß 24. Auflage § 153 a Rn. 59; HK-Krehl § 153 a Rn. 20; AK-Schöch § 153 a Rn. 38.

Nach fehlerhafter gerichtlicher vorläufiger Einstellung wird zutreffend überwiegend eine Beschwerde gegen die vorläufige Einstellung mit dem Einwand, es läge ein Verbrechen vor, für möglich gehalten[501]. Wurde das Verfahren bereits endgültig eingestellt, ist eine erneute Anklage erforderlich, weil die Sache abgeschlossen und im Hinblick auf § 153 a II 5 nicht mehr rechtshängig ist[502]. Letzteres ergibt sich auch aus der insoweit gleichen Situation bei einer Einstellung nach § 153 II, bei dem ebenfalls ein neues Verfahren einzuleiten ist, wenn sich die Tat als Verbrechen herausstellt[503].

Der Beschuldigte hat nur dann einen Rückerstattungsanspruch hinsichtlich der von ihm erbrachten Leistungen, wenn das Verfahren trotz Verbrechensverdachts eingestellt wurde, weil die Einstellungsentscheidung nur in diesem Fall unwirksam ist und § 153 a I 6 insoweit nicht entgegensteht.

III. Voraussetzungen einer Weiterverfolgung der Tat

Ob eine Weiterverfolgung der Tat – sei es im selben oder in einem neu eingeleiteten Verfahren – bereits möglich ist, wenn ein Verbrechen vorliegt oder ob daneben auch noch neue Tatsachen und Beweismittel vorhanden sein müssen, ist umstritten. Die vertretenen Positionen stellen sich im wesentlichen wie folgt dar[504]:

1. Meinungsstand

Nach der überwiegenden Meinung kommt es für die Fortführung oder Neueinleitung der Strafverfolgung nicht darauf an, ob neue Tatsachen und Beweismittel[505] vorliegen. Selbst bereits zum Zeitpunkt der Einstellung aus der Akte er-

---

501 L/R-Rieß 24. Auflage § 153 a Rn. 104; L/R-Beulke 25. Auflage § 153 a Rn. 134; vgl. Ausführungen im 5. Kapitel A III 2 a aa.

502 AK-Schöch § 153 a Rn. 66; L/R-Rieß 24. Auflage § 153 a Rn. 70; L/R-Beulke 25. Auflage § 153 a Rn. 100; HK-Krehl § 153 a Rn. 20; KK-Schoreit § 153 a Rn. 66; AK-Schöch § 153 a Rn. 38; vgl. zur Rechtshängigkeit auch die Ausführungen im 5. Kapitel A III 2 b.

503 L/R-Meyer-Goßner 23. Auflage § 153 a Rn. 102; vgl. M-G § 153 Rn. 38.

504 Wegen der Einzelheiten und der weiteren Ansichten wird auf die Ausführungen im 5. Kapitel A III 1 a aa und 2 a aa ccc verwiesen.

505 Loos JZ 1978, 592, 598; Radtke S. 216, 392, 393, 394; Pfeiffer § 153 a Rn. 9; HK-Krehl § 153 a Rn. 20; AK-Schöch § 153 a Rn. 38; Schäfer 5. Auflage Rn. 364.

sichtliche Umstände stünden einer Weiterverfolgung der Tat nicht entgegen[506]. Dies ergebe sich primär aus einem Wortlautvergleich des § 153 a mit anderen gesetzlichen, eine beschränkte Rechtskraft regelnden Vorschriften, wie den §§ 47 III JGG, 174 II und 211 StPO. Denn nur diese enthielten im Gegensatz zum § 153 a die zusätzliche Voraussetzung des Vorhandenseins neuer Tatsachen und Beweismittel[507]. Auch sei die Relevanz neuer Tatsachen und Beweismittel anhand der ehemaligen Beurteilungsgrundlage nicht feststellbar[508], weil diese zumeist mangels Begründungspflicht der Einstellungsentscheidung in dieser nicht schriftlich fixiert wurden[509].

Dagegen will eine andere Meinung eine erneute Verfolgung nur zulassen, wenn neue Tatsachen oder Beweismittel vorliegen, die erstmals die betreffende Tat als Verbrechen erscheinen lassen[510]. § 211 enthalte nämlich den allgemeingültigen, auf Rechtsfrieden und -sicherheit abzielenden Grundsatz, daß ein Verfahren, das durch einen verfahrensbeendenden, unanfechtbaren, auch materiellrechtliche Fragen klärenden Beschluß abgeschlossen worden sei, nur bei Vorliegen neuer Tatsachen und Beweismittel wieder aufgenommen werden könne[511]. Auch nach § 85 III 2 OWiG sei die Wiederaufnahme eines abgeschlossenen Verfahrens von der Existenz von Nova abhängig[512]. Im Rahmen der staatsanwaltschaftlichen Einstellung wird weiter ausgeführt, daß die Wirksamkeit einer Entscheidung und die von ihr ausgehende Bindungswirkung für die Staatsanwaltschaft von dem Vorhandensein von Irrtümern nicht betroffen werden könne[513].

2. *Stellungnahme*

Wie von der ersten Meinung zutreffend vorgetragen, ist dem Wortlaut des § 153 a nach keine weitere Voraussetzung als die Qualifizierung der Tat als Verbrechen für die erneute Strafverfolgung erforderlich, weil dieser im Gegensatz zu den anderen Sperrwirkungsregelungen, wie beispielsweise den §§ 174 II, 211, keine zu-

---

506 M-G § 153 a Rn. 54, 52; L/R-Rieß 24. Auflage § 153 a Rn. 69; L/R-Beulke 25. Auflage § 153 a Rn. 99; KMR-Müller 8. Auflage § 153 a Rn. 26; Trepper S. 118.

507 Loos JZ 1978, 592, 598; Trepper S. 118; Schirrmacher S. 93.

508 Trepper S. 118; Loos JZ 1978, 592, 598.

509 Radtke S. 216.

510 Für die gerichtlichen Einstellung nach § 153 a II: Ranft Rn. 1168; Kleinknecht Rn. 52; KK-Schoreit § 153 a Rn. 59; Kleinknecht FS-Bruns S. 475, 482; für die staatsanwaltschaftliche Einstellung nach § 153 a I Bohnert S. 294; L/R-Schäfer 24. Auflage Einl. Kap.12 Rn. 49.

511 Ranft Rn. 1168; vgl. Radtke S. 215.

512 L/R-Schäfer 24. Auflage Einl. Kap. 12 Rn. 49.

513 Bohnert S. 294.

sätzlichen Erfordernisse aufstellt. Der Anwendungsbereich des § 153 a ist ausdrücklich nur auf Vergehen beschränkt. Diese Ausnahme vom Legalitätsprinzip[514] darf im Hinblick auf das öffentliche Interesse an der Ahndung von Verbrechen ohne gesetzliche Grundlage nicht faktisch ausgedehnt werde. Bliebe die fehlerhafte Einstellung ohne Konsequenzen, so berge dies die Gefahr eines Mißbrauchs der Einstellungsvorschrift. Überzeugend ist die erste Ansicht auch insoweit, als es mangels Begründungspflicht unmöglich ist, einen Vergleich zwischen der damaligen und der aktuellen Sach- und Rechtslage vorzunehmen, sofern sich nicht aus den Akten während des gesamten Verfahrens der Verbrechenscharakter ergab. Durch die erneute unbedingte Strafverfolgung hinsichtlich des Verbrechensverdachts kommt es auch nicht zu einer ungerechtfertigten Benachteiligung des Beschuldigten. War die vorläufige Einstellungsverfügung hierdurch nämlich unwirksam, weil ein wegen des Verbrechensverdachts betriebenes Verfahren eingestellt wurde, so hat der Beschuldigte einen Rückerstattungsanspruch, weil insoweit ein Rechtsgrund für seine Leistung fehlte. Lag dem eingestellten Verfahren ein Vergehensverdacht zugrunde, so kann der Beschuldigte das auf die Entscheidung hin Erbrachte nicht zurückverlangen. Denn in diesem Fall lag für seine Leistung ein Rechtsgrund in Form der wirksamen vorläufigen Einstellungsverfügung vor. Die erbrachten Leistungen sind aber im Falle einer späteren Verurteilung wegen eines Verbrechens bei der Strafzumessung zu berücksichtigen.

B. Einstellung trotz Fehlens einer für die Einstellung erforderlichen Zustimmung

Da die Einstellung nach § 153 a sowohl die Zustimmung des Staatsanwalts oder des Gerichts als auch die des Beschuldigten voraussetzt, stellt sich die Frage, welche Konsequenzen das Fehlen einer dieser Zustimmungen für die Einstellungsverfügung und deren Wirkung mit sich bringt.

I. Fehlen der Zustimmung von Gericht oder Staatsanwaltschaft

Fehlt die nicht entbehrliche gerichtliche oder die staatsanwaltschaftliche Zustimmung zur Erteilung von Auflagen und Weisungen nach § 153 a I und II, so wird

514 Vgl. Döhring S. 245, 248.

über die Wirksamkeit der vorläufigen Einstellungsverfügung und den Eintritt des Strafklageverbrauchs diskutiert[515].

1. Meinungsstand

Soweit und solange ein Vertrauen des Beschuldigten auf die verfahrensfehlerfreie Einstellung besteht[516], gehen einige Autoren trotz des Verstoßes gegen das Zustimmungserfordernis von einer Wirksamkeit der Einstellungsentscheidung[517] und dem Eintritt der bedingten Sperrwirkung aus[518]. Erfülle der Beschuldigte die Sanktionen vor seiner Kenntniserlangung vom Fehlen der erforderlichen Zustimmung, so könne die Sperrwirkung nicht mehr entfallen, und es entstehe der endgültige, auf Vergehen beschränkte Strafklageverbrauch[519]. Kenntnis – mit der Folgen des Entfallens der Vertrauenslage – erlange der Beschuldigte insbesondere, sobald er erfahre, daß eine Beschwerde wegen Fehlens der Zustimmung eingelegt worden ist[520]. Ein Vertrauensschutz sei bis zu diesem Zeitpunkt zu gewähren, weil die Einhaltung der Verfahrensvorschriften für den oftmals nicht am Verfahren der Zustimmungsanfrage und -einholung beteiligten Beschuldigten nicht ersichtlich und damit nicht kontrollierbar sei, sofern er nicht ausnahmsweise Akteneinsicht durch seinen Verteidiger nehme[521]. Außerdem dürften die Schwierigkeiten bei den Feststellungen, ob eine Zustimmung für die staatsanwaltschaftliche Einstellung erforderlich sei und ob eine erteilte notwendige Zustimmung mit den später festgesetzen Auflagen und Weisungen übereinstimme[522], nicht zu Lasten des Beschuldigten gehen[523]. Die Verneinung der Sperrwirkung berge an-

---

515 AK-Schöch § 153 Rn. 47 meint, daß eine unter einer Bedingung erteilte staatliche Zustimmung im Gegensatz zu einer solchen des Beschuldigten aufgrund der Rechtskundigkeit des Zustimmenden nicht unwirksam sei, sondern im Hinblick auf die Bedingungsfeindlichkeit der Zustimmungserklärung nur dazu führe, daß sie als Anregung an das Gericht verstanden werde.

516 L/R-Rieß 24. Auflage § 153 a Rn. 63: keine Vertrauenslage, wenn Angeklagte die Zustimmungsverweigerung der Staatsanwaltschaft in der Hauptverhandlung miterlebte; L/R-Beulke 25. Auflage § 153 a Rn. 93.

517 M-G § 153 a Rn. 9, § 153 Rn. 10, vgl. Einl. Rn. 104.

518 L/R-Rieß 24. Auflage § 153 a Rn. 63; L/R-Beulke 25. Auflage § 153 a Rn. 93; HK-Krehl § 153 a Rn. 21; Pfeiffer § 153 a Rn. 9; Schirrmacher S. 92.

519 M-G § 153 a Rn. 9, 52; § 153 Rn. 10; zur fehlenden staatsanwaltschaftlichen Zustimmung siehe im einzelnen auch die Rspr. zum Strafverfahrensrecht B4, B6; AK-Schöch § 153 a Rn. 41; Pfeiffer § 153 a Rn. 9.

520 OLG Karlsruhe NStE 1987 Nr. 2 zu § 153 a; LG Hamburg NStE 1992 Nr. 6 zu § 153 a; OLG Karlsruhe NStZ 1987, 42.

521 L/R-Beulke 25. Auflage § 153 a Rn. 93; L/R-Rieß 24. Auflage § 153 a Rn. 63.

522 L/R-Beulke 25. Auflage § 153 a Rn. 93; L/R-Rieß 24. Auflage § 153 a Rn. 63.

523 L/R-Beulke 25. Auflage § 153 a Rn. 93; L/R-Rieß 24. Auflage § 153 a Rn. 63.

sonsten die Gefahr in sich, daß der Staatsanwaltschaft die Möglichkeit eröffnet würde, das Verfahren weiter zu betreiben, wenn sie nachträglich die gerichtliche Zustimmung zu ihrer Einstellung für erforderlich halte[524]. Nicht völlig auszuschließen sei auch, daß der entscheidende Richter die Zustimmung des Beschuldigten zur Einstellung unterbewußt als eine geständige Einlassung auffasse, und er dem Beschuldigten im weiteren Verfahren voreingenommen begegne[525].

Dagegen wird die Auffassung vertreten, daß in Fällen der zustimmungsbedürftigen Einstellung keine Sperrwirkung entstehen könne, wenn die Zustimmung von Gericht oder Staatsanwaltschaft fehle, da diese Wirksamkeitsvoraussetzung für die vorläufige Einstellung sei[526]. Die Bedeutung der staatsanwaltschaftlichen Zustimmung ergebe sich aus der Tatsache, daß die Staatsanwaltschaft selbst die Ermittlungen geführt habe und deshalb die Sachlage besonders gut beurteilen könne. Die gerichtliche Zustimmung sei dagegen deshalb so elementar, weil nur unter der Prämisse der Mitwirkung des Gerichts eine Einschränkung des Legalitätsprinzips durch § 153 a vom Gesetzgeber zugelassen worden sei[527].

2. *Stellungnahme*

Die gerichtliche Zustimmung ist für die staatsanwaltschaftliche Einstellung von elementarer Bedeutung, weil sie, sofern der unbedingte beschränkte Strafklageverbrauch später eintritt, die einzige Beteiligung des Gerichts an der Einstellungsentscheidung, insbesondere der Beurteilung ist, ob das Legalitätsprinzip zugunsten einer Opportunitätsentscheidung durchbrochen werden soll. An der endgültigen Einstellungsentscheidung ist das Gericht nämlich nicht mehr beteiligt und sie ist überdies nur rein deklaratorischer Natur, weil die endgültige Sperrwirkung bereits durch die Sanktionserfüllung eintritt. Die Durchbrechung des elementaren Legalitätsprinzips hat der Gesetzgeber grundsätzlich nur unter der Voraussetzung der gerichtlichen Zustimmung zugelassen, um einem Mißbrauch der Vorschrift vorzubeugen[528]. Beim Fehlen der staatsanwaltschaftlichen Zustimmung in den Fällen des § 153 a II kann – auch im Hinblick auf die Einheitlichkeit der Vorschrift und deren Voraussetzungen – nichts anderes gelten. Auch diese hielt der Gesetzgeber für die Durchbrechung des Legalitätsprinzips für erforderlich[529]. Ihre Bedeutung hob der Gesetzgeber insbesondere dadurch hervor, daß er

524 Karl NStZ 1995, 535.
525 Karl NStZ 1995, 535.
526 OLG Hamm MDR 1977, 949, 950 für die gerichtliche Einstellung; Schroeder NStZ 1996, 319 für die staatsanwaltschaftliche Einstellung.
527 Schroeder NStZ 1996, 319.
528 BT-Drucks. 7/551, S. 44; vgl. BT-Drucks. 7/1261, S. 27 zu § 153.
529 BT-Drucks. 7/551, S. 44 um Gefahr des Mißbrauchs der Vorschrift vorzubeugen.

für die gerichtliche Einstellung im Gegensatz zur staatsanwaltschaftlichen keine Ausnahmen vom Erfordernis der staatlichen Zustimmung vorsah[530]. Ein Verzicht auf die Zustimmung der Staatsanwaltschaft zum gerichtlichen Einstellungsbeschluß in den Fällen, in denen die gerichtliche Zustimmung zur staatsanwaltschaftlichen Einstellungsverfügung ausnahmsweise entbehrlich ist, ist nämlich nicht angebracht, weil dem Gericht nicht die Masse der Fälle, sondern nur diejenigen unterbreitet werden, in denen die Staatsanwaltschaft die Erhebung der öffentlichen Klage für notwendig gehalten hat[531]. Die der staatsanwaltschaftlichen Zustimmung beigemessene große Bedeutung dürfte nicht zuletzt auf der Sachnähe der Staatsanwaltschaft beruhen, die gem. §§ 152 II, 160 die gesamten bis dahin angestellten Ermittlungen übernahm und auch während der Hauptverhandlung, insbesondere während etwaiger Beweisaufnahmen, gem. § 226 ständig anwesend war. Gesichtspunkte des Vertrauensschutzes – sei es im Hinblick auf finanzielle Dispositionen des Beschuldigten, sei es im Hinblick auf ein allgemeines Vertrauen des Beschuldigten auf die Beständigkeit der Entscheidung – stehen der Verneinung der Sperrwirkung nicht entgegen. Der Beschuldigten kann nach hier vertretener Ansicht die im „Vertrauen“[532] auf die erfolgte Einstellung erbrachten Leistungen zurückverlangen, da es aufgrund der Unwirksamkeit der vorläufigen Einstellungsentscheidung an einem Rechtsgrund für die erbrachten Leistungen fehlte. Dieser Rückerstattungsanspruch ist nicht nach § 153 a I 6 ausgeschlossen, da er nur für die Fälle gilt, in denen die Sperrwirkung nicht entsteht, weil der Beschuldigte keine vollständige Leistung innerhalb der Erfüllungsfrist erbringt. Der Grund des Nichteintritts der Sperrwirkung rührt jedoch vorliegend aus einem aus der Sphäre des Einstellenden stammenden Umstand her, nämlich der Einstellung trotz Fehlens der Zustimmung des anderen Strafverfolgungsorgans. Insoweit handelt es sich um ein Parallelproblem zu den Fällen, in denen versehentlich eine Einstellungsverfügung an den falschen Adressaten versandt wird[533]. Diesen Fällen ist gemein, daß der Eintritt der Sperrwirkung nicht durch eine Leistungsstörung des Beschuldigten vereitelt wird. Das weitergehende Vertrauen auf die Wirksamkeit und Beständigkeit der Einstellungsverfügung verdient im Hinblick auf den Ausnahmecharakter des Opportunitätsprinzips und die hierfür zu wahrenden Voraussetzungen, an deren Einhaltung die Allgemeinheit ein überragendes Interesse hat, keinen besonderen Schutz. Im Hinblick auf den Rückerstattungsanspruch des Beschuldigten hinsichtlich der von ihm auf die Einstellungs-

530 BT-Drucks. 7/550, S. 298.

531 BT-Drucks. 7/550, S. 298.

532 Das „Vertrauen“ des Beschuldigten auf die Beständigkeit der Einstellungsentscheidung wird nicht geschützt, da die Einstellungsnorm ausschließlich den Interessen der Allgemeinheit dient.

533 Vgl. hierzu jeweils die folgenden Ausführungen.

verfügung hin erbrachten Leistungen ist kein besonderer Vertrauenstatbestand erkennbar, da insbesondere das Strafverfahren in dem Stadium weitergeführt wird, in dem es durch den Einstellungsbescheid unterbrochen wurde. Insoweit ist kein Umstand erkennbar, weshalb das grundsätzlich vorrangige öffentliche Interesse der Rechtsgemeinschaft an der Strafverfolgung und Einhaltung der Strafverfolgungsvorschriften gegenüber den Interessen des Beschuldigten zurücktreten sollte. Daß für den Beschuldigte im Einzelfall nicht ersichtlich sein dürfte, ob die Zustimmung vorlag, ändert an dieser Bewertung und Abwägung der widerstreitenden Interessen nichts. Anderenfalls bestünde die Gefahr einer Manipulation des Zustimmungserfordernisses, wenn das Verfahren aus der Sicht des Einstellenden zeitsparend und ohne Konfrontation mit einer etwaigen anderen Rechtsauffassung des anderen Organs folgenlos unter Verletzung des Zustimmungserfordernisses eingestellt werden könnte. Zöge das Fehlen der Zustimmung keine Konsequenzen nach sich, so liefe dies dem Interesse der Rechtsgemeinschaft an der Einhaltung der Vorschriften der Strafrechtspflege entgegen. Die Gefahr einer Voreingenommenheit des Gerichts aufgrund der vom Beschuldigten erteilten Zustimmung zur Einstellung gegen Sanktionen rechtfertigt auch keinen Vorrang des Vertrauens des Beschuldigten gegenüber den Interessen der Allgemeinheit. Vielmehr sind in jedem Strafverfahren Situationen denkbar, in denen der Richter gewisse Verhaltensweisen oder ein bestimmtes Wissen nicht verwerten darf. Auch bei Beweisverwertungsverboten oder Schweigen des Angeklagten wird dem Richter die Differenzierung zwischen den Tatsachen, die in seine Entscheidung einfließen dürfen und denen, die er nicht berücksichtigen darf, zugetraut. Gerade weil es sich um eine ausnahmsweise zulässige, auf Kooperation beruhende Verfahrenbeendigung handelt, auf die der Beschuldigte keine Anspruch hat[534], muß die Zustimmung des anderen Strafverfolgungsorgan als entscheidende, elementare Voraussetzung angesehen werden. Entsprechend den überzeugenden Argumenten letztgenannter Meinung ist die Wirksamkeit der vorläufigen Einstellungsentscheidung und der Eintritt der Sperrwirkung daher zu verneinen, wenn eine erforderliche staatliche Zustimmung zur Einstellung fehlt[535], da die Entscheidung insoweit an einem schweren Mangel leidet.

---

534 Vgl. Paschmanns S. 50 zum fehlende Anspruch des Beschuldigten.

535 Das gilt immer dann, wenn das Gericht die Zustimmung aufgrund vermeintlicher Zustimmungsfreiheit der Einstellung ablehnte.

II. *Fehlen der Zustimmung des Beschuldigten*

Die Problematik der Einstellung trotz Fehlens der Zustimmung des Beschuldigten wird sich in der Regel nicht stellen, da der Beschuldigte den in einer entgegen seinem Willen erfolgten vorläufigen Einstellungsentscheidung auferlegten Sanktionen nicht nachkommen wird und insofern das Verfahren jedenfalls nach Ablauf der Erfüllungsfrist fortgesetzt werden wird. Erfüllt er aber ausnahmsweise doch die Auflagen oder Weisungen, so ist hierin nach hier vertretener Meinung grundsätzlich zugleich die konkludente Zustimmungserteilung in Form der Genehmigung zu sehen, so daß die Einstellungsentscheidung wirksam wird und die bedingte und endgültige Sperrwirkung gleichzeitig eintreten[536].

Denkbar ist aber die Fallkonstellation, in der der Beschuldigte die der vorläufigen Einstellung zugrundeliegende Zustimmung unter einer Bedingung – zum Beispiel einer bestimmten Kostentragungsregelung – erteilt hat[537]. Die unter einer Bedingung erteilte Zustimmung ist aber nach allgemeiner Meinung unwirksam[538]. Die Erfüllung der festgelegten Sanktionen durch den Beschuldigten stellt in diesem Fall keine bedingungslose Zustimmungserteilung in Form der Genehmigung durch Sanktionserfüllung dar, weil eine Willensänderung hinsichtlich der geäußerten Bedingung einer bestimmten Kostenentscheidung nicht zu Tage tritt. Denn eine erkennbare Willensänderung läge nur vor, wenn die Bedingung nicht mehr eintreten könnte und der Beschuldigte gleichwohl die Sanktionen erfüllte. Der Eintritt der Bedingung, der Erlaß einer bestimmten Kostenregelung, ist jedoch noch ungewiß, da sie der endgültigen Einstellungsentscheidung vorbehalten ist. Hat der Beschuldigte der Einstellung somit nicht (wirksam) zugestimmt, ist die vorläufige Einstellung wegen Fehlens einer hierfür elementaren Voraussetzung unwirksam, und ein Strafklageverbrauch kann nicht eintreten. Der Beschuldigte hat deshalb einen Erstattungsanspruch hinsichtlich seiner erbrachten Leistung, der nicht durch § 153 a I 6 ausgeschlossen ist. Denn der Nichteintritt des

---

536 Entsprechend dem parallel gelagerten Fall der Zusendung einer Einstellungsanfrage mit einer bedingten Zahlungsaufforderung unter Beifügung einer Zahlkarte vgl. L/R-Rieß 24. Auflage § 153 a Rn. 34, 62; L/R-Beulke 25. Auflage § 153 a Rn. 43, 92; AK-Schöch § 153 a Rn. 18; diese Vorgehensweise wird von L/R-Meyer-Goßner 23. Auflage § 153 a Rn. 45 abgelehnt, weil sie den Beschuldigten unter Druck setze.

537 Wobei die Äußerung zur Kostentragung häufig als Anregung an das Gericht zur eigenen Entscheidung angesehen wird, vgl. hierzu AK-Schöch § 153 Rn. 49; davon zu unterscheiden ist auch der Fall der Abrede der Verfahrensbeteiligten über die Kostentragung.

538 AK-Schöch § 153 Rn. 49; HK-Krehl § 153 a Rn.13; LG Koblenz NJW 1983, 2458; M-G § 153 a Rn. 10; a.A. bei Zustimmung unter der Bedingung einer bestimmten Kostenregelung zu finden bei L/R-Rieß 24. Auflage § 153 Rn. 67; L/R-Beulke 25. Auflage § 153 Rn. 70.

Strafklageverbrauchs beruht auf dem Fehlen einer wirksamen Zustimmung und nicht auf einer unvollständigen Sanktionserfüllung.

C. Einstellung ohne Sanktionserteilung oder mit unbestimmter Sanktionsanordnung

Enthält die Einstellungsentscheidung überhaupt keine Sanktionsfestsetzung oder ist sie zu unbestimmt formuliert, so ist die Einstellungsentscheidung unwirksam[539]. Im ersten Fall ist die Entscheidung unwirksam, weil eine Einstellung nach § 153 a I nur gegen Anordnung einer Auflage oder Weisung zulässig ist[540], die Entscheidung mithin an einem offensichtlichen schweren formellen Mangel leidet. Im zweiten Fall beruht die Unwirksamkeit der Verfügung oder des Beschlusses auf der Erwägung, daß es nach der Intention des Gesetzgebers nicht dem Beschuldigten überlassen werden sollte, den unbestimmten Inhalt der Sanktionsfestsetzung auszufüllen und über die Art und Weise deren Erfüllung zu entscheiden[541]. Zudem muß im Hinblick auf die Rechtskraftregelung des § 153 a I 5 eindeutig feststellbar sein, ob der Beschuldigte die in der vorläufigen Einstellungsentscheidung enthaltene Sanktion, die insoweit aus dieser heraus bestimmbar sein muß, erfüllt hat.

Der Beschuldigte hat insoweit einen Rückerstattungsanspruch hinsichtlich der von ihm rechsgrundlos erbrachten Leistungen.

Die frühere Streitfrage, welche Rechtsfolgen die Erfüllung einer auferlegten nicht im Katalog des § 153 a I enthaltenen Sanktion durch den Beschuldigten nach sich zieht[542], hat sich nach der Gesetztesänderung durch das Gesetz zur strafrechtlichen Verankerung des Täter-Opfer-Ausgleichs erledigt, da der Kata-

---

539 Schuth S. 27, 30.

540 Schuth S. 27.

541 Schuth S. 30.

542 Gegen einen Strafklageverbrauch sprechen sich aus M-G § 153 a Rn. 14; L/R-Beulke 25. Auflage § 153 a Rn. 47, 96; L/R-Rieß 24. Auflage § 153 a Rn. 38, 66; OLG Stuttgart NJW 1980, 1009; OLG Düsseldorf MDR 1985, 956, 957; Sperrwirkung tritt ein nach Sieg MDR 1981, 200; Heuer DStZ 1985, 243, 246; AK-Schöch § 153 a Rn. 41 vertritt die Auffassung, daß die Einstellungsentscheidung beschränkte Sperrwirkung entfalte, soweit die auferlegte Sanktion eine im Strafrecht prinzipiell zulässige Auflage oder Weisung, wie sie die §§ 56 b, c StGB darstelle, sei, anderenfalls nicht; offensichtliche Verstöße führten nach Ansicht von Schlüchter Rn. 406.4 Fußn. 67 d zur Nichtigkeit der Entscheidung, leichtere nicht.

log des § 153 a I fortan nicht mehr abschließend[543], sondern nur noch exemplarisch die möglichen bestimmbaren Sanktionen enthält[544].

D. Folgen einer Verwechslung des Empfängers der Einstellungsentscheidung oder des Inhalts einer das Verfahren betreffenden Verfügung

Drei Fallkonstellationen sind denkbar, in denen es zu Verwechslungen hinsichtlich des Empfängers der Einstellungsentscheidung oder hinsichtlich des Inhalts einer das Verfahren betreffenden Verfügung kam.

I. Erste Fallvariante

Als unproblematisch wird der Fall angesehen, in dem ein Strafverfolgungsorgan irrtümlich gegen den falschen Beschuldigten, gegen den auch bereits ein Ermittlungsverfahren lief, das Verfahren nach § 153 a eingeleitet und die Entscheidung an diesen übersandt hat und der Beschuldigte daraufhin die Sanktionen erfüllt. Da das Beendigungsverfahren nach § 153 a von Anfang an hinsichtlich des Erfüllenden betrieben wurde und insoweit verfahrensfehlerfrei abgelaufen ist, liegt eine wirksame vorläufige Einstellungsentscheidung vor[545]. Die Erfüllung der Auflagen und Weisungen führt daher zum Eintritt der Sperrwirkung.

II. Zweite Fallvariante

Umstritten ist dagegen eine zweite Fallvariante, in der eine bedingte Verfahreneinstellung nach § 153 a bzw. ein Angebot einer Verfahrenseinstellung versehentlich an einen falschen Empfänger versandt wird und dieser die in diesem Einstellungsangebot bzw. in dieser Entscheidung enthaltene Sanktion erfüllt.

---

543 Zur früheren Gesetzeslage Sieg MDR 1981, 200; OLG Frankfurt MDR 1980, 515, 516; Schlüchter Rn. 406.4 Fußn. 67d.

544 L/R-Beulke 25. Auflage § 153 a Rn. 69; M-G § 153 a Rn. 14; wohl auch Pfeiffer § 153 a Rn. 4.

545 L/R-Rieß 24. Auflage § 153 a Rn. 66; L/R-Beulke 25. Auflage § 153 a Rn. 96; Gössel Anm. zu AG Grevenbroich JR 1984, 302 weist darauf hin, daß auch eine Anfechtung wegen Irrtums in analoger Anwendung von Zivilrechtsvorschriften die im Strafrecht besonders wichtige Rechtsklarheit hinsichtlich der Verfahrensbeendigung beseitigen würde.

1. Meinungsstand

Eine Meinung zieht den objektiven Inhalt der Einstellungsverfügung – auf den Willen des erlassenden Organs komme es dabei nicht an – zur Beurteilung der Wirksamkeit der Prozeßerklärung heran. Sei die bedingte Einstellungsentscheidung irrtümlich an einen anderen als den in der richterlichen oder staatsanwaltschaftlichen Verfügung benannten übersandt worden, liege keine wirksame Prozeßhandlung vor, so daß keine Sperrwirkung eintreten könne[546]. Insbesondere fehlte es an einer staatlichen Zustimmung zur Einstellung des gegen den tatsächlichen Entscheidungsempfänger betriebenen Verfahrens, weil eine solche nur hinsichtlich des eigentlich beabsichtigten Empfängers erteilt worden sei[547]. Das bloße Angebot des Inhalts, daß nach ausdrücklicher oder konkludent erteilter Zustimmung das Verfahren vorläufig eingestellt werde, stelle dagegen noch nicht einmal eine vorläufige Einstellung dar[548].

Dagegen soll nach der Gegenmeinung auch dann ein Strafklageverbrauch eintreten, wenn eine Einstellungsverfügung, die nach der staatsanwaltschaftlichen oder richterlichen Verfügung an einen anderen ergehen sollte, versehentlich an den falschen gerichtet und versandt wurde[549]. Sie begründet dies damit, daß die vorläufige Einstellung eine unmittelbar auf den Fortgang oder die Beendigung des Verfahrens einwirkende Prozeßhandlung darstelle, die nicht anfechtbar sei, und der Beschuldigte darüber hinaus auf diese nach dem Grundsatz von Treu und Glauben bis zum Zugang einer den Irrtum aufklärenden Verfügung vertrauen dürfe[550].

2. Stellungnahme

Hinsichtlich der Frage des Eintritts des Strafklageverbrauchs ist zu unterscheiden, ob das Strafverfolgungsorgan nur ein unverbindliches Einstellungsangebot mit einer Zustimmungsanfrage oder eine vorläufige Einstellungsentscheidung, die unter der Bedingung der späteren Zustimmung des Beschuldigten ausgesprochen wurde, an den Beschuldigten versendet. Nur in letzterem Fall kommt ein Strafklageverbrauch in Betracht, da dieser eine vorläufige Einstellung nach § 153 a voraussetzt.

Eine Einstellung nach § 153 a ist aber nur mit Zustimmung des jeweils anderen Strafverfolgungsorgans zulässig, an der es vorliegend fehlt, da die Zustim-

546 M-G § 153 a Rn. 45; HK-Krehl § 153 a Rn. 20.
547 Gössel Anm. zu AG Grevenbroich JR 1984, 302, 305.
548 Gössel Anm. zu AG Grevenbroich JR 1984, 302, 304.
549 KMR-Müller 8. Auflage § 153 a Rn. 26; AG Grevenbroich JR 1984, 302.
550 AG Grevenbroich JR 1984, 302.

mung nicht hinsichtlich des Verfahrens gegen den Empfänger der Entscheidung erteilt wurde. Der vorliegende Fall entspricht insoweit dem Fall, in dem das Verfahren ohne jede staatliche Zustimmungserteilung eingestellt wurde. Wurde die zustimmungsbedürftige Einstellungsentscheidung ohne staatliche Zustimmung getroffen, fehlt ihr eine elementare Voraussetzung für die Einstellung aus Opportunitätsgründen als Ausnahme vom Legalitätsprinzip, so daß die Einstellungsentscheidung wegen Vorliegens eines schwersten Mangels unwirksam ist. Der Empfänger kann den auferlegten Sanktionen daher nicht mit (auf den Vergehensbereich beschränkter) strafklageverbrauchender Wirkung nachkommen. Hinsichtlich der zustimmungsfreien staatsanwaltschaftlichen Einstellungen kann nichts anderes gelten, da die staatsanwaltschaftliche Verfügung – wie dem Akteninhalt zu entnehmen ist – nicht das Verfahren gegen den tatsächlichen Empfänger der Verfügung betraf. Die Staatsanwaltschaft nahm auch keine Prüfung der Einstellungsfähigkeit und Zustimmungsbedürftigkeit einer Einstellung des gegen den Empfänger gerichteten Ermittlungsverfahrens vor. Außerdem ist die Zustimmungsbedürftigkeit oftmals von Wertungen abhängig, die nicht immer eindeutig sein müssen. Diese Einschätzung obliegt allein der Staatsanwaltschaft, die sie vorliegend nicht vorgenommen hat. Gerade in schwierigen Grenzfällen kann nicht ausgeschlossen werden, daß sie (sicherheitshalber, um die Wirksamkeit ihrer Einstellungsentscheidung nicht zu gefährden) das Gericht um seine Stellungnahme ersucht.

Der Beschuldigte kann auch nicht stärker auf eine bedingte vorläufige Einstellung und erst recht nicht stärker auf ein Einstellungsangebot als auf einen ohne staatsanwaltschaftliche Zustimmung ergangenen Einstellungsbeschluß vertrauen, da es bei ersterem im Gegensatz zu letzterem im Vorfeld nicht einmal zur Verhandlung über die Einstellungsmöglichkeit und die Sanktion kam, die Verfahrensentscheidung für ihn vielmehr unerwartet getroffen wurde. Weil die Norm des § 153 a allein den Interessen der Allgemeinheit dient, können Vertrauensschutzgesichtspunkte des Beschuldigten für die Frage der Wirksamkeit der vorläufigen Einstellungsentscheidung und den Eintritt des Strafklageverbrauchs außer Acht gelassen werden. Darüber hinaus besitzt der Beschuldigte einen Rückerstattungsanspruch hinsichtlich der von ihm auf die ihm übersandte, bedingte Einstellungsentscheidung hin erbrachten Leistungen, da es für diese an einer wirksamen Rechtsgrundlage fehlte. Denn ein Rückerstattungsanspruch ist nach § 153 a I 6 nur ausgeschlossen, wenn die beschränkte unbedingte Sperrwirkung nicht eintreten kann, weil der Beschuldigte nur Teilleistungen auf eine wirksame vorläufige Einstellungsentscheidung hin erbringt. Der Strafklageverbrauch ist vorliegend jedoch nicht eingetreten, weil die vorläufige Einstellungsentscheidung unwirksam ist.

Von diesem Sachverhalt zu unterscheiden ist der Fall, in dem die Staatsanwaltschaft überhaupt keine bedingte vorläufige Einstellung bzw. kein Einstellungsangebot verfügt hat, ein solches jedoch aufgrund eines Kanzleiversehens infolge einer Verwechslung eines verfügten Strafbefehlsantrags mit einem Einstellungsangebot an den Beschuldigten herausgeschickt wurde.

Für diesen Fall verneinte das Bayerische Oberste Landesgericht den Eintritt eines Verfahrenshindernisses, da es sich bei dem Einstellungsangebot um keine Prozeßerklärung handele[551]. Dem Angebot fehle das für eine Prozeßhandlung entscheidende Willensmoment. Der Inhalt des Angebots sei weder von der Staatsanwaltschaft, die einen Strafbefehl verfügt habe, noch von der Kanzlei, beabsichtigt gewesen, die lediglich die Verfügung der Staatsanwaltschaft habe ausführen und somit nicht eigenständig habe entscheiden wollen[552]. Als eine solche Nicht-Prozeßhandlung, die nur den äußeren Schein einer staatsanwaltschaftlichen Entscheidung erwecke, könne sie keinen Vertrauenstatbestand schaffen. Ebenso wie bei Nichturteilen komme es für die Frage der Nichtigkeit nicht auf die Erkennbarkeit des Mangels an[553]. Eine Prozeßhandlung könne im übrigen auch nicht fingiert werden, wenn das Einstellungsangebot mittels einer EDV-Anlage erstellt und ohne Unterschrift und damit Kontrolle durch den Sachbearbeiter versandt worden sei, da es sich – anders als im Bußgeldverfahren – bei dem Einstellungsangebot um eine individuell zu prüfende Entscheidung des Einzelfalls handle und daher nicht als ein vorprogrammierter Vorgang als Willensakt des Behördenleiters angesehen werden könne[554].

Unter Nichturteilen – wie beispielsweise einem ohne einen Verkündungswillen in die Öffentlichkeit geratenen Urteilsentwurf [555] – sind solche „Aussprüche" zu verstehen, die nur äußerlich in der Form eines „Urteils" erscheinen, die jedoch nicht mit dem Willen einer von der Rechtsordnung vorgesehenen, mit Rechtsprechungsaufgaben betrauten Stelle in die Öffentlichkeit gelangen[556]. Bei einem Nichturteil stellt sich daher nicht – wie bei anderen Urteilen – die Frage der Wirksamkeit der Entscheidung, weil keine Entscheidung existiert. Da die für Nichturteile entwickelten Grundsätze also nicht die Wirkung einer „Entschei-

---

551 BayObIG NJW 2000, 968 ff sowie in wistra 1999, 316 ff und in OLGSt Nr. 2 zu § 153 a; so auch KMR-Plöd § 153 a Rn.13.
552 BayObIG NJW 2000, 968, 969.
553 BayObIG NJW 2000, 968, 969.
554 BayObIG NJW 2000, 968, 969.
555 L/R-Rieß 25. Auflage Einl. Abschn. J Rn. 119.
556 L/R-Rieß 25. Auflage Einl. Abschn. J Rn. 119.

dung“ [557], die sich bei Urteil und Einstellungsentscheidung nach § 153 a schon von vornherein unterscheiden[558], sondern die allgemeine Frage der Existenz der staatlichen Entscheidung überhaupt betreffen, können sie entsprechend der Ansicht des Bayerischen Obersten Landesgerichts auch für das Vorhandensein einer Einstellungsentscheidung nach § 153 a herangezogen werden. Die Einstellungs-„Entscheidung“ ist im vorgenannten Fall ebenfalls ohne den Willen des staatlich zuständigen Organs in den Rechtsverkehr geraten[559], so daß sie als nicht existent anzusehen ist und dementsprechend keinerlei Wirkungen entfalten kann.

Die vom Beschuldigte hierauf vorgenommenen Leistungen sind ihm zurückzugewähren, da für sie ein Rechtsgrund fehlte und die Rückerstattung nicht nach § 153 a I 6 ausgeschlossen ist, der nur die Fälle erfaßt, in denen fristgerechte Teilleistung auf eine wirksame Einstellungsverfügung hin erbrachten wurden.

E. Verfahrensfortsetzung trotz vollständiger, fristgerechter Sanktionserfüllung und Vergehenscharakter der Tat

Das Verfahrenshindernis des beschränkten Strafklageverbrauchs, das durch die vollständige und fristgerechte Sanktionserfüllung eingetreten ist, muß vom Beschuldigten im fortgesetzten Verfahren geltend gemacht werden. Wurde das Verfahren bereits durch Strafbefehl oder Urteil abgeschlossen, sind diese wirksam und können nicht einfach zurückgenommen werden[560]. Der Beschuldigte ist insoweit auf die Rechtsmittel gegen die abschließende Entscheidung zu verweisen.

F. Endgültige Einstellung nach § 153 a StPO, obwohl eine vollständige, fristgerechte Leistung nicht erfolgte

Erfolgt eine endgültige Einstellung des Verfahrens nach § 153 a, obwohl der Beschuldigte die Sanktionen nicht vollständig und fristgerecht erfüllte, so ist der Einstellungsbeschluß dennoch nach hier vertretener Ansicht wirksam. Er leidet an keinem äußeren formellen Mangel, sondern ist nur inhaltlich, nämlich hinsichtlich der Feststellung, daß der Strafklageverbrauch eingetreten ist, falsch. Da die Sperrwirkung nicht eintrat – diese entsteht nicht durch die formelle endgültige Einstellung, die insoweit nur deklaratorisch ist, sondern durch die vollständige

557 Vgl. zu nichtigen Entscheidungen L/R-Rieß 25. Auflage Einl. Abschn. J Rn. 138.

558 Insbesondere im Hinblick auf die Unterschiede von Urteilen und Entscheidungen nach § 153 a bezüglich des Strafklageverbrauchs und der Vollstreckbarkeit.

559 Vgl. L/R-Rieß 25. Auflage Einl. Abschn. J Rn. 119.

560 Kalomiris NStZ 1998, 500.

fristgerechte Sanktionserfüllung – kann die Tat weiterverfolgt werden. Dies kann wie im Fall des Vorliegens eines Verbrechens nach einer staatsanwaltschaftlichen Einstellung durch einfache Verfahrensfortsetzung erfolgen[561]. Im Falle einer gerichtlichen Einstellung ist dagegen umstritten, ob eine neue Klage zu erheben[562] oder das alte Verfahren einfach fortzusetzen[563] ist. Nach zutreffender Ansicht ist eine neue Anklage erforderlich, weil die Rechtshängigkeit des Verfahrens durch den nach § 153 a II 5 unanfechtbaren Einstellungsbeschluß beendet wurde[564].

G. Zusammenfassung

I. Eine Einstellungsentscheidung, durch die der Einstellende eine Tat in Unkenntnis der Verbrechenseigenschaft dieser Tat nach § 153 a einstellt, ist wirksam. Die Weiterverfolgung der Tat im selben Verfahren nach endgültiger staatsanwaltschaftlicher Einstellung oder in einem neuen Verfahren nach endgültiger gerichtlicher Einstellung ist nicht an das Vorhandensein neuer Tatsachen und Beweismittel geknüpft. Wurde dagegen das Verfahren trotz Verbrechensverdachts eingestellt, ist die vorläufige Einstellungsentscheidung unwirksam. Nur in letzterem Fall besteht ein Rückerstattungsanspruch des Beschuldigten, weil die Einstellungsentscheidung unwirksam war und der Beschuldigte insoweit rechtsgrundlos leistete.

II. Wurde das Verfahren ohne die erforderliche staatliche oder beschuldigtenseitige Zustimmung nach § 153 a eingestellt, so ist die Einstellungsentscheidung unwirksam und entfaltet keine Sperrwirkung, da die Zustimmung der Sicherung des Legalitätsprinzips dient, das nur ausnahmsweise durch die Einstellung nach § 153 a durchbrochen werden darf. Der Beschuldigte kann insoweit die von ihm vorgenommenen Leistungen zurückverlangen.

III. Eine Einstellungsverfügung, die keine oder eine unbestimmte Sanktionsfestsetzung enthält, ist unwirksam und kann nicht zum Strafklageverbrauch nach deren Erfüllung führen. Der Beschuldigte besitzt daher einen Rückerstattungsanspruch hinsichtlich der von ihm erbrachten Leistungen.

IV. Wurde versehentlich eine vorläufige Einstellungsverfügung an einen Beschuldigten übersandt und erfüllte er die hierin enthaltene Sanktion, so ist für die

---

561 L/R-Rieß 24. Auflage § 153 a Rn. 59; L/R-Beulke 25. Auflage § 153 a Rn. 89.

562 AK-Schöch § 153 a Rn. 66; L/R-Rieß 24. Auflage § 153 a Rn. 105; L/R-Beulke 25. Auflage § 153 a Rn. 135.

563 L/R-Meyer-Goßner 23. Auflage § 153 a Rn. 102; KK-Schoreit 3. Auflage § 153 a Rn. 66.

564 L/R-Rieß 24. Auflage § 153 a Rn. 105; L/R-Beulke 25. Auflage § 153 a Rn. 135.

Frage des Eintritts der beschränkten Rechtskraft und des Anspruchs auf Rückerstattung erbrachter Leistungen zwischen drei Varianten zu unterscheiden:

1. Leitete der Zuständige das Einstellungsverfahren gegen den Empfänger der Entscheidung ein und erfüllt letzterer die hierin enthaltene Sanktion, so tritt die Sperrwirkung ein.

2. Verfügte der Einstellende dagegen die Einstellungsentscheidung zugunsten eines anderen als des Empfängers, so kann die Leistung des Empfängers keinen Strafklageverbrauch hervorrufen. Der Beschuldigten hat insoweit einen Rückerstattungsanspruch hinsichtlich der erbrachten Leistungen.

3. Eine Sperrwirkung kann ebenfalls trotz Leistung des Empfängers nicht eintreten, wenn das Gericht oder die Staatsanwaltschaft gar keine Einstellung verfügt hatte, dem Empfänger eine solche aber übersandt wurde. Auch in diesem Fall kann er seine Leistungen zurückerstattet verlangen.

V. Setzt das Gericht oder die Staatsanwaltschaft das Verfahren fort, obwohl der Beschuldigte die im Einstellungsbeschluß enthaltene Sanktion ordnungsgemäß erfüllt hat, so muß er diesen Einwand im fortgesetzten Verfahren geltend machen. Wurde dieses bereits durch Urteil oder Strafbefehl abgeschlossen, so muß er sich gegen diese Entscheidungen mittels der gegen sie möglichen Rechtsbehelfe wenden.

VI. Erging eine endgültige Einstellungsentscheidung, ohne daß der Beschuldigte die in der vorläufigen Einstellungsentscheidung festgelegten Sanktionen ordnungsgemäß erfüllt hat, so kann das Verfahren im Falle der staatsanwaltschaftlichen Einstellung einfach fortgesetzt werden.

Wurde das Verfahren aber durch gerichtlichen Einstellungsbeschluß endgültig abgeschlossen, so muß die Staatsanwaltschaft eine neuen Anklage erheben, weil das Verfahren beendet und die Sache im Hinblick auf die Unanfechtbarkeit der endgültigen Einstellungsentscheidung nach § 153 a II 5 nicht mehr rechtshängig ist.

Viertes Kapitel. Weitere Vorgehensmöglichkeiten des Gerichts oder der Staatsanwaltschaft bei eigenem Fehlverhalten und bei Leistungsstörungen im Rahmen der Sanktionserfüllung

A. Abänderungen der Auflagen, Weisungen und Frist

I. Allgemeines

Eine nachträgliche Korrektur oder Anpassung der Auflagen und Weisungen, das heißt nach deren Festlegung, aber vor Ablauf der zur Erfüllung gesetzten Frist, ist nach § 153 a I 4 zulässig. Der Beschuldigte hat aber hierauf keinen Anspruch[565]. Sie kann erforderlich werden, wenn die Situation, insbesondere die Leistungsfähigkeit des Beschuldigten zunächst falsch beurteilt wurde, oder wenn sich diese Umstände nachträglich veränderten.

Die Abänderung der Auflage oder Weisung kann durch deren Änderung oder Aufhebung oder durch Verlängerung der festgesetzten Erfüllungsfrist erfolgen.

Eine Fristverlängerung ist auch ohne Zustimmung des Beschuldigten[566] nach § 153 a I 4 Hs.1 möglich[567].

Die Änderung der Auflagen und Weisungen, die dagegen immer – auch wenn für ihn vorteilhaft – nur mit Zustimmung des Beschuldigten möglich ist[568], kann in der Form der Auswechselung, Begründung neuer, Wegfall einer von mehreren sowie Änderung der auferlegten Auflage oder Weisung erfolgen[569].

Eine Aufhebung einer Auflage oder Weisung, zu der die Zustimmung des Beschuldigten nicht erforderlich ist[570], kommt nur ausnahmsweise in Betracht, weil die Erfüllung der Auflage und Weisung gerade für erforderlich gehalten wurde, um das öffentliche Interesse an der Strafverfolgung zu beseitigen. Die Aufhebung der Sanktion führt ebenso wie deren Erfüllung zum Strafklageverbrauch, da nur die Nichterfüllung die bedingte Sperrwirkung entfallen läßt[571]. Die Aufhebung ist

565 Pfeiffer § 153 a Rn. 5; HK-Krehl § 153 a Rn. 18; M-G § 153 a Rn. 41.
566 L/R-Meyer-Goßner 23. Auflage § 153 a Rn. 64; HK-Krehl § 153 a Rn. 18; AK-Schöch § 153 a Rn. 34.
567 Schmid JR 1979, 53, 54; L/R-Rieß 24. Auflage § 153 a Rn. 54; L/R-Beulke 25. Auflage § 153 a Rn. 84.
568 HK-Krehl § 153 a Rn. 18; AK-Schöch § 153 a Rn. 34.
569 L/R-Rieß 24. Auflage § 153 a Rn. 55; L/R-Beulke 25. Auflage § 153 a Rn. 85.
570 KMR-Müller 8. Auflage § 153 a Rn. 14; Pfeiffer § 153 a Rn. 5; HK-Krehl § 153 a Rn. 18; AK-Schöch § 153 a Rn. 34.
571 L/R-Rieß 24. Auflage § 153 a Rn. 57; L/R-Beulke 25. Auflage § 153 a Rn. 87.

vom Gesetzgeber übersehen worden, was sich an deren Nichterwähnung im Gesetzesmaterial zeigt[572]. Sie scheidet allerdings aus, wenn der Beschuldigte Teilleistungen erbracht hat, die zur Beseitigung des öffentlichen Interesses an der Strafverfolgung genügten, weil insoweit eine Änderung in Form der Herabsetzung der Auflage oder Weisung auf das Maß des erfüllten Teils ausreicht.

II. Zustimmung des anderen Strafverfolgungsorgans

Ob eine Abänderung der Auflagen und Weisungen ebenso wie die ursprüngliche vorläufige Einstellungsentscheidung[573] nur mit gerichtlicher oder staatsanwaltschaftlicher Zustimmung möglich ist, ist umstritten.

Der Wortlaut des § 153 a ist nach Meinung einiger Autoren so zu verstehen, daß eine Zustimmung nur für die Erteilung der Auflage oder Weisung, nicht dagegen für ihre spätere Abänderung erforderlich sei[574]. Dies gelte auch dann, wenn sich die bisherige Entscheidungsgrundlage wesentlich verändert habe[575]. Denn eine Beschränkung der Befugnis auf unwesentliche Änderungen sei dem Gesetz nicht zu entnehmen[576].

Dieses Ergebnis wird zum Teil auch damit begründet, daß ein Zustimmungserfordernis auch nicht gerechtfertigt sei, da für die Entscheidung über die Zustimmungserteilung primär die Überlegung, ob generell eine Einstellung des Verfahrens nach § 153 a möglich sei und nur sekundär die Frage, welche konkreten Auflagen und Weisungen angeordnet werden sollten, von Bedeutung gewesen sei. Bei der Fassung letzterer sei der Zustimmende nicht beteiligt[577].

Die letztgenannte Annahme – und die auf sie gestützte Argumentation – wird allerdings von den Autoren nicht einhellig geteilt. Teilweise wird vielmehr im Hinblick auf die angestrebte gegenseitige Kontrolle von Gericht und Staatsanwaltschaft eine konkret auf die Auflage und/oder Weisung, ihren Empfänger, etwaige Zahlungsmodalitäten und -fristen bezogene Zustimmung bei der Einstellung verlangt[578]. Einer Zustimmung zur Abänderung bedürfe es aber trotzdem aufgrund des mit § 153 a verfolgten Beschleunigungszwecks nicht[579].

---

572 L/R-Rieß 24. Auflage § 153 a Rn. 57; L/R-Beulke 25. Auflage § 153 a Rn. 87.
573 Mit Ausnahme der Fälle der §§ 153 a I 7, 153 I S. 2.
574 Pfeiffer § 153 a Rn. 5; Grohmann DRiZ 1983, 365, 366, 367.
575 KMR-Müller 8. Auflage § 153 a Rn. 14; KMR-Plöd § 153 a Rn. 39.
576 KK-Schoreit 3. Auflage § 153 a Rn. 38, 56.
577 KK-Schoreit 3. Auflage § 153 a Rn. 38, 56.
578 Grohmann DRiZ 1983, 365, 367.
579 Grohmann DRiZ 1983, 365, 367.

Andere Autoren differenzieren nach der Intensität der Abänderung der Sanktion.

Eine Abänderung ohne Mitwirkung des anderen Strafverfolgungsorgans sei immer möglich, wenn durch die Abänderung die für die Wahl der Auflage oder Weisung maßgebliche und der ehemaligen Zustimmung zugrundeliegende Bemessungsgrundlage bei gleichbleibender Sachlage nicht verändert würde[580].

Nach dem bei §§ 153, 153 a geltenden „Prinzip der übereinstimmenden Beurteilung der Sache" ist nach einer anderen Ansicht eine Zustimmung des anderen Strafverfolgungsorgans nur bei einer vollständigen Aufhebung der Auflage oder Weisung nötig[581], während diese bei allen anderen Abänderungen zugunsten der Beschleunigung des Verfahrens entbehrlich sei[582].

Demgegenüber stellt eine weitere Auffassung zutreffend darauf ab, daß das Gericht oder die Staatsanwaltschaft der Einstellung nur hinsichtlich der konkreten Auflage und Weisung zugestimmt hat. Das in Abs. 1 und 2 enthaltene Zustimmungserfordernis ist daher umfassend zu verstehen[583]. Anderenfalls verlöre die Zustimmung ihre Bedeutung, wenn Abänderungen ohne Mitwirkung des zustimmenden Organs vorgenommen werden könnten[584].

Mit dieser Mitverantwortung an der Erteilung der konkreten Auflage oder Weisung wäre es unvereinbar, eine einseitige Abänderung der Sanktion zuzulassen. Da die Sanktion[585] nach den Umständen des Einzelfalls ausgewählt wird und damit vom Zustimmenden gerade die konkrete Sanktion – insbesondere der Leistungsumfang, aber auch die Leistungsfrist – als zur Beseitigung des öffentlichen Interesses an der Strafverfolgung geeignet betrachtet wird, umfaßt die Zustimmung zur Einstellung nur diese und keine andere Sanktion.

Durch die Einholung einer staatlichen Zustimmung wird die Abänderung auch nicht derartig verzögert, daß sie dem mit § 153 a verfolgten Beschleunigungszweck entgegenläuft. Denn ebensowenig wie die Einholung der Zustimmung zur vorläufigen Einstellung des Verfahrens dieses wesentlich verzögert, verlängert das Ersuchen um Zustimmung zur Abänderung der Sanktion dieses entscheidend. Umgekehrt dürfte die Entscheidung über die Zustimmung zur Abänderung der Auflage oder Weisung im Hinblick auf die vorhandene Sachverhaltskenntnis

---

580 M-G § 153 a Rn. 42, 51; L/R-Meyer-Goßner 23. Auflage § 153 a Rn. 62; im Ansatz auch zu finden bei HK-Krehl § 153 a Rn. 18, 34.

581 AK-Schöch § 153 a Rn. 34.

582 AK-Schöch § 153 a Rn. 34.

583 L/R-Rieß 24. Auflage § 153 a Rn. 53; L/R-Beulke 25. Auflage § 153 a Rn. 83.

584 L/R-Rieß 24. Auflage § 153 a Rn. 53; L/R-Beulke 25. Auflage § 153 a Rn. 83.

585 Der Leistungsumfang, nicht dagegen der Leistungsempfänger vgl. hierzu Ausführungen im 1. Kapitel C IV 5 b.

deutlich schneller zu treffen sein als die ursprüngliche Entscheidung über die vorläufige Einstellung.

Eine Differenzierung bei der Frage der Zustimmungsbedürftigkeit für die Abänderung der Sanktion nach deren Intensität ist nicht gerechtfertigt, da eine solche weder dem Gesetzeswortlaut zu entnehmen ist noch aus sachlichen Gründen hergeleitet werden kann. Vielmehr trägt das der Einstellung zustimmende Strafverfolgungsorgan eine originäre Verantwortung an der Erteilung der konkreten Sanktion sowie der Einstellungsentscheidung und damit zugleich an der Durchbrechung des Legalitätsprinzips. Zum Schutz dieses überragenden Verfahrensprinzips ist ein Verzicht auf eine erneute Zustimmungsentscheidung zu einer Abänderung der Sanktion nicht zu rechtfertigen. Denn durch die Abänderung der Sanktion wird praktisch erneut eine die Ausnahme vom Legalitätprinzip bildende Opportunitätsentscheidung getroffen. Bei einem Verzicht auf die Zustimmung zur Abänderung bestünde anderenfalls zudem die Gefahr, daß das Zustimmungserfordernis durch Abänderungen absichtlich umgangen werden könnte[586].

III. Abänderung der Sanktion nach Fristablauf?

Ob eine Abänderung der Auflage oder Weisung in Form einer Fristverlängerung, Änderung oder Aufhebung auch noch nach Ablauf der Ursprungsfrist möglich ist, ist umstritten.

Mit der Begründung, daß eine erneute Einstellung den Fällen ausreichend gerecht werde, halten einige Autoren eine Abänderung der Auflagen und Weisungen nach Fristablauf nicht mehr für zulässig. Das Verfahren müsse vielmehr sogleich fortgesetzt werden[587].

Im Hinblick darauf, daß der Beschuldigte oftmals die Gründe seines Leistungsunvermögens erst nach Fristablauf geltend machen wird, ist nach teilweise vertretener Ansicht dagegen entsprechend dem Sinn der Änderungsmöglichkeiten eine Abänderung auch noch nach Ablauf der Erfüllungsfrist möglich[588].

Dem ist zuzustimmen. Die erneute Einstellung nach § 153 a bietet dem unverschuldet an der Leistung Gehinderten gerade keinen ausreichenden Schutz und

---

586 Vgl. L/R-Meyer-Goßner 23. Auflage § 153 a Rn. 64.

587 Kleinknecht § 153 a Rn. 40; OLG Düsseldorf MDR 76, 423 das die Möglichkeit einer Veränderung gar nicht erst anspricht, sondern vielmehr sogleich die Pflicht, das Verfahren fortzusetzen, ausspricht; KK-Schoreit § 153 a Rn. 38; Pfeiffer § 153 a Rn. 8.

588 L/R-Beulke 25. Auflage § 153 a Rn. 82; Eckl JR 1975, 99, 101; L/R-Meyer-Goßner 23. Auflage § 153 a Rn. 65; Rüth DAR 1975, 1,7; KMR-Müller 8. Auflage § 153 a Rn. 14; M-G § 153 a Rn. 40; HK-Krehl § 153 a Rn. 18.

wird seiner Situationen eben nicht ausreichend gerecht. Eine erneute Einstellung nach § 153 a läßt nämlich zum einen die einmal eingetretene Sperrwirkung vorübergehend entfallen – sofern sich die Einstellung nicht unmittelbar anschließt –, wodurch in der Zwischenzeit die Strafverfolgung weiterbetrieben werden kann, zum anderen setzt sie eine neue Festsetzung einer Sanktion nach § 153 a voraus, die häufig in ihrer Schwere über eine Abänderung – jedenfalls über eine Fristverlängerung und Aufhebung – hinausgehen wird. Gerade der unverschuldet an der vollständigen Erfüllung der ursprünglich festgelegten Sanktion Gehinderte wird aber oftmals Probleme haben, eine neue zusätzliche Sanktion zu erfüllen. Eine Einstellung nach § 153 wird dagegen einerseits nur in Ausnahmefällen, in denen auch die verminderte Sanktionserfüllung das öffentliche Interesse entfallen ließ, möglich sein, andererseits bleibt sie, jedenfalls soweit die Staatsanwaltschaft zuständig war, in ihrer Wirkung hinter der Sperrfrist des § 153 a zurück.

Da es der Zweck einer jeden Leistungsfrist ist, daß eine Erfüllung auch am letzten Tag der Frist noch rechtzeitig ist, ist es legitim, die Frist bis zum letzten Tag auszunutzen. Es kann insoweit keinen Unterschied machen, ob das Unvermögen des Beschuldigten erst am letzten Tag der Frist eingetreten ist, so daß er dieses erst nach Fristablauf geltend zu machen konnte, oder ob es vorher entstand und insoweit noch während des Laufs der Erfüllungsfrist hätte vorgetragen werden können. Gleiches gilt für die Fälle des anfänglichen vorübergehenden Unvermögens, in denen der Beschuldigte den Eintritt seiner Leistungsfähigkeit bis zum letzten Tag der Frist erhofft und sein Unvermögen erst nach Fristablauf anzeigt.

Selbst wenn die Möglichkeit besteht, daß ein Beschuldigter seine fehlende Leistungsfähigkeit erst nach Fristablauf anzeigt, obwohl er sie von Anfang an gekannt und sie nicht für vorübergehend gehalten hat, rechtfertigt es nicht, eine Abänderung der Sanktion nach Fristablauf für unzulässig anzusehen, da diese Fälle die Ausnahme bilden und die Grundgedanken des § 153 a nicht gefährden. Es ist insoweit unerheblich, ob erkennbar war, wann der Beschuldigte von seiner fehlenden Leitungsfähigkeit erfahren hat und ob er diese für vorübergehend gehalten hat.

Bei der Frage der Zulässigkeit der Abänderung der Sanktion kommt es daher nur darauf an, ob die erbrachte Teilleistung zur Beseitigung des öffentlichen Interesses an der Strafverfolgung geeignet war.

B. Einstellung nach § 153 StPO

Wenn das öffentliche Interesse an der Strafverfolgung aufgrund geänderter Umstände, die zur Leistungsstörung führten, oder aufgrund bereits erbrachter Teilleistungen entfallen ist, kann das Verfahren nach § 153 eingestellt werden[589]. Im Hinblick darauf, daß jedoch zuvor im Rahmen der Einstellung nach § 153 a die vollständige Auflagenerfüllung zur Beseitigung des öffentlichen Interesses für erforderlich gehalten wurde, sind an eine spätere Einstellung nach § 153 – bei dem kein öffentliches Interesse an der Strafverfolgung besteht – besonders strenge Anforderungen zu stellen. Eine Überwindung des öffentlichen Interesses durch die erfolgte Teilzahlung kommt jedoch insbesondere in Betracht, wenn die finanzielle Leistungsfähigkeit des Beschuldigten zunächst derart falsch beurteilt wurde oder sich seine finanzielle Situation während der gesetzten Frist derart verschlechtert hat, daß die vollständige Leistungserbringung seine Leistungsfähigkeit übersteigt und der geleistete Betrag bei objektiv (nun) richtiger Beurteilung der wirtschaftlichen Verhältnisse für dessen Beseitigung ausreicht. Denn auch im Rahmen der Einstellung nach § 153 a ist der Grundsatz der individuellen Leistungsfähigkeit[590], der seinen Niederschlag insbesondere im Tagessatzsystem des § 40 StGB gefunden hat, bei der Auflagenfestsetzung zu berücksichtigen[591]. Weiterhin kann von der Möglichkeit zur Einstellung nach § 153 Gebrauch gemacht werden, wenn sich der Beschuldigte um die Herbeiführung des Erfolgs bemüht, dieser aber ohne sein Verschulden ausbleibt[592].

C. Erneute Einstellung nach § 153 a StPO im selben Verfahren

Daß das Gericht befugt ist, das Verfahren erneut gem. § 153 a II einzustellen, wenn das Verfahren nach einer zuvor erfolgten staatsanwaltschaftlichen Einstellung nach § 153 a I fortgesetzt worden ist – z.B. weil der Beschuldigte die Sanktion nicht erfüllte –, ist allgemein anerkannt[593]. Umstritten ist dagegen, ob das Organ der Strafrechtspflege, das das Verfahren bereits einmal eingestellt hat und es – z.B. mangels Sanktionserfüllung – fortsetzen mußte, dasselbe Verfahren ein zweites Mal gem. § 153 a einstellen darf.

---

589 Schmid JR 1979, 53, 54; L/R-Rieß 24. Auflage § 153 a Rn. 58; L/R-Beulke 25. Auflage § 153 a Rn. 88; L/R-Meyer-Goßner 23. Auflage § 153 a Rn. 96; Pfeiffer § 153 a Rn. 8.

590 Vgl. HK-Krehl § 153 a Rn. 25 die Höhe einer Geldauflage werde anhand der persönlichen und wirtschaftlichen Verhältnisssen des Beschuldigten und des Ausmasses des öffentlichen Interesses an der Strafverfolgung unter Beachtung des Verhältnismäßigkeitsprinzips und des Verbots der unzumutbaren Belastung des Beschuldigten festgesetzt.

591 Schmid JR 1979, 51, 54, 55.

592 L/R-Meyer-Goßner 23. Auflage § 153 a Rn. 96.

593 L/R-Meyer-Goßner 23. Auflage § 153 a Rn. 67.

I. Meinungsstand

Zum Teil wird dies verneint. Ein solches Vorgehen führe zur Umgehung der Fristvorschrift des § 153 a I 3 und dessen einmaliger Verlängerungsmöglichkeit nach § 153 a I 4[594], da die erneute Einstellung einer Fristverlängerung unter Auflagenänderung gleiche[595].

Dagegen darf eine erneute Einstellung nach § 153 a in den Fällen der offensichtlich schuldlosen Nichterfüllung nach anderer Auffassung erfolgen[596], weil anderenfalls das Verfahren, das offensichtlich nur zu einer Verwarnung mit Strafvorbehalt führen könne, mangels Eintritts des Verfahrenshindernisses fortgesetzt werden müßte[597]. Zudem widerspräche es dem Beschleunigungs- und Vereinfachungszweck, wenn nicht sogleich die Staatsanwaltschaft, sondern erst nach Klageerhebung das Gericht zur erneuten Einstellung befugt wäre[598]. Dabei dürfe aber nicht dieselbe Sanktion wie zuvor auferlegt werden, die dann durch die bereits erbrachte Leistung als erfüllt angesehen werden könnte, da § 153 a zwingend die Festlegung einer neuen Auflage oder Weisung verlange. Als Auflage käme auch der Verzicht auf einen Rückerstattungsanspruch nicht in Betracht, weil dieser nach § 153 a I 6 gerade ausgeschlossen sei[599]. Außerdem käme die erneute Einstellung nach § 153 a ansonsten einer nachträglichen Fristverlängerung gleich[600].

Schließlich wird aber auch die erneute Einstellung nach § 153 a im fortgesetzten Verfahren generell und nicht bloß in Ausnahmefällen für zulässig erachtet[601].

II. Stellungnahme

Der Gesetzgeber hielt bei unverschuldetem Unvermögen des Beschuldigten hinsichtlich der Sanktionserfüllung im Einzelfall eine Abänderung oder eine erneute

594 Vgl. Schmid JR 1979, 53; L/R-Meyer-Goßner 23. Auflage § 153 a Rn. 67, 96 bezieht nicht klar Stellung, beleuchtet aber auch bestehende Bedenken, die gegen eine erneute Einstellung durch dasselbe Strafverfolgungsorgan sprechen.
595 So die Bedenken von L/R-Meyer-Goßner 23. Auflage § 153 a Rn. 67.
596 HK-Krehl § 153 a Rn. 19; Pfeiffer § 153 a Rn. 8; M-G § 153 a Rn. 51.
597 Vgl. BT-Drucks. 7/550, S. 299; L/R-Meyer-Goßner 23. Auflage § 153 a Rn. 67.
598 Schmid JR 1979, 53, 54.
599 Schmid JR 1979, 53, 54.
600 Schmid JR 1979, 53, 54.
601 KK-Schoreit § 153 a Rn. 58.

Einstellung nach § 153 a für zulässig[602]. Da eine Abänderung im gleichen Verfahrensabschnitt und vom gleichen Strafverfolgungsorgan, das die ursprüngliche Einstellung vornahm, erfolgt, muß der Gesetzgeber die für diesen Fall alternativ genannte erneute Einstellung nach § 153 a im gleichen Verfahrensabschnitt für möglich gehalten haben. Außerdem ist nur auf diese Weise eine umgehende und damit prozeßökonomische Reaktion auf das verminderte Leistungsvermögen des Beschuldigten möglich. Deren Berücksichtigung ist auch sachgerecht, da anderenfalls der unverschuldet an der Erfüllung gehinderte Beschuldigte ebenso wie der absichtlich nicht Leistende behandelt würde, da eine Verfahrensfortsetzung – wie hier vertreten – zwingend zu erfolgen hätte.

Eine uneingeschränkte Möglichkeit zur mehrfachen Verfahrenseinstellung nach § 153 a durch denselben Einstellenden hat der Gesetzgeber dagegen nicht beabsichtigt[603]. Sie ist auch weder mit dem Beschleunigungszweck der Vorschrift vereinbar, da ein Beschuldigter auf eine erneute Einstellung spekulieren und das Verfahren verschleppen könnte, noch ist sie interessengerecht, weil der verzögernde Beschuldigte sich auf diese Weise gegenüber einem sofort Leistenden Vorteile verschaffen könnte. Er könnte damit faktisch eine ihm nicht gewährte Ratenbewilligung erzielen. Die Einstellung nach § 153 a ist dabei entsprechend ihrem Wortlaut nur gegen Bestimmung einer neuen Sanktion möglich. Insoweit ist sie mit einer nachträglichen Fristverlängerung nicht vergleichbar.

Zu beachten ist, daß die Einstellung nach § 153 Vorrang vor der des § 153 a hat[604]. Ist also durch die Erfüllung der Teilleistung das öffentliche Interesse an der Strafverfolgung entfallen[605], so kommt allein eine Einstellung nach § 153 in Betracht.

D. Zusammenfassung

I. Das Strafverfolgungsorgan kann die dem Beschuldigten auferlegte Sanktion auch noch nach Ablauf der ursprünglichen Erfüllungsfrist abändern. Hierzu bedarf es stets der Zustimmung des anderen Strafverfolgungsorgans, wenn die Einstellung zustimmungsbedürftig war, die Zustimmung des Beschuldigten ist dagegen nur bei einer Änderung der Auflage oder Weisung erforderlich.

---

602 BT-Drucks. 7/550, S. 299; vgl. L/R-Meyer-Goßner 23. Auflage § 153 a Rn. 67; vgl. Schmid JR 1979, 53, 54.

603 Vgl. BT-Drucks. 7/550, S. 29.

604 L/R-Rieß 24. Auflage § 153 a Rn. 27; L/R-Beulke 25. Auflage § 153 a Rn. 35; Hergenröder S. 79; AK-Schöch § 153 Rn. 2.

605 Vgl. 4. Kapitel B.

II. Alternativ kann das Strafverfolgungsorgan, das das Verfahren nach § 153 a eingestellt hat, im Einzelfall nach fruchtlosem Ablauf der Erfüllungsfrist das Verfahren sowohl nach § 153 als auch nach § 153 a einstellen.

Fünftes Kapitel. Rechtsbehelfe der Beteiligten gegen Entscheidungen über Einstellungen nach § 153 a StPO und anfallende Nebenentscheidungen

A. Rechtsbehelfe gegen die Entscheidungen über eine Einstellung nach § 153 a StPO

Im folgenden sollen nur die Rechtsbehelfe des Beschuldigten, des Verletzten und der Staatsanwaltschaft gegen Entscheidungen über eine Einstellung nach § 153 a untersucht werden. Dem Gericht stehen keine Rechtsmittel[606] zur Verfügung, weil es nicht Verfahrensbeteiligter ist, sondern den Verfahrensbeteiligten gegenüber als Nichtbeteiligter in Erscheinung tritt[607] und insoweit nicht gem. § 296 anfechtungsberechtigt ist. Auch Rechtsbehelfe sind ihm aufgrund seiner neutralen Verfahrensstellung verwehrt[608]. Insbesondere stellen die Gegenvorstellung und die Dienstaufsichtsbeschwerde als Ausformungen des Petitionsrechts nach Art. 17 GG nur Rechtsbehelfe des Bürgers gegen staatliche Entscheidungen dar[609].

Nicht nur die Anfechtung wirksamer, sondern auch die Anfechtung unwirksamer oder nichtiger Beschlüsse zur Feststellung deren Unwirksamkeit oder Nichtigkeit ist durch Rechtsbehelfe möglich[610] und im Hinblick auf die somit zu erzielende Rechtsklarheit auch gerechtfertigt. Insoweit wird im folgenden keine Unterscheidung zwischen wirksamen und unwirksamen Entscheidungen hinsichtlich der Rechtsschutzmöglichkeiten vorgenommen werden.

I. Rechtsbehelfe des Beschuldigten / Angeschuldigten / Angeklagten / Verurteilten

1. Entscheidungen über eine staatsanwaltschaftliche Einstellung nach § 153 a I StPO

Verschiedene Situationen sind denkbar, in denen der Beschuldigte ein Interesse an der Anfechtung einer staatsanwaltschaftlichen Entscheidung im Zusammen-

606 Schenke Rn. 1,6; so auch Schuth S. 129; Gerlach S. 155; Bohnert S. 362.
607 Vgl. M-G Einl Rn. 71.
608 Schenke Rn. 1,6; so auch Schuth S. 129; Gerlach S. 155; a.A. Bohnert S. 362, der eine Gegenvorstellung und Dienstaufsichtbeschwerde für zulässig hält.
609 Schenke Rn. 1, 6.
610 Vgl. KK- Schmidt Vor § 359 Rn. 15 a.

hang mit § 153 a I haben kann. Zu denken ist zum Beispiel an Fälle, in denen die Staatsanwaltschaft absprachewidrig das Verfahren nicht einstellt, nicht abgesprochene Sanktionen festlegt, ohne die Zustimmung des Beschuldigten eine Einstellungsentscheidung erläßt oder Sanktionen nachträglich abändert.

a. Rechtsbehelfe gegen staatsanwaltschaftliche Entscheidungen im allgemeinen

Es gilt insoweit zunächst zu untersuchen, mit welchen Rechtsbehelfen der Beschuldigte sich überhaupt gegen staatsanwaltschaftliche Entscheidungen zur Wehr setzen kann.

Dem Beschuldigten stehen nach der Strafprozeßordnung keine förmlichen Rechtsbehelfe gegen staatsanwaltschaftliche Entscheidungen zur Verfügung[611]. Die Vorschrift des § 172 regelt abschließend die Anfechtungsmöglichkeiten von Einstellungsverfügungen. Danach ist nur der Verletzte, nicht dagegen der Beschuldigte antragsberechtigt, weil diese Vorschrift ihn nicht als Anfechtungsberechtigten nennt.

Dem Beschuldigten verbleiben insoweit nur die nicht förmlichen Rechtsbehelfe der Gegenvorstellung und der sachlichen Dienstaufsichtsbeschwerde[612]. Bei der Gegenvorstellung wendet sich der Beschuldigte an die Behörde, die die beanstandete Maßnahme erlassen hat, während die Dienstaufsichtsbeschwerde an die aufsichtführende Stelle, in der Regel den Generalstaatsanwalt zu richten ist[613]. Mit beiden Rechtsbehelfe wird die erneute inhaltliche Kontrolle der Einstellungsentscheidung begehrt. Sie können nur zum Erfolg führen, soweit die Staatsanwaltschaft noch zur Änderung ihrer Entscheidung befugt ist, weil sie keiner Bindung unterliegt.

Wenn im folgende von Dienstaufsichtsbeschwerde die Rede ist, so ist damit die Sachaufsichtsbeschwerde und nicht die Dienstaufsichtsbeschwerde im engeren Sinne gemeint[614].

Staatsanwaltschaftliche Entscheidungen im Ermittlungsverfahren kann der Beschuldigte nach allgemeiner Ansicht grundsätzlich auch nicht gem. § 23 EGGVG angreifen[615]. Begründet wird diese Ergebnis unterschiedlich[616].

---

611 L/R-Rieß 24. Auflage § 153 a Rn. 86; L/R-Beulke 25. Auflage § 153 a Rn. 116; HK-Krehl § 153 a Rn. 16; Gerlach S. 134.

612 L/R-Rieß 24. Auflage § 153 a Rn. 86; L/R-Beulke 25. Auflage § 153 a Rn. 116; HK-Krehl § 153 a Rn. 16; Gerlach S. 134.

613 Geppert Jura 1982, 140, 145, 146.

614 Die Dienstaufsichtsbeschwerde i.e.S. soll außer Acht gelassen werden, weil sie nur das dienstliche Verhalten des Beamten betrifft; zu den Begriffen siehe M-G Vor § 296 Rn. 22; L/R-Hanack 25. Auflage Vor § 296 Rn. 88; KK-Ruß Vor § 296 Rn. 4.

aa. Meinungsstand

Verbreitet sieht man diese Entscheidungen als Prozeßhandlungen an, die keine Justizverwaltungsakte im Sinne des § 23 EGGVG seien[617]. Nach dem Willen des Gesetzgebers sollte der Rechtsschutz über § 23 EGGVG nur zur Kontrolle von „Verwaltungsmaßnahmen" geschaffen werden. Im Rahmen des Ermittlungsverfahrens werde die Staatsanwaltschaft aber nicht verwaltend, d.h. zur Regelung des Einzelfalls im Bereich des Justizverwaltungsrechts[618], sondern funktional im Bereich der Rechtsprechung als Organ der Rechtspflege tätig[619]. Zudem käme es – was der Gesetzgeber ersichtlich nicht beabsichtigt habe – zu einer Vielzahl von gerichtlichen Nebenverfahren, die das Strafverfahren „lähmen" könnten, wenn Maßnahmen der Ermittlung, Aufklärung und Ahndung von Straftaten einer Kontrolle nach §§ 23 ff EGGVG unterworfen würden[620]. Ihre gerichtliche Kontrolle erführen die staatsanwaltschaftlichen Entscheidungen im Ermittlungsverfahren ohnehin, wenn es zur Anklageerhebung komme[621].

Nach Meinung anderer, die teilweise einen Justizverwaltungsakt annehmen[622], ist der subsidiäre, zur Gewährleistung des verfassungrechtlichen Rechtschutzanspruchs nach Art. 19 IV GG geschaffene Rechtsweg des § 23 EGGVG

---

615 Daß die Staatsanwaltschaft als Strafverfolgungsbehörde im Ermittlungsverfahren Justizbehörde i.S.d. § 23 EGGVG ist, ist allgemein anerkannt, vgl. L/R-Böttcher 25. Auflage § 23 EGGVG Rn. 11.

616 Die vom OLG Koblenz (GA 1975, 340) – vgl. L/R-Schäfer 23. Auflage § 23 EGGVG Rn. 33 – vertretene Begründung, nach der eine Einheit zwischen dem staatsanwaltschaftlichen Ermittlungsverfahren und dem gerichtlichen Eröffnungs- und Hauptverfahren bestehe, die einer gesonderten Anfechtung von Entscheidungen des Ermittlungsverfahrens entgegenstehe, paßt auf die staatsanwaltschaftliche Einstellung insoweit nicht, als diese das Verfahren beendet und damit einer gerichtlichen Überprüfung entzieht, soweit die Einstellung nicht abgelehnt wird; sie soll insoweit an dieser Stelle nicht weiter betrachtet werden.

617 L/R-Böttcher 25. Auflage § 23 EGGVG Rn. 57, 113, 121, 123; allgemeine Ausführungen bei OLG Koblenz GA 1975, 340; vgl. Bohnert S. 52; vgl. Brößler/Terbach S. 85; BVerfG NJW 1985, 1019; BVerfG NJW 1984, 1491, 1492; BVerfG NJW 1984, 228; BVerfG NJW 1984, 1451; OLG Hamm NStZ 1983, 38, 39.

618 OLG Hamm NStZ 1985, 472, ebenso in MDR 1985, 785, 786 für die Zustimmungsentscheidung im Rahmen einer gerichtlichen Einstellung nach § 153 a II; OLG Koblenz GA 1975, 340; BVerfG NStZ 1984, 228.

619 Allgemein zur Tätigkeit der Staatsanwaltschaft im Ermittlungsverfahren: OLG Karlsruhe NJW 1976, 1417, 1418.

620 OLG Karlsruhe NJW 1976, 1417, 1418; BVerfG NJW 1984, 1451, 1452 und in NJW 1984, 228.

621 BVerfG NJW 1984, 1451, 1452 und in NJW 1984, 228.

622 KK-Kissel § 23 EGGVG Rn. 32.

versperrt, weil die strafprozessualen Bestimmungen leges speciales seien[623], was sich an den durch die StPO gewährten Rechtschutzmöglichkeiten des Beschuldigten zeige[624].

Insbesondere seien die Regelungen der § 172 ff hinsichtlich des Rechtsschutzes gegen staatsanwaltschaftliche Entscheidungen nach §§ 153 ff abschließend, so daß ein Antrag nach § 23 EGGVG unzulässig sei[625]. Trotz des fehlenden Antragsrechts des Beschuldigte nach § 172 sei die Vorschrift auch hinsichtlich des Rechtsschutzes des Beschuldigten abschließend[626]. Seinem Rehabilitationsinteresse werde ausreichend dadurch Rechnung getragen, daß der Beschuldigte auf Antrag eine Entschädigungszahlung wegen erlittener Strafverfolgungsmaßnahmen nach dem StrEG erlangen könne[627]. Dieser Ausschluß des Rechtswegs nach § 23 EGGVG gelte nicht allein für die eigentliche Einstellungsentscheidung nach § 153 a, sondern erst-recht für die der Einstellung vorausgehenden Entscheidungen[628].

bb. Stellungnahme

Da der Begriff der Prozeßhandlung nirgends in der Strafprozeßordnung anzutreffen ist, ist seine Verwendung im Strafverfahren eher bedenklich. Eine hieran anknüpfende Begründung der Unanfechtbarkeit der Einstellungsentscheidung ist daher abzulehnen. Diese fragwürdige Bezeichnung[629] für die auf die Durchführung bzw. Gestaltung eines Strafverfahrens gerichtete Betätigung der Staatsanwaltschaft[630] schließt überdies jedoch das Vorliegen eines Justizverwaltungsaktes nicht aus. Daß der Gesetzgeber für „Prozeßhandlungen" pauschal nicht den Rechtsweg über § 23 EGGVG eröffnen wollte, läßt sich nämlich den Gesetzesmaterialien nicht entnehmen. Vielmehr sollten auch solche Maßnahmen, die nicht

---

623 Vgl. OLG Karlsruhe NJW 1978, 1595, 1596 allgemein zum Rechtsschutz nach §§ 23 ff EGGVG; Wissgott S. 399.

624 Wissgott S. 399; AK-Schöch § 153 Rn. 38; Kühne Rn. 603; KK-Kissel § 23 EGGVG Rn. 32.

625 L/R-Rieß 24. Auflage § 172 Rn. 5; L/R-Graalmann-Schererer 25. Auflage § 172 Rn. 5; Gerlach S. 137, 138; allgemein für alle Einstellungen, für die das Klageerzwingungsverfahren nach § 172 II 3 ausgeschlossen ist, bei Klemme S. 76.

626 KK-Kissel § 23 EGGVG Rn. 32.

627 Gerlach S. 137.

628 Gerlach S. 137.

629 Den Begriff der Prozeßhandlung lehnt Klemme S. 74, 40 ab; allgemeine Ausführungen bei Brößler/Terbach S. 85, 92.

630 Vgl. zur Definition Prozeßhandlung OLG Karlsruhe NJW 1976, 1417, 1418; L/R-Böttcher 25. Auflage § 23 EGGVG Rn. 53.

unter den herkömmlichen Begriff des Justizverwaltungsaktes fallen, von der Generalklausel des § 23 EGGVG erfaßt werden[631].

Ob eine Entscheidung einen Justizverwaltungsakt darstellt, muß insoweit aufgrund einer Subsumtion unter die einzelnen Voraussetzungen eines Justizverwaltungsaktes ermittelt werden. Ein Justizverwaltungsakt wird allgemein als jedes hoheitliche Handeln einer Justizbehörde zur Regelung einzelner Angelegenheiten auf einem der in § 23 I EGGVG geregelten Gebieten, das unmittelbare rechtliche Außenwirkung entfaltet, definiert[632]. Teilweise wird weiterhin verlangt, daß die Entscheidung geeignet ist, den Betroffenen in seinen Rechten zu verletzten[633]. Wie sich jedoch aus § 24 I EGGVG, der die Behauptung einer Rechtsverletzung voraussetzt, entnehmen läßt, handelt es sich hierbei um eine Zulässigkeitsfrage und nicht um einen Prüfungspunkt im Rahmen der Statthaftigkeit des Antrags nach § 23 EGGVG[634]. Eine Entscheidung wirkt nach außen, wenn sie darauf gerichtet ist, den Rechtskreis einer Person zu erweitern, zu verringern oder feststellend zu gestalten[635]. Diese Voraussetzungen erfüllen aber z.B. gerade die vorläufige und endgültige Einstellungsentscheidung, sie entfalten insbesondere sehr wohl Außenwirkung. Denn die vorläufige Einstellung des Strafverfahrens durch die Justizbehörde „Staatsanwaltschaft" erweitert den Rechtskreis des Beschuldigten. Die endgültige Einstellung stellt seinen Rechtskreis fest, nämlich die Beendigung der Strafverfolgung hinsichtlich des Vergehens und damit auch indirekt seinen Anspruch aus dem Grundrecht aus Art. 103 III GG, nach dem eine erneute Strafverfolgung gegen ihn hinsichtlich der Tat als Vergehen ausscheidet[636]. Diese Beispiele belegen, daß auch Entscheidungen über

631 BT-Drucks. 3/55, S. 61; vgl. OLG Karlsruhe NJW 1976,1417,1418, vgl. BVerwG NJW 1975, 893; vgl. L/R-Böttcher 25. Auflage Vor § 23 EGGVG Rn. 5.

632 KK-Kissel § 23 EGGVG Rn. 21, 22; L/R-Böttcher 25. Auflage § 23 EGGVG Rn. 45.

633 KK-Kissel § 23 EGGVG Rn. 21,22; L/R-Böttcher 25. Auflage § 23 EGGVG Rn. 45.

634 Brößler/Terbach S. 89; vgl. L/R-Böttcher 25. Auflage § 23 EGGVG Fußn. 121.

635 Knack/VwVfG-Henneke § 35 Rn. 35; OLG Hamm NJW 1972, 2145.

636 Verlangte man mit a.A. weiterhin eine Geeignetheit zur Rechtsverletzung, so müßte auch diese bejaht werden. Eine ohne Zustimmung des Beschuldigten erfolgte vorläufige Einstellung verletzte beispielsweise sein Mitwirkungsrecht ebenso wie eine ohne Sanktionserfüllung ausgesprochene endgültige Einstellung anstelle einer Verfahrenseinstellung nach § 170 II sein diesbezügliches Recht auf Beendigung des Strafverfahrens durch Einstellung nach § 170 II betrifft, wenn keine Anhaltspunkte für eine Tatbegehung bestehen. Zwar entfalten beide Einstellungsformen keinen Strafklageverbrauch – § 170 II niemals, die Einstellung nach § 153 a mangels Sanktionserfüllung ausnahmsweise nicht –, jedoch benachteiligt die Eintragung der Einstellung nach § 153 a in das zentrale staatsanwaltschaftliche Verfahrensregister den Beschuldigten, weil sie einer erneuten Einstellung nach § 153 a in anderen

den Verfahrensgang Justizverwaltungsakte sein können. Ob ein Justizverwaltungsakt vorliegt, und ob der Betroffenen durch ihn in seinen Rechten verletzt ist, ist vielmehr für jede im Rahmen des § 153 a anfallenden Entscheidungen gesondert zu prüfen.

Aufgrund des Ausschlusses der Anfechtung von Entscheidungen nach § 153 a durch § 172 II 3 und dem dahinterstehenden Gedanken, daß Wertungs-/Ermessensentscheidungen der Staatsanwaltschaft einer Kontrolle entzogen werden sollen[637], kommt eine Anfechtung nach § 23 EGGVG aber jedenfalls nicht in Betracht. Da die Vorschrift des § 172 abschließend die Anfechtungsmöglichkeiten hinsichtlich der staatsanwaltschaftlichen Tätigkeit im Ermittlungsverfahren regelt, muß eine Anfechtung nach dem subsidiären § 23 EGGVG ausscheiden. Auch der Umstand, daß die StPO keine über die Regelungen der §§ 170 ff hinausgehende Anfechtung von staatsanwaltschaftlichen Entscheidungen über Verfahrenseinstellungen enthält, weist darauf hin, daß der Gesetzgeber den Rechtsschutz gegen staatsanwaltschaftliche Entscheidungen auf den in §§ 170 ff geregelten Bereich beschränken wollte. Aus dem Umstand, daß die Vorschrift des § 23 EGGVG nur vorübergehend gelten sollte und daher vorab als eine Generalklausel abgefaßt wurde, läßt sich der Wille des Gesetzgebers entnehmen, daß durch die Schaffung der Generalklausel des § 23 EGGVG keine über die in der StPO vorgesehene hinausgehende Rechtmäßigkeitskontrolle staatsanwaltschaftlicher Ermittlungstätigkeit und Entscheidungen entstehen sollte[638]. Daß die wohlerwogenen strafprozessualen Spezialvorschriften – wie die §§ 172 ff – nicht durch eine Anfechtungsmöglichkeit nach § 23 EGGVG außer Kraft gesetzt werden sollten[639], ergibt sich auch aus dem Umstand, daß die Eröffnung des Rechtswegs zu einer Verfahrensverzögerung führte, die dem Strafverfahren im Hinblick auf entstehende Rechtsunsicherheit nicht zuträglich wäre[640]. Hierdurch würde überdies das in sich stimmige Gesamtgefüge der Opportunitätsentscheidungen – die Einstellungsvorschriften der §§ 153 ff einerseits und die Anfechtungsbestimmung der § 172 ff andererseits – zerstört, da der mit den Opportunitätsvorschriften bezweckten Verfahrensbeschleunigung und Justizentlastung entgegengewirkt würde. Diesem Zweck entsprechend enthält § 153 a I[641] in seinem Zustimmungs-

Fällen wegen der zuvor erfolgten, vermeintlich von ihm mitgetragenen Verfahrenseinstellung nach § 153 a entgegenstehen könnte. Insoweit kann auch die endgültige Verfahrenseinstellung zur Verletzung von Beschuldigtenrechten geeignet sein.

637 BT-Drucks. 7/550, S. 301

638 BT-Drucks. 3/55, S. 61, 79 und 3/1094, S. 15.

639 OVG Lüneburg NJW 1972, 74.

640 Ebenso zu § 23 EGGVG im allgemeinen: OLG Karlsruhe NJW 1976, 1417, 1418, 1419.

641 Mit Ausnahme der Fälle des § 153 a I 7.

erfordernis eine vorweggenommene gerichtliche Kontrolle der staatsanwaltschaftlichen Entscheidung, das Verfahren einzustellen[642].

Eine Anfechtung der staatsanwaltschaftlichen Entscheidungen im Zusammenhang mit § 153 a kommt daher auch nach § 23 EGGVG grundsätzlich nicht in Betracht. Ob es hiervon Ausnahmen gibt, wird im folgenden zu untersuchen sein.

b. Gegen die vorläufige Einstellung / Abänderung der Sanktion

aa. Gegen die vorläufige Einstellung

Der Beschuldigte hat grundsätzlich kein Interesse an einer Anfechtung der vorläufigen Einstellungsentscheidung, da er ihr zugestimmt hat und sie ihm die Möglichkeit eröffnet, das Verfahren ohne Richterspruch zu beenden. Hat er seine Meinung zur vorläufigen Verfahrenseinstellung geändert, so kann er seine Zustimmung bis zum Erlaß der vorläufigen Einstellungsentscheidung noch widerrufen[643] oder durch Nichterfüllung der festgelegten Sanktionen die Verfahrensfortsetzung erzwingen[644].

Aus diesem Grunde kann der Beschuldigte sich mit der Gegenvorstellung oder der Dienstaufsichtsbeschwerde regelmäßig nicht erfolgreich gegen die vorläufige Einstellung und die hierin enthaltene Auflage oder Weisung wenden.

Etwas anderes muß allerdings gelten, wenn die Einstellungsentscheidung an wesentlichen Rechtsmängeln leidet, die der Beschuldigte zunächst nicht bemerkt hatte – z.B. die Sanktion zu unbestimmt festgelegt worden ist –, oder wenn er ihr nicht freiwillig zugestimmt hatte[645]. Ob er im letzteren Fall allerdings auf diese Weise eine schnellere Verfahrensfortsetzung erreicht, als wenn er der festgelegten Sanktion einfach nur nicht nachkäme, ist fraglich und dürfte von der bestimmten Erfüllungsfrist abhängen.

---

642 Vgl. L/R-Schäfer 23. Auflage § 23 EGGVG Rn. 51 a.

643 L/R-Rieß 24. Auflage § 153 a Rn. 33, 86; L/R-Beulke 25. Auflage § 153 a Rn. 116; L/R-Meyer-Goßner 23. Auflage § 153 a Rn. 54; HK-Krehl § 153 a Rn. 16, 13: Widerruf bis zur vollständigen Erfüllung der Auflagen und Weisungen – aber aufgrund des § 153 a I 6 ohne entsprechenden Rückerstattungsanspruch – möglich.

644 L/R-Meyer-Goßner 23. Auflage § 153 a Rn. 54; Wissgott S. 390; HK-Krehl § 153 a Rn. 16; nur bei wesentlichen Rechtsmängeln – wie einem Grundrechtsverstoß z.B. bei fehlender Freiwilligkeit – ist eine Dienstaufsichtsbeschwerde nach KK-Schoreit § 153 a Rn. 33 erfolgsversprechend.

645 L/R-Meyer-Goßner 23. Auflage § 153 a Rn. 54; Wissgott S. 390; HK-Krehl § 153 a Rn. 16; nur bei wesentlichen Rechtsmängeln – wie einem Grundrechtsverstoß z.B. bei fehlender Freiwilligkeit – sei eine Dienstaufsichtsbeschwerde erfolgsversprechend: KK-Schoreit § 153 a Rn. 33; Bohnert S. 296.

Auch die der Rechtsweggarantie nach Art.19 IV GG dienende Anfechtung nach § 23 EGGVG, an der der Beschuldigte allenfalls in den zuletzt genannten Fällen ein Interesse haben könnte – in den Fällen der ordnungsgemäßen Einstellung wäre er schon nicht beschwert, da die Verfügung keine Schuldfeststellung enthält und er durch sie sogar eine Möglichkeit gewinnt, eine Verfahrensbeendigung ohne Hauptverhandlung durch die Erfüllung einer Auflage oder Weisung herbeizuführen[646] – greift, wie zu Anfang diese Abschnittes erläutert[647], trotz Vorliegens eines Justizverwaltungaktes nicht durch. Die Strafprozeßordnung enthält insoweit eine abschließende Regelung der Anfechtung von staatsanwaltschaftlichen Entscheidungen im Rahmen einer Einstellung in § 172 getroffen hat, hinter der der § 23 EGGVG zurücksteht.

Bohnert lehnt eine Anfechtung der vorläufigen Einstellung nach § 23 EGGVG ab, da sie zu unüberwindbaren verfahrensrechtlichen Problemen führe[648]. Dieser Argumentation kann nicht gefolgt werden, weil sie ungeeignet ist, einen einmal eröffneten Rechtsweg zu versperren.

bb. Gegen die Abänderung der Sanktion

Aus den gleichen Gründen aus denen der Beschuldigte einer vorläufigen Einstellung nicht erfolgreich entgegentreten kann, kann er sich auch nicht gegen die Abänderung der Sanktion zur Wehr setzen. Der Beschuldigte hat auch der Änderung der Sanktion entsprechend der gesetzlichen Voraussetzungen gem. § 153 a I 4 zugestimmt. Die Aufhebung einer Sanktion oder Fristverlängerung, der der Beschuldigte in der Regel nicht zugestimmt haben dürfte, wird er nicht anfechten, weil sie für ihn vorteilhaft sind.

---

646 Feiter S. 94 meint, der Beschuldigte könne allerdings ausnahmsweise durch eine vorläufige Einstellung beschwert sein, wenn sie ohne seine Zustimmung erfolgte und zu einer Verzögerung des Verfahrens führte, das nach der Sach- und Beweislage nach § 170 II einzustellen gewesen wäre.

647 5. Kapitel A I 1.

648 Bohnert S. 382, 367 f führt diese Schwierigkeiten scheinbar auf den Umstand zurück, daß die §§ 23 ff EGGVG keinen vorläufigen Rechtsschutz vorsehen. Er nimmt wohl für den Fall der Verfahrensfortsetzung nach vorläufiger Einstellung an, daß der Antrag nach §§ 23 ff EGGVG unzulässig werde, wenn während des Nebenverfahrens ein rechtskräfiges Urteil in der Hauptsache erginge. Andererseits sei das Oberlandesgericht auch nicht befugt, ein nicht rechtskräftiges Urteil des Instanzgerichts aufzuheben, da der Antrag sich weder gegen den Eröffnungsbeschluß noch gegen das Urteil richte. Erginge die Entscheidung des Oberlandesgerichts vor Urteilserlaß, so müßte das Instanzgericht das Verfahren dagegen nach §§ 206, 260 III einstellen und der Staatsanwaltschaft würde, um widersprüchliche Entscheidungen der Gerichte zu vermeiden, ihr Recht genommen werden, Rechtsbehelfe hiergegen einzulegen.

c. Gegen die Ablehnung der vorläufigen Einstellung / der Abänderung der Sanktion

aa. Gegen die Ablehnung der vorläufigen Einstellung

aaa. Dienstaufsichtsbeschwerde und Gegenvorstellung

Dem Beschuldigten bzw. Angeschuldigten stehen gegen die Ablehnung der vorläufigen Einstellung die Rechtsbehelfe der Dienstaufsichtsbeschwerde und Gegenvorstellung mit dem Ziel der vorläufigen Verfahrenseinstellung offen, selbst wenn bereits Klage erhoben, aber noch kein Eröffnungsbeschluß erlassen wurde. Erst mit dem Erlaß des Eröffnungsbeschlusses tritt die Rechtskraft der Klage ein[649], so daß die Staatsanwaltschaft die Klage nicht mehr zurücknehmen[650] und das Verfahren nicht mehr selbst einstellen kann. Mit seiner Rüge dürfte der Beschuldigte jedoch häufig keinen Erfolg haben, da er jedenfalls keinen Anspruch auf Anwendung der Einstellungsvorschrift des § 153 a hat und die Gegenvorstellung auch nur eine Anregung an die Staatsanwaltschaft darstellt[651].

bbb. Anfechtung nach § 23 EGGVG

Gegen die Anfechtung der Entscheidung, das Verfahren nicht nach § 153 a vorläufig einzustellen, werden neben den eingangs dargestellten Argumenten gegen eine Anfechtung aller staatsanwaltschaftlichen Entscheidungen im Zusammenhang mit § 153 a auf dem Rechtsweg nach § 23 EGGVG eine Vielzahl weiterer Begründungen angeführt. Diese beleuchten einerseits die Verletzung von Rechten des Beschuldigten durch die Einschätzung des "öffentlichen Interesses an der Strafverfolgung", andererseits deren Verletzung durch Nichtanwendung des § 153 a. Die Diskussion einer Anfechtbarkeit der Einschätzung des öffentlichen Interesses nach § 23 EGGVG rührt bereits aus einer Zeit her, zu der § 153 a noch nicht erlassen worden war.

Dabei wird die Entscheidung, das Verfahren nicht gem. § 153 a I einzustellen, insbesondere die Einschätzung des öffentlichen Interesses und des Schuldgrades überwiegend[652]als nicht justiziabel angesehen[653]. Eine Anfechtung und einseitige

---

649 M-G § 207 Rn. 13.
650 M-G § 156 Rn. 1, 5.
651 Schuth S. 118, vgl. L/R-Rieß 24. Auflage § 153 a Rn. 86.
652 A.A. Thierfelder DVBl 1961, 119, 120 und NJW 1961, 1101 f und Kühne Rn. 135.1, sie vertreten im Rahmen der Einstellung nach § 153 sowie für die Strafverfolgung nach § 232 StGB die Ansicht, daß die Bejahung des „öffentlichen Interesses“ vom Beschuldigten nach § 23 EGGVG anfechtbar sein müsse. Dabei be-

gerichtliche Beurteilung des öffentlichen Interesses liefe nämlich dem in § 153 a verankerten Grundsatz zuwider, nach dem eine Einstellung in übereinstimmender Einschätzung durch Gericht und Staatsanwaltschaft zu erfolgen habe[654]. Eine Anfechtung müsse insbesondere auch deshalb ausscheiden, weil der Entscheidung keine abschließende und damit eigenständige Wirkung zukomme. Denn das Gericht brauche das Verfahren nicht weiter zu verfolgen, sondern habe ebenfalls die Option, das Verfahren einzustellen[655]. Der Beschuldigte werde zudem durch die Auslegung des Begriffs des öffentlichen Interesses nicht in seinen Rechten verletzt, weil er nur im Rahmen eines „Rechtsreflexes" von der Entscheidung berührt werde[656]. Die Einstellung des Verfahrens diene allein staatlichen Interessen, insbesondere dem Ziel der Einsparung öffentlicher Mittel im Bereich derjenigen Delikte, die den staatlichen Einsatz eines Strafverfahrens nicht zwingend erforderten[657]. Zudem erkläre die Staatsanwaltschaft nicht, daß der Beschuldigte eine Tat rechtswidrig und schuldhaft begangen habe[658].

Der Rechtsweg nach § 23 EGGVG ist nach hier vertretener Meinung gegen die Ablehnung der vorläufigen Einstellung des Verfahrens nach § 153 a I – wie aus den bereits zu Anfang diese Kapitels ausgeführten Gründen ersichtlich – nicht eröffnet.

Insbesondere handelt es sich bei dieser Entscheidung nicht um einen Justizverwaltungsakt, weil sie keinerlei Außenwirkung entfaltet. Sie verringert keine Rechte des Beschuldigten. Die Vorschrift über die Einstellung nach § 153 a zielt nicht auf die Gewährung von Beschuldigtenrechten ab[659], sondern dient allein den Interessen der Allgemeinheit an einer effektiven Strafrechtspflege, deren Gewährleistung durch die Entlastung der Strafverfolgungsorgane und Einsparung von öffentlichen Mitteln bei Taten, deren Ahndung keine klassische Strafe erfor-

---

gründet Thierfelder dies mit der Tatsache, daß es sich beim Merkmal des „öffentlichen Interesses" um einen unbestimmten Rechtsbegriff mit Beurteilungsspielraum handle, der nicht überprüfbar sei. Kühne Rn. 135.1 gesteht der Staatsanwaltschaft ein Ermessen bei der Ausfüllung des Begriffs zu, welches er auf Ermessensfehler hin einer Kontrolle unterwerfen will.

653 KK-Schoreit § 153 Rn. 33; L/R-Rieß 24. Auflage § 153 Rn. 36; L/R-Beulke 25. Auflage § 153 Rn. 39; M-G § 23 EGGVG Rn. 15 für die Einschätzung des öffentlichen Interesses nach § 232 StGB.

654 L/R-Rieß 24. Auflage § 153 Rn. 36; L/R-Beulke 25. Auflage § 153 Rn. 39.

655 Feiter S. 95; Terbach NStZ 1998, 172, 173; Terbach S. 54.

656 Kaiser NJW 1961, 1102 zu § 153.

657 BVerfG NJW 1979, 1591; BGHSt 16, 225, 228 ff; vgl. Hohmann S. 120 jeweis zu § 232 StGB und zu § 153.

658 BVerfG NJW 1979, 1591, 1592 für § 232 StGB.

659 Vgl. Feiter (S. 99) Fußn. 434; Paschmanns S. 50: § 153 a ist keine Schutznorm zugunsten des Beschuldigten.

dert, erfolgen soll. Die mit der Norm ebenfalls bezweckte Entkriminalisierung dient nicht dem Beschuldigten, sondern der Rechtsgemeinschaft, da durch sie vermieden werden soll, daß die Abschreckungswirkung von Strafe durch übermäßiges Strafen im Bereich der geringen und mittleren Kriminalität vermindert wird und damit die Anzahl der Taten aus dem Bereich der schweren Kriminalität ansteigen[660]. Wenn der Beschuldigte nicht durch die Entscheidung, das Verfahren fortzusetzen und nicht einzustellen, in seinen Rechten verletzt wird, so kann ihn die dieser Entscheidung zugrundeliegende Einschätzung des öffentlichen Interesses ebenfalls nicht in seinen Rechten verletzen. Die Nichtanwendung der Vorschrift berührt auch keine Rechte anderer Verfahrensbeteiligter, insbesondere nicht Rechte des Verletzten. Insoweit kommt es auch nicht darauf an, ob der Entscheidung Selbständigkeit zukommt, da jedenfalls schon keine Außenwirkung besteht.

Zudem steht die Subsidiarität des § 23 EGGVG im Hinblick auf die strafprozessualen Bestimmungen, die als leges speciales anzusehen sind[661], wie sich aus der Gesamtheit der strafprozessualen Rechtsschutzvorschriften zeigt, einem Antrag nach § 23 EGGVG – wie bereits ausgeführt – entgegen. Da § 172 II, der der Absicherung des Legalitätsprinzips dient, die Einstellungsentscheidung aus Opportunitätsgründen für unanfechtbar erklärt, muß dies erst recht für die Entscheidung gelten, das Verfahren fortzusetzen[662]. Alle übrigen nicht von § 172 erfaßten staatsanwaltschaftlichen Entscheidungen – insbesondere die, ein Verfahren nicht einzustellen – unterliegen ohnehin einer späteren inzidenten gerichtlichen Kontrolle, welche bei § 153 a in Form der gerichtlichen Möglichkeit zur eigenen Verfahrenseinstellung erfolgen kann. Eine vorherige gesonderte gerichtliche Kontrolle hat der Gesetzgeber in Einklang mit Art. 19 IV GG nicht für erforderlich gehalten, weil Art. 19 IV GG keinen sofortigen Rechtsschutz, sondern nur einen solchen „innerhalb angemessener Zeit“ verlangt[663].

Schließlich fehlt es dem Beschuldigten auch an einer Beschwer nach § 24 EGGVG. Richtig ist zweifellos auch, daß es zu einer mit dem Beschleunigungszweck des § 153 a unvereinbaren Verzögerung des Verfahrens käme, ließe man

---

660 „...Daß im Übermaß des Strafens das Strafschwert stumpf wird.“: Kaiser S. 134; Kaiser Kriminologie S. 351; L/R-Rieß 24. Auflage § 153 a Rn. 1, 20 die Verhängung von Strafen als ultima ratio soll der Effektivität der Strafrechtspflege dienen; L/R-Beulke 25. Auflage § 153 a Rn. 1, 27.

661 Vgl. OLG Karlsruhe NJW 1978, 1595, 1596 allgemein zum Rechtsschutz nach §§ 23 ff EGGVG; Wissgott S. 399.

662 So ähnlich L/R-Schäfer 23. Auflage § 23 EGGVG Rn. 59.

663 BVerfG NJW 1985, 1019; BVerfG NJW 1984, 228, 229; OLG Karlsruhe NStZ 1982, 434, 435 mit Verweis auf die Vorschriften der § 44 a VwGO und § 62 I 2 OWiG; vgl. Rieß Anm. zu OLG Karlsruhe NStZ 1982, 435, 436.

eine isolierte Anfechtung der staatsanwaltschaftlichen Beurteilung des öffentlichen Interesses zu. Der gesetzlich vorgesehene Handlungs- und Mitwirkungsspielraum der Staatsanwaltschaft würde überdies verletzt, wenn das Gericht die staatsanwaltschaftliche Beurteilung der Sach- und Rechtslage im Rahmen der Prüfung einer staatsanwaltschaftlichen Einstellungsmöglichkeit durch eine eigene Einschätzung ersetzen könnte. Dies führte nämlich dazu, daß die staatsanwaltschaftliche Mitwirkung – in Form der Entscheidung über eine eigene, staatsanwaltschaftliche Einstellungsmöglichkeit oder im Rahmen der Zustimmungentscheidung – umgangen und ausgehebelt werden könnte, was zu einer Entmündigung der Staatsanwaltschaft im Einstellungsverfahren führen könnte.

ccc. Anfechtung nach § 23 EGGVG bei willkürlicher oder unter Verstoß gegen eine vorherige Einstellungszusage erfolgter Verfahrensfortsetzung?

Unterschiedlich beurteilt wird die Frage, ob eine Anfechtung nach § 23 EGGVG ausnahmsweise dann in Betracht kommt, wenn die Staatsanwaltschaft sich an eine abgegeben Einstellungszusage nicht hält, sondern das Verfahren weiterbetreibt, oder wenn sie willkürlich das Verfahren nicht einstellt.

aaaa. Meinungsstand

Einige gehen vom ausnahmslosen Anfechtungsausschluß[664] auch in den Fällen aus, in denen die Staatsanwaltschaft den Beschuldigten um seine Zustimmung zu einer Einstellung ersucht hat und noch vor Eingang seiner Zustimmungserklärung von dieser Einstellungsabsicht Abstand genommen hat, oder in denen das Gericht oder die Staatsanwaltschaft entgegen ihrer zunächst in den Akten vermerkten Bejahung der Einstellungsvoraussetzungen keine Einstellung habe folgen lassen[665]. Eine Bindung der Staatsanwaltschaft entstehe nämlich erst mit Eintritt der Sperrwirkung, die durch die Einstellungsverfügung selbst eintrete[666]. Bei letzteren handele es sich überdies um interne Bekundungen, die keine Bindung entfalten könnten, weil anderenfalls das Weisungsrecht des staatsanwaltschaftlichen Vorgesetzten eingeschränkt würde und der Richter als befangen angesehen werden müsse[667].

---

664 Die Einschätzung des „öffentlichen Interesses" und der „nicht entgegenstehenden Schwere der Schuld" ist nach KK-Schoreit § 153 a Rn. 33 nicht justizabel.

665 KK-Schoreit § 153 Rn. 32; vgl. L/R-Meyer-Goßner 23. Auflage § 153 a Rn. 53 kein Anspruch auf Einstellung.

666 Vgl. L/R-Meyer-Goßner 23. Auflage § 153 a Rn. 53.

667 KK-Schoreit § 153 Rn. 32.

Andere verneinen eine Anfechtung der Ablehnungsentscheidung auch dann, wenn diese willkürlich erging. Insoweit könne der Betroffene Rechtsschutz im Zwischen- und Hauptverfahren erlangen[668].

Eine Ansicht, die den Rechtsschutz nach § 23 EGGVG grundsätzlich ablehnt, will ausnahmsweise eine Verpflichtungsklage gerichtet auf den Erlaß einer Einstellungsverfügung nach § 23 II EGGVG beim OLG zulassen, wenn die Staatsanwaltschaft einer Einstellungszusage nicht nachkomme, die sie in einem Fall getroffen habe, in dem sie ohne Mitwirkung des Gerichts zur Einstellung befugt gewesen sei. Sie habe durch die Zusage ein subjektiv-öffentliches Recht des Beschuldigten begründet, welches sie durch die Verfahrensfortsetzung verletze[669]. Staatsanwaltschaftliche das Strafverfahren betreffende Entscheidungen könnten nämlich Justizverwaltungsakte i.S.d. § 23 EGGVG sein[670]. Unterlasse die Staatsanwaltschaft es, das Verfahren einzustellen, so komme sie ihrer Pflicht, die sie selbst durch ihr Versprechen geschaffen habe, nicht nach[671]. Beständen jedoch neue Tatsachen, die das Einstellungsversprechen erschütterten, so sei die Staatsanwaltschaft nach dem in § 211 enthaltenen Rechtsgedankens nicht mehr an ihr Versprechen gebunden, und einer Weiterverfolgung stehe nichts mehr im Wege[672].

Für eine Anfechtbarkeit der Ablehnungsentscheidung auf dem Rechtsweg nach § 23 EGGVG bzw. Art. 19 IV GG spricht sich eine andere Meinung immer dann aus, wenn die Staatsanwaltschaft willkürlich die Verfahrenseinstellung nach § 153 a I ablehnt, weil diese Entscheidung die Grundrechte des Beschuldigten verletze[673].

bbbb. Stellungnahme

Eine Anfechtung nach § 23 EGGVG käme nur in Betracht, wenn die Verfahrensfortsetzung als Justizverwaltungsakt anzusehen wäre. Dafür müßte die Nichtanwendung der Einstellungsvorschrift des § 153 a eine Außenwirkung in Form der

---

668 L/R-Böttcher 25. Auflage § 23 EGGVG Rn. 112, 121.
669 AK-Schöch § 153 Rn. 38; Kühne Rn. 603, 605.
670 Kühne Rn. 603.
671 Kühne Rn. 603.
672 Kühne Rn. 605.
673 Feitger S. 105; vgl. Strubel/Sprenger NJW 1972, 1734, 1737 Verletzung des Grundrechts aus Art. 3 I GG bei willkürlicher Nichteinstellung des Verfahrens nach § 153; im Rahmen des § 153 hält Homann S. 147 den Rechtsweg nach Art. 19 IV GG bei willkürlicher Entscheidung wegen Verletzung der Rechte aus Art. 3 I GG für eröffnet.

Schmälerung von Beschuldigtenrechten entfalten. Der Beschuldigte hat aber kein Recht auf eine Einstellung des Verfahrens.

Ein Anspruch aus Art. 3 I GG im Falle der willkürlichen Entscheidung setzt voraus, daß die Rechtsgrundlage für die erstrebte Entscheidung im Interesse des die Einstellung Begehrenden erlassen wurde[674]. Die Begrenzung über den Schutzzweck der Norm ist erforderlich, um einer Popularklage entgegenzuwirken[675] und auf diese Weise zu verhindern, daß auch Entscheidungen einer Kontrolle unterworfen werden, die eine Wertungsentscheidung beinhalten, zu deren Vornahme das handelnde Staatsorgan dem Klagenden nicht gegenüber verpflichtet war[676]. Das „Rangverhältnis zwischen Grundgesetz und einfachem Gesetz“ wird durch diese Begrenzung über den Schutzzweck der einfachgesetzlichen Norm nicht verletzt, sondern das Grundrecht nur anhand des einfachen Rechts definiert[677]. Da die Regelung des § 153 a nur dem Allgemeininteresse[678] an einer Verfahrensbeschleunigung, Justizentlastung und Entkriminalisierung, nicht jedoch Individualinteressen des Beschuldigten dient, hat der Beschuldigte keinen Anspruch aus Art. 3 I GG auf willkürfreie Entscheidung in Form der Einstellung des Verfahrens.

Auch die Verfahrensfortsetzung trotz Einstellungszusage entfaltet keine Außenwirkung und stellt daher keinen Justizverwaltungsakt dar, weil eine solche Zusage nach hier vertretener Ansicht aus folgenden Erwägungen nicht bindend ist: Aus dem Gesetztesmaterial zu § 153 a, der eine Spezialvorschrift hinsichtlich der Absprache über eine Verfahrenseinstellung gegen Auflagen und Weisungen darstellt, ist zu entnehmen, daß die Zustimmung des Beschuldigten zur Einstellung verhindern sollte, daß ein Verfahren eingestellt wird, obwohl der Beschuldigte ohnehin der Sanktion nicht nachkommen will und es insoweit zu einer ungewollten Verfahrenverzögerung käme[679]. Um diese Prozeßverschleppung zu verhindern, ist es somit auch erforderlich, daß der Beschuldigte seine einmal erteilte Zustimmung bis zur Verfahrenseinstellung widerrufen kann. Umgekehrt muß dieses Recht zur Meinungsänderung auch den staatlichen Organen eingeräumt werden. Eine Bindung an die Absprache hinsichtlich der Möglichkeit einer Verfahrenseinstellung nach § 153 a tritt damit zusammen mit der wirksamen Verfahrenseinstellung ein und wird insoweit durch die beschränkte Sperrwirkung ge-

674 BVerwGE 39, 235, 237; Bay VGH BayVBl 1974, 278, 279; BVerwG DÖV 1979, 911; a.A. Hoffmann-Becking JUS 1973, 615, 617; Dürig Art. 3 I Rn. 55 Fußn. 1, Art. 3 III Rn. 84 Fußn. 2.

675 Vgl. Werner S. 80, 81 im Rahmen der Rechtsbehelfe des Verletzten.

676 Zur Ermessensübung BVerwGE 39, 235, 238, 239; BVerwG DÖV 1979, 911.

677 Vgl. Werner S. 81 im Rahmen der Rechtsbehelfe des Verletzten.

678 Vgl. Werner S. 81 im Rahmen der Rechtsbehelfe des Verletzten.

679 BT-Drucks. 7/551, S. 70.

sichert[680]. Die Staatsanwaltschaft kann auch von der durch die Zustimmung des Beschuldigten bedingten vorläufigen Einstellungsentscheidung Abstand nehmen, soweit die Zustimmung seitens des Beklagten bei ihr noch nicht eingegangen ist, weil die Entscheidung bis zu diesem Zeitpunkt noch keine Bindung entfaltet. Die Entscheidung, die Einstellungsvorschrift des § 153 a nicht anzuwenden, entfaltet somit weder eine Außenwirkung, noch ist der Beschuldigten in einem Recht nach § 24 EGGVG verletzt.

Schließlich enthält die Regelung des § 172 jedenfalls eine abschließende Regelung der Rechtsschutzmöglichkeiten gegen staatsanwaltschaftliche Entscheidungen im Ermittlungsverfahren und schließt insoweit den subsidiären Rechtsweg des § 23 EGGVG aus. Da Art. 19 IV GG keinen sofortigen, sondern nur einen Rechtsschutz noch zur rechten Zeit verlangt[681], ist dieser Ausschluß der Anfechtung auch mit diesem Grundsatz – der ohnehin nur Anwendung finden könnte, wenn man eine Rechtsverletzung bejahte[682] – vereinbar. Gerade weil eine Einstellung in den Tatsacheninstanzen möglich bleibt, also keine endgültige Entscheidung mit der Folge eines dauerhaften Zustandes getroffen wird, sondern die Voraussetzungen von der Staatsanwaltschaft und dem Gericht weiterhin geprüft werden, ist auch im Hinblick auf Art. 19 IV GG kein weitergehender Rechtsschutz erforderlich.

ddd. Ablehnung des Staatsanwalts wegen Befangenheit bei Nichteinhaltung einer Verfahrensabsprache?

Hält die Staatsanwaltschaft willkürlich, d. h. ohne sachlichen Grund, eine Absprache hinsichtlich einer Verfahrenseinstellung nicht ein, so soll der Beschuldigte nach Meinung Gerlachs auf die Ersetzung des Staatsanwalts bei dessen Vorgesetzten wegen Besorgnis der Befangenheit nach § 145 GVG hinwirken können[683].

---

680 Vgl. hierzu die Erläuterungen im 5. Kapitel A I 1.

681 L/R-Böttcher 25. Auflage § 23 EGGVG Rn. 58, 108; diesem Grundsatz entsprechend sieht beispielsweise auch § 44 a VwGO und § 62 I 2 OWiG grds. nur eine gemeinsame Anfechtung von behördlichen Verfahrenshandlungen mit der abschließenden Sachentscheidung vor; vgl. hierzu OLG Karlsruhe NStZ 1982, 434, 435 und Rieß Anmerkung hierzu NStZ 1982, 435, 436; BVerfG NStZ 1984, 228, 229; BVerfG NJW 1985, 1019.

682 Art. 19 IV gewährt kein subjektives Recht, sondern setzt ein solches voraus; vgl. Jarass/Pieroth Art.19 Rn. 21.

683 Gerlach S. 151, 215.

Dem kann nicht zugestimmt werden, da die bei der Einstellung gegen Auflage und Weisung anfallende Absprache[684] in § 153 a geregelt ist. Eine vor Erlaß der vorläufigen Einstellungsverfügung eintretende Bindung des für die Einstellung Zuständigen an Bekundungen seinerseits, ein Verfahren einstellen zu wollen – soweit man eine Bindung an Absprachen im allgemeinen überhaupt für gegeben ansieht[685] – ist darin nicht vorgesehen und kann weder der Systematik des in § 153 a I 5 geregelten Strafklageverbrauchs noch dem Willen des Gesetzgebers entnommen werden. Insoweit soll die spezialgesetzlich geregelte Verfahrensabsprache erst im Zeitpunkt der Verfügung der vorläufigen Verfahrenseinstellung wirksam zustande kommen und Rechtswirkungen entfalten. Der Gesetzgeber beabsichtigte mit der Schaffung des Zustimmungserfordernisses seitens des Beschuldigten, Verfahrensverzögerungen durch einen erfolglosen Versuch der Verfahrensbeendigung zu verhindern, zu denen es käme, wenn das Verfahren eingestellt würde, obwohl der Beschuldigte nicht gewillt ist, den aufzuerlegenden Sanktionen nachzukommen[686]. Dieser beabsichtigte Zweck erfordert es, dem Beschuldigten zu gestatten, seine Zustimmung bis zum Erlaß der Einstellungsverfügung zu widerrufen und hierdurch eine sinnlose – weil von ihm ungewollte – Einstellung zu verhindern. Wird dem Beschuldigten aber diese Option eröffnet, so muß dies auch für das staatliche Organ, das zugestimmt hat, gelten. Sind aber zwei Gesprächsparteien bis dahin nicht an ihre Aussage gebunden, muß die dritte Gesprächspartei – das mit der Einstellung befaßte Strafverfolgungsorgan – ebenfalls ihre Meinung ändern dürfen. Mangels gesetzlicher Regelung und wegen des hinter der Norm stehenden Zwecks ist es daher sowohl den Zustimmenden möglich, ihre einmal erteilte Zustimmung bis zum Erlaß der vorläufigen Einstellungsverfügung zu widerrufen als auch dem für die Einstellung Zuständigen erlaubt, von seiner Einstellungsabsicht bis zu diesem Zeitpunkt Abstand zu nehmen. Gerade die Stellungnahme des anderen staatlichen Organs im Rahmen der Zustimmung zur Einstellung kann außerdem den Zuständigen dazu veranlassen, seine beabsichtigte Entscheidung noch einmal zu überdenken, auch wenn von staatlicher Seite eine Zustimmung erteilt wird. Die zur Gewährleistung des Legalitätsprinzips durch das Zustimmungserfordernis erstrebte gegenseitige Kontrolle der Strafverfolgungsorgane ist damit nicht allein Fremd-, sondern auch Selbstkontrolle. Eine Bindung an eine Absprache hinsichtlich der Möglichkeit einer

---

684 Zur Zulässigkeit von Absprachen im Strafprozeß im allgemeinen BVerfG NJW 1987, 2662 ff; BGH NJW 1998, 86; Wolfslast NStZ 1990, 409, 415; M-G Einl. Rn.119 ff.

685 Vgl.. Wolfslast NStZ 1990, 409, 415; BGH NJW 1989, 2270, 2271; BGH NJW 1998, 86, 89; nunmehr M-G Einl. Rn. 119 g, h; Kühne Rn. 603.

686 Vgl. BT-Drucks. 7/551, S. 70.

Verfahrenseinstellung nach § 153 a tritt damit erst zusammen mit der Verfahrenseinstellung ein und erfährt ihre Sicherung durch die beschränkte Sperrwirkung.

eee. *Rechtsmittel und außerordentliche Rechtsbehelfe nach ergangener gerichtlicher Sachentscheidung mit dem Ziel der vorläufigen Verfahrenseinstellung nach § 153 a StPO*

Auch im Rahmen eines Rechtsmittels, insbesondere einer Revision, oder des außerordentlichen Rechtsbehelfs der Wiederaufnahme des Verfahrens[687] gegen die nach Verfahrensfortführung ergangene Sachentscheidung ist die vorangegangene Ablehnung der vorläufigen Verfahrenseinstellung nach § 153 a nach allgemeiner Ansicht nicht anfechtbar.

Eine Wiederaufnahme des Verfahrens gegen ein ergangenes Urteil oder einen erlassenen Strafbefehl mit dem Ziel, das Urteil oder den Strafbefehl aufzuheben und eine Verfahrenseinstellung nach § 153 a StPO zu erreichen, ist nach überwiegender Meinung unzulässig[688], weil die Umstände, die zu dieser Einstellung nach § 153 a ermächtigen, nicht von der materiellen Rechtskraft der Entscheidung umfaßt werden und daher nicht zu den für eine Wiederaufnahme berücksichtigungsfähigen Tatsachen i.S.d. § 359 Nr. 5 gehören[689]. Außerdem oblag es allein dem für die Einstellung Zuständigen, die mit der Einstellung nach §§ 153 ff verbundenen Wertungsentscheidungen im Rahmen der Einschätzung der Voraussetzungen des „öffentlichen Interesses" und der „nicht entgegenstehenden Schwere der Schuld" zu treffen. Darüber hinaus besitzt der Verurteilte keinen Anspruch auf eine Einstellung nach §§ 153 ff.

Eine Revision gegen ein ergangenes Urteil, die darauf gestützt wird, daß das Verfahren nach § 153 a hätte eingestellt werden müssen, ist unzulässig[690], da Entscheidungen, die dem Urteil vorausgegangen sind, nur solche sein können, die das Gericht getroffen hat, nicht dagegen staatsanwaltschaftliche Verfahrenshandlungen[691].

Daher muß der Beschuldigte die neuen Tatsachen im laufenden gerichtlichen Verfahren vortragen und auf eine Einstellung hinwirken.

---

687 Ranft Rn. 2252.

688 KK-Schmidt § 359 Rn. 34; AK-Loos § 359 Rn. 16; HK-Krehl § 359 Rn. 25; L/R-Gössel 24. Auflage § 359 Rn. 73 b und 25. Auflage § 359 Rn. 73; M-G § 359 Rn. 39; a. A. Meyer NJW 1969, 1361 ohne Begründung.

689 L/R-Gössel 24. Auflage § 359 Rn. 73 b und 25. Auflage § 359 Rn. 71.

690 Kalomiris NStZ 1998, 500, 501; Pfeiffer § 153 a Rn. 11; HK-Krehl § 153 a Rn. 16.

691 Vgl. M-G § 336 Rn. 2.

bb. Gegen die Ablehnung der Abänderung der Sanktion

Gegen die Ablehnung der Abänderung von Auflagen und Weisungen kann der Beschuldigte nur eine Gegenvorstellung oder eine Dienstaufsichtsbeschwerde mit dem Ziel der Abänderung der Sanktion erheben[692]. Allerdings sind diese ebenso wie die Anfechtung der Entscheidung der Ablehnung der vorläufigen Einstellung nur bedingt erfolgversprechend[693], weil der Beschuldigte keinen Anspruch auf Abänderung der Sanktion besitzt[694].

d. Gegen die Zustimmungsentscheidung des Gerichts

aa. Beschwerde

Gegen die gerichtliche Erteilung und Versagung der Zustimmung steht dem Beschuldigten nach allgemeiner Ansicht nicht die Beschwerde nach § 304 zur Verfügung[695]. Die Begründungen hierfür differieren jedoch.

aaa. Meinungsstand

Der Grund hierfür wird überwiegend darin gesehen, daß die Erteilung oder Versagung der gerichtlichen Zustimmung zur Einstellung eine bloße Prozeßerklärung sei[696]. Es liege keine Entscheidung vor, weil die Zustimmung der Mitwirkung an der gemeinsamen Willensbildung diene und die eigentliche Entscheidung erst durch die vorläufige Einstellungsverfügung getroffen werde[697]. Denn selbst wenn der Beschuldigte eine gerichtliche Zustimmung erwirken könne, bliebe die Staatsanwaltschaft weiterhin in ihrer Entscheidung frei, das Verfahren trotz ihres

---

692 Zur Dienstaufsichtsbeschwerde vgl. Rüth DAR 1975, 1, 7; vgl. Schuth S. 118; vgl. L/R-Meyer-Goßner 23. Auflage § 153 a Rn. 61; für die Gegenvorstellung und die Dienstaufsichtsbeschwerde vgl. AK-Schöch § 153 a Rn. 52.

693 Vgl. L/R-Meyer-Goßner 23. Auflage § 153 a Rn. 94 zur gerichtlichen Einstellung.

694 Kleinknecht § 153 a Rn. 41; L/R-Meyer-Goßner 23. Auflage § 153 a Rn. 61.

695 M-G § 153 Rn. 11, 34; Kleinknecht § 153 Rn. 11; Walk S. 247, HK-Krehl § 153 a Rn. 12, § 153 Rn. 10; Eb. Schmidt § 153 Rn. 16; AK-Schöch § 153 Rn. 26; L/R-Rieß 24. Auflage § 153 a Rn. 73, § 153 Rn. 43, 44; L/R-Beulke 25. Auflage § 153 a Rn. 103; § 153 Rn. 46, 47; Terbach S. 197.

696 M-G § 153 Rn. 11, 34; Kleinknecht § 153 Rn. 11; Walk S. 247; HK-Krehl § 153 a Rn. 12, § 153 Rn. 10; KMR-Müller 8. Auflage § 153 a Rn. 10, § 153 Rn. 9; KK-Schoreit § 153 Rn. 30; L/R-Meyer-Goßner 23. Auflage § 153 a Rn. 41, § 153 Rn. 32.

697 L/R-Meyer-Goßner 23. Auflage § 153 a Rn. 41, § 153 Rn. 32.

Ersuchens auf Zustimmungserteilung fortzusetzen[698]. Auch könne der Beschuldigte selbst aus allgemeinen Anweisungen keine Rechte herleiten[699]. Zudem sei der Beschuldigte durch die Zustimmungserteilung nicht beschwert[700].

Bohnert spricht sich gegen den Begriff der „Prozeßerklärung" aus[701]. Der verwaltungsrechtliche Grundsatz, nach dem der Bürger die internen staatlichen Mitwirkungakte nur zusammen mit dem hierauf ergehenden Verwaltungsakt anfechten könne und diese daher nur inzident überprüfbar seien, wie §§ 305 und 336 zeigten, müsse auch im Strafverfahren gelten, so daß eine isolierte Anfechtung der Zustimmungsentscheidung des Gerichts von vornherein ausgeschlossen sei[702].

Gössel lehnt aus denselben Gründen die Charakterisierung der Zustimmung als Prozeßerklärung ab[703]. Die Unanfechtbarkeit begründet er damit, daß die Rechte des Beschuldigten durch die Zustimmungsverweigerung und -erteilung nicht bzw. bei letzterer allenfalls nur mittelbar – wenn nach der Zustimmungserteilung eine Einstellungsverfügung erlassen werde – berührt würden[704].

bbb. Stellungnahme

Die Zustimmungsverweigerung sowie deren Erteilung sollen nach hier vertretener Ansicht nicht als Prozeßerklärungen bezeichnet werden, weil der Begriff in der Strafprozeßordnung keine Erwähnung findet[705].

Für die Frage der Zulässigkeit der Beschwerde ist aber von Bedeutung, ob die Zustimmungsentscheidung nach außen hin selbständig zutage tritt oder sich als reines Internum darstellt. Die gerichtliche Zustimmung stellt allein eine vom Gesetzgeber als Voraussetzung für eine Ausnahme vom Legalitätsprinzip erforderliche Mitwirkung des Gerichts an der staatsanwaltschaftlichen Entscheidung dar, durch die das Verfahren möglicherweise im späteren Verfahrensablauf endgültig beendet wird. Daß es sich um ein Internum handelt, zeigt sich auch daran, daß die Zustimmungsanfrage in der Regel intern stattfinden darf und wird, so daß der Be-

---

698 L/R-Meyer-Goßner 23. Auflage § 153 a Rn. 41, § 153 Rn. 32; L/R-Rieß 24. Auflage § 153 a Rn. 73, § 153 Rn. 43, 44; L/R-Beulke 25. Auflage § 153 a Rn. 103, § 153 Rn. 46, 47.

699 OLG Hamm VRS 7, 129.

700 L/R-Rieß 24. Auflage § 153 a Rn. 73, § 153 Rn. 43; L/R-Beulke 25. Auflage § 153 a Rn. 103, § 153 Rn. 46; Feiter S. 94.

701 Bohnert S. 357.

702 Bohnert S. 358.

703 Gössel S. 95 zu § 153.

704 Gössel S. 95 zu § 153.

705 Vgl. auch L/R-Rieß 25. Auflage Einl. Abschn. J Rn. 6; nach Bohnert S. 360 ist eine unanfechtbare Prozeßhandlung eine Prozeßerklärung.

schuldigte, wenn die Staatsanwaltschaft sich zunächst an das Gericht wendet, von der Ablehnung oftmals keine Kenntnis erlangt. Auch der Umstand, daß die Staatsanwaltschaft auch nach gerichtlicher Zustimmung in ihrer Entscheidung frei ist, ob sie das Verfahren gegen Auflage und Weisung einstellt[706], zeigt den internen und unselbständigen Charakter der Zustimmungsentscheidung. Außerdem wäre eine Anfechtung der Zustimmungsentscheidung nach dem Sinn und Zweck der Vorschrift des § 153 a ausgeschlossen[707]. Der mit der Vorschrift beabsichtigte Verfahrensbeschleunigungs- und Vereinfachungszweck würde, jedenfalls wenn das Gericht eine Stellungnahme in der Sache abgäbe, durch eine Beschwerde gegen die Zustimmungsentscheidung gefährdet. Da dem Beschuldigten nicht einmal gegen die vorläufige staatsanwaltschaftliche Einstellung ein Rechtsbehelf zur Verfügung steht, kann ein solcher erst recht nicht gegen die der Einstellung vorausgehende Zustimmung bestehen.

Der von Bohnert angeführte Gedanke, daß den Regelungen der §§ 305 und 336 der Grundsatz zu entnehmen sei, daß der Gesetzgeber eine Anfechtung von Entscheidungen, die einer anderen Entscheidung vorausgehen und bei einer Überprüfung dieser letzten Entscheidung ohnehin kontrolliert werden, einer gesonderten Anfechtung entzogen sind, trägt vorliegend nicht, weil eine Anfechtung der vorläufigen Einstellungsentscheidung gerade nicht in Betracht kommt. Außerdem würde die Zustimmungserteilung im Rahmen einer Anfechtung der vorläufigen Einstellungsentscheidung nicht mehr auf ihre Richtigkeit – die der Zustimmung zugrundeliegenden Tatsachen würden nur im Rahmen der Richtigkeit der Einstellungsentscheidung untersucht – , sondern nur auf ihr Vorhandensein überprüft werden. Gerade weil der Gesetzgeber eine Verfahrenseinstellung bis zum Ende der Hauptverhandlung einer etwaigen Berufungsinstanz ermöglichte, ist eine Anfechtung der Zustimmungsverweigerung auch aus rechtsstaatlichen Überlegungen nicht erforderlich.

Weiterhin fehlte auch eine Beschwer des Beschuldigten, da ihm durch die Zustimmung eine Einstellungsentscheidung der Staatsanwaltschaft in Aussicht gestellt wird, welche ihrerseits sein Handlungsspektrum erweitert. Er kann insoweit nur eine Gegenvorstellung gegen die Zustimmungserteilung erheben.

Hält das Gericht umgekehrt eine Einstellung nach § 153 a für ausgeschlossen und versagt seine Zustimmung, so setzt sich das Verfahren, so wie es vor der Zustimmungsanfrage ohnehin stattgefunden hätte, unverändert fort. Die gerichtliche Verweigerung berührt somit den Verfahrensablauf nicht, sondern führt nur keine

---

706 Sie kann ihre Einschätzung der Einstellungsvoraussetzungen jederzeit ändern, solange noch keine Sperrwirkung eingetreten ist.

707 Vgl. L/R-Gollwitzer 24. Auflage § 304 Rn. 34 mit Verweis auf § 153 a in Fußn. 66; zum stillschweigenden Ausschluß der Beschwerde vgl. M-G § 304 Rn. 5; OLG Hamm NJW 1977, 210; BGHSt 10, 88, 91; KK-Engelhardt § 304 Rn. 25.

von der Staatsanwaltschaft anvisierte Verfahrensveränderung in Form der Einstellung herbei. Sie schließt eine spätere Einstellung –gegebenenfalls eine gerichtliche – nicht aus. Die negative Entscheidung des Gerichts berührt die Rechte des Beschuldigten nicht, weil er – aus den bereits ausgeführten Gründen – keinen Anspruch auf Zustimmungserteilung und Einstellung des Verfahren besitzt.

bb. Andere Rechtsbehelfe

Die gerichtliche Verweigerung der Zustimmung zur Verfahrenseinstellung nach § 153 a I[708] kann der Beschuldigte jedoch mittels einer Gegenvorstellung[709], aber nur bis zur Klageerhebung angreifen. Der Gegenvorstellung steht der Beschleunigungszweck der Einstellungsvorschrift nicht entgegensteht, da das die Zustimmung versagende Gericht selbst über den formlosen Rechtsbehelf entscheidet. Sie ist aber nur bis zur Klageerhebung möglich, weil eine staatsanwaltschaftliche Einstellung, der das Gericht zustimmen könnte, ab diesem Zeitpunkt nicht mehr möglich ist, sofern die Staatsanwaltschaft nicht die Klage zurücknimmt. Die insoweit weiterhin erforderliche Klagerücknahme liegt aber nicht im Einflußbereich des Gerichts, sondern setzt eine Handlung der Staatsanwaltschaft voraus. Da der Beschuldigte keine Anspruch auf Zustimmungserteilung besitzt, wird der Rechtsbehelf in der Regel jedoch nicht zum Erfolg führen.

Eine Dienstaufsichtsbeschwerde kommt deshalb nicht als Rechtsbehelf in Betracht, weil die Entscheidung über die Zustimmungserteilung nach § 153 a eine Maßnahme der Rechtsprechung ist, die in den Geltungsbereich der richterlichen Unabhängigkeit fällt, und insoweit nach § 26 DRiG nicht der Dienstaufsicht unterworfen ist[710].

Ebenso scheidet der subsidiäre Rechtsweg nach § 23 EGGVG aus, weil er nicht für Akte der Rechtsprechung, die in richterlicher Unabhängigkeit ausgeübt werden, eröffnet ist[711].

---

708 An der Anfechtung der Zustimmungserteilung dürfte der Beschuldigte keinerlei Interesse haben; sie wäre jedenfalls auch ausgeschlossen, wenn das Verfahren daraufhin eingestellt worden ist.

709 Gerlach S. 159, 160.

710 Gerlach S. 158.

711 Vgl. KK-Kissel § 23 EGGVG Rn. 5; vgl. L/R-Böttcher 25. Auflage § 23 EGGVG Rn. 4.

e. Gegen die endgültige Einstellung

aa. Ordentliche Rechtsbehelfe

Grundsätzlich hat der Beschuldigte kein Interesse an der Anfechtung der endgültigen Einstellung. Es ist aber beispielsweise der Fall denkbar, daß das Verfahren endgültig eingestellt wurde, obwohl der Beschuldigte die Sanktionen nicht ordnungsgemäß erfüllt hat, die Sperrwirkung demzufolge nicht eingetreten ist und er ein Interesse an der Prozeßfortsetzung hat, weil er seine Unschuld nunmehr beweisen kann. In diesem Fall stehen ihm die formlosen Rechtsbehelfe der Dienstaufsichtsbeschwerde und der Gegenvorstellung zur Verfügung. Insoweit ist nämlich keine Rechtskraftwirkung nach § 153 a I 5 eingetreten, die die Staatsanwaltschaft bindet und einer Abänderung der Einstellungsentscheidung und Verfahrensfortführung entgegenstehen würde. Andere Gründe, die zum Nichteintritt der Sperrwirkung führten, kann er dagegen nicht vortragen, da sie nicht Gegenstand der endgültigen Einstellungsentscheidung waren.

Eine Anfechtung nach § 23 EGGVG kommt aus den eingangs erläuterten Gründen nicht in Betracht. Die endgültige Einstellung stellt zwar – wie erläutert – einen Justizverwaltungsakt dar[712], sie wird jedoch in der Regel – mit Ausnahme der Fälle, in denen das Verfahren ohne Sanktionserfüllung endgültig nach § 153 a anstatt nach § 170 II eingestellt wird und sich die Eintragung in das zentrale staatsanwaltschaftliche Verfahrensregister bei der Frage einer erneuten Einstellung nach § 153 a in einem anderen Verfahren wegen einer anderen Tat nachteilig auswirken könnte – den Beschuldigten nicht in seinen Rechten verletzen, da sie grundsätzlich für ihn vorteilhaft ist. Außerdem steht ihrer Anfechtung nach § 23 EGGVG die spezielle strafprozessuale Regelung des § 172 entgegen.

bb. Außerordentliche Rechtsbehelfe

aaa. Wiederaufnahme des Verfahrens nach §§ 359 ff StPO

Hat der Beschuldigte jedoch auf eine wirksame Einstellung nach § 153 a hin Leistungen erbracht, die Staatsanwaltschaft sodann das Verfahren endgültig eingestellt und stellt sich die Sach- und Beweislage zum jetzigen Zeitpunkt derart dar,

---

712 Entgegen der Ansicht Bohnerts S. 383 stellt die Einstellungsentscheidung nicht bloß ein Internum dar, weil sie sehr wohl eine Außenwirkung in Form der Feststellung des Strafklageverbrauchs und mittelbar des Rechts nach Art. 103 III GG enthält.

daß er nunmehr seine Unschuld beweisen könnte, stellt sich die Frage, ob er eine Wiederaufnahme des Verfahren erfolgreich beantragen kann.

aaaa. Meinungsstand

Zu diesem Problem hat sich, soweit ersichtlich, nur Hellmann explizit im Rahmen des § 153 a geäußert. Er hält die Wiederaufnahme des Verfahrens nach einer staatsanwaltschaftlichen Einstellung für unproblematisch. Um eine gleichartige Behandlung der gerichtlichen und staatsanwaltschaftlichen Einstellung zu erzielen, zieht er für die seiner Meinung nach grundsätzlich mögliche Wiederaufnahme des Verfahrens nach einer staatsanwaltschaftlichen Einstellung teilweise und für die Wiederaufnahme eines durch gerichtliche Einstellung abgeschlossenen Verfahrens vollständig die Wiederaufnahmevorschriften der §§ 359 ff analog heran[713]. Die Zuständigkeitsvorschrift des § 140 a GVG sei nicht anwendbar[714]. Daß die Wiederaufnahme vor einem Gericht zu erfolgen habe und nicht vor der Staatsanwaltschaft, ergebe sich daraus, daß man eine unbefangene Untersuchung des Antrags erreichen müsse und gegen die ergehenden Entscheidungen die sofortige Beschwerde gem. § 372 geeignet erscheine[715]. Bei Anordnung der Wiederaufnahme werde das Verfahren in das Stadium des Ermittlungsverfahrens zurückversetzt, so daß die Staatsanwaltschaft dieses nach § 170 II 1 einstellen könne[716].

Dagegen hält Radtke staatsanwaltschaftliche Entscheidungen für keiner förmlichen Wiederaufnahme nach §§ 359 ff zugänglich[717], weil diese Vorschriften nur Sanktionen verhängende Entscheidungen beträfen, die aufgrund richterlicher Überzeugung von der Täterschuld ergingen. Diesen käme nämlich eine besondere Gewähr für ihre Richtigkeit zu, weil ihnen eine umfassende Beweiswürdigung vorausgegangen sei. Eine förmliche Wiederaufnahme eines durch staatsanwaltschaftliche Verfügung beendeten Verfahrens sei dem Gefüge der Strafprozeßordnung unbekannt und auch insoweit überflüssig, als bei ihnen die grundsätzliche Möglichkeit der Einleitung eines neuen Ermittlungsverfahrens bestehe[718].

---

713 Hellmann MDR 1989, 952, 954, 956.

714 Hellmann MDR 1989, 952, 956 anstelle des § 140 a GVG solle die Vorschrift des § 85 IV 1 OWiG treten, §§ 370 II, 371, 373 I seien unanwendbar.

715 Hellmann MDR 1989, 952, 956.

716 Hellmann MDR 1989, 952, 956.

717 Allgemeine Aussage, die sich – wie sich aus dem Kontext ergibt (Radtke S. 270 Fußn. 120, S. 380 Fußn. 41) – auch auf § 153 a bezieht.

718 Radtke S. 368, 394, wobei er die Zulässigkeit der Einleitung eines neuen Ermittlungsverfahrens je nach dem Umfang des Strafklageverbrauchs der staatsanwaltschaftlichen Verfügung bemißt.

bbbb. Stellungnahme

Dem eindeutigen Wortlaut des § 359 ist zu entnehmen, daß das Wiederaufnahmeverfahren nur für durch Urteil beendete Verfahren eröffnet ist. Wie die Sondervorschrift des § 373 a belegt, nach der das Wiederaufnahmeverfahren erst für ein durch rechtskräftigen Strafbefehl abgeschlossenes Verfahren eingeleitet werden kann, sind die Vorschriften nicht einmal für andere gerichtliche rechtskräftige Entscheidungen anwendbar, sofern keine Sondernorm explizit etwas anderes bestimmt.

Eine analoge Anwendung der Wiederaufnahmevorschriften der § 359 ff käme nur in Betracht, wenn eine planwidrige Regelungslücke vorläge[719] und die Regelungsgegenstände vergleichbar wären[720]. Eine solche Regelungslücke liegt immer dann vor, wenn das Gesetz eine Bestimmung vermissen läßt, die es nach dem Zweck der Regelung und nach dem ihr zugrundeliegenden Plan des Gesetzgebers enthalten sollte[721]. Der Umstand, daß mit der Schaffung des § 153 a erstmals einer staatsanwaltschaftlichen Verfahrenseinstellung strafklageverbrauchende Wirkung zukommt, die einer erneuten Einleitung eines weiteren Ermittlungsverfahren entgegensteht – wohingegen nach anderen staatsanwaltschaftlichen Einstellungen ein erneutes Ermittlungsverfahren immer möglich war – weist nicht darauf hin, daß der Gesetzgeber die Wirkung dieser Vorschrift übersehen und deshalb eine diesbezügliche Regelung vergessen hat. Der Gesetzgeber hat vielmehr auch die Wiederaufnahme von Verfahren, die einen rechtskräftigen nichtrichterlichen Verfahrensabschluß in Form des Erlasses eines Bußgeldbescheides, der sogar durch eine Verwaltungsbehörde ergehen kann, in § 85 OWiG bedacht und geregelt. Gerade die mit der Vorschrift des § 153 a bezweckten Beschleunigungs- und Entlastungsziele lassen darauf schließen, daß die endgültige kooperative Verfahrensbeendigung tatsächlich endgültig sein sollte, da sie durch ein Wiederaufnahmeverfahren relativiert oder sogar völlig beseitigt würden. Wie dieser Regelung und der in § 373 a enthaltenen zu entnehmen ist, fehlt es somit an einer Regelungslücke.

Außerdem müßten die Regelungsgegenstände der Wiederaufnahmevorschriften und der Einstellungsbeschluß in § 153 a I vergleichbar sein. Ob zwei Sachverhalte einander ähnlich sind, ist danach zu beurteilen, ob sie in den die rechtliche Wertung maßgeblichen Hinsichten übereinstimmen oder nicht[722]. Zwar wird bei einer Einstellung nach § 153 a I ebenso wie beispielsweise in einem Urteil

---

719 Larenz § 4 II S. 80.
720 M-G Einl Rn. 198; Larenz § 4 II S. 80.
721 Larenz § 4 II S. 80.
722 Larenz § 4 II S. 80.

oder Strafbefehl eine Sanktion festgesetzt, diese beruht aber im Gegensatz zu den in den beiden anderen vorgenannten Entscheidungen verhängten auf einer Vereinbarung der Parteien, der auf Seiten des Beschuldigten eine Abwägung der Vor- und Nachteile einer Verfahrensbeendigung gegen Auflage und Weisung unter dem Blickwinkel seiner individuellen Interessenlage vorausging. Die vereinbarten Sanktionen waren auch nicht vollstreckbar, sondern wurden im Gegensatz zur verhängten Strafe im Urteil oder Strafbefehl oder zur auferlegten Geldbuße im Bußgeldbescheid vom Beschuldigten freiwillig auf sich genommen und erfüllt. Dieser Einigung, die von allen drei Beteiligten im Bewußtsein der endgültigen Verfahrensbeendigung erzielt wurde, liefe eine Wiederaufnahme entgegen.

Das förmliche Wiederaufnahmeverfahren ist also für von der Staatsanwaltschaft beendete Verfahren auch dann nicht statthaft, wenn die Entscheidung – wie bei der Einstellung nach § 153 a I 5 nach Erfüllung der Sanktion durch den Beschuldigten – in der Regel zu einem Strafklageverbrauch führen wird. Ein neues Ermittlungsverfahren kommt in diesen Fällen nur dann in Betracht, wenn ausnahmsweise kein Strafklageverbrauch eingetreten ist, weil der Beschuldigte beispielsweise die Sanktion nicht erfüllte oder eine notwendige Zustimmung zur Einstellung fehlte.

Dem Beschuldigten steht es aber frei, wenn der Verbrauch der Strafklage nicht oder nur hinsichtlich des Verbrechensbereichs der Tat nicht eingetreten ist, die Einleitung eines neuen Ermittlungsverfahren bei der Staatsanwaltschaft zu beantragen, in dem er seine Unschuld beweisen kann. Der Umstand, daß die Entscheidung unabänderlich ist, wenn die Strafklage verbraucht ist, ist im Hinblick auf die vom Beschuldigten erteilte Zustimmung zur Einstellung nicht unangemessen.

bbb. Wiederaufnahmegrund nach § 79 I BVerfGG

Wird im nachhinein eine Auslegung eines Gesetzes durch das Bundesverfassungsgericht für nichtig erklärt, so stellt sich die Frage, ob ein endgültig nach § 153 a I eingestelltes Verfahren, welches aufgrund der verfassungswidrigen Normauslegung eingeleitet worden war, nach § 79 I BVerfGG wieder aufgenommen werden kann. Der frühere Streit, ob eine verfassungswidrige Auslegung einer Norm zur Wiederaufnahme eines durch „Strafurteil“ beendeten Verfahrens berechtigt, wurde durch die Neufassung des Wortlauts des § 79 I BVerfGG im Rahmen des vierten Gesetzes zur Änderung des Gesetzes über das Bundesverfassungsgericht vom 21. Dezember 1970[723] zugunsten einer Wiederaufnahme entschieden[724].

§ 79 I BVerfGG erfaßt jedoch keine staatsanwaltschaftlichen Einstellungsentscheidungen nach § 153 a I. Zwar versteht man nach überwiegender Meinung[725] unter dem Begriff des „Strafurteils" „jede hoheitliche Erkenntnis, die auf strafprozessualen Regeln beruht" [726]. Die staatsanwaltschaftliche Verfahrenseinstellung nach § 153 a I fällt jedoch nicht unter diesen Begriff. Denn ein Strafurteil beruht auf einer hoheitlichen Erkenntnis über die Schuld des Täters, während die Einstellung nach § 153 a I keinerlei Feststellungen über diese trifft, sondern vielmehr weiterhin die Unschuldsvermutung zugunsten des Beschuldigten aufrechterhält. Des weiteren handelt es sich bei der staatsanwaltschaftlichen Einstellung nicht um eine Erkenntnis des Gerichts. Denn dieses ist zwar grundsätzlich an der Einstellung in Form der Zustimmungserteilung beteiligt, es agiert jedoch nicht abschließend. Unter den Begriff des „Strafurteils" kann aber nach hier vertretener Ansicht nur eine Entscheidung des Gerichts fallen.

Auch eine analoge Anwendung des § 79 I BVerfGG auf die staatsanwaltschaftliche Einstellungsentscheidung nach § 153 a kommt schon mangels Vergleichbarkeit der Regelungsgegenstände nicht in Betracht. § 79 I BVerfGG liegt der Gedanke zugrunde, daß niemand den „Makel des Vorbestraftseins" ertragen muß, wenn die Entscheidung auf einer verfassungswidrigen Grundlage erfolgte[727]. An einem solchen Makel fehlt es vorliegend jedoch, da die Einstellung auf einer gegenseitigen Vereinbarung der drei am Verfahren Beteiligten beruht, der Beschuldigte dieser freiwillig nachgekommen ist und sie keinerlei Schuldfeststellung und damit auch keine Eintragung im Bundeszentralregister nach sich zieht.

723 BGBl. I 1970, S. 1765, 1766.

724 Zuvor bestand Streit, ob eine verfassungswidrige Auslegung zur Wiederaufnahme nach § 79 I BVerfGG berechtigt, denn § 79 I BVerfGG a.F. lautete: „Gegen ein rechtskräftiges Strafurteil, das auf einer gemäß § 78 für nichtig erklärten Norm beruht, ist die Wiederaufnahme des Verfahrens nach den Vorschriften der Strafprozeßordnung zulässig."; vgl. zu diesem Streitpunkt die Ausführungen im 5. Kapitel A I 2 d bb bbb.

725 A.A. L/R-Meyer 23. Auflage Vor § 359 Rn. 39, 7.

726 Wasserburg S. 256 und StV 1982, 237, 239; Bahlmann MDR 1963, 541, 543; Maunz-Bethge § 79 Rn. 28; KK-Schmidt Vor § 359 Rn. 20; L/R-Gössel Vor § 359 Rn. 145 und in 25. Auflage Vor § 359 Rn. 162.

727 Maunz-Bethge § 79 BVerfGG Rn. 28.

f. Gegen die Ablehnung der endgültigen Einstellung

aa. Verfahrensfortsetzung

Gegen die staatsanwaltschaftliche Entscheidung, das Verfahren nicht endgültig einzustellen, sondern es fortzusetzen, stehen dem Beschuldigten grundsätzlich die Gegenvorstellung und die Dienstaufsichtsbeschwerde zur Verfügung. Ob diese aber auch nach Klageerhebung durch die Staatsanwaltschaft zulässig sind, ist umstritten[728]. Nach hier vertretener Meinung stehen dem Beschuldigten gegen die Nichtanwendung der Einstellungsvorschrift des § 153 a die beiden Rechtsbehelfe solange zur Verfügung, bis der Eröffnungsbeschluß durch das Gericht erlassen wird. Denn die Klage wird erst mit dem Erlaß des Eröffnungsbeschlusses rechtshängig[729], so daß die Staatsanwaltschaft sie nicht mehr zurücknehmen[730] und selbst das Verfahren einstellen kann. Daß das Gericht ab Erhebung der Klage Herrin des Verfahrens wurde, führt nicht zur verfahrensmäßigen Überholung der Entscheidung[731] oder zum Verlust der Abänderungsbefugnis der Staatsanwaltschaft und damit Unstatthaftigkeit der Rechtsbehelfe, da sie die Verfahrensherrschaft über die Rücknahme der Klage wieder erlangen kann. Da die Staatsanwaltschaft insoweit bis dahin noch zur Abänderung ihrer Entscheidung befugt ist, sind die Rechtsbehelfe statthaft[732].

Nach Eröffnung der Hauptverhandlung mit Erlaß des Eröffnungsbeschlusses bleibt dem Angeklagten nur die Möglichkeit, das Verfahrenshindernis des durch die ordnungsgemäße Erfüllung der Sanktionen eingetretenen beschränkten Strafklageverbrauchs im Hauptverfahren mit dem Ziel der Verfahrenseinstellung nach § 260 III geltend zu machen.

Der Rechtsweg des § 23 EGGVG ist dem Beschuldigten erneut versperrt. Die Ablehnung der endgültigen Einstellung mit der Feststellung, das Verfahrenshindernis sei nicht eingetreten, stellt zwar einen Justizverwaltungsakt dar, da insbesondere das Recht des Beschuldigten aus Art. 103 III GG hinsichtlich der prozessualen Tat als Vergehen verletzt wird, indem das Strafverfahren nicht endgültig

---

728 Bejahend für die Dienstaufsichtsbeschwerde Schuth S. 118; AK-Schöch § 153 a Rn. 52 für die Gegenvorstellung und Dienstaufsichtsbeschwerde; verneinend für die Gegenvorstellung und Dienstaufsichtsbeschwerde ab Klageerhebung L/R-Rieß 24. Auflage § 153 a Rn. 86 ohne Begründung; L/R-Beulke 25. Auflage § 153 a Rn. 116.

729 M-G § 207 Rn. 13.

730 M-G § 156 Rn. 1, 5.

731 Für die Gegenvorstellung L/R-Gollwitzer Vor § 296 Rn. 12; jeweils zur Gegenvorstellung gegen eine gerichtliche Entscheidung L/R-Hanack 25. Aufl. Vor § 296 Rn. 84; Woesner NJW 1960, 2129, 2131.

732 Vgl. L/R-Hanack 25. Auflage Vor § 296 Rn. 81 zur Gegenvorstellung.

beendet wird. Trotz der weiterhin gegebenen Rechtsverletzung im Sinne des § 24 EGGVG ist jedoch die Anfechtung nach § 23 EGGVG durch die abschließenden strafprozessualen Regelungen, insbesondere den gesetzlich ausschließlich gegen staatsanwaltschaftliche Entscheidungen über eine Einstellung vorgesehenen Rechtsbehelf des § 172, der vorliegend nicht eingreift, ausgeschlossen. Zudem wird im fortgesetzten Verfahren auch vom Gericht das Vorliegen von Verfahrenshindernissen wie dem eingetretenen Strafklageverbrauch nach § 153 a I 5 geprüft und das Verfahren gegebenenfalls eingestellt.

bb. Verfahrensfortsetzung und Abschluß durch eine Entscheidung

aaa. Ordentliche Rechtsbehelfe

Wurde das Verfahren nach vorläufiger Einstellung fortgesetzt und die Instanz durch Urteil abgeschlossen, obwohl der Beschuldigte der Auflage oder Weisung fristgerecht nachgekommen ist, so kann er das Verfahrenshindernis des Strafklageverbrauchs im Rahmen eines Rechtsmittels erfolgreich geltend machen[733]. Hierfür bietet sich insbesondere die Einlegung einer Revision mit dem Ziel der Urteilsaufhebung und Verfahrenseinstellung durch Urteil nach § 354 I oder bei Einstimmigkeit des Revisionsgerichts durch Beschluß nach § 349 IV[734] an. Diesem Grundsatz zufolge muß ein Strafbefehlsempfänger einen Einspruch gegen einen trotz Erfüllung der Sanktion erlassenen Strafbefehl, gestützt auf die Mißachtung des Verfahrenshindernisses des Strafklageverbrauchs, erheben können, um eine Einstellung des Verfahrens nach § 260 III zu erzielen.

bbb. Außerordentliche Rechtsbehelfe

Ist die trotz Strafklageverbrauchs nach § 153 a I 5 in der Sache ergangene Entscheidung in Form eines Urteils oder Strafbefehls bereits rechtskräftig geworden, ist die Möglichkeit der Betreibung eines Wiederaufnahmeverfahrens nach §§ 359 ff zu untersuchen. Die Frage, ob ein Wiederaufnahme des Verfahrens mit dem

---

733 L/R-Rieß 24. Auflage § 153 a Rn. 110; L/R-Beulke 25. Auflage § 153 a Rn. 143; Schuth S. 103, 107; Kalomiris NStZ 1998, 500, 501; wohl auch AK-Schöch § 153 a Rn. 68, der dies nur ausdrücklich für die Verurteilung nach gerichtlicher Einstellung anführt.

734 M-G § 206 a Rn. 6, § 354 Rn. 6, § 349 Rn. 29; KK-Tolksdorf § 206 a Rn. 4; L/R-Meyer-Goßner 23. Auflage § 206 a Rn. 47 da eine Einstellung nach § 206 a nur dazu führe, daß das Urteil gegenstandslos werde; a.A. h.M. Wahlrecht für Verfahrensbeendigung zwischen § 349 IV und § 206 a vgl. L/R-Rieß 25. Auflage § 206 a Rn. 14 f; Bohnert GA 82, 166, 173.

Ziel einer endgültigen Verfahrenseinstellung nach § 153 a beantragt werden kann, wird weitgehend nicht angesprochen. In der Literatur ist nur die allgemeine Aussage zu finden, daß eine Wiederaufnahme des Verfahrens nach §§ 359 ff nicht mit dem Begehren einer Verfahrenseinstellung nach §§ 153 ff zulässig sei[735].

aaaa. Meinungsstand

Kalomiris und nun auch Meyer-Goßner[736] nehmen eine Differenzierung bei der Frage der Zulässigkeit einer Wiederaufnahme eines durch rechtskräftigen Strafbefehl abgeschlossenen Verfahrens mit dem Ziel einer Einstellung nach § 153 a vor, weil das Einstellungsverfahren nach § 153 a im Gegensatz zu anderen Opportunitätsentscheidungen zweistufig erfolgt, und die in der zweiten Stufe zu erlassene Entscheidung rein dekaratorisch ist[737]. Der Ausschluß des Wiederaufnahmeverfahrens, mit dem eine Einstellung nach §§ 153 ff erstrebt werde[738], gelte nur, soweit eine vorläufige Einstellung, nicht dagegen soweit eine endgültigen Einstellung begehrt werde, denn er umfasse nur die Fälle, in denen vorgebracht werde, die Voraussetzungen für eine Einstellung nach §§ 153 ff lägen (nunmehr) vor. Werde jedoch eine endgültige Einstellung angestrebt, so werde nur die Feststellung des Eintritts der Sperrwirkung aufgrund der Sanktionserfüllung entsprechend der bereits erlassenen vorläufigen Einstellungsverfügung, nicht dagegen die Prüfung der Voraussetzungen der bestehenden vorläufigen Einstellungsentscheidung, verlangt[739]. Ihnen zufolge soll daher eine Wiederaufnahme mit dem Ziel der Aufhebung eines Strafbefehls nach § 359 Nr. 5 möglich sein, wenn nach einer vorläufigen Einstellung und Erfüllung der Auflage oder Weisung keine endgültige Einstellung erfolgte, sondern vielmehr das Verfahren dennoch fortgesetzt und durch einen Strafbefehl rechtskräftig abgeschlossen wurde[740]. Die Erfüllung der Geldauflage stelle eine neue Tatsache i.S.d. § 359 Nr. 5 dar, weil sie dem Gericht im Entscheidungszeitpunkt nicht bekannt gewesen sei und daher bei der Entscheidung nicht berücksichtigt habe werden kön-

---

735 M-G § 359 Rn. 39; KK-Schmidt § 359 Rn. 34; AK-Loos § 359 Rn. 16; HK-Krehl § 359 Rn. 25; L/R-Gössel 25. Auflage § 359 Rn. 73; a.A. Meyer NJW 1969, 360, 1361.

736 M-G § 153 a Rn. 46.

737 Kalomiris NStZ 1998, 500, 501.

738 M-G § 359 Rn. 39; KK-Schmidt § 359 Rn. 34; AK-Loos § 359 Rn. 16; HK-Krehl § 359 Rn. 25; L/R-Gössel 25. Auflage § 359 Rn. 73.

739 Kalomiris NStZ 1998, 500, 501.

740 Kalomiris NStZ 1998, 500, 501.

nen[741]. Wegen der eingetretenen endgültigen Sperrwirkung nach § 153 a I 5 habe der Erlaß des Strafbefehls gegen das Verbot der Doppelbestrafung nach Art. 103 III GG verstoßen, so daß dieser aufzuheben sei[742]. Auf die verhängte Geldauflage geleistete Zahlungen seien zurückzuerstatten. Die Löschung im Bundeszentralregister werde durch die gerichtliche Einstellung des Verfahrens nach § 16 II 1 BZRG bewirkt, weil die Einstellung wegen Vorliegens eines Verfahrenshindernisses einem Freispruch gleichstehe[743].

bbbb. Stellungnahme zur Frage der Anwendbarkeit der Wiederaufnahmevorschriften

Der Ausschluß des Wiederaufnahmeverfahrens mit dem Ziel der Verfahrenseinstellung sollte vor allem dazu dienen, Opportunitätsentscheidungen, die mit vielen Wertungsentscheidungen verbunden sind, einer gerichtlichen Überprüfung zu entziehen. Bei der Entscheidung über die endgültige Einstellung nach fristgerechter Auflagenerfüllung hat das handelnde Organ jedoch keinen Beurteilungsspielraum wie im Rahmen der Einschätzung des öffentlichen Interesses und der nicht entgegenstehenden Schwere der Schuld, sondern es hat eine zwingende, keiner Wertung unterliegende Entscheidung zu treffen. Ein Ausschluß des Wiederaufnahmeverfahrens zur Wahrung der Beurteilungskompetenz desjenigen, der ehemals über die Einstellung zu entscheiden hatte, ist daher nicht erforderlich. Denn in dieser Zweistufigkeit unterscheidet sich die Einstellung nach § 153 a von den sogenannten anderen Einstellungen aus Opportunitätsgründen nach §§ 153 ff, bei denen die Verfahren durch einmalige einstufige „Wertungsentscheidungen" abgeschlossen werden. Ein genereller Ausschluß bezüglich aller Opportunitätsentscheidungen ist daher im Hinblick auf die endgültige Einstellungsverfügung nach § 153 a nicht sachgerecht. Der von Kalomiris vorgenommenen und von Meyer-Goßner übernommenen Differenzierung bei der Frage der Zulässigkeit einer Wiederaufnahme mit dem Ziel einer Einstellungsentscheidung nach § 153 a ist daher beizupflichten.

Eine Wiederaufnahme des Verfahrens nach § 359 Nr. 5 kommt daher in Betracht, wenn neue Tatsachen oder Beweismittel beigebracht sind, die allein oder in Verbindung mit früheren Beweisen die endgültige Einstellungsentscheidung nach § 153 a zu begründen geeignet sind. Die Neuheit der Tatsache der entgegenstehenden Rechtskraft besteht selbst dann, wenn sich das durch die Erfüllung

741 Vgl. zum Begriff der Neuheit Marxen/Tiemann Rn. 128; M-G § 359 Rn. 30; Meyer JZ 1968, 7, 8.

742 Vgl. M-G § 359 Rn. 39; Marxen/Tiemann Rn. 60; L/R-Gössel 25. Auflage § 359 Rn. 68 ff.

743 Kalomiris NStZ 1998, 500, 501; vgl. M-G § 371 Rn. 3.

entstandene Verfahrenshindernis aus den Akten ergab. Tatsachen sind nämlich immer dann neu, wenn sie nicht berücksichtigt werden konnten, weil sie dem erkennenden Gericht unbekannt waren[744]. Dabei ist für die Frage der Neuheit aber nicht das „bloße Kennen-Müssen oder Kennen-Können", sondern die „tatsächliche Kenntnisnahme" entscheidend[745]. Der Akteninhalt ist den Laienrichtern im Falle der Zuständigkeit eines Schöffengerichts nur insoweit bekannt, als er ihnen vom Berufsrichter mitgeteilt wird, da sie kein Akteneinsichtsrecht besitzen[746]. Im Sinne der Einheitlichkeit kann es daher auch für den Berufsrichter nur auf die wirkliche Kenntnis ankommen. Dies muß auch dann gelten, wenn kein Schöffengericht für die Entscheidung zuständig war und somit keinem der Entscheidenden der Akteninhalt verschlossen war. Ohne Bedeutung ist auch, daß der Verurteilte die Tatsache der Erfüllung kannte, aber nicht zuvor vortrug.

Ob aber ein Verstoß gegen den Grundsatz des ne bis in idem, wonach eine erneute Strafverfolgung wegen derselben (prozessualen) Tat gegen den gleichen Beschuldigten grundsätzlich – auch nach einem Freispruch – nicht mehr möglich ist[747], eine Tatsache im Sinne des § 359 Nr. 5 darstellt und zur Wiederaufnahme des Verfahrens nach §§ 359 ff führen kann, oder ob nur die Feststellung der Unzulässigkeit der Vollstreckung nach § 458 gefordert werden kann, ist allerdings nach wie vor umstritten[748].

cccc. Meinungsstand zur Frage, ob der Verstoß gegen den Grundsatz des ne bis in idem eine neue Tatsache im Sinne des § 359 StPO darstellt

Soweit einige Autoren eine Wiederaufnahme des Verfahrens ablehnen, begründen sie dies teilweise damit, daß eine Wiederaufnahme des Verfahrens überflüssig sei, weil das (zuletzt) ergangene Urteil nichtig[749] und damit unbeachtlich sei, so daß die Feststellung der Unzulässigkeit der Vollstreckung nach § 458 begehrt

744 Pfeiffer FG-Graßhof S. 271, 273.

745 Pfeiffer § 359 Rn. 8, Meyer JZ 1968, 7 sowie Fußn. 6 auf S. 7 mit Darlegung der a.A. zum Begriff der „Neuheit" und deren Ablehnung als zu eng gefaßt; a.A. D/F/S § 359 Anm. 4 nach der Tatsachen nur „neu" sind, wenn sie dem Gericht nicht vorgelegen und deshalb nicht in die Meinungsbildung hätten mit einbezogen werden können.

746 Zum Streit, ob Akteneinsichtsrecht der Schöffen besteht vgl. M-G § 30 GVG Rn. 2.

747 Hellmann S. 261 f; Jarass/Pieroth Art. 103 Rn. 63; Pieroth/Schlink Rn. 1112.

748 Vgl. L/R-Gössel 25. Auflage § 359 Rn. 68 ff; Peters FS-Kern S. 335, 338 ff.

749 Peters S. 13 nimmt eine Nichtigkeit bei „offensichtlichen" Fällen an, wie beispielsweise einer Doppelverurteilung insbesondere beim Übersehen eines früheren Verfahrens, wenn die Doppelverurteilung nicht unter rechtlichen Gesichtspunkten vertretbar sei (z.B. bei falscher Beurteilung einer ehemaligen Fortsetzungstat und der daraus resultierenden Fehleinschätzung des Strafklageverbrauchs).

werden könne[750]. Teilweise halten sie aber auch den Verstoß gegen den Grundsatz des ne bis in idem für keine zu berücksichtigende Tatsache i.S.d. § 359 Nr. 5, da die Tatsache die Schuldfrage betreffen müsse[751]. Mit dem Vorbringen des Verstoßes gegen den Grundsatz des „ne bis in idem" werde dagegen lediglich die Einstellung mit einer „formell-prozessualen" Begründung begehrt[752], denn der Vortrag beziehe sich nicht direkt auf das Täterverhalten und damit auf den Schuldvorwurf und wirke sich dementsprechend auch nicht auf die Schuldfeststellung aus[753].

Die wohl herrschende Meinung geht dagegen von der Möglichkeit der Wiederaufnahme des Verfahrens aus. Der Verbrauch der Strafklage durch eine vorhergehende Entscheidung sei eine neue Tatsache im Sinne des § 359 Nr. 5[754]. Denn Gegebenheiten, die sich auf das Bestehen oder Erlöschen des „staatlichen Strafanspruchs" auswirkten, wie beispielsweise das Fehlen einer Prozeßvoraussetzung, insbesondere im Fall der längst erfolgten rechtskräftigen Verurteilung wegen derselben Tat, seien unter die Schuldproblematik des § 359 Nr. 5 im weiteren Sinne zu fassen[755].

Einige dieser Autoren, die das spätere zweite Urteil für nichtig halten, bejahen gleichwohl das Rechtsschutzbedürfnis für eine Überprüfung seiner Wirksamkeit sowohl nach §§ 359 ff als auch nach § 458, weil ihm aufgrund seiner Existenz die Vermutung der Wirksamkeit zukäme, so daß die insoweit verursachte Rechtsunsicherheit einer Klärung bedürfe[756]. Soweit dagegen angenommen wird, daß die zweite Entscheidung mangels Offenkundigkeit des Fehlers wirksam

---

750 L/R-Meyer 23. Auflage § 359 Rn. 64, der von überflüssig spricht; KMR-Paulus § 359 Rn. 47 hält eine Unzulässigkeitserklärung für erforderlich; nach Peters FS-Kern S. 335, 341, 342 muß die Feststellung der Nichtigkeit durch einen Beschluß erfolgen.

751 Vgl. Peters FS-Kern S. 335, 339.

752 OLG Breslau GA 51, 373, 375.

753 D/F/S § 359 Anm. 4; OLG Breslau GA 51, 373, 375; vgl. Peters FS-Kern S. 335, 339 im Gegensatz zu „Verjährung, Amnestie und Strafantrag, die von Art und Gewicht des Geschehens abhingen".

754 Geppert GA 1972, 165, 179 und 179 Fußn. 113; KK-Schmidt § 359 Rn. 20; OLG Koblenz JR 1981, 520, 521; L/R-Schäfer Einl. Kap. 12 Rn. 59 und 22. Auflage Einl. Kap. 10 B 3, Kap. 13; AK-Loos § 359 Rn. 14; Rieß Anm. zu OLG Koblenz JR 1981, 520, 523; LG Krefeld NJW 1973, 1205, 1206; Maatz MDR 1986, 285, 287; M-G § 359 Rn. 39; Marxen/Tiemann Rn. 60: soweit die Doppelbestrafung jedoch nicht auf Unkenntnis der ersten Sachentscheidung, sondern auf einer verfassungswidrigen Ausdehnung des Tatbegriffs beruhe, sei allerdings nur § 79 BVerfGG anwendbar.

755 LG Krefeld NJW 1973, 1205, 1206.

756 LG Darmstadt NJW 1968, 1642, 1643; vgl. Peters FS-Kern S. 335, 338; wohl auch Müller-Sax Anm. 7 e zu § 359.

ist[757], wird vielfach ein zusätzlicher Rechtsschutz über § 458 wegen der Wirksamkeit der zweiten Entscheidung bzw. mangels Rechtsschutzbedürfnisses im Hinblick auf den Rechtsschutz im Rahmen einer Verfassungsbeschwerde und eines Wiederaufnahmeverfahren abgelehnt[758]. Nach Ansicht einiger anderer Autoren soll der Verstoß gegen den Grundsatz des ne bis in idem trotz der angenommenen Wirksamkeit des zweiten Urteils nicht nur in einem Wiederaufnahmeverfahren, sondern auch nach § 458 geltend gemacht werden könne, weil auch die Durchsetzung einer zweiten Strafe wegen derselben Tat unzulässig sei.[759]

dddd. Stellungnahme zur Frage, ob der Verstoß gegen den Grundsatz des ne bis in idem eine neue Tatsache im Sinne des § 359 StPO darstellt

Da Tatsachen nach § 359 Nr. 5 nicht nur – wie die Nr. 1, 2 und 3 des § 359 belegen – solche sind, die die Schuldfrage berühren, ist der Verbrauch der Strafklage, wie die überwiegende Meinung zutreffend annimmt, eine nach § 359 Nr. 5 zu berücksichtigende Tatsache, so daß das Wiederaufnahmeverfahren eröffnet ist. Die Wiederaufnahme des Verfahrens kann nicht allein mit dem Ziel der Korrektur von materiell-rechtlichen Fehlern – betreffend die Schuldfeststellung –, sondern ebenso zur Behebung von Verfahrensfehlern betrieben werden[760]. Außerdem tangiert der Grundsatz des „ne bis in idem" insoweit auch die Schuldfrage, als der Strafklageverbrauch einer erneuten Strafverfolgung entgegensteht, da der staatliche Strafanspruch erloschen ist[761]. Die Rechtsschutzmöglichkeit nach § 359 hat keine Auffangfunktion, wie sie bei der zweiten Ansicht anklingt, und kann daher nicht bloß subsidiär zum Tragen kommen, wenn kein Rechtsschutz über § 458 besteht[762]. Eine Überprüfung der Entscheidung nach § 458 kommt außerdem ohnehin nicht in Betracht, weil der Strafbefehl mangels evidenten Zutagetretens des Verstoßes gegen den Grundsatz des ne bis in idem wirksam ist[763]

757 Wohl Geppert GA 1972, 165, 179 Fußn. 113; OLG Koblenz JR 1981, 520, 521; KK-Schmidt § 359 Rn. 20; L/R-Schäfer 22. Auflage Einl Kap. 10 B 3; Marxen/Tiemann Rn. 60; Rieß Anm. zu OLG Koblenz JR 1981, 520, 522; LG Hannover NJW 1970, 288, 290.

758 L/R-Schäfer 24. Auflage Einl. Kap. 12 Rn. 59 und 22. Auflage Einl. Kap. 10 B 3; wohl L/R-Wendisch 25. Auflage § 458 Rn. 11; Rieß Anm. zu OLG Koblenz JR 1981, 520, 523 mit weiteren Ansätzen.

759 OLG Koblenz JR 1981, 520; M-G § 359 Rn. 39 der § 458 statt Wiederaufnahme auch für möglich hält; KK-Schmidt § 359 Rn. 20, 21.

760 Vgl. Geppert GA 1972, 165, 179.

761 Vgl. Geppert GA 1972, 165, 179 Fußn. 111.

762 LG Hannover NJW 1970, 288, 290.

763 L/R-Gössel 25. Auflage § 359 Rn. 72.

und nicht wie eine nichtige Entscheidung i.S.d. § 458 behandelt werden kann[764]. Schließlich fehlte dem Verurteilten in diesem Fall auch das Rechtsschutzbedürfnis für eine gerichtliche Entscheidung nach § 458, weil ihm das Wiederaufnahmeverfahren offensteht und die Wirkung des § 458 hinter der des § 359 zurückbliebe[765]. Denn sie ließe den Bestand und das mit ihm verbundene sozial-ethische Unwerturteil unberührt[766].

eeee. Abschließende Stellungnahme

Mit Kalomiris und Meyer-Goßner kann somit eine Wiederaufnahmemöglichkeit nach § 359 Nr. 5 angenommen werden, wenn ein Verfahren trotz vorherigen Strafklageverbrauchs durch Strafbefehl rechtskräftig abgeschlossen wurde.

Das gleiche muß für den parallel gelagerten Fall gelten, in dem das Verfahren durch ein Urteil abgeschlossen wird, obwohl die Sperrwirkung infolge der Sanktionserfüllung eingetreten ist. Denn trotz der Unterschiede im Verfahrensablauf – summarisches Verfahren beim Strafbefehl auf der einen Seite und umfängliches Verfahren beim Urteil auf der anderen Seite –, den verschiedene Rechtsbehelfen – Einspruch[767] und Rechtsmittel – und deren unterschiedliche Rechtswirkungen – der Strafbefehl entfällt bereits durch den zulässigen Einspruch[768] – stellt sich die problematisierte Sachlage in beiden Fällen vergleichbar dar. Ihre Gleichbehandlung wird auch der Regelung des § 410 III gerecht, nach dem ein Strafbefehl, gegen den nicht rechtzeitig Einspruch erhoben wurde, einem rechtskräftigem Urteil gleichsteht. Die Situationen sind auch insoweit gleichartig als statt der deklaratorischen Einstellung, die keine Wertungsentscheidung, sondern nur die Feststellung der Erfüllung der Sanktion und des Eintritt der Sperrwirkung enthält, eine rechtskräftige strafrechtliche Sanktionen verhängende Entscheidung erging.

2. Entscheidungen über eine gerichtliche Einstellung nach § 153 a II StPO

Gegen (amts-)richterliche Entscheidungen stehen dem Angeschuldigten grundsätzlich die Rechsmittel der Beschwerde, Berufung, Revision sowie der Rechtsbehelf der Gegenvorstellung zur Verfügung.

Eine Dienstaufsichtsbeschwerde ist gem. § 26 I DRiG nicht gegen Einstellungsentscheidungen nach § 153 a II zulässig, weil die Entscheidung über die

---

764 Vgl. Rieß Anm. zu OLG Koblenz JR 1981, 520, 523.

765 Rieß Anm. zu OLG Koblenz JR 1981, 520, 523.

766 Vgl. Maatz MDR 1986, 285, 287; vgl. Rieß Anm. zu OLG Koblenz JR 1981, 520, 523; vgl. Marxen/Tiemann Rn. 60; vgl. AK-Schöch § 359 Rn. 14.

767 Schmehl/Vollmer S. 140.

768 Pfeiffer § 411 Rn. 9, 1.

Einstellung nach § 153 a den Bereich der Rechtsprechung betrifft, der von der Garantie der richterlichen Unabhängigkeit des Art. 92 I GG umfaßt wird[769].

Die Gegenvorstellung ist gegen richterliche Verfügungen und Beschlüsse aber auch nur insoweit statthaft, als der Richter die Entscheidung abändern darf, also keiner Bindung unterliegt[770]. Ist eine Sperrwirkung eingetreten, so scheidet demnach eine Änderung der ursprünglichen Entscheidung, auch zugunsten des Beschuldigten, aus. Weil die Gegenvorstellung überdies nur als Anregung an das Gericht zu begreifen ist, ist sie nur wenig erfolgversprechend[771].

Die gerichtlichen Entscheidungen können schließlich auch nicht nach §§ 23 ff EGGVG angefochten werden, weil die in richterlicher Unabhängigkeit getroffenen Entscheidungen nicht in diesen Anwendungsbereich fallen[772].

a. Gegen die vorläufige Einstellung / Abänderung der Sanktion

aa. Gegen die vorläufige Einstellung

Die Unanfechtbarkeit der vorläufigen Einstellung ergibt sich aus § 153 a Abs. 2 S. 4[773].

Nach allgemeiner Meinung schließt § 153 a II 4 nur die Anfechtung einer Einstellungsentscheidung, die unter Einhaltung der notwendigen prozessualen Voraussetzungen – insbesondere den Zustimmungserfordernissen – zustande kam, aus[774]. Durch den Anfechtungsausschluß sollte die Überprüfung der im Rahmen des § 153 a anfallenden Wertungsentscheidungen verhindert werden[775]. Eine Rechtmäßigkeitskontrolle dieser Entscheidungen würde nämlich zu einer nicht gewollten Verfahrensverzögerung führen. Eine Beschwerde nach § 304 gegen den verfahrensfehlerhaften[776], aber auch gegen einen nichtigen vorläufigen Einstellungsbeschluß ist dagegen möglich. Es entspricht dem mit § 153 a erstrebten Ziel der Verfahrensbeschleunigung, wenn Fehler gleich behoben werden. Anderenfalls könnte der Nichteintritt der Sperrwirkung wegen Verletzung elementarer Verfahrensvoraussetzungen erst in einem neuen Verfahren festgestellt

---

769 Gerlach S. 158; AK-Achenbach Vor § 296 Rn. 52.
770 AK-Achenbach Vor § 296 Rn. 51.
771 Gerlach S. 160.
772 Gerlach S. 158.
773 AK-Schöch § 153 a Rn. 66.
774 L/R-Rieß 24. Auflage § 153 Rn. 79, 102; L/R-Beulke 25. Auflage § 153 a Rn.109, 132.
775 Vgl. LG Krefeld NJW 1976, 815; vgl. BT-Drucks. 7/550, S. 301 und 7/551, S. 78.
776 L/R-Rieß 24. Auflage § 153 a Rn. 104; ; L/R-Beulke 25. Auflage § 153 a Rn. 134; M-G § 153 a Rn. 57; HK-Krehl § 153 a Rn. 33; Wissgott S. 394; LG Krefeld NJW 1976, 815.

werden, da diese Voraussetzungen im Rahmen der endgültigen Einstellungsentscheidung nicht mehr geprüft werden.

Während einige Autoren das Rechtsschutzinteresse des Angeschuldigten an der Feststellung der Unwirksamkeit des Einstellungsbeschlusses zutreffend mit dem Argument verneinen, daß er die Fortsetzung des Verfahrens durch die einfache Nichterfüllung der Auflage oder Weisung hätte herbeiführen können[777], wird dieses vereinzelt mit der Begründung bejaht, daß es sich zwar nicht aus der Wirkung der Einstellung ergebe, durch die der Angeschuldigten nicht beschwert werde, jedoch aufgrund der Verletzung seines verfahrensrechtlichen Mitspracherechts[778].

Die Verletzung des Mitspracherechts begründet jedoch nicht ein Rechtsschutzbedürfnis des Angeschuldigten, sondern stellt den Verfahrensfehler des Einstellungsbeschlusses selbst dar und betrifft damit nur die Begründetheit der Beschwerde. Das Rechtsschutzbedürfnis richtet sich vielmehr allein nach dem primären Ziel der Beschwerde. Dieses ist aber in erster Linie die Aufhebung der erlassenen vorläufigen Einstellung, nicht aber die Ausübung des Mitwirkungsrechts. Ginge es dem Angeschuldigten nur darum, sein Mitspracherecht auszuüben, um sodann dieser Einstellungsentscheidung zuzustimmen, so stellte sich die Einlegung der Beschwerde als rechtsmißbräuchlich heraus.

Dem Angeschuldigten fehlt daher aus den gleichen Gründen wie dem Beschuldigten nach einer vorläufigen staatsanwaltschaftlichen Einstellung ein Rechtschutzinteresse an der Anfechtung der Einstellungsentscheidung. Darüberhinaus ruht auch die Verjährung nicht bei einem ohne die Zustimmung des Angeschuldigten erfolgten Vorgehen nach § 153 a[779], so daß ihm durch die Einstellung keine Nachteile erwachsen, sondern der Eintritt der Verjährung sogar näher rückt.

Insoweit verbleibt dem Angeschuldigten bei Unwirksamkeit des Beschlusses nur die Möglichkeit, eine Gegenvorstellung zu erheben, die aus den bereits ausgeführten Gründen[780] jedenfalls in den Fällen erfolgversprechend ist, in denen die vorläufige Einstellungsentscheidung wegen Verletzung elementarer Verfahrensvoraussetzungen ausnahmsweise keine Sperrwirkung entfaltet.

---

777 L/R-Meyer-Goßner 23. Auflage § 153 a Rn. 89; L/R-Rieß 24. Auflage § 153 a Rn. 104; L/R-Beulke 25. Auflage § 153 a Rn. 134; Wissgott S. 390, 394.

778 Kleinknecht § 153 a Rn. 55, § 153 Rn. 34.

779 Vgl. HK-Krehl § 153 a Rn. 17.

780 Vgl. 5. Kapitel A I 1 b aa.

bb. Gegen die Abänderung der Sanktion

Für die Anfechtbarkeit der Entscheidung, durch die eine Sanktion abgeändert wird, gelten die gleichen Grundsätze wie für den Rechtsschutz gegen den vorläufigen Einstellungsbeschluß. Denn auch bei der Bestimmung der Sanktion kommen Wertungsentscheidungen des Einstellenden zum Tragen, die nach dem Rechtsgedanken des § 153 a II 4, der insoweit der Regelung des § 172 II 3 hinsichtlich der staatsanwaltschaftliche Einstellung entspricht, einer Anfechtung entzogen werden sollten. Dem Angeschuldigten wird insoweit in der Regel das Rechtschutzinteresse für eine Beschwerde fehlen.

Mit der Gegenvorstellung kann der Angeschuldigte dagegen erfolgreich rügen, daß eine Sperrwirkung nicht eingetreten ist.

b. Gegen die Ablehnung der vorläufigen Einstellung / Ablehnung der Abänderung der Sanktion

aa. Gegen die Ablehnung der vorläufigen Einstellung

Die Frage der Anfechtbarkeit der Ablehnungsentscheidung ist gesetzlich nicht ausdrücklich geregelt und muß daher nach den allgemeinen Rechtsbehelfsgrundsätzen entschieden werden[781].

Danach ist der Beschluß, durch den die vorläufige Einstellung des Verfahrens abgelehnt wird, nicht mit der Beschwerde anfechtbar[782], weil immer nur das in der jeweiligen Instanz mit der Sache befaßte Gericht für die Entscheidung über eine Einstellung nach § 153 a II zuständig ist[783]. Bei einer förmlichen Ablehnung der Einstellung im Hauptsacheverfahren spricht überdies der Rechtsgedanke des § 305 gegen eine Anfechtung der Entscheidung mittels einer gesonderten Beschwerde, weil die Frage der Einstellung bis zum Ende der Hauptverhandlung der Tatsacheninstanzen erneut untersucht werden kann[784]. Den Ausschluß der Beschwerde gegen die Ablehnung im Zwischenverfahren bestätigen auch die Re-

---

781 Vgl. AK-Schöch § 153 a Rn. 66; vgl. L/R-Rieß 24. Auflage § 153 a Rn. 102; vgl. L/R-Beulke 25. Auflage § 153 a Rn. 132.

782 L/R-Rieß 24. Auflage § 153 a Rn. 103; L/R-Beulke 25. Auflage § 153 a Rn. 133; M-G § 153 a Rn. 57; Pfeiffer § 153 a Rn. 7; HK-Krehl § 153 a Rn. 29; L/R-Meyer-Goßner 23. Auflage § 153 a Rn. 88, § 153 Rn. 76; Wissgott S. 394; KK-Schoreit § 153 a Rn. 52.

783 L/R-Meyer-Goßner 23. Auflage § 153 Rn. 76; vgl. M-G § 305 Rn. 1 wonach es auf die erneute Überprüfung der Entscheidung bei der Urteilsfällung ankomme; M-G § 153 Rn. 35.

784 M-G § 305 Rn. 4; Schuth S. 99; L/R-Meyer-Goßner 23. Auflage § 153 Rn. 76.

gelungen der §§ 210 I und 201 II 2. Denn der Eröffnungsbeschluß, in dem sie oftmals enthalten ist, ist nach § 210 I unanfechtbar[785]. Erging die Ablehnungsentscheidung dagegen gesondert, so steht § 201 II 2, wonach die Entscheidung über Anträge nicht angreifbar ist[786], dieser entgegen. Zudem ist eine Einstellung nach §§ 153 ff nur mit Zustimmung der Staatsanwaltschaft möglich, weshalb eine auf Anweisung des Rechtsmittelgerichts oder eine durch diese selbst vorgenommene Einstellung rechtswidrig wäre[787].

Dem Angeschuldigten steht aber die Gegenvorstellung zur Verfügung. Erließ das Gericht keinen Beschluß, durch den es die vorläufige Einstellung des Verfahrens nach § 153 a ablehnte, sondern führte es das Verfahren einfach fort, so bestehen hieran keine Zweifel, weil das Gesetz keine Vorschrift vorsieht, nach der die Anfechtung ausgeschlossen ist oder nach dem das Gericht nicht befugt ist, seine Entscheidung noch einmal zu überdenken und abzuändern.

Einer genaueren Untersuchung bedarf hingegen der Fall, in dem das Gericht einen „unanfechtbaren" Eröffnungsbeschluß oder einen gesonderten Beschluß nach § 201 II erließ, durch den es die Anwendung des § 153 a ablehnte[788]. Denn eine Gegenvorstellung ist nur statthaft, wenn das Gericht befugt ist, seine Entscheidung abzuändern[789]. Zwar geht die Unanfechtbarkeit eines Beschlusses grundsätzlich mit der Unabänderlichkeit der Entscheidung durch das Gericht einher, jedoch gilt dieser Grundsatz nicht ausnahmslos[790]. Daß das erstinstanzliche Gericht auch dann noch befugt ist, von der einmal getroffenen Entscheidung über die Einstellung abzuweichen, wenn es zuvor einen ablehnenden Beschluß über die Anwendung des § 153 a getroffen hat, ergibt sich aus dem Umstand, daß es eine Einstellung nach § 153 a bis zum Ende der Hauptverhandlung eines etwaigen Berufungsverfahrens vornehmen und insoweit eine zuvor gefällte Entscheidung nach § 153 a ersetzen kann[791]. Die Regelung des § 153 a ermächtigt somit

785 M-G § 153 Rn. 35; Schuth S. 99 lehnt dagegen dieses Argument ab.

786 L/R-Rieß 24. Auflage § 153 a Rn. 103; L/R-Beulke 25. Auflage § 153 a Rn. 133.

787 Schuth S. 100.

788 Die meisten Autoren sprechen die Gegenvorstellung gegen die Nichtanwendung des § 153 a II nicht an; allein die Beschwerde behandeln L/R-Meyer-Goßner 23. Auflage § 153 a Rn. 88, M-G § 153 Rn. 35; Schuth S. 95, 97; KK-Schoreit § 153 a Rn. 52; von Unanfechtbarkeit im allgemeinen sprechen hingegen L/R-Rieß 24. Auflage § 153 a Rn. 103, L/R-Beulke 25. Auflage § 153 a Rn. 133; wohl auch KMR-Müller 8. Auflage § 153 a Rn. 24.

789 SK-Frisch Vor § 296 Rn. 33.

790 Umstritten; wie hier: OLG Schleswig NJW 1978, 1016; KG JR 1992, 523; KK-Ruß Vor § 296 Rn. 4; vgl. SK-Paeffgen § 210 Rn. 6 zum schwerwiegend fehlerhaften Eröffnungsbeschluß; ähnlich OLG Düsseldorf DRiZ 1980, 110, 111; aber anders wohl KK-Tolksdorf 25. Auflage § 210 Rn. 2.

791 Gerlach S. 159, 160.

das mit der Sache befaßte Gericht zu einer jederzeitigen Änderung seiner Ablehnungsentscheidung bis zum Ende der Hauptverhandlung der Tatsacheninstanz. Aus diesem Grunde muß eine Gegenvorstellung als statthaft angesehen werden, weil sie sich im Gegensatz zu den förmlichen Rechtsbehelfen an das erstinstanzlich mit der Sache befaßte Gericht richtet, welches eine Abänderungsbefugnis besitzt. Diese Sichtweise käme auch einer einheitlichen Behandlung aller die Einstellung ablehnenden Entscheidungen des Gerichts nach § 153 a – der konkludenten ebenso wie der ausdrücklichen Ablehnungsentscheidungen – zugute und ist insoweit konsequent[792]. Auf diese Weise käme der Gegenvorstellung die Aufgabe zu, spätere Rechtsmittel durch frühzeitige Fehlerrügen zu vermeiden[793], ohne daß eine nennenswerte Verfahrensverzögerung eintrete, da sie vom erstinstanzlich befaßten Gericht beschieden würde.

Die Gegenvorstellung wird aber in der Regel nicht zum Erfolg führen, weil der Angeschuldigte keinen Anspruch auf Anwendung der Einstellungsvorschrift des § 153 a besitzt und das Gericht zur vorläufigen Einstellung des Verfahrens der Zustimmung der Staatsanwaltschaft bedarf. Dies gilt selbst für den Fall, daß eine Einstellungsabsprache getroffen wurde. Denn diese ist – entgegen der Ansicht Gerlachs – für den für die Einstellung Zuständigen nicht bindend[794], weil eine solche Bindung erst zeitgleich mit der Einstellungsentscheidung eintritt. Eine Bindung vor diesem Zeitpunkt ist mit der Intention des Gesetzgebers und der Systematik des § 153 a nicht vereinbar[795].

Eine Ablehnung des Richters wegen Befangenheit kommt entgegen der hierzu vertretenen Ansicht Gerlachs daher auch nicht in Betracht, wenn das Gericht eine zuvor getroffene Einstellungsabsprache nicht einhält[796].

Eine Revision gegen ein ergangenes Urteil, die (allein) darauf gestützt wird, daß das Verfahren vorläufig nach § 153 a hätte eingestellt werden müssen, ist unzulässig[797]. Die Ablehnung der Verfahrenseinstellung ist keine dem Urteil vorausgehende Entscheidung i.S.d. § 336[798]. Vielmehr existiert die Einstellungsentscheidung selbständig neben der Urteilsfindung, wie die tiefgreifenden Unterschiede beider Entscheidungsformen zeigen[799]. So kann das Gericht in jeder Tat-

792 Gerlach S. 160 vertritt dies mit dem Ziel einer einheitlichen Rechtslage.
793 Woesner NJW 1960, 2129, 2131 zur Gegenvorstellung und § 305 allgemein.
794 Zur Bindung Gerlach S. 160; vgl. L/R-Rieß 24. Auflage § 153 Rn. 64; ; L/R-Beulke 25. Auflage § 153 Rn. 67.
795 Vgl. Ausführungen im 5. Kapitel A I 1 c aa ccc bbbb.
796 Gerlach S. 161, 162.
797 M-G § 153 a Rn. 57; Pfeiffer § 153 a Rn. 11; OLG Köln MDR 1957, 182; KG JR 1967, 430; KMR-Müller 8. Auflage § 153 a Rn. 24.
798 OLG Köln MDR 1957, 182; KG JR 1967, 430; L/R-Meyer-Goßner 23. Auflage § 153 Rn. 83.
799 Naucke FS-StA S. 459, 462.

sacheninstanz die Einstellungsmöglichkeiten selbständig von neuem prüfen, ohne dabei an die Anregungen der Beteiligten gebunden zu sein und ohne daß die Vorinstanz darüber entschieden haben muß[800]. Auf der anderen Seite bedarf das Gericht zum Erlaß der Einstellungsentscheidung im Gegensatz zum Erlaß eines Urteils der Zustimmung der Verfahrensbeteiligten[801]. Daß es sich um keine „urteilsmäßige Entscheidung“ handelt, zeigt sich außerdem daran, daß die Entscheidung ohne Gründe ergehen kann[802] und nicht vollstreckbar ist.

Ebenso scheidet eine Wiederaufnahme des Verfahrens analog § 359 gestützt auf die unterlassene vorläufige Verfahrenseinstellung aus[803].

bb. Gegen die Ablehnung der Abänderung der Sanktion

Aus den gleichen Gründen, aus denen der Angeschuldigte keine Beschwerde gegen die Ablehnung einer vorläufigen Einstellung erheben kann, steht ihm diese auch nicht gegen ein Ablehnung der Abänderung von Auflagen und Weisungen zur Verfügung[804].

Eine einfache Beschwerde, die nach der nicht begründeten Gegenansicht Rüths möglich sein soll[805], würde überdies zumeist keinen Erfolg haben, weil der Beschuldigte keinen Anspruch auf Abänderung hat[806].

Aus letzterem Grunde dürfte auch eine Gegenvorstellung, die aus denselben Gründen wie gegen die gerichtlichen Ablehnung der vorläufigen Einstellung statthaft ist[807], in der Regel nicht zum Erfolg führen.

c. Gegen die Zustimmungsentscheidung der Staatsanwaltschaft

Der staatsanwaltschaftlichen Zustimmungsentscheidung kann der Angeschuldigte nur mit der Gegenvorstellung und der Dienstaufsichtsbeschwerde begegnen[808].

Aus den gleichen Gründen aus denen der Rechtsweg nach §§ 23 ff EGGVG gegen die staatsanwaltschaftlichen Entscheidungen im Rahmen des § 153 a I

---

800 OLG Köln MDR 1957, 182; Naucke FS-StA S. 459, 462; KG JR 1967, 430.

801 KG JR 1967, 430 das infolge der Behandlung des § 153 III nur von der Zustimmung der Staatsanwaltschaft spricht.

802 OLG Köln MDR 1957, 182; KG JR 1967, 430.

803 M-G § 153 a Rn. 57.

804 HK-Krehl § 153 a Rn. 34; Schuth S. 103; L/R-Meyer-Goßner 23. Auflage § 153 a Rn. 94, wohl auch Pfeiffer § 153 a Rn. 7; KK-Schoreit § 153 a Rn. 56.

805 Rüth DAR 1975, 1, 7.

806 M-G § 153 a Rn. 41.

807 Vgl. hierzu die Ausführungen im 5. Kapitel A I 2 b aa.

808 Vgl.. L/R-Rieß 24. Auflage § 153 Rn. 65; ; L/R-Beulke 25. Auflage § 153 Rn. 68; AK-Schöch § 153 Rn. 46.

nicht eröffnet ist, ist er nach allgemeiner Ansicht auch gegen die Zustimmungsentscheidung der Staatsanwaltschaft nach § 153 a II versperrt[809].

Insbesondere wird der Angeschuldigte durch die Zustimmungsentscheidung nicht in seinen Rechten verletzt[810], da er kein Recht auf Anwendung der Vorschrift des § 153 a II, welches durch die Entscheidung der Staatsanwaltschaft betroffen sein könnte, hat[811]. Die Erteilung der Zustimmung schafft nur eine Voraussetzung für eine mögliche spätere Erweiterung des Handlungsspielraums des Angeschuldigten, die zu einer zügigen, ohne Urteilserlaß erfolgenden Verfahrensbeendigung führen könnte[812]. Darüber hinaus schließen die die Anfechtung von staatsanwaltschaftlichen Wertungsentscheidungen im Rahmen der Einstellungsentscheidung abschließenden Regelungen der §§ 172 ff den subsidiären Rechtsschutz nach §§ 23 ff EGGVG aus[813]. Solche Wertungsentscheidungen trifft die Staatsanwaltschaft jedoch nicht allein im Rahmen ihrer eigenen Einstellungsentscheidung, sondern ebenfalls im Bereich der Zustimmungsentscheidung. Da schon die Endentscheidung nach § 153 a II 4 keiner Anfechtung unterliegt, muß dies erst recht für deren Zustimmungsvoraussetzung, die eine gleichartige Wertung enthält, gelten. Darüberhinaus entfaltet die Zustimmungsentscheidung keine Außenwirkung, weil durch sie die Rechte der Betroffenen nicht erweitert, beschränkt oder festgestellt werden. Dies zeigt sich daran, daß es dem Gericht trotz erteilter staatsanwaltschaftlicher Zustimmung weiterhin unbenommen bleibt, von der Einstellung des Verfahrens nach § 153 a abzusehen, wenn es numehr die Einstellungsvoraussetzungen anders beurteilt. Verweigert die Staatsanwaltschaft ihre Zustimmung, so kommt der Angeschuldigte dagegen nur nicht in den Genuß einer möglichen andersartigen, nicht seinen Interessen dienenden Verfahrensbeendigung.

---

809 Terbach S. 196; M-G § 153 a Rn. 47, § 23 EGGVG Rn. 15; HK-Krehl § 153 a Rn. 30; Roxin 22. Auflage S. 73,195; da die Vorschriften der §§ 172 ff den subsidiären Rechtsschutz nach § 23 EGGVG ausschlössen; Die Rspr. zum Strafverfahren A 3; Pfeiffer § 153 Rn. 8 ; da die Zustimmungserklärung eine Prozeßerklärung darstelle, vgl. OLG Hamm MDR 1985, 785, 786 ebenso in NStZ 1985, 472; KK-Kissel § 23 EGGVG Rn. 32; vgl. Gerlach S. 137, der dies im Rahmen des Rechtsschutz des Beschuldigten gegen die Ablehnung der staatsanwaltschaftlichen vorläufigen Einstellung darstellt.

810 Feiter S. 94, Fußn. 434.

811 Sofern er überhaupt einmal ein Interesse an einer Verfahrenseinstellung haben sollte.

812 Insofern wird der Beschuldigte diese auch nicht anfechten wollen.

813 Vgl. BT-Drucks. 7/550, S. 301 und 7/551, S. 78, bei denen immer von „Ermessen" die Rede ist.

Umstritten ist jedoch, ob die staatsanwaltschaftliche Zustimmungsverweigerung anfechtbar ist, wenn sie willkürlich, gleichheitswidrig oder ermessensfehlerhaft erging.

aa. Meinungsstand

Terbach hält einen Verpflichtungsantrag nach § 23 I, II EGGVG für den Fall der willkürlichen oder gleichheitswidrigen staatsanwaltschaftlichen Zustimmungsverweigerung für zulässig, weil es sich bei der Zustimmungsverweigerung um einen Justizverwaltungsakt handele[814]. Die Regelung des § 172 II 3 könne als einfachgesetzliche Norm das in § 23 EGGVG umgesetzte verfassungsrechtliche Rechtsschutzgebot nicht beschränken[815]. Zudem werde der Angeschuldigte durch eine willkürliche oder gleichheitswidrige Zustimmungsverweigerung in seinem individuellen, durch Art. 3 I GG geschützten Interesse an einer ermessensfehlerfreien Einstellungsentscheidung verletzt[816]. Dieses Interesse des Angeschuldigten finde in § 153 a Berücksichtigung, wie dessen Entkriminalisierungszweck zeige[817]. Allerdings könne der Angeschuldigte sein Ziel einer Einstellung des Verfahrens nach § 153 a mittels einer Anfechtung nach § 23 EGGVG zumeist nicht erreichen, weil regelmäßig bereits vor Antragstellung eine Erledigung der Hauptsache eintrete und eine gerichtliche Einstellung nach § 153 a nach Rechtskraft des erstinstanzlichen Urteils ausscheide[818]. Auch ein Feststellungsantrag i.S.d. § 28 I 4 EGGVG bleibe erfolglos, da eine Aussetzung entsprechend § 228[819] oder eine Wiederaufnahme nach §§ 359 ff analog[820] wegen dogmatisch unüberwindbarer Hindernisse nicht möglich sei.

Auch Schöch will ausnahmsweise eine Anfechtung nach § 23 EGGVG für den Fall der offensichtlich mit Ermessensfehlern behafteten Nichterteilung der Zustimmung zulassen[821]. Ansonsten könne das Gericht bei „sachwidriger“ Ablehnung der Zustimmungserteilung nur eine Verwarnung mit Strafvorbehalt nach § 59 StGB aussprechen[822].

---

814 Terbach NStZ 1998, 172, 173.
815 Terbach NStZ 1998, 172, 173.
816 Terbach NStZ 1998, 172, 173.
817 Terbach NStZ 1998, 172, 173.
818 Terbach NStZ 1998, 172, 174.
819 Im einzelnen Terbach S. 159.
820 Im einzelnen Terbach S. 161.
821 AK-Schöch § 152 Rn. 16, widersprüchlich insoweit, als er in § 153 Rn. 37 von unbestimmten Rechtsbegriffen ausgeht und ein Handlungsermessen ablehnt.
822 AK-Schöch § 152 Rn. 16; vgl. zur Möglichkeit der Verwarnung mit Strafvorbehalt Schöch Anm. zu OLG Düsseldorf JR 1985, 376, 379, 380; ablehnend gegen eine generelle Heranziehung des § 59 StGB: OLG Düsseldorf JR 1985, 376, 377, 378.

Nach einer anderen Auffassung ist für den Angeschuldigten ausnahmsweise der Rechtsweg nach § 23 EGGVG eröffnet, wenn die Staatsanwaltschaft ihre Zustimmung zur gerichtlichen Einstellung willkürlich verweigert, obwohl sie diese in einer Vielzahl von gleichgelagerten Fällen erteilte, da der Beschuldigte insoweit ein subjektives Recht auf Gleichbehandlung aus der Selbstbindung der Staatsanwaltschaft gem. Art. 3 I GG heraus besitze[823].

Demgegenüber verneint die Gegenansicht auch dann den Rechtsschutz nach §§ 23 ff EGGVG, wenn die Staatsanwaltschaft willkürlich[824] oder gleichheitswidrig[825] ihre Zustimmung zur Einstellung versagt, da der Angeschuldigte durch die „Bejahung des öffentlichen Interesses" an der Strafverfolgung nicht in seinen Rechten verletzt sei. Denn niemand habe einen Anspruch auf Absehen von der Strafverfolgung, wenn er verdächtig sei, eine Straftat rechtswidrig und schuldhaft begangen zu haben[826].

bb. Stellungnahme

Eine Anfechtung der Zustimmungsverweigerung nach §§ 23 ff EGGVG käme erneut nur dann ins Betracht, wenn die willkürliche oder gleichheitswidrige Zustimmungsveweigerung einen Justizverwaltungsakt darstellte und insbesondere Außenwirkung entfalten würde. Der Angeschuldigte hat aber keinen Einstellungsanspruch nach Art. 3 I GG i.V.m. der Selbstbindung der Staatsanwaltschaft an ihre Einstellungs- bzw. Zustimmungspraxis[827], weil ein solcher Anspruch voraussetzen würde, daß die Rechtsgrundlage für die erstrebte Handlung im Interesse des Angeschuldigten erlassen wurde[828]. Der Schutzzweck der Norm umfaßt jedoch nicht die Individualinteressen des Angeschuldigten, sondern nur die Interessen der Rechtsgemeinschaft insgesamt an einer Verfahrenbeschleunigung, Justizentlastung und Entkriminalisierung[829]. Die Verweigerung der staatsanwalt-

823 Feiter S. 97, 98 bei einer willkürlichen Zustimmungsverweigerung trotz Ermessensreduktion auf Null aufgrund einer Selbstbindung der Staatsanwaltschaft nach Art. 3 I GG; vgl. Strubel/Sprenger NJW 1972, 1734, 1737 für § 153.

824 L/R-Böttcher 25. Auflage § 23 EGGVG Rn. 123.

825 Jeweils zu § 232 a.F. StGB: BVerfGE 1980 (51), 176, 187; BVerfGE NJW 1975, 1591, 1592.

826 Jeweils zu § 232 a.F. StGB: BVerfGE 1980 (51), 176, 186; BVerfGE NJW 1975, 1591, 1592.

827 Diese Selbstbindung gibt es nicht nur bei Ermessensentscheidungen, sondern auch bei der Ausfüllung von unbestimmten Rechtsbegriffen.

828 BVerwGE 39, 235, 237; Bay VGH BayVBl 1974, 278, 279; BVerwG DÖV 1979, 911; a. A. Hoffmann-Becking JUS 1973, 615, 617; Dürig Art. 3 I Rn. 55 Fußn. 1, Art. 3 III Rn. 84 Fußn. 2

829 Vgl. Ausführungen im 5. Kapitel A I 1 c aa ccc bbbb.

schaftlichen Zustimmung verringert somit keine Angeschuldigtenrechte und entfaltet damit keine Außenwirkung.

An einer Verletzung der Rechte des Angeschuldigte fehlt es daher auch. Zudem ist der subsidiäre Rechtsweg nach §§ 23 ff EGGVG nicht eröffnet, weil die strafprozessualen Vorschriften der §§ 172 ff diesen ausschließen. Die von Terbach vorgenommene Argumentation, daß § 172 die Anfechtung der staatsanwaltschaftlichen Entscheidungen nicht abschließend regeln könne, weil die Vorschrift als einfachgesetzliche Norm das verfassungsrechtliche Rechtsschutzgebot nach Art. 19 IV GG nicht einschränken könne, geht vorliegend an der Sache vorbei, weil der Angeschuldigte in den erörterten Fallkonstruktionen keinen Anspruch auf Gewährung eines Rechtswegs nach Art. 19 IV GG besitzt, der durch §§ 172 ff eingeschränkt werden könnte. Denn ein solcher setzt seinerseits eine Verletzung eines Grundrechts des Angeschuldigten voraus, an der es vorliegend fehlt[830].

Ermessensfehler bei der Entscheidung nach § 153 a II, von denen Schöch ausgeht, kommen nach hier vertretener Meinung von vornherein nicht in Betracht, da die Strafverfolgungsorgane kein Ermessen bei der Entscheidung über die Anwendung des § 153 a haben. Für diese Fälle gelte darüberhinaus das zuvor ausgeführte.

d. Gegen die endgültige Einstellung

aa. Ordentliche Rechtsbehelfe

Die im endgültigen Einstellungsbeschluß getroffene Feststellung, daß die erteilte Auflage oder Weisung erfüllt worden ist, ist unanfechtbar nach § 153 a II 5. Seit der Schaffung der Regelung des § 153 a II 5 kommt es im Rahmen der Anfechtungsmöglichkeiten daher nicht mehr – wie früher – auf die Frage nach der Rechtsgrundlage für die endgültige Einstellung an[831].

Ebenso wie im Rahmen des Rechtsschutzes gegen die vorläufige Einstellungsentscheidung wird auch die Anfechtung des endgültigen Einstellungsbeschlusses mit der einfachen Beschwerde nach § 304 diskutiert. Da die Problematik in der Literatur gewöhnlich im Rahmen der Rechtsbehelfe der Staatsanwaltschaft im einzelnen ausgeführt wird, wird insoweit auf die diesbezüglichen späte-

830 Jarass/Pieroth Art. 19 Rn. 24.

831 Vor Einführung des § 153 a II 5 konnte der Beschluß, hielt man § 206 a für seine Rechtsgrundlage, mit der sofortige Beschwerde angefochten werden.

ren Ausführungen verwiesen und an diese Stelle nur die in dieser Arbeit vertretene Meinung dargestellt[832].

Eine Beschwerde gestützt auf die Verletzung elementarer Verfahrensvorschriften kommt nach hier vertretener Meinung nicht in Betracht, weil diese nicht mehr bei Erlaß der endgültigen Einstellungsentscheidung kontrolliert wurden[833]. Die Prüfung und Feststellung des Gerichts beschränkt sich insoweit auf die ordnungsgemäße Erfüllung der Sanktion[834]. Auch diese Feststellung ist aber nach hier vertretener Meinung aufgrund der Regelung des § 153 a II 5 unanfechtbar. Insoweit ist der Einstellungsbeschluß vollständig unanfechtbar und damit formell rechtskräftig, so daß er die Rechtshängigkeit des Verfahrens beendet. Daneben ist eine Anfechtung aus rechtsstaatlichen Aspekten nicht erforderlich, weil der Angeschuldigte auf die Einleitung eines neuen, mangels Strafklageverbrauchs nicht ausgeschlossenen Verfahrens hinwirken kann, in dem seine Unschuld möglicherweise bewiesen wird. Insoweit schafft die endgültige Einstellungsentscheidung, die die Rechtshängigkeit der Sache beendet, keine endgültige Rechtslage hinsichtlich der Hauptsache.

Im Rahmen der Rechtsschutzproblematik in Bezug auf den Angeschuldigten ist vereinzelt die erstmals vom LG Koblenz geäußerte Meinung anzutreffen, daß der Angeschuldigte die einfache Beschwerde gegen die endgültige Einstellungsentscheidung ausnahmsweise auch dann erfolgreich erheben könne, wenn dem Angeschuldigten in der im Einstellungsbeschluß enthaltenen Kostenentscheidung die notwendigen Auslagen des Nebenklägers abredewidrig auferlegt wurden[835]. Denn die Unanfechtbarkeit der gesamten Entscheidung beruhe auf dem Umstand, daß der Angeschuldigte in seine Entscheidung hinsichtlich der Zustimmungserteilung auch Überlegungen hinsichtlich der Kostentragung einbeziehe und er die Möglichkeit habe, von einer Zustimmung abzusehen, wenn er eine für ihn nachteilige Kostenentscheidung für wahrscheinlich halte[836]. Daher müsse auch demjenigen, dem im Rahmen der Absprache eine für ihn günstige Kostentragungsregelung versprochen worden sei, und der sich bei der Zustimmungserteilung auf diese Vereinbarung verlassen habe, eine außerordentliche Beschwerde nach

---

832 Zum Streit vergleiche die Ausführungen im 5. Kapitel A III 2 b.

833 Hellmann MDR 1989, 952, 953; L/R-Rieß 24. Auflage § 153 a Rn. 105; L/R-Beulke 25. Auflage § 153 a Rn. 135; HK-Krehl § 153 a Rn. 37; a.A. M-G § 153 a Rn. 57, der die einfache Beschwerde auch bei Fehlen der staatsanwaltschaftlichen Zustimmung für zulässig hält; wohl LG Koblenz NJW 1983, 2458.

834 L/R-Meyer-Goßner 23. Auflage § 153 a Rn. 100; KK-Schoreit § 153 a Rn. 64.

835 LG Koblenz NJW 1983, 2458 zur alten Rechtslage der Kostentragung analog § 471 III 2; Hellmann MDR 1989, 952, 953 Fußn. 18, der auf die vorgenannte Entscheidung verweist.

836 Vgl. LG Koblenz NJW 1983, 2458.

§ 304 zur Verfügung stehen[837]. Ob insoweit lediglich die Kostenentscheidung oder der gesamte endgültige Einstellungsbeschluß aufgehoben werden sollte, läßt die Entscheidung des LG Koblenz offen.

Dieser Auffassung ist entgegenzuhalten, daß die Zustimmung des Angeschuldigten nicht unter der Bedingung des Erlasses der vereinbarten Kostentragung erteilt wurde und insoweit als wirksam angesehen werden muß. Auch die Verletzung des Gebots des fair trails kann nicht mit der Beschwerde nach § 304 gerügt werden. Ob die Zustimmung ordnungsgemäß erlangt wurde, ist eine Frage bei der vorläufigen, nicht dagegen mehr bei der endgültigen Einstellung. Der Umstand, daß die Kostenentscheidung erst im endgültigen Einstellungsbeschluß ergeht, führt nicht dazu, daß das Gericht die Umstände der Zustimmungserteilung erneut bei Erlaß der endgültigen Einstellungsentscheidung prüft[838]. Diese endgültige Einstellungsentscheidung ist vielmehr nach § 153 a II 5 unanfechtbar. Da die Zustimmung nicht an die Bedingung der bestimmten Kostenentscheidung geknüpft wurde, ist durch die Erfüllung der Sanktion zudem ein Strafklageverbrauch eingetreten, der einer Einleitung eines neuen Verfahrens im Wege steht. Die Möglichkeit einer isolierten Anfechtung der abredewidrigen Kostenentscheidung ist an späterer Stelle zu untersuchen[839].

Eine Gegenvorstellung ist unzulässig, weil das Gericht die Einstellungsentscheidung nicht mehr abändern kann. Der eingetretene Strafklageverbrauch nach § 153 a II 2, I 5 und der Umstand, daß der nach § 153 a II 5 unanfechtbare und damit formell rechtskräftige endgültige Einstellungsbeschluß die Rechtshängigkeit der Anklage beendet hat, stehen einer neuen Entscheidung im selben Verfahren entgegen[840].

bb. Außerordentliche Rechtsbehelfe

Fraglich ist weiterhin, ob der Angeschuldigte eine Wiederaufnahme des Verfahrens beantragen kann. An der Aufhebung der Einstellung könnte er insbesondere ein Rehabilitations- und Rückforderungsinteresse bezüglich der von ihm erbrachten Leistungen haben[841]. Zu denken wäre dabei an die Fälle, in denen sich die Sachlage zu seinem Gunsten derart verändert hat, daß er nunmehr – nach zu-

---

837 Vgl. LG Koblenz NJW 1983, 2458.

838 Im Falle des LG Koblenz NJW 1983, 2458 war es aufgrund eines Dezernatswechsels zu einer abredewidrigen Kostenscheidung gekommen.

839 Vgl. Anfechtbarkeit von Nebenentscheidungen im 5. Kapitel B II.

840 Vgl. M-G Vor § 296 Rn. 24 und L/R-Hanack 25. Auflage Vor § 296 Rn. 84 jeweils für den Fall, daß das Verfahren nicht mehr vor dem Beschwerdegericht anhängig ist.

841 OLG Frankfurt NJW 1996, 3353, 3354.

vor ungünstiger Beweislage – seine Unschuld belegen könnte oder in denen sich eine geänderte Rechtsprechung zu seinem Gunsten auswirken und zu einem Freispruch führen müßte, wie beispielsweise nach Feststellung der Rechtswidrigkeit der ursprünglichen Auslegung des Gewaltbegriffs im Rahmen des § 240 StGB. Insoweit läge die Überlegung nahe, eine Wiederaufnahme des Verfahrens nach § 79 BVerfGG[842] oder § 359 Nr. 5 zuzulassen. Die Rechtskraftregelung des § 153 a I 5 schließt eine formlose Abänderung der Einstellungsentscheidung zugunsten des Angeschuldigten aus.

aaa. Wiederaufnahme des Verfahrens nach §§ 359 ff StPO

Daß, wäre die abschließende Sachentscheidung in Form eines Urteils oder Strafbefehls getroffen worden, der nunmehr mögliche Beweis der Unschuld wegen Vorliegens eines Wiederaufnahmegrundes nach § 359 Nr. 5 im Rahmen eines Wiederaufnahmeverfahrens geführt werden könnte, liegt auf der Hand.

Ob aber Beschlüsse, insbesondere ein Einstellungsbeschluß nach § 153 a II, mittels eines Wiederaufnahmeverfahrens nach §§ 359 ff angegriffen werden können, ist dagegen umstritten.

aaaa. Meinungsstand

Eine Meinung verneint die (entsprechende) Anwendung der Wiederaufnahmevorschriften auf andere als die von den §§ 359 ff – insbesondere § 373 a – explizit vorgesehene Entscheidungen, sofern die Wiederaufnahmevorschriften nicht ausdrücklich für anwendbar erklärt worden seien wie in § 85 OWiG[843]. Andere Beschlüsse seien daher ausnahmslos nicht der Wiederaufnahme zugänglich. Begründet wird dies vor allem mit dem Wortlaut des § 359, der das Wiederaufnahmeverfahren nur für Urteile eröffne, dem Ausnahmecharakter der Vorschrift und der Bedeutung der Rechtskraft[844].

842 Graßhof NJW 1995, 3085, 3090 für Strafurteile, die nach der ersten Entscheidung des BVerfG 1986 zu § 240 ergangen seien, sei § 79 I BVerfGG analog heranzuziehen.

843 AG Lahn-Gießen MDR 1980, 595; LG Hamburg MDR 1975, 246; LG Hamburg NStZ 1991, 507 für § 56 f I StGB; LG Freiburg JR 1979, 161, 162; L/R-Meyer 23. Auflage Vor § 359 Rn. 5, 6; allgemein jeweils vor Einführung des § 153 a: OLG Bremen NJW 1959, 353; OLG Hamburg JZ 1951, 185; LG Hamburg NStZ 1991, 149, 150.

844 LG Freiburg JR 1979, 161, 162; LG Hamburg NStZ 1991, 149, 150; L/R-Meyer 23. Auflage Vor § 359 Rn. 5.

Danach sei der Beständigkeit einer Entscheidung, die Ausdruck der Rechtsstaatlichkeit und unerläßliche Voraussetzung für die Erhaltung der Rechtssicherheit sei, grundsätzlich gegenüber der materiellen Gerechtigkeit der Vorzug eingeräumt worden[845]. Eine Aufhebung der Entscheidung zugunsten der materiellen Gerechtigkeit bedürfe daher einer gesetzlichen Gestattung, die für Beschlüsse speziell in den §§ 174 II, 211, 459 a II zu finden sei. Seien diese Vorschriften auf den jeweiligen Beschluß unanwendbar, käme ihm unbeschränkte Rechtskraftwirkung zu, deren Durchbrechung unmöglich sei[846]. Gerade § 373 a, der erst die Wiederaufnahme eines durch rechtskräftigen Strafbefehl abgeschlossenen Verfahrens zulasse, belege, daß andere Verfahren als das Strafbefehlsverfahren, die durch Beschluß beendet worden seien, mangels einer dem § 373 a vergleichbaren Vorschrift nicht in den Anwendungsbereich des § 359 fielen[847].

Für eine Analogie der Wiederaufnahmevorschriften bleibe ebenfalls kein Raum, da die Vorschriften vom Gesetzgeber als abschließende Ausnahmeregelungen geschaffen worden seien[848]. Es liege damit ein „planmäßiges Schweigen des Gesetzes“ bezüglich strafprozessualer Beschlüsse und keine planwidrige Regelungslücke vor, die es auszufüllen gelte[849]. Außerdem sei allein der Gesetzgeber dazu befugt, eine Wiederaufnahmemöglichkeit bei Beschlüssen zu schaffen[850]. Zudem bestünde ohnehin keine vergleichbare Interessenlage beziehungsweise ein Ausfüllungsbedarf.

Dies wird teilweise damit begründet, daß die materielle Gerechtigkeit und der Rechtsfrieden durch unrichtige Beschlüsse im Gegensatz zu „unrichtigen oder unbilligen“ Urteilen nicht gefährdet seien, weil Straftaten nur durch Urteile oder in Ausnahmefällen Strafbefehle geahndet würden, während Beschlüsse nur der Verfahrensleitung und unbedeutenden Nebenentscheidungen dienten[851].

Andere sehen dagegen zwar eine gewisse Beeinträchtigung der materiellen Gerechtigkeit, insbesondere in Fällen der Widerrufsbeschlüsse nach § 56 f StGB, die die Vollziehung der Freiheitsstrafe nach sich zögen und mangels bestimmter Verfahrensmaximen der sonst üblichen Gründlichkeit entbehrten, verneinen aber gleichwohl das Erfordernis einer Wiederaufnahme im Hinblick auf die mögliche Beschreitung des Gnadenweges[852].

---

845 AG Lahn-Gießen MDR 1980, 595; LG Hamburg NStZ 1991, 149, 150.
846 LG Hamburg NStZ 1991, 149, 150; L/R-Meyer 23. Auflage Vor § 359 Rn. 5.
847 LG Hamburg MDR 1975, 246; zu gerichtlichen Beschlüssen allgemein OLG Bremen NJW 1959, 353; OLG Hamburg JZ 1951, 185.
848 LG Hamburg NStZ 1991, 149, 150.
849 LG Hamburg NStZ 1991, 149, 150.
850 AG Lahn-Gießen MDR 1980, 595; L/R-Meyer 23. Auflage Vor § 359 Rn. 5.
851 LG Hamburg MDR 1975, 246.
852 LG Hamburg NStZ 1991, 149, 150.

Außerdem bestünde bei einer Zulassung der Wiederaufnahme auch die Gefahr, daß die „Funktionstüchtigkeit der Gerichte“ – insbesondere durch mutwilliges verspätetes Vorbringen – beeinträchtigt werden könnte[853].

Einer direkten oder indirekten Anwendung der Wiederaufnahmeregelungen der §§ 359 ff auf Beschlüsse stehen auch andere grundsätzlich ablehnend gegenüber. Die §§ 174 II, 211 gingen vielmehr – selbst wenn der Beschluß wie ein Urteil wirke oder Rechtsfolgen festsetze – als Sondervorschriften den §§ 359 ff vor und ließen daher auch für von ihnen nicht erfaßte Beschlüsse eine Wiederaufnahme in Analogie zu den allgemeinen Vorschriften der §§ 359 ff nicht zu. Allein die statt eines Urteils erlassenen Beschlüsse nach § 206 b, § 349 II, § 349 IV und § 371 seien von diesem Grundsatz ausgenommen[854].

Gössel nimmt eine differenzierte Betrachtung vor[855]. Er unterscheidet zunächst zwischen rein formell rechtskräftigen Beschlüssen und zwischen materiellrechtlichen Sachbeschlüssen[856]. Bei ersteren sei eine jederzeitige Berichtigung in einem neuen Verfahren möglich, bei letzteren, bei denen eine Wiederaufnahme analog §§ 359 ff in Betracht käme, sei eine weitere Unterscheidung vorzunehmen. Die allgemeinen Wiederaufnahmevorschriften griffen danach nur Platz, wenn das Gesetz keine eigenständige Möglichkeit zur Fortsetzung des Verfahrens – wie beispielsweise in § 174 II – vorsehe und eine solche auch nicht gewohnheitsrechtlich anerkannt sei. Die speziellen Wiederaufnahmemöglichkeiten genössen insoweit Vorrang vor den allgemeinen Wiederaufnahmevorschriften der §§ 359 ff[857]. Im Rahmen der Einstellung gegen Auflage und Weisung schließe die Sonderregelung des § 153 a I 5 daher eine Wiederaufnahme des Verfahrens nach §§ 359 ff aus[858].

---

853 LG Hamburg MDR 1975, 246.

854 M-G Vor § 359 Rn. 5; Pfeiffer Vor § 359 Rn. 2, der als Sonderregelung auch die §§ 153 ff, 383 II nennt und die Wiederaufnahme bei Beschlüssen nach §§ 56 f, 67 g StGB und § 460 wegen der Regelung des § 458 für unnötig hält.

855 L/R-Gössel 24. Auflage Vor § 359 Rn. 36, 47 f, 54 f und 25. Auflage Vor § 359 Rn. 38, 50 f, 57 f.

856 L/R-Gössel 24. Auflage Vor § 359 Rn. 36, 47 f, 54 f und 25. Auflage Vor § 359 Rn. 38, 50 f, 57 f.

857 L/R-Gössel 24. Auflage Vor § 359 Rn. 48, 54 und Rn. 55 Fußn. 70 sowie 25. Auflage Vor § 359 Rn. 51, 57 und 58 Fußn. 92.

858 L/R-Gössel 24. Auflage Vor § 359 Rn. 55 und 25. Auflage Vor § 359 Rn. 58, der die §§ 359 ff sowohl hinsichtlich der Wiederaufnahme des Verfahrens zugunsten als auch zuungunsten des Angeschuldigten für ausgeschlossen hält.

Eine Gegenmeinung will eine Wiederaufnahme des durch verfahrensabschließenden Beschluß beendeten Verfahrens analog §§ 359 ff zugunsten des Angeschuldigten zulassen[859].

Während Hellmann seine Untersuchungen bezüglich des Vorhandenseins einer Regelungslücke allein auf den Einstellungsbeschluß nach § 153 a II beschränkt, bezieht Trepper ebenso wie Marxen/Tiemann und Groth alle Sachbeschlüsse in seine Überlegungen mit ein, weil er nur eine einheitliche Beantwortung der Frage, ob eine „planwidrige oder beabsichtigte Unvollständigkeit" der Wiederaufnahmeregelung hinsichtlich von Sachbeschlüssen vorliege, für möglich erachtet[860].

Allein Trepper kommt aufgrund seiner differenzierten Betrachtungsweise, was die Vergleichbarkeit der Regelungsgegenstände anbetrifft, die er allein bei Sanktionsbezug bejaht, zu einem differenzierten Ergebnis. Fehle es am Sanktionsbezug, so sei die nach § 362 für den Beschuldigten vorteilhafteste Rechtskraftvorschrift heranzuziehen[861]. Da Trepper jedoch ebenfalls von einer Regelungslücke bezüglich gerichtlicher Beschlüsse ausgeht und im Gegensatz zu den anderen Autoren nur für deren Ausfüllung verschiedene Möglichkeiten vorsieht, die Ausfüllung bei § 153 a aber ebenso wie die anderen Autoren vornimmt, soll seine Ansicht an dieser Stelle und diesem Zusammenhang dargelegt werden.

Die Regelungslücke sei gegeben, weil der Gesetzgeber die Wiederaufnahmeproblematik von durch Beschluß rechtskräftig abgeschlossenen Verfahren nicht bedacht habe[862]. Dies zeige sich daran, daß zum Zeitpunkt der Schaffung des Wiederaufnahmerechts verfahrensbeendende Beschlüsse wie § 56 f StGB unbekannt gewesen und damit in der Diskussion im damaligen Gesetzgebungsverfahren nicht berücksichtigt worden seien, wie die Nichterwähnung in den Gesetzesmaterialien belege[863]. Auch der Umstand, daß der Gesetzgeber keine diesbezügliche Erweiterung der Wiederaufnahmevorschriften bei der Neueinführung von verfahrensabschließenden Beschlüssen wie beispielsweise § 153 a vorgenommen habe, stehe der Annahme der Regelungslücke nicht entgegen, weil der Gesetzgeber dabei nicht zu erkennen gegeben habe, daß er eine abschließende Regelungsabsicht verfolge[864]. Auch aus § 373 a ließe sich keine Intention des Gesetzgebers

---

859 Hellmann MDR 1989, 952 ff; Trepper S. 12 ff; Marxen/Tiemann Rn. 24 ff; Groth MDR 1980, 595, 596, der dies allgemein für Beschlüsse und im speziellen für § 56 f StGB vertritt; ebenso Hohmann Anm. zu LG Hamburg NStZ 1991, 507.

860 Trepper S. 121, 122.

861 Trepper S. 172 ff, insbesondere S. 174.

862 Groth MDR 1980, 595, 596; Trepper S. 143.

863 Trepper S. 143; Groth MDR 1980, 595, 596; Hohmann Anm. zu LG Hamburg NStZ 1991, 507; vgl. KK-Schmidt Vor § 359 Rn. 14.

864 Trepper S. 144.

dahingehend entnehmen, daß er die Wiederaufnahme von anderen Sachbeschlüssen als dem Strafbefehl habe ausschließen wollen. Ein Umkehrschluß aus einer Norm, die in ihrer ursprünglichen Fassung, die insoweit dem heutigen Abs. 2 der Vorschrift entsprochen habe, nicht einmal für ihren Anwendungsbereich eine abschließende Bestimmung enthalten habe, weil sie praktisch nur bei einer Wiederaufnahme zugunsten des Angeschuldigten angewandt worden sei, sei unzulässig[865].

Hellmann, der die Untersuchung anhand von § 153 a vornimmt, begründet die Regelungslücke damit, daß der Gesetzgeber § 153 a II 4 geschaffen habe, ohne weitergehende Überlegungen dahingehend angestellt zu haben, daß auch ein Unschuldiger einer Einstellung gegen Auflage und Weisung zustimmen könne. Dieser Aspekt sei, ebenso wie die Problematik eines fehlerhaft zustande gekommenen Einstellungsbeschlusses, dessen Anfechtung nach dem Wortlaut der Vorschrift insgesamt ausgeschlossen sei, unbedacht geblieben[866].

Einig sind sich die Vertreter dieser Meinung darüber, daß die Regelungsgegenstände eines Strafurteiles und einer Einstellungsentscheidung nach § 153 a vergleichbar sind. Die zunächst gravierend erscheinenden Unterschiede zwischen beiden Entscheidungen – insbesondere der Verhängung einer Strafe auf der einen und die freiwillige Aufsichnahme von Auflagen und Weisungen auf der anderen Seite – schwächten sich nach eingehender Untersuchung ab. Die Ähnlichkeit der strafrechtlichen Sanktion mit der Sanktion nach § 153 a zeige sich insbesondere daran, daß letztere die Reaktion auf „vermutetes Verschulden" und zur Beseitigung eines bestehenden öffentlichen Interesses an der Strafverfolgung erforderlich sei, ihr insoweit ein Ahndungscharakter zukomme und die Bemessung von Geldstrafe und Geldauflage nach weitgehend gleichen Maßstäben gehandhabt würde. Letzteres zeige sich insbesondere daran, daß häufig in erster Instanz eine Geldstrafe verhängt werde und das Verfahren schließlich in zweiter Instanz gegen eine Geldauflage in gleicher Höhe eingestellt werde[867]. Zudem sei der Verzicht auf Rechtsmittel gegen ein Urteil im Normalverfahren und die Nichtnutzung der Einspruchsmöglichkeit nach Erlaß eines Strafbefehls ebenfalls ein Akt der Selbstunterwerfung und damit ähnlich gelagert wie die Zustimmung des Angeschuldigten zu einer Einstellung nach § 153 a[868]. Dem endgültigen Einstellungsbeschluß käme außerdem ebenso wie dem Strafbefehl und dem Urteil (beschränkte) Rechtskraftwirkung zu[869]. Es sei darüber hinaus paradox, derartige

865 Trepper S. 144; vgl. Eb. Schmidt II § 373 a Rn. 2 f.
866 Hellmann MDR 1989, 952, 954.
867 Hellmann MDR 1989, 952, 954 Fußn. 35; Trepper S. 122; vgl. Hertwig Fußn. 5 S. 120 f (Fall Nr. 37); vgl. Fünfsinn NStZ 1987, 97 ff.
868 Hellmann MDR 1989, 952, 954, 955; Trepper S. 122.
869 Hellmann MDR 1989, 952, 955; Hohmann Anm. zu LG Hamburg NStZ 1991, 507.

Beschlüsse, die zumeist dem Urteilsverfahren folgten und dieses ergänzten, von der Wiederaufnahmemöglichkeit auszunehmen, weil man ihnen damit eine weiterreichendere Rechtskraft zugestehe, als sie Urteilen und Strafbefehlen zuteil werde[870]. Da der Angeschuldigte bei nunmehr möglichem Unschuldsbeweis ein Rehabilitations- und Rückforderungsinteresse bezüglich der auf die Einstellung hin erbrachten Leistungen habe, welches er nicht im Wege eines ordentlichen Rechtsbehelfs verfolgen könne, sei gerade im Hinblick auf die zur Erreichung der Verfahrensbeschleunigung unterlassene umfassende Sachverhaltsaufklärung ein Bedürfnis zur Lückenfüllung gegeben[871]. Die Analogie sei schließlich auch nicht aufgrund der vom Angeschuldigten erteilten Zustimmung im Hinblick auf einen Verwirkungsgedanken ausgeschlossen, da der Angeschuldigte ebenso wie ein Verurteilter, der auf Rechtsmittel verzichtet habe, in seinem Wiederaufnahmevortrag nur mit solchem Vorbringen ausgeschlossen sei, welches zum Zeitpunkt der Zustimmungserteilung und Erfüllung der Sanktionen bekannt gewesen sei[872]. Der Entlastungszweck der Einstellungsvorschrift werde durch die analoge Anwendung des § 359 nicht gefährdet, weil die Wiederaufnahmevorschriften wegen des Erfordernisses des Vorhandenseins der Wiederaufnahmegründe nicht allzu häufig Anwendung fänden. Der Ausnahmecharakter der Norm beziehe sich allein auf die abschließend aufgezählten Wiederaufnahmegründe, nicht auf die Art der Entscheidung, die das Verfahren beendet habe[873]. Fehlerhafte rechtskräftige Beschlüsse, die ein Urteil ersetzen oder auch nur in ihrer Wirkung einem Urteil vergleichbar sind, wie beispielsweise der Widerruf der Strafaussetzung zur Bewährung nach § 56 f StGB oder die Einstellung gegen Auflage und Weisungen nach § 153 a, könnten sehr wohl auch den Rechtsfrieden und die –gerechtigkeit bedrohen[874].

Ebenfalls mit dem Argument, daß die von diesen Beschlüssen entfaltete Rechtskraft nicht umfassender wirken dürfe als die von Urteilen, spricht sich Wasserburg sogar für eine Wiederaufnahme in direkter Anwendung der §§ 359 ff aus[875]. Den Wiederaufnahmevorschriften unterfielen nicht bloß Urteile, sondern auch prozeßerledigende Beschlüsse, weil dem Gesetz kein ausdrücklicher Ausschluß der Anwendbarkeit der §§ 359 ff auf Beschlüsse zu entnehmen sei. Der

870 Marxen/Tiemann Rn. 24; Groth MDR 1980, 595, 596; dieser erst-recht-Schluß ist auch bei Peters Anm. zu LG Freiburg JR 1979, 161, 162 hinsichtlich der Aufhebung des Widerrufsbeschlusses nach § 56 f StGB, die er sogar formlos für möglich erachtet, zu finden.

871 Hellmann MDR 1989, 952, 953, 954; Trepper S. 120; Marxen/Tiemann Rn. 28.

872 Hellmann MDR 1989, 952, 955.

873 Geppert GA 1972, 165, 178.

874 Marxen/Tiemann Rn. 24 ; Groth MDR 1980, 595, 596.

875 Wasserburg S. 227.

Ausnahmecharakter beziehe sich vielmehr allein auf die abschließend in §§ 359 ff enthaltenen Wiederaufnahmefälle und nicht auf die Art der Entscheidung[876]. Diese Lösung finde ihre Bestätigung auch beim Vergleich der Interpretation des dem selbständigen Wiederaufnahmegrund des § 79 I BVerfGG zugrundeliegenden Urteilsbegriffs mit dem dargestellten Verständnis des Begriffs des Strafurteils in §§ 359 ff. Der Begriff des Urteils in § 79 I BVerfGG umfasse nämlich „jede hoheitliche Erkenntnis", die „nach strafprozessualen Regeln zustande gekommen sei"[877]. Auf diese Weise werde auch das Bundesverfassungsgericht hinsichtlich anderenfalls zu erwartender Verfassungsbeschwerden entlastet[878].

Auch nach einer anderen Meinung unterliegen verfahrensabschließende Beschlüsse grundsätzlich der Wiederaufnahme nach §§ 359 ff, allerdings soll im Einzelfall die erforderliche Beschwer des Angeschuldigten fehlen können[879]. An einer solchen mangele es insbesondere bei einer Einstellung nach § 153 a aufgrund der vom Beschuldigten erteilten Zustimmung[880].

bbbb. Stellungnahme

Eine direkte Anwendung der Wiederaufnahmevorschriften der §§ 359 ff kommt nicht in Betracht, weil diese dem eindeutigen Wortlaut des § 359 nach nur für durch rechtskräftige Urteile abgeschlossene Verfahren gelten.

Eine Wiederaufnahme des Verfahrens analog der §§ 359 ff käme jedoch in Betracht, wenn eine planwidrige Regelungslücke bestünde und die Regelungsgegenstände der der Wiederaufnahme zugänglichen Entscheidungen mit denen der Entscheidung nach § 153 a vergleichbar wäre.

Der Argumentation, nach der sich die Regelungslücke daran erkennen lasse, daß der Gesetzgeber bei Schaffung der Wiederaufnahmevorschriften verfahrensabschließende Beschlüsse nicht gekannt habe, kann nicht gefolgt werden, denn der Gesetzgeber führte im gleichen Gesetzeswerk, in dem er die erleichterte Wiederaufnahme durch § 359 a.F. regelte, die Vorschrift des § 373 a a.F. ein, die das Wiederaufnahmeverfahren für durch Strafbefehl beendeten Verfahren eröffnete[881]. Ob die Vorschrift des § 373 a a.F. eine abschließende Regelung hinsichtlich des Strafbefehlsverfahrens darstellte, ist in diesem Zusammenhang ohne Be-

876 Wasserburg S. 227.
877 Wasserburg S. 227.
878 Wasserburg S. 227.
879 KK-Schmidt Vor § 359 Rn. 14; AK-Loos Vor § 359 Rn. 9, 10, HK-Krehl Vor § 359 Rn. 3.
880 AK-Loos Vor § 359 Rn. 10.
881 Art. 6 Nr. 1 und 5 der dritten Verordnung zur Vereinfachung der Rechtspflege, abgedruckt in RGBl. I 1943, 345.

deutung, da die Vorschrift jedenfalls in ihrer heutigen Fassung sowohl die Wiederaufnahme zugunsten als auch zuungunsten regelt. Dem Umstand, daß der Gesetzgeber eine vergleichbare Vorschrift nicht für Verfahrensabschlüsse nach § 153 a II erließ, kann daher umgekehrt entnommen werden, daß er für diese eine Wiederaufnahme des Verfahrens ablehnte. Dies korrespondiert mit dem Verfahrensbeschleunigungs- und Justizentlastungszweck der Einstellungsvorschrift. Der Behauptung, der Gesetzgeber habe nicht bedacht, daß ein Unschuldiger einer Verfahrenseinstellung zustimmen könnte, ist ebenfalls zu widersprechen. Aus der Bundestagsdrucksache 7/1261 ergibt sich eindeutig, daß der Gesetzgeber diesen Fall erwogen hat, da er ihn sogar erörtert[882], so daß eine planwidrige Regelungslücke ausscheidet.

Zudem sind die Regelungsgegenstände eines Einstellungsbeschlusses nach § 153 a II einerseits und eines Strafbefehls oder Urteils andererseits nicht vergleichbar. Zwar sollen sowohl das Einstellungsverfahren als auch das Strafbefehlsverfahren der Verfahrensbeschleunigung dienen. Auch erbringt der Verurteilte bzw. Angeschuldigte in allen drei Fällen Sanktionen – einerseits strafrechtliche, andererseits nichtstrafrechtliche –, deren Festsetzung dieselben Strafzumessungsgesichtspunkte nach § 46 StGB zugrunde liegen, wobei der fundamentale Unterschied zwischen diesen Leistungen darin besteht, daß die einen freiwillig erbracht, die beiden anderen erzwungen werden können. Schwerer wiegt noch der Umstand, daß bereits der vorläufige Einstellungsbeschluß und damit indirekt auch der endgültige auf einer aktiven Mitwirkung des Angeschuldigten beruht, während das Gericht in den beiden anderen Fällen einseitig urteilt bzw. entscheidet. Wenn aber der Angeschuldigte im Einstellungsverfahren die Entscheidung aktiv mitgestaltet, so trifft ihn an dieser Entscheidung eine Mitverantwortung, so daß der materiellen Gerechtigkeit keine Geltung verschafft werden muß, wie es bei Verfahren, die durch Urteil oder Strafbefehl beendet wurden, vom Gesetzgeber beabsichtigt ist. Zudem sind die Wirkungen der Einstellungsentscheidung weniger weitreichend als die bei einem Strafbefehl oder Urteil, da sie keine Schuldfeststellung enthält und auch nicht im Bundeszentralregister eingetragen wird. Auch der Fall des Rechtsmittelverzichts durch den Verurteilten kann eine Vergleichbarkeit der Interessenlage mit der Mitwirkung des Angeschuldigten bei der Einstellung nicht begründen, da der Verurteilte hierbei nur sein Recht auf eine erneute Überprüfung der gerichtlichen Entscheidung aufgibt, während der Angeschuldigte bei letzterer die Entscheidung selbst von vornherein mitgetragen hat. Es liegt somit im Falle der Verfahrenseinstellung nach § 153 a II kein passives „Abfinden“ mit einer vorgegebenen Situation vor, sondern ein aktives Herbeiführen der Rechtslage. Außerdem enthält die Einstellungsentscheidung keine

882 BT-Drucks. 7/1261, S. 27.

Entscheidung in der Sache über das Vorliegen einer Schuld, sondern nur die Feststellung, daß der Angeschuldigte im Rahmen einer Übereinkunft im Strafverfahren wegen eines Vergehens eine Sanktion erfüllte. Das Argument, daß eine Wiederaufnahme des Verfahrens nach Verfahrenseinstellung gem. § 153 a II, I 5 zulässig sein müsse, weil dem Einstellungsbeschluß ansonsten weitreichendere Rechtskraftwirkung zukäme als einem Urteil oder Strafbefehl, ist unzutreffend. Die Rechtskraftregelung des § 153 a I 5 geht eben nicht so weit wie die Rechtskraft eines Urteils, da sie auf den Vergehensbereich beschränkt ist. Außerdem eignen sich die Wiederaufnahmevorschriften nicht zur Beseitigung des Strafklageverbrauchs bei der Einstellung nach § 153 a, denn dieser ist unabhängig von der endgültigen Einstellungsentscheidung entstanden. Eine Wiederaufnahme des Verfahrens mit dem Ziel der Beseitigung der verfahrensabschließenden Entscheidung führte damit nicht wie beim Strafbefehl oder Urteil, die den Strafklageverbrauch hervorrufen, zugleich zur erstrebten Beseitigung des Strafklageverbrauchs. Die mit der Rechtskraftregelung des § 153 a I 5 im Interesse der Allgemeinheit bezweckte Justizentlastung bleibt überdies auf diese Weise gewahrt. Dadurch, daß ein neues Verfahren hinsichtlich der eingestellten Tat nur unter dem Gesichtspunkt eines Verbrechens weiterhin möglich ist, ist die materielle Gerechtigkeit sowohl für die Allgemeinheit als auch für den Angeschuldigten gewahrt. Diese besondere Regelung des § 153 a I 5 weist insoweit ebenfalls darauf hin, daß der Gesetzgeber eine Wiederaufnahme des Verfahrens nicht wünschte.

Eine analoge Heranziehung dieser Vorschriften muß somit ausscheiden, weil es an einer planwidrigen Regelungslücke, die es auszufüllen gilt und an der Vergleichbarkeit der Regelungsgegenstände fehlt.

bbb. Wiederaufnahmegrund des § 79 I BVerfGG

Auch die zweite Fragestellung, ob ein Angeschuldigter, dessen Strafverfahren wegen einer auf einer verfassungswidrigen Auslegung einer Strafnorm beruhenden Subsumtion einer Straftat betrieben und nach § 153 a II, I 5 endgültig eingestellt wurde, eine Wiederaufnahme des Verfahrens nach § 79 I BVerfGG mit dem Ziel eines Freispruchs betreiben kann, wird äußerst kontrovers gesehen.

Die Frage, ob eine verfassungswidrig erklärte Auslegung einer Strafnorm überhaupt zu einer Wiederaufnahme eines rechtskräftig abgeschlossenen Verfahrens berechtigt, war bis zur Gesetzesänderung durch das vierte Gesetz zur Änderung des Gesetzes über das Bundesverfassungsgericht vom 21. Dezember 1970[883] umstritten[884]. Nunmehr ist der Streit durch den Wortlaut des neuen § 79 I

883 BGBl. I 1970, S.1765, 1766.

BVerfGG[885] dahingehend entschieden worden, daß das Wiederaufnahmeverfahren eröffnet ist[886]. § 79 I BVerfGG statuiert einen selbständigen Wiederaufnahmegrund, dessen Geltendmachung sich – mit einigen Ausnahmen – nach den §§ 359 ff richtet. Ob es sich dabei um einen absoluten oder relativen Wiederaufnahmegrund handelt, ist dagegen umstritten[887]. Weiterhin umstritten blieb auch, welche Entscheidungen in den Anwendungsbereich des § 79 I BVerfGG fallen. Dies hängt davon ab, wie der in § 79 BVerfGG aufgeführte Begriff des „Strafurteils" zu verstehen ist. Dieser ist nämlich nach vielfach vertretener Auffassung nicht gleichzusetzen mit dem Begriff des Urteils in § 359, so dass sich die Anwendungsbereiche der Vorschriften bereits aus diesem Grunde nicht genau dekken. Allerdings entsprechen die in diesem Rahmen angeführten Argumente weitgehend denen zur Frage der analogen Anwendung der §§ 359 ff erörterten, so daß sie an dieser Stelle nur noch kurz erwähnt werden, soweit sie mit diesen übereinstimmen.

Überwiegend wird der Begriff „Strafurteil", der den Anwendungsbereich des § 79 I BVerfGG definiert, nicht im formell-strafprozessualen Sinne verstanden, sondern extensiv ausgelegt. Unter Strafurteilen soll danach über die förmlichen Strafurteile hinaus auch jede andere hoheitliche Erkenntnis auf dem Gebiet des Strafrechts fallen, die nach strafprozessualen Grundsätzen gewonnen worden sei[888]. Umfaßt seien auch Strafverfügungen, Strafbefehle und Bußgeldbescheide[889], denn § 79 I BVerfGG trage dem Gedanken Rechnung, daß niemand den

---

884 Ehemalige Standpunkte: eine analoge Anwendung des § 79 BVerfGG bejahten LG Bochum MDR 1970, 259, 260; Wagner JuS 1970, 380, 382; Böckenförde NJW 1970, 870; für eine Anwendung des § 359 Nr. 5 sprach sich aus LG Darmstadt NJW 1968, 1642; sowohl den Wiederaufnahmegrund des § 79 BVerfGG als auch den des § 359 Nr. 5 lehnte das LG Hannover NJW 1970, 288, 289, 290 ab.

885 § 79 I BVerfGG a. F. lautete: „Gegen ein rechtskräftiges Strafurteil, das auf einer gemäß § 78 für nichtig erklärten Norm beruht, ist die Wiederaufnahme des Verfahrens nach den Vorschriften der Strafprozeßordnung zulässig.".

886 Vgl. M-G Vor § 359 Rn. 7; OLG Frankfurt NJW 1996, 3353, 3354; Marxen/Tiemann Rn.349, 354; L/R-Meyer 23. Auflage Vor § 359 Rn. 35; KMR-Paulus § 359 Rn. 18.

887 Für einen absoluten Wiederaufnahmegrund sprechen sich aus KK-v.Stackelberg 1. Auflage § 359 Rn. 37; Wasserburg S. 253 und StV 1982, 237, weil durch sie im Gegensatz zum Einzelfall des § 359 die staatliche Macht beeinträchtigt werde; als relativen Grund sehen ihn Reiff NJW 1960, 1559; Marxen/Tiemann Rn. 353, 354 die auf die vergleichbare Fassung des § 337 I hinweisen.

888 Maunz-Bethge § 79 BVerfGG Rn. 25.

889 KK-Schmidt Vor § 359 Rn. 20, der nur exemplarisch Strafbefehl und Bußgeldbescheid aufzählt; L/R-Gössel 25. Auflage Vor § 359 Rn. 145.

„Makel der Vorbestrafung“ ertragen müsse, wenn diese Vorbestrafung auf einer verfassungswidrigen Grundlage beruhe[890].

Wasserburg faßt Beschlüsse im allgemeinen unter den Begriff der „Strafurteile“und hält für diese insoweit das Wiederaufnahmeverfahren nach § 79 BVerfGG für eröffnet[891].

Dagegen faßt eine andere Ansicht den Begriff des „Strafurteils“ eng auf. Ihr zufolge erfasse der Anwendungsbereich des § 79 I BVerfGG nur Strafbefehle, nicht dagegen andere gerichtliche Strafverfügungen[892] oder Beschlüsse[893], wie die Regelung des § 373 a erkennen lasse, die als Sondervorschrift nur ausnahmsweise die Wiederaufnahme des Verfahrens, das durch einen rechtskräftigen Strafbefehl abgeschlossen worden sei, für zulässig erkläre[894]. Auch durch einen Bußgeldbescheid abgeschlossene Verfahren seien nicht erfaßt[895]. Insoweit käme auch keine analoge Anwendung des § 79 I BVerfGG in Betracht[896].

Ob speziell der Einstellungsbeschluß nach § 153 a II unter den Begriff des Strafurteils subsumiert werden kann, wurde dagegen – soweit ersichtlich – nur von zwei Ansichten ablehnend behandelt.

Gössel verneint die Zulässigkeit einer Wiederaufnahme eines gegen Auflage und Weisung eingestellten Verfahrens nach § 79 I BVerfGG[897]. Zwar könnten seiner Ansicht nach auch Beschlüsse, die eine Sachentscheidung enthielten, Gegenstand eines Wiederaufnahmeverfahrens nach § 79 I BVerfGG sein, jedoch nur insoweit, als das Gesetz keine Sonderregelung über die Verfahrensfortsetzung des durch diesen Beschluß abgeschlossenen Verfahrens vorsehe. Da § 153 a I 5 aber eine derartige Sonderregelung darstelle, finde eine Wiederaufnahme nach § 79 I BVerfGG nicht statt[898].

Nach der zutreffenden Meinung des Oberlandesgerichts Frankfurt kann der Angeschuldigte die Wiederaufnahme des Verfahrens nach § 79 I BVerfGG zur Fortsetzung eines durch Einstellung nach § 153 a abgeschlossenen Verfahrens mit dem Ziel eines Freispruchs wegen geänderter Rechtsauslegung nicht betreiben, weil die (endgültige) Einstellung keinem Strafurteil gleicht. Durch sie wird nämlich die Unschuldsvermutung nicht widerlegt, weil es sich um ein Verfahren der Selbstunterwerfung handelt, dessen Besonderheit – im Gegensatz zu einem

890 Maunz-Bethge § 79 BVerfGG Rn. 28.
891 Wasserburg S. 227, vgl. S. 256.
892 Kneser AöR 89, 129, 170.
893 L/R-Meyer 23. Auflage Vor § 359 Rn. 39.
894 Reiff NJW 1960, 1559; Kneser AöR 89, 129, 170.
895 Kneser AöR 89, 129, 170.
896 Kneser AöR 89, 129, 170.
897 L/R-Gössel 25. Auflage Vor § 359 Rn. 162.
898 L/R-Gössel 25. Auflage Vor § 359 Rn. 162, vgl. Rn. 51, 58.

Bußgeld- oder Strafbefehlsverfahren – es ist, daß es an keine gerichtliche Erkenntnis anknüpft, sondern vielmehr eine freiwillige einvernehmliche Übereinkunft aufgrund unterschiedlichster Motive ist[899]. Die Wiederaufnahmevorschrift des § 79 I BVerfGG beruhen aber auf dem Grundgedanken, daß niemandem zugemutet werden könne, mit dem Makel des „Vorbestraftseins" behaftet zu sein, wenn die Bestrafung nicht aufgrund einer verfassungsmäßigen Norm oder deren verfassungsmäßigen Auslegung beruhe[900]. Der endgültige Einstellungsbeschluß nach § 153 a II enthält aber keine Feststellung über eine Schuld oder Strafe, sondern allein über den Eintritt eines einvernehmlich herbeigeführten Verfahrenshindernisses. Diese Begründung wird auch vom OLG Zweibrücken für die Frage der Wiederaufnahme eines durch § 153 II abgeschlossenen Verfahrens geteilt, welches überdies überzeugend den Makel des Vorbestraftseins auch an der fehlenden Eintragung im Bundeszentralregister festmacht[901].

Die Norm des § 153 I a kann hingegen nicht als eine Sondervorschrift über die Wiederaufnahme des eingestellten Verfahrens gesehen werden, weil sie einer ansonsten nicht in Sperrwirkung erwachsenen Entscheidung einen beschränkten Strafklageverbrauchs zukommen läßt und nicht umgekehrt eine Wiederaufnahme einer nach allgemeinen gesetzlichen Vorschriften vollumfänglich rechtskräftigen Entscheidung zuläßt.

e. Gegen die Ablehnung der endgültigen Einstellung

Gegen die Ablehnung einer gerichtlichen endgültigen Einstellung des Verfahrens ist eine selbständige Beschwerde nicht möglich[902], weil die Vorschriften der §§ 201 II 2 und 210 I im Eröffnungsverfahren und des § 305 S.1 im Hauptverfahren entgegenstehen[903]. Die Ablehnung kann daher nur mit den gegen das später ergangene Urteil zur Verfügung stehenden Rechtsmitteln angefochten werden. Die Entscheidung darüber, ob die im vorläufigen Einstellungsbeschluß festgelegten Sanktionen fristgerecht erfüllt wurden und insoweit ein Verfahrenshindernis entstanden ist, ist während des gesamten Verfahrens zu beachten und geht der Urteilsfindung voraus[904]. Damit ist die Problematik der Anfechtung des Wiederaufnahmebeschlusses mit der Anfechtung der Ablehnung einer Einstellung wegen

---

899 OLG Frankfurt NJW 1996, 3353, 3354 auch für die Wiederaufnahmevorschriften der §§ 359 ff; so auch Burhoff PStR 2000, 100.

900 OLG Frankfurt NJW 1996, 3353, 3354.

901 OLG Zweibrücken NJW 1996, 2246, 2247.

902 L/R-Rieß 24. Auflage § 153 a Rn. 103; L/R-Beulke 25. Auflage § 153 a Rn. 133.

903 Vgl. die Ausführungen im 5. Kapitel A I 2 e.

904 OLG Stuttgart MDR 1980, 250; OLG Düsseldorf MDR 1985, 867 f.

Vorliegens eines Verfahrenshindernisses nach § 206 a vergleichbar, bei der ebenfalls eine Beschwerde gegen die Ablehnung ausgeschlossen ist[905].

Das Verfahrenshindernis kann insoweit nur im fortgesetzten Verfahren[906] oder mittels einer Gegenvorstellung geltend gemacht werden. Die Gegenvorstellung mit dem Ziel der endgültigen Einstellung des Verfahrens nach fristgerechter Sanktionserfüllung ist insbesondere auch gegen einen gerichtlichen Ablehnungsbeschluß statthaft, weil das mit der Gegenvorstellung angerufene Gericht zugleich das mit der Sache befaßte ist und nach § 153 a II 2, I 5 die Befugnis und sogar die Pflicht hat, das Verfahren nicht fortzusetzen, sondern endgültig einzustellen und somit von der ursprünglichen Ablehnungsentscheidung abzuweichen[907]. Wenn allerdings im fortgesetzten Verfahren bereits ein Urteil erlassen wurde, obwohl der Angeschuldigte die Auflage oder Weisung ordnungsgemäß erfüllt hatte, so hat eine Rechtsmittel wegen Verstoßes gegen den Grundsatz des ne bis in idem Erfolg[908].

Nach Ablauf der Rechtsmittelfrist ist nach hier vertretener Ansicht eine Wiederaufnahme des Verfahrens im Fall des Erlasses eines Strafbefehls[909] oder eines Urteils[910] trotz dem Gericht oder der Staatsanwaltschaft unbekannter fristgerechter Auflagenerfüllung nach einer vorläufigen Einstellung möglich, da die nunmehr bekannte Tatsache des Eintritts des Strafklageverbrauchs eine endgültige Einstellung des Verfahrens ermöglicht. Die Wiederaufnahme des Verfahrens mit dem Ziel der endgültigen Verfahrenseinstellung nach § 153 a ist in diesem Fall nicht ausgeschlossen, weil eine rein deklaratorische Entscheidung und keine einstufige von Wertungen des Einstellenden abhängige Entscheidung, wie sie bei anderen Opportunitätsentscheidungen nach §§ 153 ff anfallen, begehrt wird. Ein Ausschluß des Wiederaufnahmeverfahrens ist daher nicht wie bei den einstufigen Opportunitätsentscheidungen oder der Entscheidung über die vorläufige Einstellung nach § 153 a zur Wahrung der Beurteilungskompetenz des früher für die Entscheidung Zuständigen erforderlich.

---

905 OLG Stuttgart MDR 1980, 250.

906 L/R-Rieß 24. Auflage § 153 a Rn. 103; L/R-Beulke 25. Auflage § 153 a Rn. 133.

907 Zu den weiteren Einzelheiten vergleiche die Ausführungen im 5. Kapitel A I 2 e.

908 L/R-Rieß 24. Auflage § 153 a Rn. 110; L/R-Beulke 25. Auflage § 153 a Rn. 143.

909 Kalomiris NStZ 1998, 500, 501; vgl. hierzu 5. Kapitel A I 1 e bb aaa bbbb.

910 Im Hinblick auf die vergleichbare Situation mit dem Erlaß eines Strafbefehls trotz Sanktionserfüllung gilt meines Erachtens auch für den Erlaß eines Urteils trotz Eintritt der Sperrwirkung nach § 153 a I 5 der von Kalomiris angestellte Lösungsansatz und dessen Begründung.

3. *Zusammenfassung*

Gegen „Entscheidungen" im Zusammenhang mit einem Einstellungsverfahren hat der Beschuldigte folgende Rechtsbehelfe (im weiteren Sinne):

a. Stellt das Gericht oder die Staatsanwaltschaft das Verfahren vorläufig ein oder ändert es eine Sanktion ab, so kann der Beschuldigte jedenfalls in der Regel nicht erfolgreich Rechtsbehelfe i.w.S. einlegen, weil er seine Zustimmung hierzu erteilt hat – jedenfalls bei der vorläufigen Einstellung und der Änderung der Sanktion – und eine Verfahrensfortsetzung durch schlichte Nichterfüllung der Sanktion erreichen kann.

b. Gegen die staatsanwaltschaftliche Ablehnung der vorläufigen Einstellung oder der Abänderung einer auferlegten Sanktion kann der Beschuldigte bis zum Erlaß des Eröffnungsbeschlusses mit der Gegenvorstellung und der Dienstaufsichtsbeschwerde vorgehen, jedoch wird er damit häufig keinen Erfolg haben, weil er keinen Anspruch auf Anwendung der Vorschrift des § 153 a hat und die Gegenvorstellung nur eine Anregung an den Handelnden ist, seine Entscheidung noch einmal zu überdenken.

Der Angeschuldigte kann die gerichtliche Ablehnung der vorläufigen Einstellung oder der Abänderung der angeordneten Sanktion mangels eines Rechtsschutzinteresses nicht mittels einer Beschwerde anfechten, wohl aber mit einer Gegenvorstellung, die allerdings ebenso selten wie gegen die staatsanwaltschaftliche Ablehnung der vorläufigen Einstellung zum Erfolg führen wird.

c. Die gerichtliche Zustimmungsverweigerung oder -erteilung ist als reines Internum nicht mit der Beschwerde anfechtbar. Insbesondere ist der Beschuldigte nicht beschwerdebefugt, weil er kein Recht auf Zustimmungserteilung hat und § 153 a überdies nicht seinem Interesse dient. Dem Beschuldigten verbleiben jedoch gegen die gerichtliche bzw. staatsanwaltschaftliche Zustimmungsverweigerung die Gegenvorstellung und gegen letztere auch die Dienstaufsichtsbeschwerde als Rechtsbehelfe.

d. Die endgültige gerichtliche Einstellungsentscheidung ist nach § 153 a II 5 unanfechtbar, weil das Verfahren nicht mehr rechtshängig ist, während die staatsanwaltschaftliche endgültige Einstellungsverfügung hinsichtlich des Vortrags der Nichterfüllung der Sanktion mit der Gegenvorstellung und Dienstaufsichtsbeschwerde anfechtbar ist. Eine Wiederaufnahme des endgültig abgeschlossenen Verfahrens ist weder nach §§ 359 ff analog bei Änderung der Sach- und Beweislage, bei der der Beschuldigte nunmehr möglicherweise seine Unschuld beweisen könnte, noch nach § 79 I BVerfGG bei verfassungswidriger Auslegung einer der Einstellung zugrundeliegenden Strafnorm zulässig.

e. Lehnt das Gericht oder die Staatsanwaltschaft die endgültige Einstellung des Verfahrens ab, so muß der Beschuldigte den Einwand des Eintritts des Verfahrenshindernisses im fortgesetzten Verfahren geltend machen. Er kann sich hierfür der Gegenvorstellung und, soweit die Staatsanwaltschaft handelte, auch der Dienstaufsichtsbeschwerde bedienen. Wenn das Verfahren durch Urteil oder Strafbefehl abgeschlossen wurde, kann der Beschuldigte sich hiergegen mittels eines Rechtsmittels, oder, wenn das Urteil oder der Strafbefehl bereits in formeller Rechtskraft erwachsen ist, mittels eines Antrags auf Wiederaufnahme des Verfahrens nach § 359 Nr.5 wehren.

II. Rechtsbehelfe des Verletzten

1. Entscheidungen über eine staatsanwaltschaftliche Einstellung nach § 153 a I StPO

Der Verletzte muß der staatsanwaltschaftlichen Einstellung – außer bei der Festlegung einer Sanktion nach § 153 a I 2 Nr. 5[911] – weder zustimmen noch vor ihrem Erlaß angehört werden[912]. Ist er jedoch der Anzeigeerstatter, so ist ihm nach zutreffender herrschender Meinung[913] der mit Gründen versehene Beschluß über die vorläufige und die endgültige Einstellung zu erteilen. Diese Mitteilungspflicht der Staatsanwaltschaft ergibt sich für die vorläufige Einstellung aus Nr. 89 Abs. 3 RiStBV. Ob Nr. 89 Abs. 3 RiStBV[914] darüber hinaus auch die staatsanwaltschaftliche Bekanntgabepflicht hinsichtlich der endgültigen Verfahrenseinstellung zu entnehmen ist, oder ob diese aus § 171[915] folgt, ist umstritten, kann aber dahinstehen bleiben, da jedenfalls eine Bekanntgabepflicht nach fast einhelliger Meinung besteht[916].

Gegen staatsanwaltschaftliche Entscheidungen stehen dem Verletzten im allgemeinen mehrere Rechtschutzmöglichkeiten zur Verfügung. Neben den nicht förmlichen Rechtsbehelfen der Dienstaufsichtsbeschwerde i.w.S. und der Gegenvorstellung ist dem Verletzen, der zugleich Anzeigeerstatter ist, das Klageerzwingungsverfahren eröffnet. Letzteres dient vor allem der Absicherung des Le-

---

911 Verletzter muß befragt werden; L/R-Beulke 25. Auflage § 153 a Rn. 62, 107.

912 L/R-Rieß 24. Auflage § 153 a Rn. 77, 93; L/R-Beulke 25. Auflage § 153 a Rn. 107, 123.

913 HK-Krehl § 153 a Rn. 15; L/R-Rieß 24. Auflage § 153 a Rn. 82, 83; Männlein S. 114; KMR-Plöd § 153 a Rn. 42; a. A. KMR-Müller 8. Auflage § 153 a Rn. 13, der die Mitteilung an den Anzeigeerstatter nicht für zwingend hält.

914 L/R-Meyer-Goßner 23. Auflage § 153 a Rn. 52 da die Vorschrift nicht zwischen vorläufiger und endgültiger Vorschrift unterscheide.

915 L/R-Rieß 24. Auflage § 153 a Rn. 82, 83; L/R-Beulke 25. Auflage § 153 a Rn. 112, 113; HK-Krehl § 153 a Rn. 22.

916 A. A. KMR-Müller 8. Auflage § 153 a Rn. 13 ohne Begründung.

galitätsprinzips. Einen Ausschluß des Klageerzwingungsverfahrens sieht jedoch § 172 II 3 für Verfahrenseinstellungen aus Opportunitätsgründen vor.

Insoweit erfährt die Absicherung des Legalitätsprinzips eine infolge beschränkter Rechtsschutz- und damit Kontrollmöglichkeiten des Verletzten deutliche Schwächung, soweit im Bereich des Legalitätsprinzips eine fehlerhafte Opportunitätsentscheidung getroffen wurden[917]. Vor diesem Hintergrund ist die Behauptung zu sehen, daß das Regel-Ausnahmeverhältnis der beiden Prinzipien im Hinblick auf die beiden zukommende Eigenständigkeit obsolet geworden sei[918].

Welchen Anwendungsbereich die Ausschlußnorm des § 172 II 3 im einzelnen umfaßt, insbesondere, ob auch die Entscheidung über die endgültige Einstellung von dieser erfaßt wird, bedarf zur Klärung der Rechtsbehelfe des Verletzten im folgenden einer genaueren Untersuchung.

Hinsichtlich der zu verneinenden Frage, ob dem Verletzten der Rechtsweg nach § 23 EGGVG offensteht, kann weitgehend auf die Problemdarstellung im Rahmen der Rechtsbehelfe des Beschuldigten verwiesen werden. Soweit spezielle Ansätze für die Anfechtung durch den Verletzten entwickelt wurden, werden sie im folgenden dargestellt.

a. Gegen die vorläufige Einstellung / Abänderung der Sanktion

aa. Gegen die vorläufige Einstellung

aaa. Klageerzwingungsverfahren

Kontovers diskutiert wird die Frage, ob der verletzte Anzeigenerstatter durch die Ausschlußregelung des § 172 II 3 in den dort genannten Fällen an der Durchführung des Klageerzwingungsverfahren insgesamt gehindert ist, oder ob ihm diese Rechtsschutzmöglichkeit in besonderen Fällen eröffnet bleibt.

aaaa. Meinungsstand

Eine Ansicht lehnt das Klageerzwingungsverfahren gegen die vorläufige Einstellung nach § 153 a wegen § 172 II 3 grundsätzlich ab. Zulässig sei dieses nur ausnahmsweise, wenn das Verfahren trotz Vorliegens eines Verbrechens einge-

---

917 Pott S. 79, 91, die den Bereich des Legalitätsprinzip als den restlich vom Opportunitätsprinzip nicht abgedeckten Teil definiert und dem Klageerzwingungsverfahren unterwirft.

918 Pott S. 79, 95.

stellt und insoweit das Legalitätsprinzip verletzt wurde[919]. Durch § 172 II 3 sei nur die Überprüfbarkeit spezieller Anwendungsvoraussetzungen der Opportunitätsvorschriften ausgeschlossen, nicht aber das allgemeine Vorbringen des staatsanwaltschaftlichen Verstoßes gegen die „Anklagepflicht“[920]. Dies ergebe auch eine verfassungskonforme, an Art. 19 IV GG orientierte Auslegung des § 172 II 3[921].

Auch Schroeder sieht den Zweck des § 172 II 3 nur darin, die Anfechtung der staatsanwaltschaftlichen Einstellungsverfügung auszuschließen, wenn sie auf die Fehleinschätzung der besonderen Einstellungsvoraussetzungen der „nicht entgegenstehenden Schwere der Schuld“ und des zu beseitigenden öffentlichen Interesses an der Strafverfolgung gestützt werde. Nicht ausgeschlossen sei daher ein auf das Fehlen der allgemeinen Einstellungsvoraussetzungen gestützter Vortrag. Insbesondere soll ein Klageerzwingungsverfahren zulässig sein, das sich auf den Einwand des Fehlens der notwendigen gerichtlichen Zustimmung stützt[922]. Der Einhaltung der Voraussetzungen der das Legalitätsprinzips einschränkenden Opportunitätsentscheidung müsse insoweit größere Bedeutung als dem Vertrauen des Beschuldigten auf die Wirksamkeit der Einstellung beigemessen werden[923]. Ansonsten würde der Staatsanwaltschaft die Möglichkeit eröffnet, unter Mißachtung des Zustimmungserfordernisses Einstellungen vorzunehmen, die keiner Kontrolle mehr unterlägen, obwohl der Gesetzgeber die Einschränkung des Legalitätsprinzips durch die Staatsanwaltschaft nur aufgrund des durch die gerichtliche Zustimmung geschaffenen Ausgleichs zugelassen habe[924].

Nach einer weitverbreiteten Meinung ist ein Klageerzwingungsverfahren gegen die vorläufige Einstellung insgesamt – insbesondere auch für den Fall der Fehleinschätzung der Tat als Vergehen[925] – nach § 172 II 3 ausgeschlossen[926].

---

919 L/R-Rieß 24. Auflage § 172 Rn. 26; L/R-Graalmann-Scheerer 25. Auflage § 172 Rn. 26; M-G § 172 Rn. 3; Küpper Jura 1989, 281, 284; Roxin 22. Auflage S. 263.

920 L/R-Rieß 24. Auflage § 172 Rn. 26; L/R-Graalmann-Scheerer 25. Auflage § 172 Rn. 26.

921 Roxin 22. Auflage S. 263; Roxin S. 322.

922 Schroeder NStZ 1996, 319; vgl. M-G § 153 a Rn. 9.

923 Schroeder NStZ 1996, 319.

924 Schroeder NStZ 1996, 319.

925 Werner S. 51; HK-Krehl § 153 a Rn. 15; AK-Schöch § 153 a Rn. 53; Bohnert S. 384.

926 Werner S. 51; HK-Krehl § 153 a Rn. 15; AK-Schöch § 153 a Rn. 53; Wissgott S. 390; Schuth S. 128; KK-Schoreit § 153 a Rn. 31; Bohnert S. 384, vgl. S. 385, nach dem nicht einmal im Rahmen der endgültigen Einstellung der Einwand, es handle sich um ein Verbrechen, mittels des Klageerzwingungsverfahrens gerügt werden könne.

Die Bestimmtheit und Eindeutigkeit des Wortlauts ließe keine Auslegung zu[927]. Für den Fall der mit notwendiger gerichtlicher Zustimmung erlassenen Einstellungsverfügung hält Schoreit das Klageerzwingungsverfahren seinem Zweck nach ohnehin für verfehlt[928]. Dem Verletzten bleibe die Möglichkeit, die Verfolgung der Tat als Verbrechen mittels einer erneuten Anzeige und gegebenenfalls anschließendem Klageerzwingungsverfahren gegen eine Einstellung nach § 170 II zu betreiben[929], oder die nicht förmlichen Rechtsbehelfe der Gegenvorstellung oder der Dienstaufsichtsbeschwerde zu ergreifen[930].

Schließlich wird die Ansicht vertreten, daß das Klageerzwingungsverfahren allgemein dazu diene, staatsanwaltschaftliche Opportunitätsentscheidungen hinsichtlich etwaiger Ermessensüberschreitung und Ermessensfehlgebrauchs zu überprüfen[931]. Damit seien sämtliche Anwendungsvoraussetzungen des § 153 a – die Subsumtion unter den unbestimmten Rechtsbegriff „der nicht entgegenstehende Schwere der Schuld" vollständig, die Ermessensausübung bei der Beurteilung des Begriffs des „öffentlichen Interesses" allein auf Ermessensfehler hin – mittels dieses Rechtsbehelfs durch den Verletzten einer Kontrolle unterworfen[932]. Denn der Gesetzgeber habe in § 172 II die Einhaltung des Legalitätsprinzips einer gerichtlichen Kontrolle unterzogen. Da die Grenzen des Opportunitätsprinzips zugleich auch die Grenzen des Legalitätsprinzips seien[933], müßten auch sie einer gerichtlichen Überprüfung unterliegen. § 172 II 3 müsse wegen der Rechtsweggarantie des Art. 19 IV GG verfassungsrechtlich reduziert werden[934]. Dem Verletzten stehe ein Justizgewährungsanpruch zu, der nicht gleichzusetzen sei mit dem Sanktionsanspruch der „Rechtsgemeinschaft"[935]. Diesem Justizgewährungsanspruch werde im Falle einer rechtsfehlerhaften Einstellung mangels Schuldspruchs und Verfahrensbeteiligung nicht genügt. Auch das grundsätzliche Zustimmungserfordernis des § 153 a mache die Kontrolle nach § 172 II nicht entbehrlich, da es weder ausnahmslos bestehe, noch in seinem Anwendungsbereich effizient sei, weil es nicht stets eine gesonderte Untersuchung des Falles durch das Gericht nach sich zöge[936]. Der entgegenstehende Wortlaut des § 172 II 3 mache diese vorgenommene Auslegung nicht unzulässig. Vielmehr werde er

927 Werner S. 51.
928 KK-Schoreit § 153 a Rn. 31.
929 AK-Schöch § 153 a Rn. 53.
930 KK-Schoreit § 153 a Rn. 31.
931 Paschmanns S. 128.
932 Paschmanns S. 128.
933 Paschmanns S. 66.
934 Paschmanns S. 65.
935 Paschmanns S. 75, 77.
936 Paschmanns S. 47.

– was allgemein anerkannt sei – bereits im Falle der Einstellung trotz Vorliegens eines Verbrechens untergraben[937]. Zudem widerspreche diese Auslegung auch nicht dem Willen des Gesetzgebers, da der Prüfungsumfang im Rahmen des Klageerzwingungsverfahrens auf den Anwendungsbereich des die Ausnahme zum Legalitätsprinzips darstellenden Opportunitätsprinzips beschränkt sei, während die konkrete Handhabung und Vorgehensweise nach der Opportunitätsvorschrift innerhalb dieses Geltungsbereichs der gerichtlichen Kontrolle entzogen bleibe[938].

bbbb. Stellungnahme

Das Klageerzwingungsverfahren gegen die vorläufige Einstellung ist durch § 172 II 3 ausgeschlossen. Eine Auslegung der Vorschrift des § 172 II dahingehend, daß ein Klageerzwingungsverfahren gegen die vorläufige Einstellung unter gewissen Voraussetzungen in Betracht kommt, läßt sich schwerlich mit dem Wortlaut des § 172 II 3 vereinbaren, der den Antrag für unzulässig erklärt, „wenn die Staatsanwaltschaft nach § 153 a Abs.1 Satz 1, 6 (...) von der Verfolgung der Tat abgesehen hat“. Denn eine Auslegung muß immer dann ausscheiden, wenn der Wortlaut einer Bestimmung eindeutig ist[939]. Die Formulierung des § 172 II 3 läßt keine Zweifel darüber aufkommen, daß der Ausschluß des Klageerzwingungsverfahrens umfassend zu verstehen ist. Gegen eine Überprüfbarkeit des Anwendungsbereichs des § 153 a spricht außerdem, daß der Gesetzgeber die staatsanwaltschaftliche Beurteilung des Einzelfalles durch die Schaffung des § 172 II 3 zum Zweck der Verfahrensvereinfachung und –beschleunigung einer Überprüfung entziehen wollte[940]. Die von Paschmanns vorgeschlagene verfassungskonforme Auslegung ließe aber eine weitgehende Überprüfung von Wertungsentscheidungen zu, obwohl deren Beurteilung der mit der Sache befaßten Staatsanwaltschaft zur selbständigen, nur von der Zustimmung des Gerichts abhängigen Entscheidung übertragen wurde[941]. Paschmanns zufolge verbliebe nämlich allein bei der Beurteilung des „öffentliche Interesses“ ein nicht überprüfbarer Ermessensbereich. Die am Einzelfall orientierte Bewertung der Schuld danach, ob sie der Einstellung nicht entgegensteht, wäre seiner Meinung nach dagegen der vollständigen Kontrolle unterworfen. Die Meinung Paschmanns führte weiterhin zu einer Vereitelung des Justizentlastungszwecks des § 153 a, der durch den Anfechtungsausschluß des § 172 II 3 gewahrt wird. Diesen beiden insoweit korrespondierenden Vorschriften ist zu entnehmen, daß sie in ihrem Anwendungsbe-

937 Paschmanns S. 63.
938 Paschmanns S. 66.
939 vgl. Larenz § 4 Rn. 28.
940 Vgl. BT-Drucks. 7/1261, S. 29.
941 Vgl. BT-Drucks. 7/1261, S. 29.

reich nicht den Interessen des Verletzen dienen, sondern diese gegenüber anderen Zielen zurücktreten lassen[942]. Die Auslegung Paschmanns kehrte diese Verhältnis jedoch wieder um. Auch der Umstand, daß mit Erlaß der vorläufigen Einstellungsentscheidung eine bedingte Sperrwirkung eintritt, durch die sogar die Staatsanwaltschaft an ihre bisherige Einschätzung der Situation – soweit der Deliktscharakter richtig eingeschätzt wurde – gebunden wird, belegt dieses Ergebnis.

Auch eine Auslegung dahingehend, daß die allgemeinen Voraussetzungen der Einstellung, wie beispielsweise das Vorliegen der gerichtlichen Zustimmung oder der Deliktscharakter der Tat, mit dem Rechtsbehelf des § 172 überprüfbar sind, findet im Gesetz keine Stütze, sondern ist aufgrund des bestimmten Wortlauts des Absatzes 2 Satz 3, aber auch aufgrund der Intention des Gesetzgebers abzulehnen. In der Bundestagsdrucksache 7/1261 läßt sich hierzu nachlesen, daß der Ausschluß des Klageerzwingungsverfahrens gegen Opportunitätsentscheidungen aus Gründen der Verfahrensbeschleunigung und -vereinfachung eingeführt wurde[943]. Dabei ist im Rahmen des § 153 a immer nur von der vorläufigen Einstellung ohne weitere Unterscheidung nach allgemeinen und besonderen Voraussetzungen der Norm die Rede[944]. Ließe man aber eine Anfechtung nach § 172 mit dem Einwand der Verletzung „allgemeiner Voraussetzungen" zu, so vereitelte diese ebenso wie die auf die Mißachtung der besonderen Anforderungen gestützte Anfechtung die mit § 153 a erstrebte Verfahrensbeschleunigung. Es liegt daher näher, daß der Gesetzgeber die Anfechtung der vorläufigen Einstellung insgesamt ausschließen wollte. Nicht zuletzt wird diese Schlußfolgerung auch dadurch bestätigt, daß die Staatsanwaltschaft das Verfahren von sich aus – oder auf Anregung des Verletzten hin – jederzeit fortsetzen kann, wenn die Sperrwirkung – zum Beispiel bei Fehlen einer erforderlichen Zustimmung zur Einstellung – nicht eingetreten ist.

Der Ausschluß des Klageerzwingungsverfahrens in § 172 II 3 bedarf des weiteren – aus den bereits angeführten Gründen – auch keiner verfassungskonformen Auslegung, aufgrund derer die Anfechtung der Einstellungsverfügung wegen Verletzung der allgemeinen Voraussetzungen für zulässig erachtet werden müßte. § 172 II 3 verletzt nämlich Art. 19 IV GG nicht, weil dieser selbst kein subjektives Recht gewährt, sondern ein solches voraussetzt [945]. Der Verletzte hat aber kein subjektives Recht, dessen Schutz durch den in Art.19 IV GG garantierten Rechtsweg gewährleistet werden müßte. Ein – sei er auch nur auf die Ein-

942 Vgl. zu § 172 II 3: BT-Drucks. 7/1261, S. 29; L/R-Meyer-Goßner 23. Auflage § 153 a Rn. 27.
943 BT-Drucks. 7/1261, S. 29.
944 BT-Drucks. 7/1261, S. 29.
945 Jarass/Pieroth Art. 19 Rn. 21.

haltung der Strafverfolgungsvorschriften gerichteter – Justizgewährungsanspruch des Verletzten besteht nach überwiegender Meinung gerade nicht, weil die Strafverfolgung nicht mehr dazu dienen kann, die Rechtssphäre des Verletzten zu verteidigen, sondern nur noch die Allgemeinheit in Gestalt jedes Einzelnen vor Wiederholung zu schützen[946]. Insoweit verweist der Gesetzgeber den Verletzten nur auf die allgemeine Möglichkeit, eine Dienstaufsichtsbeschwerde zu erheben[947]. Seine Einschätzung, daß den Belangen des Verletzten durch die Aufsichtsbeschwerde genüge getan werde, hat der Gesetzgeber auch zwischenzeitlich nicht geändert, wie sich daran zeigt, daß er § 172 II 3 nicht im Rahmen des Opferschutzgesetzes[948] abänderte.

bbb. Dienstaufsichtsbeschwerde und Gegenvorstellung

Der Verletzte kann aber die Dienstaufsichtsbeschwerde und die Gegenvorstellung gegen die vorläufige Einstellungsverfügung erheben[949]. Die allgemeine Dienstaufsichtsbeschwerde wird durch die Sonderregelung des § 172 nicht ausgeschlossen[950].

Die Gegenvorstellung und die Dienstaufsichtsbeschwerde sind nur erfolgversprechend, wenn die Staatsanwaltschaft die getroffene Entscheidung noch abändern kann, also keine Bindungswirkung der Entscheidung eingetreten ist[951]. Nach einhelliger Auffassung kann der Verletzte mit einer Gegenvorstellung oder Dienstaufsichtsbeschwerde erfolgreich geltend machen, daß die Tat als Verbrechen verfolgt werden müsse, da insoweit keine Sperrwirkung nach § 153 a I 5 entstanden ist[952].

Umstritten ist aber, ob der Verletzte generell erfolgreich eine Dienstaufsichtsbeschwerde oder Gegenvorstellung zur Rückgängigmachung der vorläufigen Einstellung erheben kann, wenn er die Verfahrenseinstellung für falsch hält, z. B. weil ihm die auferlegte Sanktion nicht angemessen in Bezug auf die Schwere der Schuld des Täters erscheint.

946 Zum Streitstand Werner S. 72 ff, insb. S. 75, 76; BT-Drucks. 7/1261, S. 29.
947 BT-Drucks. 7/1261, S. 29.
948 BGBl. I 1986, S. 2496 f.
949 KMR-Plöd Vor § 296 Rn. 6 für die Dienstaufsichtsbeschwerde.
950 L/R-Hanack 25. Auflage Vor § 296 Rn. 89.
951 M-G § 296 Rn. 24 hält die Gegenvorstellung gegen die gerichtlichen Entscheidungen anderenfalls für unzulässig; Bohnert S. 294 hält eine Dienstaufsichtsbeschwerde (gegen die staatsanwaltschaftlichen Entscheidungen) ansonsten für „unbegründet“.
952 M-G § 153 a Rn. 38; L/R-Meyer-Goßner 23. Auflage § 153 a Rn. 54; Schlüchter Rn. 406.4; Werner S. 91, 94.

aaaa. Meinungsstand

Dies wird weitgehend verneint, weil es durch die Erteilung der Auflagen und Weisungen und durch die Zustimmung des Beschuldigten zu diesen bereits zum Eintritt der beschränkten Sperrwirkung gekommen sei[953]. Die Aufhebung der Einstellungsentscheidung komme nur in Betracht, wenn diese keine Bindung entfalte[954].

Vereinzelt wird aber auch die Aufhebung der vorläufigen Einstellung auf eine Gegenvorstellung oder Dienstaufsichtsbeschwerde hin analog § 56 f I, III StGB für möglich gehalten, wenn der Beschuldigte erkläre oder aus seinem Verhalten hervorgehe, daß er den auferlegten Sanktionen nicht nachkommen werde, da insoweit die Grundlage der Einstellung nicht mehr vorhanden sei[955] und er in diesen Fällen nicht auf die vorläufige Einstellung vertraue[956].

Eine weitergehende Meinung ist bei Kleinknecht zu finden, der eine Rückgängigmachung der Einstellungsentscheidung auf eine Gegenvorstellung und Dienstaufsichtsbeschwerde hin nicht nur bei Vorliegen eines Widerrufsgrundes, sondern darüber hinaus auch bei Vorhandensein von Rechtsirrtümern, Ermessensmißbrauch oder bei Vorliegen neuer Tatsachen und Beweismittel für zulässig hält[957].

bbbb. Stellungnahme

Die formlosen Rechtsbehelfe der Dienstaufsichtsbeschwerde und Gegenvorstellung haben nur dann Erfolg, wenn die Staatsanwaltschaft die zuvor getroffene Einstellungsentscheidung noch abändern kann. Dies ist nicht der Fall, wenn die vorläufige Einstellungsentscheidung – wie in der Regel – eine bedingte Sperrwirkung entfaltet, weil sie die Staatsanwaltschaft von einer Weiterverfolgung der Tat bis auf weiteres abhält. Mit dieser Bindungswirkung ist eine Aufhebung der Einstellungsentscheidung bei Vorliegen eines Widerrufsgrundes analog § 56 f I, III StGB oder sogar für den Fall, daß die Einstellung auf einem Rechtsirrtum oder Ermessensmißbrauch beruht oder neuen Tatsachen und Beweismittel aufgetaucht

953 L/R-Rieß 24. Auflage § 153 a Rn. 89, der dies auf die Dienstaufsichtsbeschwerde bezogen vertritt; L/R-Beulke 25. Auflage § 153 a Rn. 119; HK-Krehl § 153 a Rn. 16; L/R-Meyer-Goßner 23. Auflage § 153 a Rn. 54; AK-Schöch § 153 a Rn. 53; wohl auch KK-Schoreit § 153 a Rn. 34; Werner S. 91, 94; Bohnert S. 294 hält die Dienstaufsichtsbeschwerde für unbegründet.

954 Werner S. 90.

955 M-G § 153 a Rn. 38, 24.

956 M-G § 153 Rn. 38.

957 Kleinknecht Rn. 38.

sind, nicht vereinbar. Denn soweit die Bindungswirkung der Entscheidung reicht, ist die Aufsichtsbehörde oder der Einstellende zu ihrer Abänderung oder Aufhebung nicht befugt[958]. Etwas anderes läßt sich auch nicht aus den Gesetzesmaterialien entnehmen[959]. Eine unwirksame Einstellungsentscheidung, die eine Sperrwirkung nicht auslösen konnte, kann dagegen geändert werden. Dies ist beispielsweise der Fall, wenn die notwendige gerichtliche Zustimmung zur Einstellung fehlte oder die Sanktionen nicht ausreichend bestimmt in der Einstellungsentscheidung festgelegt wurden[960].

ccc. Anfechtung nach § 23 EGGVG

Die vorläufige Einstellung des Verfahrens nach § 153 a ist für den Verletzten grundsätzlich nicht nach § 23 EGGVG angreifbar, da die Vorschriften der §§ 172 ff – aus den bereits im Rahmen der Rechtsbehelfe des Beschuldigten gegen diese Entscheidung ausgeführten Gründen – dem subsidiären Rechtsweg des § 23 EGGVG vorgehen. Denn die gerichtliche Kontrolle der Vorgehensweise der Staatsanwaltschaft erfolgt bei der Einstellung nach § 153 a bereits im Rahmen der Zustimmungserteilung durch das Gericht[961]. In den Fällen, in denen eine gerichtliche Zustimmung entbehrlich ist, rechtfertigten die „unbedeutenden Fremdschäden“ eine Anfechtung der Einstellungsentscheidung nicht, weil die Vorschrift gerade eine schnelle Erledigung des Verfahrens herbeiführen soll[962]. Handelt es sich um ein Privatklagedelikt, ergibt sich dies überdies bereits aus dem Umstand, daß der Verletzte das Privatklageverfahren beschreiten kann und insoweit eines Rechtsweges nach Art. 19 IV GG, wie er in § 23 EGGVG umgesetzt wurde, nicht bedarf[963].

Außerdem wird der Verletzte durch die Einstellung des Verfahrens nicht in seinen Rechten gem. § 24 EGGVG verletzt. Eine Verurteilung käme ihm nur im Rahmen eines Rechtreflexes zugute, der kein eigenes Recht i.S.d. Art. 19 IV GG darstellt[964]. Insbesondere stellt die möglicherweise durch die strafrechtliche Ver-

958 Vgl. KMR-Müller 8. Auflage § 153 a Rn. 17.

959 Insbesondere ist im ersten Bericht des Sonderausschusses (BT-Drucks 7/1261, S. 29) nur die generelle Aussage zu finden, daß immer die Möglichkeit bestände, die unkorrekte Verfahrensweise der Staatsanwaltschaft mit der Dienstaufsichtsbeschwerde zu rügen; der Ausschuß befaßte sich dagegen nicht mit den einzelnen Fallvarianten und trifft auch keine absolute Aussage dahingehend, daß eine Dienstaufsichtsbeschwerde in diesen Fällen erfolgsversprechend sei.

960 Vgl. Fallvarianten im 3. Kapitel.

961 Klemme S. 77.

962 Klemme S. 77.

963 Vgl. Werner S. 70; M-G § 23 EGGVG Rn. 12; Klemme S. 76 ff.

964 Vgl. Strubel/Sprenger NJW 1972, 1734, 1736 1737 für § 153 und § 170.

urteilung vereinfachte Durchsetzung zivilrechtlicher Ansprüche nur eine unbeabsichtigte Nebenfolge der Aburteilung dar, wie sich daran zeigt, daß das Zivilgericht eine erneute Sachverhaltsprüfung vorzunehmen hat[965]. Das Klageerzwingungsverfahren weist ebenfalls auf keine Rechte des Verletzten hin, sondern dient vielmehr vorrangig dazu, das Legalitätsprinzip zu gewährleisten, was gerade durch die Überwachung eines durch die Tat Betroffenen und damit das Verfahren interessiert Verfolgenden besonders effizient gesichert wird[966]. Dies gilt nach allgemeiner Meinung insbesondere auch für die in der Einstellungsentscheidung zum Ausdruck gekommene Einschätzung der Möglichkeit der Beseitigung des öffentlichen Interesses an der Strafverfolgung durch Sanktionserfüllung[967].

Fraglich ist jedoch, ob der Rechtsweg nach §§ 23 ff EGGVG ausnahmsweise doch eröffnet ist, wenn die Verfahrenseinstellung willkürlich erging.

aaaa. Meinungsstand

Nach einer Ansicht soll für diesen Fall eine Anfechtung nach § 23 EGGVG trotz der an sich abschließenden Regelung des § 172 möglich sein[968].

Der Gegenansicht zufolge kann der Verletzte auch dann keinen erfolgreichen Antrag nach § 23 EGGVG gegen die Einstellungsentscheidung stellen, wenn diese willkürlich erlassen wurde, weil er nicht in seinen Rechten verletzt sei. Der Verletzte habe kein subjektives Recht auf Gleichbehandlung nach Art. 3 I GG, da die Einstellungsvorschrift nicht seinem Interesse diene[969]. Ein Anspruch auf Gleichbehandlung bestehe nämlich immer nur für solche Normen, die zumindest auch die Interessen des Einzelnen (Verletzten) bezweckten. Ebensowenig besäße er einen Anspruch auf ermessensfehlerfreie Entscheidung[970].

Böttcher verneint ebenfalls die Anfechtung einer Einstellungsentscheidung, auch wenn die Staatsanwaltschaft willkürlich gehandelt habe[971]. Die Vorschriften

965 Vgl. Strubel/Sprenger NJW 1972, 1734, 1736, 1737 für § 153 und § 170; Gössel S. 103, der gesetzgeberischen Wertung des § 172 II 3 nach müsse das Verletzteninteresse zurücktreten; BVerfG NJW 1979, 1591, 1592.

966 Vgl. Strubel/Sprenger NJW 1972, 1734, 1736, 1737 für § 153 und § 170.

967 AK-Schöch § 153 Rn. 38; Feiter S. 103 f zur Anfechtung der Verneinung des öffentlichen Interesses allgemein; zu § 232 I StGB a. F. BVerfG NJW 1979, 1591 f; zur a. A. vgl. Thierfelder NJW 1961, 1101, 1102 zu § 153, nach der eine Anfechtung der Entscheidung nach § 153 sowie § 232 StGB im Hinblick auf eine staatsanwaltschaftliche Fehleinschätzung des öffentlichen Interesses an der Strafverfolgung nach § 23 EGGVG möglich sei.

968 Klemme S. 79.

969 Werner S. 81.

970 Werner S. 80.

971 L/R-Böttcher 25. Auflage § 23 EGGVG Rn. 122.

über das Klageerzwingungsverfahren schlössen als speziellere Regelungen den Rechtsweg nach § 23 EGGVG in jedem Fall aus.

bbbb. Stellungnahme

Auch wenn die Einstellungsentscheidung willkürlich oder gleichheitswidrig erging, ist die vorläufigen Verfahrenseinstellung nach § 153 a I nicht nach § 23 EGGVG anfechtbar, weil die speziellere Regelung des § 172 die Anfechtung der vorläufigen Einstellungsentscheidung regelt, indem sie sie ausschließt. Ein Rechtsweg muß auch in diesen Fällen nicht nach Art. 19 IV GG eröffnet sein, da dieser eine Rechtsverletzung voraussetzt. Der Verletzte ist durch die Einstellungsentscheidung aber nicht in seinen Rechten verletzt. Denn er hat weder einen Anspruch auf Strafverfolgung oder Rache, noch besitzt er einen Anspruch auf willkürfreie oder gleichartige Anwendung des § 153 a aus Art. 3 I GG gegebenenfalls i.V.m. der Selbstbindung der Staatsanwaltschaft an ihre Einstellungspraxis. Denn die Einstellungsvorschrift dient nicht seinem, sondern nur den Interessen der Rechtsgemeinschaft. Ist kein Strafklageverbrauch eingetreten, so kann der Verletzte ohnehin erfolgreich einen neuen Strafantrag stellen und auf diese Weise eine Ahndung der Tat herbeiführen. Ist eine Sperrwirkung nach § 153 a I 5 eingetreten, so kommt eine Abänderung ohnehin nicht in Betracht.

bb. Gegen die Abänderung der Sanktion

Für den Rechtsschutz des Verletzten gegen die Entscheidung, durch die eine Sanktion abgeändert wird, gelten die gleichen Grundsätze wie für seinen Rechtsschutz gegen die vorläufige Einstellungsentscheidung. Die dem Verletzten einzig zur Verfügung stehende Gegenvorstellung oder Dienstaufsichtsbeschwerde kann nur insoweit Erfolg haben, als eine Sperrwirkung nicht eingetreten ist und die Staatsanwaltschaft daher zur Änderung ihrer Entscheidung befugt ist.

b. Gegen die endgültige Einstellung

aa. Klageerzwingungsverfahren

Nach § 172 II 3 ist das Klageerzwingungsverfahren nicht eröffnet, „wenn die Staatsanwaltschaft nach (...) § 153 a I S. 1 und 7 (...) von der Verfolgung der Tat abgesehen hat“. Umstritten ist dabei, ob der hierin normierte Ausschluß neben der vorläufigen auch die endgültige Einstellung umfaßt[972].

---

972 Kurze Zusammenfassung des Streitstandes bei Jans S. 220 Fußn. 45.

aaa. Meinungsstand

Einer Auffassung nach soll ein Klageerzwingungsverfahren zur Kontrolle aller Umstände, die für die endgültige Einstellung maßgeblich waren, möglich sein[973]. Darunter falle zum einen das Vorbringen, daß das Verfahren zu Unrecht endgültig eingestellt worden sei, weil das Verfahrenshindernis mangels ordnungsgemäßer Sanktionserfüllung nicht entstanden sei[974], zum anderen der Vortrag, daß es sich bei der Tat in Wahrheit um ein Verbrechen handele[975].

Die Begründungen divergieren je nachdem, welche Norm als Rechtsgrundlage für die endgültige Einstellung angesehen wird. Für diejenigen, die § 170 II als Rechtsgrundlage heranziehen, ergibt sich diese Rechtsschutzmöglichkeit bereits aus der Norm selbst[976].

Dagegen argumentiert die Ansicht, die in § 153 a selbst die Grundlage für die endgültige Einstellung erblickt, damit, daß § 172 II 3 allein die Rüge gegen die vorläufige, nicht dagegen die nach S. 5 ergehende endgültige Einstellung ausschließen solle, da er nur die Sätze 1 und 7 des § 153 a I benenne[977]. Der dieser Ausschlußnorm zugrundeliegende Zweck sei darin zu sehen, wertende Entscheidungen keiner Überprüfung zu unterziehen. Derartige Wertungsentscheidungen fehlten jedoch bei der endgültigen Einstellung, weil diese vielmehr nur die Feststellung der Erbringung der in der vorläufigen Einstellungsentscheidung enthaltenen Sanktionen erfordere[978]. Indes sei das Vorbringen, das Verfahren habe überhaupt nicht eingestellt werden dürfen – also ein gegen die zuvor erfolgte vorläufige Einstellung gerichteter Vortrag – wegen des Verweises des § 172 II 3 auf § 153 a I S. 1 und 7 ausgeschlossen[979].

Demgegenüber meinen einige, daß auch die endgültige Einstellung von der Ausschlußnorm des § 172 II 3 erfaßt sei[980]. Der Wortlaut des § 172 II 3 sei dahingehend zu verstehen, daß er grundsätzlich alle im Zusammenhang mit § 153 a

973 Schuth S. 129; Schlüchter Rn. 406.4.

974 Eckl JR 1975, 99, 101; Wissgott S. 392; Walk S. 196; vgl. Werner NStZ 1984, 401 Fußn. 2; Werner S. 54; AK-Moschüring § 172 Rn. 77.

975 Schuth S. 129; Schlüchter Rn. 406.4; Beulke Rn. 347 allgemein.

976 Eckl JR 1975, 99, 101.

977 L/R-Meyer-Goßner 23. Auflage § 153 a Rn. 72; vgl. L/R-Rieß 24. Auflage § 153 a Rn. 87; vgl. L/R-Beulke 25. Auflage § 153 a Rn. 117.

978 Schuth S. 128.

979 Wissgott S. 393.

980 M-G § 153 a Rn. 38; HK-Krehl § 153 a Rn. 22; OLG Karlsruhe Die Justiz 1990, 28; Bohnert S. 353 im allgemeinen und zu § 153, S. 384; 385 zu § 153 a im speziellen; L/R-Rieß 24. Auflage § 153 a Rn. 88 und in § 172 Rn. 27; ; L/R-Beulke 25. Auflage § 153 a Rn. 118; vgl. Rieß Strafprozeß und Reform S. 113, 134 ohne Unterscheidung zwischen vorläufiger und endgültiger Einstellung.

I anfallenden Einstellungen beinhalte[981]. Ein Klageerzwingungsverfahren gegen eine endgültige staatsanwaltschaftliche Einstellung sei unvereinbar mit der in § 153 a I 5 enthaltenen Rechtskraftwirkung[982] und schränkte das bei Nicht- oder Schlechterfüllung der Sanktionen bestehende Wahlrecht der Staatsanwaltschaft ein, statt einer Anklageerhebung Sanktionen anzupassen oder eine erneute Einstellung nach § 153 a vorzunehmen[983].

Eine Ausnahme von diesem Grundsatz will ein Teil der Vertreter dieser Ansicht bei dem Vorbringen machen, bei der Tat handele es sich in Wahrheit um ein Verbrechen. Insoweit soll das Klageerzwingungsverfahren zulässig sein[984], weil Prüfungsgegenstand dabei allein die Einordnung der Tat als Vergehen/Verbrechen, also die Frage der Verletzung der Anklagepflicht durch die Staatsanwaltschaft[985], nicht dagegen die Einschätzung anderer Voraussetzungen und die Handhabung der Vorschrift sei[986].

Andere halten ein Klageerzwingungsverfahren gegen eine endgültige staatsanwaltschaftliche Einstellung aufgrund des Wortlauts des § 172 II 3, der keine Differenzierung zuließe, uneingeschränkt für unzulässig[987]. Dem Verletzten bliebe schließlich die Möglichkeit, unter erweiterter Sachverhaltsdarstellung erneut Strafanzeige bezüglich des Verbrechens zu Protokoll zu erklären und gegebenenfalls ein Klageerzwingungsverfahren gegen eine daraufhin erfolgte Einstellung des Verfahrens nach § 170 II zu betreiben[988].

Schließlich unterscheidet eine weitere Ansicht danach, ob eine gerichtliche Zustimmung zur vorläufigen Einstellung erforderlich war oder nicht. Nur wenn sie erforderlich war, sei ein Klageerzwingungsverfahren möglich, mit dem die Überprüfung des Eintritts des Verfahrenshindernisses erreicht werden könne[989]. Diese Auslegung der Ausschlußnorm des § 172 II 3 ergebe sich aus dessen Wortlaut, nach dem nur eine nach § 153 a I S.1, 7 erfolgte Einstellung dem Klageerzwingungsverfahren entzogen bliebe[990].

---

981 L/R-Rieß 24. Auflage § 153 a Rn. 88; L/R-Beulke 25. Auflage § 153 a Rn. 118; Bohnert S. 384 sowohl die Nicht- und Schlechterfüllung als auch die Fehleinschätzung der Tat als Vergehen.

982 KK-Schoreit § 153 a Rn. 44.

983 Bohnert S. 384.

984 Allgemein ohne Unterscheidung nach vorläufiger und endgültiger Einstellung: M-G § 172 Rn. 3; L/R-Rieß § 172 Rn. 26, widersprüchlich insoweit § 153 a Rn. 87, 88; L/R-Graalmann-Scheerer 25. Auflage § 172 Rn. 26.

985 L/R-Rieß § 172 Rn. 26; L/R-Graalmann-Scheerer 25. Auflage § 172 Rn. 26.

986 L/R-Rieß § 172 Rn. 26; L/R-Graalmann-Scheerer 25. Auflage § 172 Rn. 26.

987 KK-Schoreit § 153 a Rn. 44; Bohnert S. 385.

988 KK-Schoreit § 153 a Rn. 44; Bohnert S. 385; KMR-Plöd § 153 a Rn. 44.

989 KMR-Müller 8. Auflage § 153 a Rn. 17.

990 KMR-Müller 8. Auflage § 153 a Rn. 17.

bbb. Stellungnahme

Eine Differenzierung zwischen zustimmungsbedürftiger und zustimmungsfreier vorläufiger Einstellung bei der Frage der Zulässigkeit eines Klageerzwingungsverfahrens gegen die endgültige Einstellung ist im Hinblick auf die Intention des Gesetzgebers abzulehnen. Den Gesetzesmaterialien ist umgekehrt gerade zu entnehmen, daß der Ausschluß sowohl zustimmungsbedürftige als auch zustimmungsfreie Einstellungen betrifft[991]. Satz 7 des § 153 a I a.F. ist eigens zur Klarstellung dafür eingefügt worden, daß nicht allein zustimmungsbedürftige, sondern auch zustimmungsfreie Einstellungen erfaßt werden sollten[992]. Außerdem wird zwar durch eine gerichtliche Kontrolle der eigenständige Verantwortungsbereich der Staatsanwaltschaft hinsichtlich der Einstellung nach § 153 a I 1, 7 eingeschränkt, jedoch ist eine fehlerhafte Entscheidung bei einseitiger Einstellung weitaus wahrscheinlicher als bei einer solchen, die von zwei staatlichen Organen getragen wird. Diese Differenzierung führte anderenfalls zu dem untragbaren Ergebnis, daß gerade die zustimmungsfreien Einstellungen einer Überprüfung im Rahmen eines Klageerzwingungsverfahrens entzogen wären, während die Entscheidungen, an denen bereits ein Gericht mitgewirkt hat, einer nachträglichen Kontrolle unterliegen könnten. Die Fälle, in denen die Staatsanwaltschaft eine der Rechtskraft fähige Entscheidung ohne Mitwirkung des Gerichts erlassen kann, stellen gerade Ausnahmen dar. Die Formulierung „§ 153 a Abs.1 S. 1, 7" ist daher wie „§ 153 a Abs. 1 S. 1 sowie § 153 a Abs. 1 S. 1, 7" zu verstehen. Es ist auch kein Grund für eine vom Gesetzgeber gewollte Differenzierung bei der Frage des Rechtsschutzes denkbar.

Den Gesetzesmaterialien ist weiterhin zu entnehmen, daß der Gesetzgeber mit dem Ausschluß des Klageerzwingungsverfahrens nur die vorläufige Einstellungsverfügung nach § 153 a erfassen wollte. Er erläuterte die Änderung der Ausschlußnorm des § 172 II 3, die er im selben Gesetzeswerk vornahm, in dem er auch den zweistufigen § 153 a einführte, deshalb zumeist nur im Zusammenhang mit der vorläufigen Einstellungsentscheidung[993]. In der BT-Drucksache 7/550 erkärt der Gesetzgeber insbesondere auch explizit, daß er nur die Einstellungsentscheidungen, die staatsanwaltschaftliche Wertentscheidungen enthielten, von ei-

991 BT-Drucks. 7/1261, S. 29 für den gleichlautenden damaligen § 153 a I S. 6.

992 BT-Drucks. 7/1261, S. 29 für den gleichlautenden damaligen § 153 a I S. 6.

993 Im Ersten Bericht des Sonderausschusses für die Strafrechtsreform zu dem von der Bundesregierung eingebrachten Entwurf eines EGStGB (BT-Drucks. 7/1261, S. 29) ist ausschließlich vom Ausschluß des Klageerzwingungsverfahrens gegen die vorläufige Einstellung nach § 153 a I die Rede.

ner gerichtlichen Kontrolle ausnehmen wollte[994], die ohne eine derartige Wertungsentscheidung ergehende endgültige Verfahrenseinstellung dagegen nicht[995]. Denn diese enthält nur die objektive Feststellung, daß der Beschuldigte die in der vorläufigen Einstellungsverfügung auferlegte Sanktion erfüllt hat[996]. Durch die insoweit dem Verletzten gewährte Möglichkeit zur Anfechtung der endgültigen Einstellungsverfügung nach § 153 a I wird zudem auch seinem Interesse an der ordnungsgemäßen Durchführung des Strafverfahrens Rechnung getragen. Auch wenn das Klageerzwingungsverfahren nicht dem Schutz seiner Interessen dient – der Verletzte wurde in erster Linie in seiner Eigenschaft als interessierter Verfahrensbeobachter als Garant für eine effektive Überwachung des Legalitätsprinzips angesehen –, muß dem Verletzten dennoch im Falle einer ungerechtfertigten endgültigen Verfahrenseinstellung eine Rechtsschutzmöglichkeit eingeräumt werden, um seine Interessen, die er mangels Beteiligung nicht während des Verfahrens wahrnehmen konnte, zu wahren. Er übernimmt insoweit die ihm zugedachte Aufgabe, die Einhaltung des Legalitätsprinzips zu überwachen. Die Möglichkeit einer erneuten Anzeigeerstattung stellt für ihn keine gleichwertige Alternative zum Klageerzwingungsverfahren dar, da diese sehr umständlich und zeitintensiv ist. Dem Argument, daß die Rechtskraftwirkung des § 153 a I 5 einem Klageerzwingungsverfahren entgegenstehe, ist entgegenzuhalten, daß die Rechtskraft gerade nicht eintritt, wenn die Leistungen nicht vollständig, fristgerecht und ordnungsgemäß erbracht wurden[997]. Mithin kann in diesen Fällen die Regelung des § 153 a I 5 nicht als Grund für einen Rechtsbehelfsausschluß herangezogen werden. Das Wahlrecht der Staatsanwaltschaft hinsichtlich einer erneuten Einstellung oder Abänderung der Sanktion ist überdies durch die Zulässigkeit des Klageerzwingungsverfahrens nicht beeinträchtigt, weil es im Zeitpunkt des Erlasses der endgültigen Einstellungsentscheidung bereits ausgeübt wurde.

Das Klageerzwingungsverfahren gegen die endgültige Einstellung, gestützt auf den Einwand, das Verfahrenshindernis sei nicht eingetreten, da die Sanktion nicht ordnungsgemäß erfüllt wurde, ist daher möglich. Alle anderen Verfahrensfehler, die den Eintritt des Strafklageverbrauchs verhinderten (beispielsweise wenn die erforderliche staatliche Zustimmung nicht eingeholt wurde oder die Tat ein Verbrechen darstellt), kann der Verletzte nicht erfolgreich mit dem Klageerzwingungsverfahren geltend machen, weil sie nicht mehr Prüfungsgegenstand im Rahmen der endgültigen Einstellungsentscheidung waren. In diesen Fällen ver-

---

994 So BT-Drucks. 7/550, S. 301 und 7/551, S. 78 wobei von „Ermessen“ gesprochen wird.

995 So BT-Drucks. 7/550, S. 301 und 7/551, S. 78.

996 So BT-Drucks. 7/550, S. 301.

997 Vgl. Werner S. 53.

bleibt ihm nur die Möglichkeit, einen erneuten Strafantrag zu stellen und die Fortsetzung des Ermittlungsverfahrens zu erwirken.

bb. Dienstaufsichtsbeschwerde und Gegenvorstellung

Mit einer Dienstaufsichtsbeschwerde oder Gegenvorstellung kann der Verletzte nicht den Widerruf der Einstellungsentscheidung und die Fortführung des Verfahrens durch die Staatsanwaltschaft erreichen, wenn die Sperrwirkung des § 153 a I 5 eingetreten ist, weil die Einstellungsentscheidung insoweit bindend geworden ist und die Staatsanwaltschaft an der Änderung der Entscheidung hindert[998]. Fraglich ist jedoch, ob diese Rechtsbehelfe erfolgsversprechend sind, wenn die Sperrwirkung ausnahmsweise nicht eingetreten ist.

aaa. Meinungsstand

Der Verletzte kann allerdings nach allgemeiner Ansicht im Rahmen einer Dienstaufsichtsbeschwerde oder Gegenvorstellung erfolgreich vortragen, daß das Verfahrenshindernis wegen Vorliegens eines Verbrechens nicht eingetreten sei[999].

Eine Ansicht bejaht diesen Rechtsschutz weiterhin auch, wenn der Beschuldigte die Auflage oder Weisung nicht ordnungsgemäß erfüllt hat[1000].

bbb. Stellungnahme

Eine Gegenvorstellung und Dienstaufsichtsbeschwerde ist nach hier vertretener Meinung nur mit dem Einwand erfolgreich, daß die Auflage oder Weisung nicht ordnungsgemäß erfüllt wurden, weil alle übrigen Umstände, die einem Strafklageverbrauch entgegenstehen (auch das Vorliegen eines Verbrechens), nicht mehr Gegenstand der der endgültigen Einstellung vorausgegangenen Prüfung waren und die Entscheidung daher hierüber keine Feststellung enthält. Bezüglich dieser Umstände ist der Verletzte erneut auf seine Möglichkeit, einen neuen Antrag auf Strafverfolgung zu stellen, zu verweisen.

---

998 Bohnert S. 294 hält die Dienstaufsichtsbeschwerde insoweit für „unbegründet“; nach M-G Vor § 296 Rn. 24 ist die Gegenvorstellung (gegen gerichtliche Entscheidungen) dann unzulässig.

999 HK-Krehl § 153 a Rn. 22; Schlüchter Rn. 406.4; AK-Schöch § 153 a Rn. 53, Werner S. 91.

1000 Schlüchter Rn. 406.4; Werner S. 90, 91a, 94; a. A. wohl L/R-Rieß 24. Auflage § 153 a Rn. 89 und vgl. Rn. 64 zur Dienstaufsichtsbeschwerde ohne Begründung; L/R-Beulke 25. Auflage § 153 a Rn. 119, 94.

cc. *Anfechtung nach § 23 EGGVG*

Ein Rechtsschutz nach § 23 EGGVG scheidet von vornherein aufgrund dessen Subsidiarität aus, weil dem Verletzten das Klageerzwingungsverfahren gegen die endgültige Einstellungsentscheidung offensteht.

c. *Gegen die gerichtliche Zustimmungsentscheidung*

Die gerichtliche Zustimmungsentscheidung wird aus unterschiedlichen Gründen für unanfechtbar gehalten[1001].

aa. *Meinungsstand*

Zumeist wird sie als nicht anfechtbare reine Prozeßhandlung charakterisiert[1002]. Soweit dies abgelehnt wird, weil die Einordnung nicht in das Gefüge der Strafprozeßordnung passe[1003], wird dies damit begründet, daß es an der Beschwerdebefugnis des Verletzten – mangels unmittelbarer Einwirkung der Zustimmung auf seine Rechte – fehle[1004]. Der Strafanspruch obliege allein dem Staat und nicht dem Verletzten[1005].

bb. *Stellungnahme*

Bei der Zustimmungsentscheidung handelt es sich nach hier vertretener Meinung um ein Internum, das keiner Anfechtung mittels einer Beschwerde unterliegt. Eine Beschwerde ist im Hinblick auf den Beschleunigungs- und Justizentlastungszweck des § 153 a I, der durch ein Rechtsmittel untergraben würde, weil hierdurch eine andere Instanz mit der Sache befaßt würde, stillschweigend ausgeschlossen[1006]. Wie die letztgenannten Meinung zutreffend ausführt, fehlt es überdies an einer Rechtsverletzung des Verletzten, da weder die Zustimmungsverweigerung – an deren Anfechtung der Verletzte überhaupt kein Interesse haben

---

1001 Kleinknecht § 153 Rn. 11; M-G § 153 Rn. 34; ablehnend gegenüber dem Begriff der Prozeßhandlung Terbach S. 197.

1002 Kleinknecht § 153 Rn. 11; Walk S. 247, M-G § 153 Rn. 34; Terbach S. 197 wendet sich gegen den Begriff der Prozeßhandlung.

1003 Gössel S. 95 zu § 153.

1004 Gössel S. 95 zu § 153; so ähnlich Bohnert S. 359, weil der Verletzte kein Rechtsbeteiligter und deshalb nicht beschwerdefähig sei.

1005 Reitberger NJW 1963, 2260, 2261, der sich allerdings zur rechtlichen Charakterisierung der Zustimmung nicht äußert.

1006 Vgl. L/R-Gollwitzer 24. Auflage § 304 Rn. 34 mit Verweis auf § 153 a in Fußn. 66; zum stillschweigenden Ausschluß der Beschwerde: KK-Engelhardt § 340 Rn. 25.

dürfte – noch die Zustimmungserteilung seine Rechte berührt, weil Niemand einen „verfassungsrechlich verbürgten Anspruch auf Strafverfolgung" besitzt [1007].

Aus dem letztgenannten Grund wird die Gegenvorstellung des Verletzten gegen die Zustimmungsentscheidung, die grundsätzlich zulässig ist, oftmals ebenfalls keinen Erfolg haben.

d. Gegen die Ablehnung der vorläufigen oder der endgültigen Einstellung oder der Abänderung der Sanktion

Gegen die Entscheidungen, das Verfahren nicht vorläufig oder endgültig einzustellen oder eine Sanktion abzuändern, kann der Verletzte – sollte er ausnahmsweise ein Interesse an deren Anfechtung besitzen – nur die Gegenvorstellung oder Dienstaufsichtsbeschwerde erheben. Diese könne jedoch nur soweit Erfolg haben, als eine Sperrwirkung nicht eingetreten ist. Weiteren Rechtsschutz sieht die StPO für diese Fälle nicht vor. Die Möglichkeit einer Anfechtung nach § 23 EGGVG steht dem Verletzten aus den gleichen Gründen, die den Beschuldigten an einer Anfechtung dieser Entscheidungen hindern, nicht zur Verfügung. Zudem ist der Verletzte durch die Entscheidungen nicht in einem Recht verletzt, da er keinen Anspruch auf Einstellung des Verfahrens[1008] oder Festsetzung bestimmter Sanktionen besitzt.

2. Entscheidungen über eine gerichtliche Einstellung nach § 153 a II StPO

Der Verletzte kann nur als Nebenkläger, nicht dagegen als Privatkläger am Verfahren beteiligt sein. Dies ergibt sich aus dem Umstand, daß er nicht mehr als Privatkläger auftreten kann, sobald die Staatsanwaltschaft das öffentliche Interesse nach § 376 bejaht und die Strafverfolgung betreibt[1009]. Außer bei der Festlegung einer Sanktion nach § 153 a I 2 Nr. 5[1010] muß der Verletzte vor der Erteilung der Auflage oder Weisung nur gem. § 33 I und III gehört werden, wenn er als Nebenkläger am Verfahren beteiligt ist[1011]. Die Zustimmung des Nebenklägers zur Einstellung ist jedoch nicht erforderlich[1012].

1007 Vgl. BVerfG NJW 1979, 1591, 1592.
1008 § 153 a dient nur den Interessen der Allgemeinheit.
1009 Ranft Rn. 1169; L/R-Rieß 24. Auflage § 153 a Rn. 17; L/R-Beulke 25. Auflage § 153 a Rn. 17.
1010 Verletzter muß befragt werden L/R-Beulke 25. Auflage § 153 a Rn. 62, 107.
1011 M-G § 153 a Rn. 49; L/R-Beulke 25. Auflage § 153 a Rn. 123, § 153 Rn. 75.
1012 M-G § 153 a Rn. 49, § 396 Rn. 18.

Hat sich der Verletzte dem Verfahren nicht angeschlossen, so ist er kein Verfahrensbeteiligter, eine Verletzung seiner Rechte und ein Rechtsmittel gegen die Entscheidung scheidet damit aus[1013].

Der Rechtsbehelf der Dienstaufsichtsbeschwerde und der Antrag nach § 23 EGGVG kommen gegen gerichtliche Entscheidungen im Rahmen der richterlichen Unabhängigkeit niemals in Betracht.

a. Gegen die vorläufige Einstellung / Abänderung der Sanktion

aa. Gegen die vorläufige Einstellung

Nach § 153 a II 4 kann die vorläufige Einstellung nicht angefochten werden. Es stellt sich aber die Frage, ob der Nebenkläger trotzdem ausnahmsweise aufgrund seiner Verfahrensposition ebenso wie die Staatsanwaltschaft[1014] mittels einer Beschwerde gegen eine unter elementaren Verfahrensfehlern zustande gekommene Entscheidung vorgehen kann. Hieran könnte er insbesondere ein besonderes Interesse haben, wenn das Gericht das Verfahren hinsichtlich einer Tat vorläufig einstellt, die als Verbrechen zu qualifizieren ist, oder wenn dem Angeschuldigten keine oder eine unbestimmte Sanktion auferlegt wird. Würde das Verfahren in diesen Fällen später endgültig eingestellt, so könnte der Nebenkläger zwar mangels Eintritts der Sperrwirkung des § 153 a I 5 ein neues Ermittlungsverfahren beantragen, er würde jedoch sein Verfahrensziel, die Erlangung einer sachgerechten Entscheidung, erst sehr viel später erreichen. Die Frage, ob der Nebenkläger aufgrund seiner Verfahrensposition eine Beschwerde einlegen kann, wenn die Einstellungsentscheidung unter Verletzung elementarer Verfahrensfehler gewonnen wurde, hängt primär von der Beurteilung des § 400 II 2 ab. Dieser wurde durch das Opferschutzgesetz vom 18. Dezember 1986 eingeführt[1015] und trat an die Stelle des im wesentlichen diesem entsprechenden § 397 II a.F.[1016], der zugleich gestrichen wurde[1017]. Nach § 400 II 2 ist der Beschluß, durch den das Verfahren eingestellt wird – mit Ausnahme des nach §§ 206 a, 206 b ergangenen und des Beschlusses, durch den die Eröffnung des Hauptverfahrens abgelehnt wurde – für den Nebenkläger unanfechtbar.

1013 Schuth S. 118; L/R-Rieß 24. Auflage § 153 a Rn. 93; L/R-Beulke 25. Auflage § 153 a Rn. 123.

1014 5. Kapitel A III 2 a aa.

1015 Meyer-Goßner NJW 1987, 1161, 1162.

1016 L/R-Rieß 24. Auflage Nachtrag zu § 397 Rn. 2; L/R-Rieß 24. Auflage Nachtrag zu § 400 Rn. 15.

1017 BGBl. I 1986, S. 2496 ff.

aaa. Meinungsstand

Überwiegend werden der neue § 400 II 2 und der ehemalige § 397 II a.F. als Spezialvorschriften angesehen[1018], weshalb der Nebenkläger die Entscheidung auch nicht mittels einer Beschwerde solle anfechten können[1019]. § 397 II a.F. sei eingeführt worden, um klarzustellen, daß der Nebenkläger, auch wenn er ansonsten annähernd dieselben Rechte wie die Staatsanwaltschaft habe, im Gegensatz zu dieser keine Beschwerde erheben könne. Diese Regelung sei auch sachgerecht, da dem Nebenkläger nicht die Aufgabe obliege, dem öffentlichen Interesse an der Strafverfolgung zur Durchsetzung zu verhelfen oder über das Legalitätsprinzip zu bestimmen[1020]. Vielmehr nehme er in seiner Parteirolle nur sein Genugtuungsinteresse wahr und sei gerade nicht der Objektivität verschrieben[1021]. Seine gegenüber der Staatsanwaltschaft geringere Bedeutung für den Prozeß zeige sich vor allem daran, daß seine Anwesenheit entbehrlich sei[1022]. Auch an der Tatsache, daß die Einstellung nicht seiner Zustimmung, dafür aber der Zustimmung des Angeschuldigten bedürfe, zeige sich, daß das Vertrauen des Angeschuldigten auf die Rechtmäßigkeit der Einstellung gegenüber den Belangen des Verletzten Vorrang haben müsse[1023]. Ansonsten wäre § 397 II a.F. sinnlos gewesen, weil er ebenso wie § 153 a II 4 die Unanfechtbarkeit der vorläufigen Einstellungsentscheidung statuierte[1024]. Eben diesen Regelungsgehalt habe auch der jetzige § 400 II 2[1025].

Der Gegenmeinung zufolge stellen die §§ 397 II a.F. und 400 II 2 keine Spezialvorschriften, sondern mit § 153 a II 4 inhaltsgleiche Regelungen dar. Danach setze der Anfechtungsausschluß eine wirksame Entscheidung voraus, die unter Einhaltung der notwendigen prozessualen Voraussetzungen ergangen sei. Die Beschwerde sei deshalb möglich, wenn die Entscheidung über die vorläufige Einstellung des Verfahrens unter Verletzung elementarer Verfahrensgrundsätze getroffen worden sei[1026].

1018 Vgl. KK-Schoreit 3. Auflage § 153 a Rn. 53; OLG Hamm NStE 1987 Nr. 1 zu § 153 a.

1019 M-G § 153 a Rn. 57; L/R-Rieß 24. Auflage § 153 a Rn. 104; HK-Krehl § 153 a Rn. 33 ohne Begründung.

1020 OLG Hamm NStE 1987 Nr. 1 zu § 153 a; LG Mönchengladbach StV 1987, 335 zu § 153.

1021 LG Mönchengladbach StV 1987, 335 zu § 153.

1022 LG Mönchengladbach StV 1987, 335 zu § 153.

1023 LG Mönchengladbach StV 1987, 335 zu § 153.

1024 OLG Hamm NStE 1987 Nr. 1 zu § 153 a.

1025 Pfeiffer § 400 Rn. 4; M-G § 400 Rn. 9; L/R-Rieß 24. Auflage Nachtrag zu § 400 Rn. 15.

1026 KK-Schoreit 3. Auflage § 153 a Rn. 53; § 153 Rn. 58.

Meyer-Goßner äußert sich zu § 397 II a.F. dahingehend, daß eine Beschwerde des Nebenklägers ausnahmsweise gegen einen ohne staatsanwaltschaftliche Zustimmung ergangenen Einstellungsbeschluß zulässig sei, da die Ausschlußvorschriften des § 397 II a.F. und des § 153 a II 4 in diesem Fall nicht entgegenstünden[1027].

bbb. Stellungnahme

Die Annahme, daß man mit der Vorschrift des §§ 397 II a.F. und nunmehr des § 400 II eine mit § 153 a II 4 inhaltsgleiche Norm schaffen wollte, steht im Widerspruch mit der ursprünglich angestrebten Klarstellung der Rechtsschutzmöglichkeiten des Nebenklägers durch die Einführung des § 397 II a.F.[1028]. Eben diese Klärungsabsicht ist der Begründung zum ersten Entwurf eines Gesetzes zur Reform des Strafverfahrensrechts zu entnehmen, in der die Einführung der Vorschrift des § 397 II a.F. im Hinblick auf den hierüber entstandenen Streit für notwendig erachtet wurde. Mit der Schaffung des § 397 II a.F. wollte der Gesetzgeber eine Gleichbehandlung der Rechtsschutzmöglichkeiten des Verletzten und des Nebenklägers gegen die staatsanwaltschaftlichen bzw. gerichtlichen Einstellungen erzielen[1029]. Da dem Verletzten das Klageerzwingungsverfahren gegen die staatsanwaltschaftliche vorläufige Einstellung nach § 172 II 3 versperrt ist, steht dem Nebenkläger danach ebenfalls kein Rechtsschutz über das Rechtsmittel der Beschwerde gegen den gerichtlichen vorläufigen Einstellungsbeschluß zur Verfügung. Dies ist auch konsequent, weil dem Verletzten gegen die staatsanwaltschaftliche Entscheidung sogar für den Fall das Klageerzwingungsverfahren versagt bleibt, daß für die Einstellungsverfügung nicht einmal eine gerichtliche Zustimmung erforderlich war und somit ein Verfahrensabschluß ohne jegliche gerichtliche Mitwirkung ergehen konnte[1030]. Der gegenüber der Staatsanwaltschaft beschränkte – nur den Antrag nach § 33 a und die Gegenvorstellung umfassende – Rechtsschutz des Verletzten ergibt sich auch aus dem Sinn und Zweck der Einstellungsvorschrift. Der hinter der beschränkten Zulassung der staatsanwaltschaftlichen Beschwerde stehende Gedanke trifft auf den Verletzten gerade nicht zu. Die Beschwerde der Staatsanwaltschaft gegen eine Einstellung, der sie nicht zugestimmt hat, beruht darauf, daß sie als die Inhaberin des Mitwirkungsrechts in Form der Zustimmungsentscheidung im objektiven Interesse der Allgemeinheit als Prozeßbeteiligte am Verfahren teilnimmt. Die Vorschriften über die

1027 L/R-Meyer-Goßner 23. Auflage § 153 a Rn. 90; § 153 Rn. 80 ohne nähere Begründung.
1028 Vgl. L/R-Meyer-Goßner 23. Auflage § 153 Rn. 80.
1029 BT-Drucks. 7/551, S. 93.
1030 Vgl. L/R-Meyer-Goßner 23. Auflage § 153 Rn. 80.

Einstellung aus Opportunitätsgründen, insbesondere die des § 153 a, für die der Ausschluß der Beschwerde nach § 400 II bestimmt ist, dienen dagegen nicht dem Schutz des Verletzten und setzen darüber hinaus nicht einmal seine Mitwirkung voraus[1031]. Rechtsschutz kann dem Verletzten nach dem hinter dem Opferschutzgesetz stehenden Gedanken nur in den Schranken der „Belastungsgrenzen der Strafjustiz" und den „Verteidigungsbefugnissen des Beschuldigten" gewährt werden[1032]. Eine diesbezügliche Wertung der unterschiedlichen Interessen wurde in § 153 a vorgenommenen, durch den dem Verletzten die Verfahrensrechte zugunsten einer Justizentlastung und Verfahrensbeschleunigung sowie der Entkriminalisierung weitgehend abgesprochen wurden. Insoweit ist eine Übertragung dieser Bewertung auf die Zulässigkeit eines Rechtsmittels durch Einschränkung der Ausschlußnorm des § 153 a II 4 folgerichtig. Dem Wortlaut des § 400 II entsprechend kommt eine Anfechtung der vorläufigen Einstellungsentscheidung durch den Nebenkläger daher auch dann nicht in Betracht, wenn die Entscheidung unter elementaren Verfahrensfehlern erging.

ccc. Andere Anträge oder Rechtsbehelfe

Der Nebenkläger kann aber in jedem Fall einen Antrag auf Gewährung rechtlichen Gehörs nach § 33 a stellen, sofern ihm dieses noch nicht gewährt wurde[1033]. Auf diese Weise kann er möglicherweise z. B. weitere Tatsachen vortragen, die die Tat als Verbrechen erscheinen lassen, so daß das Verfahren sogleich fortgesetzt werden muß.

Die Ausschlußnorm des § 400 II 2 umfaßt nur Rechtsmittel und schließt die Gegenvorstellung nicht aus[1034]. Denn sie soll nur eine vergleichbare Situation für den Nebenkläger wie für den Verletzten nach einer staatsanwaltschaftlichen Verfahrenseinstellung schaffen[1035]. So wie die Gegenvorstellung für den Verletzten gegen die staatsanwaltschaftliche vorläufige Einstellungsverfügung möglich ist, steht sie dem Nebenkläger ebenfalls gegen den gerichtlichen vorläufigen Einstellungsbeschluß zur Verfügung. Sie wird jedoch in der Regel keinen Erfolg haben, soweit die Sperrwirkung nach § 153 a I 5 eingetreten ist, die einer Abänderung der Einstellungsentscheidung entgegensteht. Sie ist dagegen erfolgversprechend, soweit die Sperrwirkung z.B. mangels gerichtlicher Zustimmung nicht eingetreten ist.

1031 L/R-Meyer-Goßner 23. Auflage § 153 a Rn. 27 für § 153 a.
1032 Vgl. Gesetzesentwurf der Bundesregierung BT-Drucks. 10/5305, S. 8.
1033 M-G § 153 a Rn. 57; L/R-Rieß 24. Auflage § 153 Rn. 80; L/R-Beulke 25. Auflage § 153 a Rn. 83.
1034 M-G § 400 Rn. 9; L/R-Wendisch 24. Auflage § 397 Rn. 21 zum § 397 II a. F..
1035 L/R-Wendisch § 397 Rn. 21 zum § 397 II a. F; BT-Drucks. 7/551, S. 93.

bb. Gegen die Abänderung der Sanktion

Die Entscheidung, durch die die Sanktion abgeändert wird, ist für den Verletzten entsprechend dem Rechtsgedanken des § 400 II nicht mit der Beschwerde anfechtbar. Denn durch § 400 II sollte der Rechtsschutz des Nebenklägers gegen einen gerichtlichen Einstellungsbeschluß dem des Verletzten gegen eine staatsanwaltschaftliche Verfügung nach § 153 a I angeglichen werden. Dem Verletzten steht aber das Klageerzwingungsverfahren gegen die vorläufige Einstellung nicht offen, weil die ihr zugrundeliegenden Wertungsentscheidungen keiner Kontrolle unterzogen werden sollten. Derartige Wertungsentscheidungen fallen auch bei der Festlegung der nachträglich geänderten Sanktion an, was sich daran zeigt, daß die Sanktion auch von Anfang an in der vorläufigen Einstellungsverfügung hätte angeordnet werden können.

Insoweit verbleibt dem Verletzten der Rechtsbehelf der Gegenvorstellung, der jedoch keinen Erfolg verspricht, soweit die Sperrwirkung eingetreten ist.

b. Gegen die Zustimmungsentscheidung der Staatsanwaltschaft

Die Zustimmungsentscheidung ist nur mittels einer Dienstaufsichtsbeschwerde oder einer Gegenvorstellung anfechtbar. Das Klageerzwingungsverfahren ist schon deshalb nicht eröffnet, weil bereits Klage erhoben wurde. Der Rechtsweg nach § 23 EGGVG gegen die Zustimmungsentscheidung ist für den Verletzten ebensowenig wie für den Beschuldigten eröffnet. Es gilt insoweit das an dieser Stelle Ausgeführte[1036]. Zudem ist der Verletzte in keinem Recht betroffen, wenn die Staatsanwaltschaft die Zustimmung zur Einstellung des Verfahrens nach § 153 a erteilt oder ablehnt.

c. Gegen die endgültige Einstellung

aa. ordentliche Rechtsbehelfe

Der die endgültige Einstellung aussprechende Beschluß ist nach § 153 a II 5 unanfechtbar.

aaa. Beschwerde

Umstritten ist allerdings, ebenso wie im Rahmen der Anfechtung der vorläufigen Einstellung, ob dem Nebenkläger die Beschwerdemöglichkeit in den Fällen er-

1036 Vgl. 5. Kapitel A I 2 c bb.

öffnet ist, in denen eine solche für die Staatsanwaltschaft diskutiert wird. Jene Diskussion bezieht sich auf Fälle, in denen das Verfahren endgültig eingestellt wurde, obwohl die Sanktion nicht ordnungsgemäß erfüllt wurde, oder unverzichtbare prozessuale Voraussetzungen, insbesondere die Zustimmung der Staatsanwaltschaft nicht vorgelegen haben[1037]. Diese Frage hängt zunächst davon ab, welchen Anwendungsbereich die Vorschrift des § 400 II und der ehemalige § 397 II hat.

aaaa. Meinungsstand

Einige gehen vom vollständigen Ausschluß der Anfechtungsmöglichkeiten für den Nebenkläger auch bei der endgültigen Einstellung aus.[1038].

Andere halten eine Beschwerde mit dem Ziel der Überprüfung der ordnungsgemäßen Erfüllung der Auflagen und Weisungen für möglich[1039], da § 397 II a.F. nur die vorläufige Einstellung erfaßt habe. Durch diese Norm habe nur verhindert werden sollen, daß der Nebenkläger Wertungsentscheidungen angreifen könne. Derartige wertende Beurteilungen fielen bei der endgültigen Einstellung aber im Gegensatz zur vorläufigen Einstellung nicht mehr an, vielmehr erfolge nur ein Vergleich der erbrachten mit der verlangten Leistung[1040].

bbbb. Stellungnahme

Der Rechtsmittelausschluß des § 400 II ist seinem Wortlaut nach umfassend zu verstehen, weil danach alle Einstellungsbeschlüsse, mit Ausnahme der in seinem Satz 1 genannten, für den Nebenkläger unanfechtbar sind. Eine Unterscheidung zwischen der vorläufigen und der endgültigen Einstellung nach § 153 a macht er nicht. Daß der Gesetzgeber übersehen hat, daß die Einstellungen nach § 153 a im Gegensatz zu den anderen Einstellungen aus Opportunitätsgründen nicht durch einen einzigen Beschluß, sondern durch zwei Entscheidungen in Form einer vorläufigen und einer endgültigen Einstellung erfolgt, ist in Anbetracht des Wortlauts des ehemaligen § 397 II, an dessen Stelle der § 400 II trat[1041], ausgeschlossen. Denn dort heißt es, „der Beschluß, der das Verfahren nach § 153 II, § 153 a II oder § 153 b II einstellt, kann vom Nebenkläger nicht angefochten werden".

1037 Nach hier vertretener Ansicht steht der Staatsanwaltschaft keine Beschwerde zu, vgl. hierzu 5. Kapitel A III 2 a aa bbb.

1038 M-G § 400 Rn. 9; L/R-Rieß 24. Auflage Nachtrag zu § 400 Rn. 15.

1039 L/R-Meyer-Goßner 23. Auflage § 153 a Rn. 100.

1040 Schuth S. 113.

1041 L/R-Rieß 24. Auflage Nachtrag zu § 397 Rn. 2; L/R-Rieß 24. Auflage Nachtrag zu § 400 Rn. 15.

§ 153 a II enthält aber die generelle Verweisung auf § 153 a I, also sowohl auf Satz 1, nach der die vorläufige Einstellung erfolgt, als auch auf § 153 a I 5, der die Rechtsgrundlage für die endgültige Einstellung darstellt. Der Rechtsmittelausschluß des § 397 II a.F. wurde damit speziell auf § 153 a bezogen. Dafür, daß § 400 II anders als die Vorschrift des § 397 II a.F., an deren Stelle er trat, die endgültige Einstellung nicht erfassen sollte, ist nichts ersichtlich[1042]. Daß der Gesetzgeber in der Begründung zum Entwurf eines ersten Gesetzes zur Reform des Strafverfahrensrechts[1043], durch den § 397 II a.F. eingeführt wurde, den Ausschluß der Anfechtbarkeit der Einstellungsentscheidung nach § 153 a II damit begründete, daß der Verletzte auch im Wege des Klageerzwingungsverfahrens nicht die staatsanwaltschaftliche Einstellung angreifen könne, ändert an dieser Einschätzung nichts. Zwar ist nach der hier vertretenen Meinung ein Klageerzwingungsverfahren gegen die endgültige Einstellung zulässig, so daß insoweit gefolgert werden könnte, daß der Gesetzgeber nur soweit die Anfechtung des Nebenklägers habe ausschließen wollen, als auch dem Verletzten das Klageerzwingungsverfahren versagt werde. Dieser Schluß wäre gleichwohl nach hier vertretener Meinung zu weitreichend. Denn in der Begründung wird allein der Ausschluß der Beschwerde mit dem Verweis auf den Ausschluß des Klageerzwingungsverfahrens erklärt, nicht dagegen wird umgekehrt der Wille des Gesetzgebers geäußert, in den Fällen, in denen das Klageerzwingungsverfahren statthaft ist, auch die Beschwerde zuzulassen. Der Begründung ist ein erst-recht-Schluß zu entnehmen, der seinen Anknüpfungspunkt bei der Frage der Herbeiführung einer gerichtlichen Entscheidung hat. Wenn nicht einmal der Verletzte ein Klageerzwingungsverfahren gegen eine staatsanwaltschaftliche Entscheidung zur Erlangung einer erstmaligen gerichtlichen Entscheidung betreiben kann, so soll der Nebenkläger, der bereits eine gerichtliche Entscheidung erlangt hat, erst recht keinen zweiten gerichtlichen Beschluß verlangen können. Der Verletzte kann die endgültige Einstellung daher aufgrund der Regelung des § 400 II nicht mit der Beschwerde anfechten.

1042 Vgl. L/R-Rieß 24. Auflage Nachtrag zu § 397 Rn. 2; L/R-Rieß 24. Auflage Nachtrag zu § 400 Rn. 15; Opferschutzgesetz vom 18.12.1986 abgedruckt in BGBl. I 1986, S. 2496 ff.

1043 BT-Drucks. 7/551, S. 93 wo es heißt: „Der Verletzte ist nicht befugt, schon gegen eine Einstellungsverfügung der Staatsanwaltschaft nach § 153 Abs. 2 des geltenden Rechts das Klageerzwingungsverfahren zu betreiben oder sonst eine gerichtliche Entscheidung herbeizuführen. Es besteht ebensowenig ein Grund, dem Verletzten, der sich als Nebenkläger dem gerichtlichen Verfahren angeschlossen hat, ein Rechtmittel gegen einen mit Zustimmung der Staatsanwaltschaft ergangenen richterlichen Einstellungsbeschluß nach den §§ 153, 153 a und 153 b in der Fassung des Entwurfs zu geben.“.

bbb. Gegenvorstellung

Die Vorschrift des § 400 II 2 schließt nur Rechtsmittel des Nebenklägers gegen die gerichtliche Einstellungsentscheidung aus, nicht dagegen Rechtsbehelfe wie die Gegenvorstellung[1044]. Die Gegenvorstellung hat jedoch keinen Erfolg, weil das Gericht nicht mehr zur Abänderung der Einstellungsentscheidung befugt ist. Die Unabänderlichkeit rührt entweder daher, daß ein Strafklageverbrauch eingetreten ist oder – wenn ausnahmsweise ein Strafklageverbrauch ausgeblieben ist – jedenfalls das Verfahren nicht mehr rechtshängig ist, weil es durch den formell rechtskräftigen Einstellungsbeschluß abgeschlossen worden ist. In letzterem Fall verbleibt dem Verletzten nur die Möglichkeit, erneut eine Anzeige zu erstatten und eine erneute Strafverfolgung auszulösen.

bb. Außerordentliche Rechtsbehelfe

Der Nebenkläger kann keine Wiederaufnahme eines durch Beschluß nach § 153 a II endgültig eingestellten Verfahrens beantragen. Er hat nach einhelliger Ansicht nach der Novellierung des § 397 I a.F.[1045] durch das Opferschutzgesetz vom 18. Dezember 1986[1046] kein Antragsrecht mehr hinsichtlich eines Wiederaufnahmeverfahrens, weil er nunmehr nicht mehr nach erfolgtem Anschluß die Rechte eines Privatklägers hat, der nach § 390 I 2 die Wiederaufnahme zuungunsten des Angeschuldigten beantragen kann[1047]. Eine analoge Anwendung des § 390 I 2 zur Schließung einer etwaigen Regelungslücke scheitert an den unterschiedlichen Verfahrenspositionen des Nebenklägers und des Privatklägers. Nur aus der Besonderheit, daß der Privatkläger praktisch die Rolle des Staatsanwalts einnimmt, ergibt sich seine Antragsbefugnis für ein Wiederaufnahmeverfahren. Auch die mit dem Opferschutzgesetz verbundenen gesetzgeberischen Absichten stehen dem Fehlen des Antragsrechts des Nebenklägers nicht entgegen, da es sich bei der Wiederaufnahme des Verfahrens nur um einen äußerst seltenen Rechtsbehelf handelt[1048]. Der Nebenkläger hat jedoch nach teilweise vertretener Meinung grundsätzlich noch die Möglichkeit, sich einem von einem anderen Verfahrens-

---

1044 M-G § 400 Rn. 9; L/R-Wendisch 24. Auflage § 397 Rn. 21 zum § 397 II a. F..

1045 Der Wortlaut des § 397 I a.F. lautet: „Der Nebenkläger hat nach erfolgtem Anschluß die Rechte des Privatklägers.“.

1046 BGBl. I 1986, S. 2496, 2497.

1047 AK-Loos § 362 Rn. 4; § 365 Rn. 13; HK-Krehl § 365 Rn. 7; KK-Schmidt § 365 Rn. 13; L/R-Gössel 25. Auflage § 365 Rn. 13.

1048 KK-Schmidt § 365 Rn. 14.

beteiligten eingeleiteten Wiederaufnahmeverfahren anzuschließen[1049]. Das Wiederaufnahmeverfahren ist jedoch aus den im 5. Kapitel A I 2 d aufgeführten Gründen gegen gerichtliche Einstellungsbeschlüsse nach § 153 a auch für die anderen Verfahrensbeteiligten nicht eröffnet.

d. Gegen die Ablehnung der vorläufigen oder der endgültigen Einstellung oder der Abänderung der Sanktion

Die Entscheidung, durch die eine vorläufige oder endgültige Einstellung oder die Abänderung der Sanktionen abgelehnt wird, kann der Verletzte ebensowenig mittels einer Beschwerde gesondert anfechten wie den vorläufigen Einstellungsbeschluß. Er wird hieran in der Regel auch kein Interesse haben. Der Grund für die Unanfechtbarkeit liegt darin, daß immer nur das mit der Sache befaßte Gericht für eine Entscheidung über eine Einstellung zuständig ist[1050], so daß das Verfahrenshindernis deshalb im fortgesetzten Verfahren geltend gemacht werden muß[1051]. Zudem braucht die Ablehnungsentscheidung nicht ausdrücklich zu ergehen, sondern kann auch stillschweigend getroffen werden. Ergeht die Entscheidung im Zwischenverfahren, ergibt sich die Unanfechbarkeit, sofern sie konkludent im Eröffnungsbeschluß enthalten ist, aus § 210 I[1052], anderenfalls folgt sie aus § 201 II 2, nach dem Entscheidungen über Anträge nicht anfechtbar sind[1053]. Wird sie im Hauptverfahren ausdrücklich getroffen, so ist ihre Anfechtung nach dem Rechtsgedanken des § 305 S.1 bzw. bei Ablehnung der endgültigen Einstellung aufgrund dieser Norm selbst ausgeschlossen[1054]. Denn die Einstellungsvoraussetzungen können weiterhin jederzeit bis zum Abschluß der Tatsacheninstanzen geprüft werden.

Eine Gegenvorstellung kommt dagegen grundsätzlich gegen diese Entscheidungen in Betracht. Sie hat jedoch gegen die Ablehnung der Abänderung keinen Erfolg, soweit die Sperrwirkung der vorläufigen Einstellung noch anhält und das Gericht bindet. Da der Verletzte auch keinen Anspruch auf Anwendung oder Nichtanwendung der Vorschrift des § 153 a besitzt, dürften die Erfolgsaussichten ohnehin nicht allzu groß sein.

1049 KK-Schmidt § 365 Rn. 15; L/R-Gössel 25. Auflage § 365 Rn. 14; a.A. HK-Krehl § 365 Rn. 7.
1050 M-G § 153 Rn. 35; vgl. 5. Kapitel A I 2 b aa.
1051 L/R-Rieß 24. Auflage § 153 a Rn. 103; L/R-Beulke 25. Auflage § 153 a Rn.133.
1052 M-G § 153 a Rn. 57; § 153 Rn. 35 zur Ablehnung der vorläufigen Einstellung.
1053 L/R-Rieß 24. Auflage § 153 a Rn. 103; L/R-Beulke 25. Auflage § 153 a Rn. 133.
1054 L/R-Rieß 24. Auflage § 153 a Rn. 103; L/R-Beulke 25. Auflage § 153 a Rn. 133.

3. *Zusammenfassung*

Gegen „Entscheidungen“ im Zusammenhang mit einem Einstellungsverfahren hat der Verletzte folgende Rechtsbehelfe (im weiteren Sinne):

a. Dem Verletzten steht gegen die vorläufige staatsanwaltschaftliche Einstellung des Verfahrens sowie die Abänderung der Sanktion nicht das Klageerzwingungsverfahrens offen, weil dieses gem. § 172 II 3 ausgeschlossen ist. Mittels einer Dienstaufsichtsbeschwerde oder einer Gegenvorstellung kann der Verletzte dagegen Einwände vortragen, die eine Sperrwirkung der Einstellungsentscheidung ausschließen, wie beispielsweise daß die gerichtliche Zustimmung zur Einstellung oder Sanktionsabänderung fehlte. Der Rechtsweg nach § 23 EGGVG ist nicht eröffnet, weil die Spezialregelung des § 172 den subsidiären Rechtsschutz ausschließt und der Verletzte durch die Verfahrenseinstellung überdies auch nicht in seinen Rechten verletzt ist.

Die vorläufige gerichtliche Einstellung des Verfahrens oder Abänderung der Sanktion kann der Verletzte gem. § 400 II nicht mit der Beschwerde anfechten. Die Gegenvorstellung ist gegen den gerichtlichen Beschluß in den gleichen Fällen erfolgreich, in denen sie gegen die staatsanwaltschaftliche Verfügung Erfolg verspricht.

b. Gegen die endgültige staatsanwaltschaftliche Einstellung stehen dem Verletzten das Klagerzwingungsverfahren wie auch die Rechtsbehelfe der Dienstaufsichtsbeschwerde und der Gegenvorstellung zur Verfügung, mit denen er erfolgreich vortragen kann, daß das Verfahrenshindernis mangels ordnungsgemäßer Sanktionserfüllung nicht eingetreten ist.

Gegen die endgültige gerichtliche Einstellungsentscheidung steht dem Verletzten dagegen weder eine Beschwerde, weil § 400 II diese ausschließt, noch eine Gegenvorstellung zur Verfügung, weil das Verfahren aufgrund der formellen Rechtskraft des Einstellungsbeschlusses nicht mehr rechtshängig ist.

c. Gegen die gerichtliche und staatsanwaltschaftliche Zustimmungsentscheidung kann sich der Verletzte nur mittels der Gegenvorstellung, gegen letztere auch mit der Dienstaufsichtsbeschwerde wenden, weil die Zustimmungsentscheidung sich als ein Internum darstellt.

d. Den staatsanwaltschaftlichen oder gerichtlichen Entscheidungen, durch die die vorläufige oder endgültige Einstellung des Verfahrens oder die Abänderung der Sanktion abgelehnt wird, kann der Verletzte nur mit der Gegenvorstellung und – bei einer staatsanwaltschaftlichen Entscheidung – mit der Dienstaufsichtsbeschwerde entgegentreten, soweit nicht eine Sperrwirkung eingetreten ist.

III. Rechtsbehelfe / prozessuale Möglichkeiten der Staatsanwaltschaft

1. Entscheidungen über eine staatsanwaltschaftliche Einstellung nach § 153 a I StPO

a. Gegen die eigene vorläufige oder endgültige Einstellung

Die Staatsanwaltschaft kann das Ermittlungsverfahren einfach fortsetzen, wenn nach ihrer vorläufigen Verfahrenseinstellung ausnahmsweise kein Strafklageverbrauch eingetreten ist – insbesondere wenn der Beschuldigte die Sanktion nicht fristgerecht erfüllt hat[1055], oder wenn die vorläufige Einstellungsverfügung wegen Fehlens der erforderlichen Zustimmungen unwirksam war[1056] – oder wenn sich die Tat als Verbrechen herausstellt[1057].

Umstritten ist dabei, ob die Staatsanwaltschaft das Verfahren nur fortführen darf, wenn neue Tatsachen oder Beweismittel vorliegen oder auch in den Fällen, in denen die Sachlage unverändert gelieben ist. Diese Frage wird zumeist im Rahmen der Behandlung von Einstellungen nach § 153 a trotz Vorliegens eines Verbrechens[1058] oder bei fehlender notwendiger gerichtlicher Zustimmung behandelt. Sie stellt sich aber für alle möglichen Varianten des Nichteintritts des Strafklageverbrauchs.

aa. Meinungsstand

Das Erfordernis des Vorliegens neuer Tatsachen und Beweismittel für die Wiederaufnahme nach einer staatsanwaltschaftlichen Einstellung nach § 153 a wird weitgehend abgelehnt[1059]. Es soll sogar möglich sein, das Verfahren wiederaufzunehmen, wenn der Verbrechenscharakter die ganze Zeit aus den Akten hervorging und nur übersehen wurde[1060]. § 153 a enthalte seinem Wortlaut nach für die Weiterverfolgung gerade keine Einschränkung wie die §§ 47 II JGG, 174 II und 211, die ebenfalls eine beschränkte Rechtskraft regelten und denen zufolge das

---

1055 L/R-Rieß 24. Auflage § 153 a Rn. 59; L/R-Beulke 25. Auflage § 153 a Rn. 89.
1056 Vgl. zu dem diesbezüglichen Streit: 3. Kapitel B I.
1057 L/R-Rieß 24. Auflage § 153 a Rn. 59; L/R-Beulke 25. Auflage § 153 a Rn. 89.
1058 Dabei häufig im Rahmen der gerichtlichen Einstellung.
1059 Loos JZ 1978, 592, 598; Radtke S. 216, 392, 393, 394; Pfeiffer § 153 a Rn. 9; HK-Krehl § 153 a Rn. 20; AK-Schöch § 153 a Rn. 38; Schäfer 5. Auflage Rn. 364, 1208.
1060 M-G § 153 a Rn. 54, 52; L/R-Rieß 24. Auflage § 153 a Rn. 69; L/R-Beulke 25. Auflage § 153 a Rn. 99; KMR-Müller 8. Auflage § 153 a Rn. 26; Trepper S. 118.

Verfahren nur bei Vorliegen neuer Tatsachen und Beweismittel möglich sei[1061]. Mangels Pflicht zur Begründung der Einstellungsentscheidung des § 153 a[1062] sei eine Überprüfung des Vorhandenseins neuer Tatsachen und Beweismittel auch nicht durchführbar[1063].

Bohnert und Schäfer verlangen dagegen das Auffinden von Nova, um das Verfahren bei Vorliegen eines Verbrechens fortsetzen zu dürfen[1064]. Bohnert begründet dies damit, daß reine Irrtümer der Staatsanwaltschaft nicht die Nichtigkeit der auf ihnen beruhenden Entscheidungen zur Folge hätten. Vielmehr sei eine Bindungswirkung eingetreten, die nur noch aufgrund einer geänderten „Beweislage“, die zur Einschätzung der Tat als Verbrechen führte, beseitigt werden könne[1065]. Der allgemeingültige, der Rechtsklarheit und dem Rechtsfrieden dienende Grundsatz des § 211, nach dem eine verfahrensabschließende, endgültige, Sachfragen beantwortende Entscheidung allein bei geänderter Sach- und Beweislage erneut verfolgt werden dürfe, gelte nicht nur für die Weiterverfolgung nach gerichtlicher, sondern auch nach staatsanwaltschaftlicher Einstellung[1066]. Dieses Ergebnis stützte auch § 85 III 2 OWiG, der ebenfalls Nova und die Qualifizierung als Verbrechen voraussetze[1067].

Auch Schroeder verlangt aufgrund einer analogen Anwendung der §§ 174 II, 211 – allerdings für den Fall der fehlenden erforderlichen gerichtlichen Zustimmung – neue Tatsachen und Beweismittel[1068]. Auch bei den staatsanwaltschaftlichen Einstellungen nach §§ 153 und 170 II sei die Staatsanwaltschaft nicht uneingeschränkt befugt, das Verfahren weiterzubetreiben, obwohl die Strafklage durch die Einstellungen nicht verbraucht sei[1069]. Daß eine Anklageerhebung trotz fehlenden Strafklageverbrauchs grundsätzlich unzulässig sei, ergebe sich aus drei Gründen. Zum einen sei ein Umkehrschluß aus den eine Wiederaufnahme des Verfahrens vorsehenden und sie im einzelnen regelnden §§ 154 III, IV, 154 a III

1061 Loos JZ 1978, 592, 598; Trepper S. 118.

1062 Radtke S. 216.

1063 Trepper S. 118; Loos JZ 1978, 592, 598.

1064 Bohnert S. 294; L/R-Schäfer Einl. Kap.12 Rn. 49; vgl. auch Radtke S. 251.

1065 Bohnert S. 294.

1066 Ranft Rn. 1168; Kleinknecht § 153 a Rn. 52; KK-Schoreit § 153 a Rn. 59; Bohnert S. 294; L/R-Schäfer Einl. Kap. 12 Rn. 49.

1067 L/R-Schäfer Einl. Kap. 12 Rn. 49.

1068 Schroeder NStZ 1996, 319, 320.

1069 Schroeder führt hierzu in NStZ 1996, 319, 320 aus, daß die Vorschriften der §§ 174 II, 211 nicht die beschränkte Rechtskraft statuierten, sondern umgekehrt die Rechtskraft, die nirgends gesetzlich normiert werde, nur beschränkten, so daß aus ihnen nicht umgekehrt auf eine fehlende Rechtskraft der Entscheidungen nach §§ 153 I, 170 II geschlossen werden könne.

2 zu ziehen[1070]. Da die Einstellungsnormen der §§ 153, 153 a, 170 eine solche Wiederaufnahme nicht vorsähen, müsse sie grundsätzlich unzulässig sein. Auch ergebe sich aus den § 170 folgenden Paragraphen, daß die Staatsanwaltschaft die Einstellungsverfügung nur aufgrund eines vom Verletzten beantragten Klageerzwingungsverfahrens beseitigen könne[1071]. Ebenso ließe sich der aus dem Verwaltungsrecht hervorgehende Vertrauensgrundsatz, der in § 48 VwVfG Ausdruck gefunden habe und Verfassungsrang genieße, auf das Strafrecht übertragen. Bei § 48 VwVfG gehe es zumeist um Verwaltungsakte, die eine Geldleistung gewährten. Insoweit sei das Vertrauen des Beschuldigten, der mit dem Fortbestand einer Einstellung rechne und dem auf diese Weise möglicherweise hohe Prozeßkosten erspart geblieben seien, mit dem gutgläubigen Adressaten eines Verwaltungsakts vergleichbar. Daneben schütze der verfassungsrechtliche Vertrauensgrundsatz aber auch vor immateriellen Schäden wie einer psychischen Belastung, die ein Strafverfahren mit sich bringe. Der Vertrauensschutz des § 48 VwVfG verbiete daher grundsätzlich die Aufhebung der Entscheidung und lasse diese nur auf einen Rechtsbehelf eines Dritten hin gem. § 50 VwVfG zu, der insoweit dem Verletzten, der den Weg des Klageerzwingungsverfahrens beschreiten könne, entspreche[1072].

bb. Stellungnahme

Das Wiederaufgreifen des Ermittlungsverfahrens bei Nichteintritt des beschränkten Strafklageverbrauchs – aus welchen Gründen auch immer – oder bei Vorliegen eines Verbrechens[1073] ist uneingeschränkt zulässig. Nova als Voraussetzung für eine Weiterverfolgung zu fordern, ist nicht gerechtfertigt. Den hierzu angeführten Gründen für die Forderung nach einer veränderten Sach- und Rechtslage für das Wiederaufgreifen des Verfahrens kann nicht zugestimmt werden. Bessere Argumente lassen sich vielmehr für die unbeschränkte Verfahrensfortführung finden:

Eine entsprechende Anwendung der §§ 174 II, 211 auf die Einstellungsvorschriften erforderte zunächst eine Regelungslücke, an der es zumindest bei § 153 a fehlt, der die Bedingung für den Eintritt des Strafklageverbrauchs regelt und gerade für den Nichteintritt keine zusätzlichen Erfordernisse für die Weiterverfolgung – wie sie die §§ 47 JGG, 85 III 2 OWiG und 174 II, 211 enthalten – vor-

1070 Schroeder NStZ 1996, 319, 320.
1071 Schroeder NStZ 1996, 319, 320.
1072 Schroeder NStZ 1996, 319, 320.
1073 Hinsichtlich des Vergehensbereichs trat ein Strafklageverbrauch ein, soweit die Einstellungsverfügung wirksam war.

sieht[1074]. Zudem wäre eine Vergleichbarkeit der Normen, ihrer Inhalte und Interessenlage nötig, die nicht ersichtlich ist. Gerade die Reichweite der Sperrwirkung der §§ 174, 211 einerseits und des § 153 a I 5 andererseits sind unterschiedlich. Denn letztere ist nur auf den Vergehensbereich beschränkt, während die beiden anderen keine derartige Einschränkung hinsichtlich der Qualität der Tat, sondern nur hinsichtlich der Bewertungsgrundlage in Form der ihnen zugrundeliegenden Tatsachen und Beweismittel aufweisen. Die Änderung der Beweislage ist bei § 153 a schon deshalb nicht von Bedeutung, weil die Entscheidung nicht den Anspruch erhebt, eine Entscheidung in der Sache über das Vorliegen einer Straftat zu enthalten. Die zum Einstellungszeitpunkt bekannten Tatsachen und Beweismittel sind bei der Entscheidungsfindung nur insoweit von Bedeutung gewesen, als der für die jeweilige Verfahrenslage erforderliche Tatverdacht sowie die anderen Einstellungsvoraussetzungen nach ihnen gegeben sein mußten. Eine abschließende Beurteilung der Tat nach dem vorhandenen Tatsachen- und Beweismaterial erfolgte im Gegensatz zu den Einstellungen nach §§ 204 ff bzw. § 174 I nicht. Auch ist der Entscheidung nach § 153 a nicht zu entnehmen, welche Tatsachen- und Beweismittel zum Zeitpunkt der Einstellung bekannt waren.

Da es außerdem keine den §§ 174 II, 211 entsprechende Regelung eines Novaerfordernisses für (staatsanwaltschaftliche) Einstellungsentscheidungen gibt, ist ein Umkehrschluß dahingehend zu ziehen, daß die Verfolgung uneingeschränkt möglich ist.

Die von Schroeder vorgetragenen Gründe gegen eine uneingeschränkte Weiterverfolgung können eine für die Analogie erforderliche vergleichbare Situation nicht begründen. Der Argumentation, die §§ 170 ff ließen den Schluß zu, daß eine Weiterverfolgung grundsätzlich nur auf Veranlassung des Verletzten im Wege eines Klageerzwingungsverfahrens zulässig sei, kann nicht gefolgt werden. Zunächst scheint eine Gleichbehandlung der staatsanwaltschaftlichen Einstellungsverfügungen nach §§ 170 II, 153 I, 153 a I, wie Schroeder sie vornehmen will, schon deshalb nicht gerechtfertigt, weil § 153 a I grundsätzlich den Verbrauch der Strafklage zur Folge hat und sich damit der Regelungsgehalt der Norm in bedeutender Weise von dem der §§ 170 II und 153 I, die keine Rechtskraftregelung enthalten, unterscheidet. Allein der Umstand, daß die §§ 153 I, 153 a I und § 170 II staatsanwaltschaftliche Einstellungen regeln, die – im Falle des § 153 a I nur ausnahmsweise – nicht in Rechtskraft erwachsen, zwingt nicht zu einer gleichen Behandlung dieser Entscheidungen. Um diese zu fordern, bedürfte es weiterer Gründe, die aber nicht ersichtlich sind. Deshalb ist das Argument aus § 172, der nach seinem Absatz 2 Satz 3 nicht für die Einstellungen nach § 153 I und § 153 a I gilt, für einen Rückschluß auf die Zulässigkeit weiterer Strafverfolgung nach ei-

1074 Vgl. Radtke S. 179.

ner Einstellung gegen Auflage und Weisung untauglich. § 172 ist darüber hinaus auch keine Regelung und kein Rückschluß über die Handlungsmöglichkeiten der Staatsanwaltschaft zu entnehmen. Das Klageerzwingungsverfahren stellt nur eine dem Verletzen gewährte Rechtsschutzmöglichkeit dar. Die Regelung schließt dagegen eine erneute Strafverfolgung wegen der eingestellten Tat auf eigene Initiative der Staatsanwaltschaft unabhängig von einem Klageerzwingungsverfahren entgegen der Meinung Schroeders nicht aus. Besteht der Strafanspruch aber fort, so muß zur Annahme einer Verfolgungseinschränkung eine gesetzliche Regelung über die Bindung der Staatsanwaltschaft an ihre frühere Entscheidung gefordert werden, an der es vorliegend bei § 153 a gerade fehlt. Ebenso läßt sich aus dem Umkehrschluß aus §§ 154 III, IV, 154 a III 2 nicht der Grundsatz entnehmen, daß es der Staatsanwaltschaft grundsätzlich nicht gestattet sei, das Verfahren fortzusetzen. Daß diese eine Regelung über die Weiterverfolgung enthalten müssen, ergibt sich bereits aus dem Umstand, daß zum Zeitpunkt der Beschränkung oder des Absehens der Strafverfolgung noch nicht bzw. nicht endgültig ersichtlich ist, ob die andere Tat oder der andere Teil der Tat auch die erwartete oder erkannte Strafe oder Maßregel der Besserung und Sicherung nach sich ziehen wird. Diesen Fällen ist es gerade immanent, daß eine endgültige Entscheidung zum Zeitpunkt der Verfügung unmöglich ist, da deren Grundlage noch nicht abschließend zu beurteilen ist. Bei der Einstellung nach § 153 a steht die Entscheidungsgrundlage aufgrund der bis dahin erfolgten Ermittlungen weitgehend endgültig fest. Fehler beruhen daher in der Regel allein auf dem Übersehen bestimmter Fakten. Daß der Gesetzgeber bewußt keine Einschränkung der Weiterverfolgung vorgesehen hat, zeigt sich auch daran, daß er diese nicht regelte, obwohl er ersichtlich einen Fall des Nichteintritts des Strafklageverbrauchs vor Augen hatte, als er die Rückerstattung erbrachter Leistungen durch § 153 a I 6 ausschloß. Gerade darin, daß einer staatsanwaltschaftlichen Einstellung nach § 153 a grundsätzlich strafklageverbrauchende Wirkung zukommt und diese nur ausnahmsweise nicht eintritt, unterscheidet sie sich von den §§ 154 und 154 a, bei denen die staatsanwaltschaftliche Einstellung nie eine derartige Wirkung entfaltet[1075].

Der Vergleich der Situation des Beschuldigten nach erfolgter Einstellung des Verfahrens mit der des Adressaten eines begünstigenden Verwaltungsakts – von Loos im Rahmen der Untersuchung eines Strafklageverbrauchs von Entscheidungen nach § 170 andiskutiert, aber abgelehnt[1076], von Neu-Berlitz dagegen allerdings in seiner verfassungsrechtlichen Ausprägung für bedeutsam befunden[1077] –

1075 Vgl. M-G § 154 a Rn. 28; vgl. Rieß NStZ 1981, 2, 9 zu § 154 I.
1076 Loos JZ 1978, 592, 594.
1077 Neu-Berlitz S. 33 ff, insbesondere S. 57 ff, 79 ff.

scheint insoweit verfehlt, als der Verwaltungsbehörde die umfassende Entscheidungskompetenz obliegt und das Verwaltungsgericht allein überwachende Funktion ausübt, während im Strafrecht eine Kooperation von Staatsanwaltschaft und Gericht grundsätzlich, so zumeist im Rahmen von Opportunitätsentscheidungen, vorherrscht[1078]. Dieser Unterschied fällt zumal auf, wenn man, wie hier vertreten, annimmt, daß der Strafklageverbrauch – unabhängig von einer etwaigen zwischenzeitlich erfolgten Erfüllung der Sanktionen – immer dann nicht eintritt, wenn die gerichtliche Zustimmung fehlte. Aufgrund der elementaren Bedeutung der gerichtlichen Mitwirkung für die Einstellungsentscheidung kann § 50 VwVfG nicht zur Bestätigung der Erwägungen herangezogen werden. Die Regelungen der StPO sind vielmehr abschließend und bedürfen damit nicht der Ergänzung durch das Verwaltungsrecht[1079].

b. Gegen die Verweigerung der gerichtlichen Zustimmung

Bei der Frage der Anfechtbarkeit der Nichterteilung der gerichtlichen Zustimmung sind verschiedenen Konstellationen zu unterscheiden.

aa. Verweigerung der gerichtlichen Zustimmung aus materiell-rechtlichen Gründen

Dabei ist zunächst an die Frage zu denken, ob die Verweigerung der Zustimmung nach Prüfung des Zustimmungsersuchens in der Sache mit Rechtsbehelfen durch die Staatsanwaltschaft angreifbar ist.

aaa. Meinungsstand

Überwiegend wird die Verweigerung der gerichtlichen Zustimmung als bloße Prozeßhandlung und nicht als Entscheidung angesehen, die deshalb nicht anfechtbar sei[1080]. Es handele sich allein um eine Form der „gemeinsamen Willensbildung“ im Rahmen der Wahrnehmung einer „gemeinsamen Verantwortung“[1081]. Aufgrund dieses kooperativen Zusammenwirkens anstelle eines Wir-

---

1078 Vgl. Loos JZ 1978, 592, 594.

1079 Die Frage der Abschließlichkeit der StPO diskutiert ebenfalls Neu-Berlitz S. 9 an, lehnt diese im folgenden aber ab.

1080 M-G § 153 Rn. 11, 34; Kleinknecht § 153 Rn.11, 33; KMR-Müller 8. Auflage § 153 Rn. 9; AK-Schöch § 153 Rn. 26; HK-Krehl § 153 Rn. 10; L/R-Beulke 25. Auflage § 153 Rn. 46; L/R-Rieß 24. Auflage § 153 Rn. 43; L/R-Meyer-Goßner 23. Auflage § 153 Rn. 32, 33.

1081 KK-Schoreit § 153 Rn. 31 zu § 153; L/R-Meyer-Goßner 23. Auflage § 153 Rn. 33.

kens auf unterschiedlichen Seiten liege keine gerichtliche Entscheidung aufgrund eines Antrags der Staatsanwaltschaft vor[1082]. Daß es sich allein um eine auf Mitwirkung gerichtete Prozeßerklärung handele, zeige sich unter anderem auch daran, daß die Staatsanwaltschaft bei Erteilung der Zustimmung trotz ihrer zuvor getätigten Anfrage noch frei in ihrer Entscheidung bleibe, ob sie das Verfahren einstellt[1083]. Die „eigentliche Entscheidung" bleibe damit der Einstellungsverfügung vorbehalten[1084]. Was für die Qualifizierung der Zustimmungserteilung gelte, gelte auch für deren Versagung.

Bohnert verneint die Beschwerdemöglichkeit der Staatsanwaltschaft mit dem Argument, die Staatsanwaltschaft sei nicht beschwerdefähig, weil sie kein Recht auf Zustimmungserteilung habe, sondern das Gericht über die Zustimmung frei entscheiden dürfe[1085].

Eine andere Meinung – die vor allem auch in der älteren Literatur anzutreffen ist – hält die Beschwerde der Staatsanwaltschaft dagegen für zulässig[1086].

Insbesondere lehnen einige die Charakterisierung der Zustimmungsverweigerung als Prozeßhandlung als der StPO fremd ab[1087]. Die Beschwerdebefugnis der Staatsanwaltschaft ergebe sich daraus, daß sie durch die Verweigerung an der Einstellung gehindert werde[1088]. Die Staatsanwaltschaft könne die gleichheitswidrige und/oder willkürliche Zustimmungsverweigerung zur Einstellung erfolgreich mittels der Beschwerde nach § 304 anfechten. Ein Ausschluß der Beschwerde käme – wie sich aus § 304 I ergebe – immer nur in Frage, wenn das Gesetz diesen ausdrücklich vorsehe[1089].

bbb. Stellungnahme

Die Anfechtbarkeit der Zustimmungsentscheidung ist in § 153 a nicht speziell – wie die Anfechtung der vorläufigen und endgültigen Einstellungsentscheidung – ausgeschlossen. Insoweit bestimmt sie sich nach den allgemeinen Rechtsmittelgrundsätzen und ihrem systematischen Zusammenhang[1090]. Die Charakterisierung der Zustimmungsentscheidung als Prozeßerklärung ist im Hinblick darauf, daß

1082 L/R-Meyer-Goßner 23. Auflage § 153 Rn. 33.
1083 L/R-Meyer-Goßner 23. Auflage § 153 Rn. 32, 33.
1084 L/R-Meyer-Goßner 23. Auflage § 153 Rn. 32, 33.
1085 Bohnert S. 362.
1086 Vgl. KK-Schoreit § 153 Rn. 31 zu § 153; Niethammer JZ 1952, 297, 298; Eb. Schmidt § 153 Rn. 15; Kohlhaas GA 1956, 241, 251; Krümpelmann S. 232, 233.
1087 Terbach S. 197; Gössel S. 95 zu § 153.
1088 Gössel S. 95 zu § 153.
1089 Terbach S. 199.
1090 L/R-Rieß 24. Auflage § 153 a Rn. 102; L/R-Beulke 25. Auflage § 153 a Rn. 132.

dieser Begriff nicht in der StPO anzutreffen ist, abzulehnen. Die Einordnung der Erklärung als Internum – wie sie im Rahmen der Rechtsbehelfe der anderen Verfahrensbeteiligten zweckmäßig ist – scheint im Verhältnis zur Staatsanwaltschaft nicht geeignet[1091], da sie gerade ihr gegenüber abgegeben wird. Aufgrund von Sinn und Zweck der Einstellungsnorm ist allerdings eine Beschwerde gegen die Zustimmungsentscheidung stillschweigend ausgeschlossen[1092]. Der Beschleunigungszweck der Vorschrift des § 153 a I schließt das Rechtsmittel der Beschwerde aus, weil eine andere Instanz mit der Sache befaßt würde. Dem Zweck der Entlastung der Rechtspflege – also auch der Staatsanwaltschaft – und der Verfahrensbeschleunigung würde eine langwierige Beschwerde entgegenlaufen. Außerdem fehlte es an der Beschwerdebefugnis der Staatsanwaltschaft, da sie kein Recht auf eine bestimmte Entscheidung hat, sondern nur ein Recht auf Mitwirkung. Die Zustimmungsverweigerung nimmt ihr allein die Möglichkeit, das Strafverfahren möglicherweise auf schnelle Weise zu beenden. Das Mehr an Arbeitsbelastung, das ihr das Normalverfahren bereitet, ist nicht durch die Zustimmungsverweigerung an sich entstanden, sondern stellt den normalen Verfahrensgang dar. Schließlich wird sie durch die ablehnende Entscheidung auch nicht einem Rechtsmittel des Beschuldigten ausgesetzt, weil diesem gegen die Ablehnungsentscheidung kein solches zur Verfügung steht.

ccc. Neues Zustimmungsersuchen bei einem anderen Gericht

Die Staatsanwaltschaft kann nach Zustimmungsverweigerung des Gerichts auch nicht ein erneutes Ersuchen auf Zustimmungserteilung bei einem anderen zuständigen[1093] Gericht stellen, weil über die Zustimmungserteilung endgültig entschieden worden ist[1094]. Das Legalitätsprinzip verbietet eine unerlaubte und unlautere Einflußnahme der Staatsanwaltschaft auf die gemeinsame Willensbildung mit dem Gericht, zu welcher es jedoch käme, wenn die Staatsanwaltschaft die gerichtliche Zustimmung aufgrund mehrfachen Ersuchens bei verschiedenen Gerichten erlangen könnte[1095].

1091 Ähnlich Bohnert S. 359.

1092 L/R-Gollwitzer 24. Auflage § 304 Rn. 34 mit Verweis auf § 153 a in Fußnote 66; allgemein vgl. M-G § 304 Rn. 5: Gleichbehandlung dieser Fälle mit den Fällen des ausdrücklichen Anfechtungsausschlusses; vgl. BGHSt 10, 88, 91; vgl. OLG Hamm NJW 1977, 210; vgl. KK-Engelhardt § 304 Rn. 25.

1093 Vgl. §§ 74 a, 120 GVG.

1094 KMR-Müller 8. Auflage § 153 Rn. 9; L/R-Meyer-Goßner 23. Auflage § 153 Rn. 26; AK-Schöch § 153 Rn. 25; Kohlhaas GA 1956, 241, 252.

1095 L/R-Meyer-Goßner 23. Auflage § 153 Rn. 26.

bb. Das Gericht hält sich für unzuständig

Hiervon zu unterscheiden ist der Fall, daß das Gericht sich für unzuständig hält und daher keine Entscheidung in der Sache trifft. Gegen diesen Unzuständigkeitsbeschluß kann die Staatsanwaltschaft nach allgemeiner Meinung das Beschwerdeverfahren beschreiten. Die Beschwerde ist in diesem Fall nicht ausgeschlossen, weil der Beschleunigungs- und Entlastungszweck der Einstellungsnorm nicht beeinträchtigt wird. Zwar wird das Beschwerdegericht auch in diesem Fall – sofern das Ausgangsgericht der Beschwerde nicht abhilft – mit der Sache befaßt, jedoch untersucht es allein die Zuständigkeitsfrage, die im fortgesetzten statt eingestellten Verfahren sowieso von Bedeutung ist[1096]. Zu einer Verfahrensverzögerung wäre es somit ohnehin auch dann gekommen, wenn die Staatsanwaltschaft das Verfahren nicht hätte einstellen wollen oder wenn ihr die Beschwerde gegen die Versagungserklärung des Gerichts nicht offenstünde. Ist somit der Zuständigkeitsstreit jedenfalls behoben, so kann eine nach Austragung dieses Streits erfolgte Einstellung nach § 153 a das Verfahren noch immer nachhaltig verkürzen und die beteiligten Justizorgane entlasten. Die Staatsanwaltschaft ist durch die Verweigerung der Zustimmung zur Einstellung auch beschwert, weil das Gericht nicht bloß seine Meinung zur Sache in einer bestimmten Weise gebildet und geäußert, sondern die gegenüber der Staatsanwaltschaft bestehende Pflicht zur Mitarbeit an der Einstellungsentscheidung verweigert hat[1097].

Statt der Anfechtung kann die Staatsanwaltschaft in diesem Fall aber auch die Zustimmungsanfrage an ein anderes zuständiges Gericht[1098] richten[1099]. Denn die Nichterteilung der Zustimmung beruhte allein auf der angenommenen Unzuständigkeit des angerufenen Gerichts und nicht auf sachlichen Gründen. Ein Verstoß gegen das Legalitätsprinzip, wie er bei mehrfacher Antragstellung bei unterschiedlichen Gerichten trotz Zustimmungsverweigerung aus sachlichen Gründen durch ein zuvor angerufenes Gericht besteht, ist im vorliegenden Fall nicht zu erwarten[1100]. Denn über die Einstellung an sich – über das Vorliegen der Ein-

---

1096 Vgl. M-G § 309 Rn. 9.

1097 KK-Schoreit § 153 Rn. 29 zu § 153; Kleinknecht § 153 Rn. 10; L/R-Beulke 25. Auflage § 153 Rn. 44; L/R-Rieß 24. Auflage § 153 Rn. 41; L/R-Meyer-Goßner 23. Auflage § 153 Rn. 33, 34, 26; AK-Schöch § 153 Rn. 35; M-G § 153 Rn. 10.

1098 Z. B. wenn mehrere Amtsgerichte im Amtsbezirk der Staatsanwaltschaft für das Hauptverfahren zuständig sind, vgl. hierzu KMR-Müller 8. Auflage § 153 Rn. 9.

1099 L/R-Beulke 25. Auflage § 153 Rn. 44; L/R-Rieß 24. Auflage § 153 Rn. 41; HK-Krehl § 153 Rn. 10; KK-Schoreit § 153 Rn. 29; L/R-Meyer-Goßner 23. Auflage § 153 Rn. 26.

1100 L/R-Meyer-Goßner 23. Auflage § 153 Rn. 26, 34 es fehlt gerade an der gerichtlichen Mitwirkung.

stellungsvoraussetzungen – wurde bislang seitens eines Gerichts noch nicht befunden.

cc. Das Gericht verneint die Zustimmungsbedürftigkeit der Einstellungsentscheidung

Schließlich darf auch der Fall der vom Gericht verweigerten Entscheidung über die Zustimmung wegen Verneinung des Zustimmungserfordernisses nach §§ 153 a I 7, 153 I 2 nicht übersehen werden. Fraglich ist in diesem Zusammenhang, ob die Staatsanwaltschaft eine Beschwerde gegen die Entscheidung des Gerichts einlegen oder das Verfahren einfach ohne gerichtliche Zustimmung einstellen kann.

aaa. Meinungsstand

Die Entscheidung, ob eine Einstellung nach § 153 a zustimmungsfrei oder zustimmungsbedürftig ist, obliegt nach Meinung einiger Autoren allein der Staatsanwaltschaft und bindet das Gericht. Aus diesem Grunde sei das Gericht zur Entscheidung in der Sache verpflichtet, wenn die Staatsanwaltschaft die gerichtliche Zustimmung für notwendig halte[1101]. Komme es dieser Verpflichtung nicht nach, so könne die Staatsanwaltschaft eine Beschwerde erheben[1102], weil sie nicht indirekt dazu veranlaßt werden könne, eine Einstellung vorzunehmen, die ihrer Meinung nach nicht ohne gerichtliche Zustimmung ergehen darf und insoweit rechtswidrige wäre. Die Staatsanwaltschaft habe durch das Ersuchen um Zustimmung eine auch für sie bindende Einschätzung getroffen und könne damit auch nach Mitteilung der gerichtlichen Ansicht von der Entbehrlichkeit seiner Mitwirkung das Verfahren nicht ohne gerichtliche Zustimmung einstellen, sofern keine nachträgliche Veränderung dergestalt eintrete, daß sich die Sachlage als wesentlich geringfügiger als nach der ursprünglichen vorgenommenen Beurteilung darstelle und damit §§ 153 a I 7, 153 I 2 gelte[1103].

Andere sprechen die Rechtsschutzproblematik nicht an, sondern befassen sich nur mit der Frage, ob die Staatsanwaltschaft das Verfahren auch ohne die gerichtliche Zustimmung einstellen kann, wenn das Gericht seine Zustimmung we-

1101 L/R-Beulke 25. Auflage § 153 Rn. 54; L/R-Rieß 24. Auflage § 153 Rn. 52; L/R-Meyer-Goßner 23. Auflage § 153 Rn. 53; AK-Schöch § 153 Rn. 35.

1102 L/R-Beulke 25. Auflage § 153 Rn. 54; L/R-Rieß 24. Auflage § 153 Rn. 52; KMR-Plöd § 153 a Rn. 33; AK-Schöch § 153 Rn. 35.

1103 L/R-Beulke 25. Auflage § 153 Rn. 54; L/R-Rieß 24. Auflage § 153 Rn. 52; L/R-Meyer-Goßner 23. Auflage § 153 Rn. 53; AK-Schöch § 153 Rn. 35.

gen angenommener Zustimmungsfreiheit nach § 153 a I 7, 153 I 2 nicht erteilte[1104].

Eine Ansicht, die eine Verpflichtung des Gerichts zur Stellungnahme in der Sache ablehnt[1105], bejaht die Bindung der Staatsanwaltschaft an ihre eigene Entscheidung hinsichtlich der Zustimmungsbedürftigkeit und versagt ihr eine Einstellung ohne die von ihr für erforderlich gehaltene gerichtliche Zustimmung. Sie sei aber befugt, falls sie nach erneuter Untersuchung des Zustimmungserfordernisses zum Ergebnis der Entbehrlichkeit komme, trotz der vorherigen Einschätzung der Sachlage eine Verfahrenseinstellung nach §§ 153 a I 7, 153 I 2 vorzunehmen[1106].

Der Gegenmeinung zufolge ist die Staatsanwaltschaft in diesem Fall befugt, das Verfahren auch ohne die gerichtliche Zustimmung einzustellen, weil dem Gericht die mit dem Zustimmungserfordernis beabsichtigte Mitwirkungs- und Einwirkungsmöglichkeit, insbesondere in Form der Verneinung der Einstellungsvoraussetzungen, ermöglicht wurde[1107].

bbb. Stellungnahme

Die Meinung, nach der die Staatsanwaltschaft an ihre eigene Entscheidung hinsichtlich der Zustimmungsbedürftigkeit gebunden und das Gericht gleichwohl nicht zur Stellungnahme in der Sache verpflichtet ist, ist abzulehnen. Sie hält keine Lösung für den Fall bereit, daß die Staatsanwaltschaft richtigerweise vom Zustimmungserfordernis ausgeht und das Gericht dieses fälschlicherweise verneint. Denn in diesem Fall kann die Staatsanwaltschaft weder das Verfahren einstellen noch, nach hier vertretener Meinung, eine Beschwerde einlegen, da sie durch die gerichtliche Entscheidung in keinem Recht verletzt wurde. Denn das Gericht war nach dieser Meinung nicht verpflichtet, der Meinung der Staatsanwaltschaft hinsichtlich der Zustimmungsbedürftigkeit der Einstellung zu folgen. Wie sich aus den Gesetztesmaterialien zu § 153 a ergibt, fällt die Einschätzung der Zustimmungsbedürftigkeit allein in den Aufgabenbereich der Staatsanwaltschaft. Denn danach sollte der Staatsanwaltschaft durch § 153 I 2 ein <u>Recht</u> eingeräumt werden, von der Verfolgung ohne Zustimmung des Gerichts abzusehen[1108]. Das der Staatsanwaltschaft eingeräumte Privileg, die Tat diesbezüglich zu beurteilen und selbständig zu handeln, stellt sich nicht umgekehrt als ihre Pflicht dar, bei Vorliegen der Voraussetzungen nach § 153 I 2 alleine zu agieren und die Zustim-

1104 M-G § 153 Rn. 18; KMR-Müller 8. Auflage § 153 Rn. 10.
1105 M-G § 153 Rn. 18.
1106 M-G § 153 Rn. 19.
1107 KMR-Müller 8. Auflage § 153 Rn. 10.
1108 BT-Drucks. 7/550, S. 298.

mung des Gerichts nicht einzuholen. Umgekehrt ist daher zu folgern, daß das Gericht, wird es um die Zustimmung gebeten, eine Stellungnahme zur Sache abzugeben hat. Dies entspricht auch der mit dem Zustimmungserfordernis bezweckten gegenseitigen Kontrolle der staatlichen Organe zur Vorbeugung der Mißbrauchsgefahr[1109]. Gerade der Umstand, daß der Gesetzgeber die Gefahr erkannte, daß die Staatsanwaltschaft durch die Möglichkeit zur selbständigen Einstellung in den Fällen des § 153 a I 7 i.V.m. § 153 I 2 kleinkriminelle Taten, die oftmals Einstiegsdelikte für Kriminelle darstellen, vernachlässigen könnte[1110], macht ebenfalls deutlich, daß der Gesetzgeber einer Einstellungsanfrage in Grenzfällen des § 153 I 2 befürwortet haben dürfte. Lehnte man eine Verpflichtung des Gerichts zur Stellungnahme zur Einstellung ab, würde man die Staatsanwaltschaft dazu verpflichten, in der Sache allein zu entscheiden und entweder zu riskieren, daß der Strafklageverbrauch im Falle der Einstellung nicht eintritt[1111], oder von einer Einstellung, trotz Vorliegens aller anderen Einstellungsvoraussetzungen, abzusehen. Eine solche einseitige Einstellung wegen Versagung der gerichtlichen Mitwirkung würde die durch die Zustimmung gesetzlich vorgesehene, das Legalitätsprinzip schützende gegenseitige Kontrolle beseitigen, weil das Gericht den Sachverhalt nur hinsichtlich des Zustimmungserfordernisses, nicht jedoch umfassend hinsichtlich der Einstellungsvoraussetzungen geprüft hat. Lehnt das Gericht eine Stellungnahme in der Sache mit der Begründung ab, es handele sich um einen Fall des § 153 I 2, so kann die Staatsanwaltschaft nach hier vertretener Meinung dagegen eine Beschwerde einlegen. Der Beschwerde steht der Beschleunigungs- und Entlastungszweck der Einstellungsnorm nicht entgegen, da die Einstellung nach § 153 a I immer noch zu einer Verfahrensverkürzung führen könnte. Denn das Rechtsmittelgericht müßte keine langwierige Entscheidung in der Sache treffen, sondern nur das erstinstanzliche Gericht zur Mitwirkung, auf die die Staatsanwaltschaft unabhängig von den Voraussetzungen des § 153 I 2 ein Recht besitzt, anweisen[1112]. Das erstinstanzliche Gericht muß dann eine Stellungnahme in der Sache abgeben. Die Staatsanwaltschaft wird durch die Verweigerung der Stellungnahme in der Sache in ihrem Recht auf Mitwirkung des Gerichts verletzt. Die Staatsanwaltschaft ist nämlich entgegen letztgenannter Meinung nicht befugt, eine Einstellung ohne gerichtliche Zustimmung vorzunehmen, wenn die Voraussetzungen des § 153 I 2 nicht vorliegen. Denn die Zustimmung ist in diesem Fällen zwingende Voraussetzung für die Durchbrechung des Legali-

1109 BT-Drucks. 7/551, S. 44 zu § 153.
1110 BT-Drucks. 7/1261, S. 27.
1111 Vgl. Ausführungen im 3. Kapitel B I.
1112 Vgl. M-G § 309 Rn. 9.

tätsprinzips und kann nicht ins Belieben der Strafverfolgungsorgane gestellt werden.

ccc. Neues Zustimmungsersuchen bei einem anderen Gericht / Gegenvorstellung

Über die Frage, ob daneben auch ein Ersuchen an ein anderes zuständiges Gericht gestellt werden darf, schweigen sich – soweit ersichtlich – alle Autoren aus. Durch eine erneute Zustimmungsanfrage bei einem anderen Gericht wird das durch das Zustimmungserfordernis des § 153 a gewährleistete Legalitätsprinzip nicht gefährdet. Das erste Gericht hat in diesem Fall bisher noch keine Stellungnahme in der Sache abgegeben, die durch die spätere Inanspruchnahme eines anderen Gerichts umgangen würde. Zwar wurde der ermittelte Sachverhalt im Rahmen der Prüfung des Zustimmungserfordernisses – insbesondere unter dem Aspekt der Folgen der Tat – gewürdigt, jedoch nicht so umfassend, wie es für die Frage der Zulässigkeit der beabsichtigten Einschränkung des Legalitätsprinzips erforderlich ist. Bei der Einstellung nach § 153 a I wären insbesondere noch die Frage der Schuld und die Möglichkeit der Beseitigung des öffentlichen Interesses an der Strafverfolgung durch Erfüllung bestimmter Auflagen und Weisungen zu behandeln gewesen. Ein erneutes Zustimmungsersuchen der Staatsanwaltschaft bei einem anderen zuständigen Gericht ist daher zulässig.

Eine Gegenvorstellung kann die Staatsanwaltschaft nicht erheben, weil es sich dabei um einen Rechtsbehelf des Bürgers gegen staatliche, insbesondere richterliche Entscheidungen handelt[1113].

2. Entscheidungen über eine gerichtliche Einstellung nach § 153 a II StPO

Der Staatsanwaltschaft stehen grundsätzlich alle Rechtsmittel und außerordentlichen Rechtsbehelfe gegen Entscheidungen des Gerichts zur Verfügung. Eine Gegenvorstellung kommt für die Staatsanwaltschaft nicht in Betracht, weil sie einen Rechtsbehelf des Bürgers gegen staatliche, insbesondere richterliche Entscheidungen, als eine Ausformung des Petitionsrechts nach Art. 17 GG, darstellt[1114].

1113 Schenke Rn. 1, 6.
1114 Schenke Rn. 1, 6.

a. Gegen die vorläufige Einstellung / Abänderung der Sanktion

aa. Gegen die vorläufige Einstellung

Die Entscheidung des Gerichts über die vorläufige Einstellung ist grundsätzlich unanfechbar gem. § 153 a II 4[1115]. Der Rechtsmittelausschluß setzt aber unstreitig eine unter Beachtung der elementaren prozessualen Voraussetzungen getroffene Entscheidung voraus[1116]. Durch die Regelung des § 153 a II 4 hat der Gesetzgeber nur den Wertungsbereich der Vorschrift in Form der Beurteilung der Schuld und des öffentlichen Interesses an der Strafverfolgung von einer Überprüfung ausschließen wollen[1117].

Die Frage, in welchen Fällen die Staatsanwaltschaft gegen die vorläufige Einstellung mit einer Beschwerde erfolgreich vorgehen kann, ist äußerst umstritten. Sie entspricht der Problematik der Anfechtbarkeit der gerichtlichen Einstellungsentscheidung nach § 153 II und wird daher oftmals an jener Stelle erörtert.

aaa. Meinungsstand

Einigkeit besteht insoweit, als eine Beschwerde bei fehlender staatsanwaltschaftlicher Zustimmung[1118] zulässig sein soll[1119]. Zum Teil wird das Beschwerderecht der Staatsanwaltschaft auch für den Fall bejaht, daß sich die der Zustimmungserteilung zugrundeliegende Auflage oder Weisung nicht mit der erteilten Auflage oder Weisung deckte[1120], teilweise wird aber ein wesentliches Abweichen der be-

---

1115 Vgl. 5. Kapitel A I 2 a aa.

1116 L/R-Meyer-Goßner 23. Auflage § 153 Rn. 77.

1117 Schüth S. 116; L/R-Beulke 25. Auflage § 153 Rn. 82; L/R-Rieß 24. Auflage § 153 Rn. 79.

1118 Nach Terbach S. 197, 198 ist die Beschwerde jedoch unbegründet, wenn eine gerichtliche Substitution der gleichheitswidrig und / oder willkürlich verweigerten staatsanwaltschaftlichen Zustimmung, die im Rahmen einer verfassungskonformen Auslegung des § 153 a im Hinblick auf Art. 19 IV und 3 I GG zulässig sei, erfolgte; Terbach meint in NStZ 1998, 172, 175, 176, daß die verfassungskonforme Auslegung des § 153 a dazu führe, daß das Gericht in Entsprechung zur Rechtsprechung des BGH zur Strafmaßrevision die Einschätzung des „öffentlichen Interesses“ auf Tatsachenmängel, Abwägungsausfall, -defizit, -fehlgebrauch und disproportionalität hin überprüfen und das Verfahren bei einer abweichenden gerichtlichen Beurteilung gegebenenfalls ohne staatsanwaltschaftliche Zustimmung einstellen könne.

1119 LG Mönchengladbach StV 1987, 335 zu § 153.

1120 L/R-Beulke 25. Auflage § 153 a Rn. 134; L/R-Rieß 24. Auflage § 153 a Rn. 104; die Rspr. im Strafverfahren D2, D3 solange die Auflage oder Weisung noch nicht erfüllt sei und damit noch kein Verfahrenshindernis entstanden sei; Pfeiffer Rn. 7;

schlossenen Sanktion von derjenigen, zu der die Staatsanwaltschaft zustimmte, verlangt[1121]. Begründet wird dies damit, daß der Rechtsmittelausschluß nur soweit reiche, wie die Staatsanwaltschaft ihre Kontrolle durch die Zustimmung habe ausüben können, weil der zur Entlastung der Gerichte geschaffene Rechtsmittelausschluß nur gegen eine stärkere innerprozessuale Beteiligung der Staatsanwaltschaft, die durch die konstitutiv wirkende Zustimmung erreicht worden sei, zulässig gewesen sei [1122]. Dabei halten jedoch einige die Beschwerde aufgrund der in der Regel beim Angeschuldigten eingetretenen Vertrauenslage für unbegründet[1123], andere vertreten dagegen die uneingeschränkte Begründetheit[1124].

Darüber hinaus hält eine Auffassung eine Beschwerde auch für zulässig, wenn sich die Tat im nachhinein als Verbrechen herausstellt[1125]. Die Beschwerdebefugnis der Staatsanwaltschaft sei trotz vorheriger Zustimmung zur Einstellung bei nachträglich erkanntem Verbrechenscharakter der Tat gegeben, weil das Verfahren nicht hätte eingestellt werden dürfen, so daß der Einstellungsbeschluß einem neuen Verfahren nicht entgegenstehe[1126].

Die Gegenmeinung verneint demgegenüber bei Vorliegen eines Verbrechens die Möglichkeit einer Beschwerdeeinlegung mit der Begründung, der Gesetzgeber habe trotz Wissens um derartige Einschätzungsfehler den Rechtsmittelausschluß geschaffen[1127].

bbb. Stellungnahme

Wie bereits im Rahmen des Fehlverhaltens von Gericht und Staatsanwaltschaft erörtert, ist die Einstellungsentscheidung, die ohne erforderliches staatlichen Einvernehmen getroffen wurde, unwirksam und kann keine beschränkte Sperrwirkung entfalten. Demzufolge ist die Beschwerde in diesen Fällen, ebenso wie in

---

Grohmann DRiZ 1983, 365, 366 insbesondere was den Empfänger, die Zahlungsmodalitäten und –fristen anbetreffe.

1121 KK-Schoreit § 153 a Rn. 55.

1122 Krümpelmann Anm. zu OLG Celle NJW 1966, 1978, 1979.

1123 KMR-Müller 8. Auflage § 153 a Rn. 24; L/R-Beulke 25. Auflage § 153 a Rn. 134; L/R-Rieß 24. Auflage § 153 a Rn. 104; HK-Krehl § 153 a Rn. 33; Roxin 22. Auflage S. 74 bei Vorliegen einer Vertrauenslage, die nach seiner Meinung nicht immer eintritt; Roxin dagegen in der 25. Auflage S. 91: Vertrauenstatbestand nur, wenn Angeschuldigter Auflagen erfüllt habe.

1124 OLG Hamm MDR 1977, 949, 950; wohl auch Schuth S. 116.

1125 Schuth S. 117; Wissgott S. 394; wohl Schäfer Rn. 1559; OLG Hamm NStE 1987 Nr. 1 zu § 153 a; L/R-Rieß 24. Auflage § 153 a Rn. 104.

1126 OLG Celle NJW 1966, 1329, 1330; Kleinknecht § 153 Rn. 34; L/R-Meyer-Goßner 23. Auflage § 153 Rn. 78.

1127 Krümpelmann Anm. zu OLG Celle NJW 1966, 1978, 1979 zu § 153 III a. F..

allen anderen Fällen, in denen die vorläufige Einstellungsentscheidung unwirksam ist, aber auch wenn unerkannt ein Verbrechen vorliegt, auch begründet. Nicht einsichtig erscheint mir die obengenannten Meinung, nach der bei Vorliegen eines Verbrechens die Beschwerde wegen des Rechtsmittelausschlusses des § 153 a II 4 unzulässig sein soll, insbesondere deshalb, weil diese Ansicht trotzdem die Anfechtung bei fehlender Zustimmung zuläßt. Daß daneben auch eine schlichte Weiterverfolgung in den Fällen in Betracht kommt, in denen keine bedingte Sperrwirkung eingetreten ist[1128], läßt nicht darauf schließen, daß der Gesetzgeber eine Beschwerde nach § 304 gegen die vorläufige Einstellung vollständig ausschließen wollte. Vielmehr dient die Beschwerde mit ihrer Abänderungsbefugnis gerade in den Fällen, in denen sich nicht die Staatsanwaltschaft, sondern ein anderer Verfahrensbeteiligter gegen die Einstellung wendet, dazu, die mit der Vorschrift des § 153 a beabsichtigte Verfahrensbeschleunigung abzusichern. Würde demjenigen nicht der Beschwerdeweg offenstehen, so verbliebe ihm anderenfalls, wenn seine schlichte Einwendung ohne Erfolg blieb, nur die Möglichkeit, die Einwendung nach dem endgültigen Verfahrensabschluß im Rahmen eines von ihm erneut eingeleiteten Verfahrens geltend zu machen, weil die Verletzung der elementaren Verfahrensvorschriften im Rahmen der endgültigen Einstellung kein Prüfungsgegenstand mehr sind. Eine Gegenvorstellung gegen den vorläufigen Einstellungsbeschluß käme in diesem Fall überdies nicht in Betracht, weil er nach § 153 a II 4 in formeller Rechtskraft erwachsen würde und demzufolge vom Gericht nicht mehr abgeändert werden könnte. Dies führte unweigerlich zu einer Verlängerung der Strafverfolgung hinsichtlich dieser Tat.

ccc. Erfordernis neuer Tatsachen und Beweismittel zur Verfahrensfortsetzung

Ob die Fortsetzung des Verfahrens, wenn die Tat sich als Verbrechen darstellt, nur möglich ist, wenn neuen Tatsachen und Beweismittel vorliegen, ist umstritten[1129].

Eine Meinung bejaht das Erfordernis des Vorliegens von Nova für eine neuerliche Verfolgung der Tat[1130]. Es sei dem in § 211 normierten allgemeinen Prinzip zu entnehmen, daß ein Verfahren nur bei Vorliegen neuer Tatsachen und Beweismittel wieder aufgenommen werden könne, wenn dieses durch eine materielle Fragen behandelnde verfahrensabschließende und unanfechtbare Entschei-

1128 M-G § 153 a Rn. 52, 54; Radtke S. 392.

1129 Vgl. hierzu die Ausführungen im 3. Kapitel A III.

1130 Ranft Rn. 1168; Kleinknecht § 153 a Rn. 52; KK-Schoreit § 153 a Rn. 59; Kleinknecht FS-Bruns S. 475, 482.

dung abgeschlossen wurde[1131]. Das Bedürfnis nach „Rechtsklarheit und Rechtsbefriedigung" sei bei einer Einstellung nach § 153 a gleichermaßen gegeben[1132].

Nach zutreffender Ansicht sind dagegen neuen Tatsachen und Beweismittel keine Voraussetzung für die Weiterverfolgung[1133]. Dies gilt sogar für den Fall, daß der Verbrechenscharakter die ganze Zeit aus den Akten hervorging und übersehen wurde[1134]. Da die Einstellungsentscheidung[1135] nicht zu begründen ist, ist eine Feststellung, ob die Tatsachen und Beweismittel neu sind, nicht möglich[1136]. Der Wortlaut des § 153 a läßt nach Vergleich mit anderen gesetzlichen Vorschriften, wie den §§ 47 II JGG, 174 II und 211, die eine beschränkte Rechtskraft normieren und die die Verfahrensfortsetzung explizit nur bei Vorliegen neuer Tatsachen und Beweismittel ermöglichen, keinen anderen Schluß zu[1137].

bb. Gegen die Abänderung der Sanktion

Die Staatsanwaltschaft kann die nachträgliche Abänderung der Sanktion mittels der Beschwerde nach § 304 anfechten, wenn keine Sperrwirkung hinsichtlich dieser abgeänderten Einstellung eingetreten ist, insbesondere wenn ihre Zustimmung nicht vor Festlegung der neuen Sanktion eingeholt wurde oder diese von ihrer Zustimmung abweicht.

b. Gegen die endgültige Einstellung

aa. Ordentliche Rechtsbehelfe

Für die endgültige Einstellung gilt der Rechtsmittelausschluß des § 153 a II 5, wonach die Feststellung, daß die erteilten Auflagen und Weisungen erfüllt worden sind, nicht anfechtbar ist. Ob dennoch und gegebenenfalls wann eine Beschwerde, gestützt auf den Nichteintritt des Strafklageverbrauchs, möglich ist, wird unterschiedlich beurteilt.

1131 Ranft Rn. 1168; Kleinknecht FS-Bruns S. 475, 482; vgl. Radtke S. 215.
1132 Ranft Rn. 1168.
1133 Loos JZ 1978, 592, 598; Radtke S. 216, 392, 393, 394; Pfeiffer § 153 a Rn. 9; HK-Krehl § 153 a Rn. 20; AK-Schöch § 153 a Rn. 38; Schäfer 5. Auflage Rn. 364.
1134 M-G § 153 a Rn. 54, 52; L/R-Beulke 25. Auflage § 153 a Rn. 99; L/R-Rieß 24. Auflage § 153 a Rn. 69; KMR-Müller 8. Auflage § 153 a Rn. 26; Trepper S. 118.
1135 Radtke S. 216.
1136 Trepper S. 118; Loos JZ 1978, 592, 598.
1137 Loos JZ 1978, 592, 598; Trepper S. 118.

aaa. Meinungsstand

Nach allgemeiner Meinung muß ein neues Verfahren eingeleitete werden, wenn sich nachträglich herausstellt, daß die Tat als Verbrechen statt als Vergehen zu qualifizieren ist[1138].

Eine Ansicht hält die Beschwerde gegen die endgültige Einstellung, gestützt auf den Einwand der inkorrekten Auflagenerfüllung mit dem Ziel der Verfahrensfortsetzung wegen der Regelung des § 153 a II 5 für unstatthaft[1139]. Sie verweist die Staatsanwaltschaft auf die Erhebung einer neuen Klage, die möglich sei, weil die Einstellung die Rechtshängigkeit des Verfahrens beendet habe. Im neuen Verfahren werde sodann der Eintritt der Sperrwirkung nach § 153 a I 5 erneut geprüft[1140].

Eine Ansicht befaßt sich mit den Unanfechtbarkeitsbestimmungen des § 153 a II 4 und 5 insgesamt und benennt insoweit ohne spezielle Differenzierung der Rechtsschutzmöglichkeiten gegen die vorläufige und die endgültige Einstellungsentscheidung folgende Fallgestaltungen, bei denen eine Beschwerde möglich sein soll. Sie soll insbesondere eröffnet sein, wenn unverzichtbare prozessuale Voraussetzungen für die Einstellung – wie die Zustimmung der Staatsanwaltschaft oder das rechtliche Gehör – gefehlt hätten, soweit die Handlungsweise ohne rechtliche Grundlage erfolgt oder wenn mangels Erfüllung der Sanktion kein Verfahrenshindernis entstanden sei[1141].

Wieder andere sprechen sich für eine Anfechtbarkeit der endgültigen Einstellung mittels einer Beschwerde bei nachträglich erkannter inkorrekter Erfüllung der Auflagen und Weisungen aus[1142]. Insoweit sei das alte Verfahren fortzusetzen[1143]. Eine Beschwerde gestützt auf das Fehlen der staatsanwaltschaftlichen

---

1138 AK-Schöch § 153 a Rn. 66; L/R-Beulke 25. Auflage § 153 a Rn. 135; L/R-Rieß 24. Auflage § 153 a Rn. 105; L/R-Meyer-Goßner 23. Auflage § 153 a Rn. 100; KK-Schoreit § 153 a Rn. 64, 66; HK-Krehl § 153 a Rn. 37; zweifelhaft dagegen KMR-Müller 8. Auflage § 153 a Rn. 24.

1139 Schäfer Rn. 1559; L/R-Rieß 24. Auflage Nachtrag zu § 153 a Rn. 3.

1140 L/R-Rieß 24. Auflage § 153 a Rn. 105 und Nachtrag zu § 153 a Rn. 4; AK-Schöch § 153 a Rn. 66.

1141 M-G § 153 a Rn. 57.

1142 HK-Krehl § 153 a Rn. 37; KK-Schoreit § 153 a Rn. 64; zur alten Rechtslage vor Schaffung des § 153 a II 5 Schuth S.117, 118; L/R-Meyer-Goßner 23. Auflage § 153 a Rn. 102.

1143 KK-Schoreit § 153 a Rn. 66.

Zustimmung käme dagegen nicht in Betracht, weil die Entscheidung hierüber keine Feststellung enthalte[1144].

bbb. Stellungnahme

Nach § 153 a II 5 ist der die Feststellung enthaltene Beschluß, daß die erteilten Auflagen und Weisungen erfüllt worden sind, unanfechtbar. Insoweit kommt eine auf diesen Einwand gestützte Beschwerde von vornherein nicht in Betracht. Die Regelung des § 153 a II 5 spricht zwar nur die Unanfechtbarkeit der Feststellung der Sanktionserfüllung aus, jedoch enthält der endgültige Einstellungsbeschluß auch keine weiteren Feststellungen, so daß auch eine Anfechtung der endgültigen Einstellungsentscheidung wegen Verletzung elementarer Verfahrensvoraussetzungen, die einem Strafklageverbrauch entgegenstanden, ausscheidet. Die Beurteilung der Tat als Vergehen und die Annahme der Vorlage aller elementaren Verfahrensvorausssetzungen, wie beispielsweise das Vorhandensein der Zustimmung der Staatsanwaltschaft und des Angeschuldigten, wurde bereits im Rahmen der vorläufigen Einstellung vorgenommen. Eine Beschwerde gegen die endgültige Verfahrenseinstellung kann aber nur auf Einwände gegen die Voraussetzungen dieser Einstellung gestützt werden, die das Gericht bei Erlaß des Beschlusses zu prüfen hatte. Bereits im Hinblick auf den eindeutigen Wortlaut des § 153 a II 5 führt auch die Meinung, nach der das alte Verfahren auf eine zulässige Beschwerde wegen inkorrekter Sanktionserfüllung fortgesetzt wird, zu einem fragwürdigen Ergebnis. Sie muß somit davon ausgehen, daß der Anfechtungsausschluß des § 153 a II 5 nicht greift und das Verfahren weiterhin rechtshängig ist, wenn der Einstellungsbeschluß fehlerhaft erging. Andererseits schließt sie eine Anfechtung mit dem Einwand der fehlenden staatsanwaltschaftlichen Zustimmung aus, da sie vom Gericht nicht mehr überprüft worden sei. Wäre das Verfahren aber noch rechtshängig, so würde der Zustimmungsfehler auch in einem neuen Verfahren nicht behebbar sein, da die Rechtshängigkeit einer neuen Klage entgegenstünde. Damit würde eine Tat nicht bestraft werden können, obwohl kein Strafklageverbrauch eingetreten ist. Da der endgültige Einstellungsbeschluß aber keine weitere als die nicht anfechtbare Feststellung der Sanktionserfüllung enthält, ist er somit formell rechtskräftig und damit nicht mehr rechtshängig[1145]. Darüber hinaus besteht auch kein rechtsstaatliches Bedürfnis, ausnahmsweise eine Anfechtung zuzulassen, weil die Staatsanwaltschaft zur erneuten Anklageer-

---

1144 Zur alten Rechtslage vor Schaffung des § 153 a II 5 L/R-Meyer-Goßner 23. Auflage § 153 a Rn. 100; wohl auch Schuth S. 117, 118; aktuell KK-Schoreit § 153 a Rn. 64; keine Stellungnahme zu dieser Problematik bei HK-Krehl.

1145 Nach L/R-Rieß 25. Auflage Einl. Abschn. J Rn. 82 beendet die formelle Rechtskraft einer Entscheidung die Rechtshängigkeit der Sache.

hebung hinsichtlich der eingestellten Tat befugt ist, da insoweit kein Strafklageverbrauch eingetreten ist, der einer Strafverfolgung im Wege stände. Insoweit führt der mit schweren, den Strafklageverbrauch verhindernden Fehlern behaftete Beschluß keine endgültige Rechtslage in der Hauptsache herbei, welche es zu beseitigen gelte.

In allen drei diskutierten Fällen – der fehlenden staatsanwaltschaftlichen Zustimmung, der Nichterfüllung der Sanktion und des Vorliegens eines Verbrechens – , aber auch in allen anderen Fällen[1146], in denen keine Strafklageverbrauch eingetreten ist, steht der Staatsanwaltschaft keine Beschwerde gegen die endgültige gerichtliche Verfahrenseinstellung zur Verfügung. Sie kann allerdings jeweils ein neues Verfahren wegen der eingestellten Tat einleiten.

bb. Außerordentliche Rechtsbehelfe

aaa. Wiederaufnahme des Verfahrens nach §§ 359 ff StPO

Auch im Rahmen der gerichtlichen Einstellung stellt sich die Frage, ob eine Wiederaufnahme des nach §§ 153 a II 2, 153 a I 5 endgültig eingestellten Verfahrens analog §§ 359 ff bei Änderung der Sach- und Rechtslage möglich ist.

Die Staatsanwaltschaft ist grundsätzlich nach § 365 i.V.m. § 296 I, II befugt, sowohl zugunsten als auch zuungunsten des Beschuldigten ein Wiederaufnahmeverfahren zu beantragen[1147]. Teilweise wird eine Wiederaufnahme zuungunsten des Beschuldigten nach §§ 359 ff wegen der Vorschrift des § 153 a I 5, die speziell eine Wiederaufnahme des Verfahrens zuungunsten des Beschuldigten bei nunmehriger Einschätzung der Tat als Verbrechen vorsehe, als ausgeschlossen betrachtet[1148]. Diese Einschränkung ist jedoch meines Erachtens der Norm des § 153 a I 5 nicht zu entnehmen, da sie nicht einen Wiederaufnahmegrund regelt, sondern der Einstellung vielmehr erst eine auf den Vergehensbereich beschränkte Rechtskraft beimißt. Ohne die Vorschrift des § 153 a I 5 käme der Einstellung des Verfahrens nach § 153 a gar kein Strafklageverbrauch zu. Die Durchbrechung der Rechtskraft bedarf im Hinblick auf den grundsätzlichen Vorrang der Rechtssicherheit, die den Schutz des Vertrauens der Allgemeinheit und des Angeschuldigten auf die Beständigkeit der Entscheidung gewährleistet, einer beson-

1146 Siehe hierzu die Darstellungen im 3. Kapitel.

1147 L/R-Gössel 25. Auflage § 365 Rn. 3, 4.

1148 Hellmann MDR 1989, 952, 953 Fußn. 18a; Tiemann/Marxen Rn. 26; wohl ebenfalls als Sonderregelung aber ohne Einschränkung auf die Wiederaufnahme zulasten des Angeschuldigten angesehen von L/R-Gössel 24. Auflage Vor § 359 Rn. 55, 25. Auflage Vor § 359 Rn. 56.

deren, gesetzlich in den §§ 359 ff normierten Situation, in der ausnahmsweise die materielle Gerechtigkeit deutlich überwiegt[1149].

Ob aber das Wiederaufnahmeverfahren nach §§ 359 ff überhaupt für ein durch endgültigen gerichtlichen Einstellungsbeschluß nach § 153 a II beendetes Verfahren eröffnet ist, ist umstritten[1150].

Eine Wiederaufnahme nach §§ 359 ff in direkter oder analoger Anwendung scheitert nach hier vertretener Ansicht am eindeutigen Wortlaut der Vorschrift, der nur Urteile nennt, und an einer fehlenden Verweisungsnorm. Eine Regelungslücke hinsichtlich strafklageverbrauchender Beschlüsse ist nicht vorhanden. Denn obwohl sich der Gesetzgeber der Existenz strafklageverbrauchender Beschlüsse bewußt war, wie die Vorschrift des § 373 a belegt, hat er keine dem § 373 a vergleichbare Vorschrift für die Wiederaufnahme eines nach § 153 a I 5, II abgeschlossenen Verfahrens geschaffen. Daß er gerade die Norm des § 153 a vergessen haben sollte, ist nicht ersichtlich. Gerade das mit dieser Norm bezweckte Justizentlastungs- und Verfahrensbeschleunigungsziel spricht dafür, daß das Verfahren im Vergehensbereich endgültig abgeschlossen werden sollte.

bbb. Wiederaufnahmegrund des § 79 I BVerfGG

Ebenso ist eine Wiederaufnahme des durch einen Einstellungsbeschluß nach § 153 a II, I 5 endgültig eingestellten Verfahrens nach § 79 I BVerfGG – unerheblich ob zugunsten oder zulasten des Angeschuldigten[1151] – wegen einer vom Bundesverfassungsgericht für nichtig erklärten Auslegung einer Norm, wegen derer das Strafverfahren gegen den Angeschuldigten betrieben wurde, unzulässig. Denn der Einstellungsbeschluß nach § 153 a II kann nicht unter den Begriff des Strafurteils subsumiert werden. Wegen der Einzelheiten dieses Streit wird auf die

1149 Vgl. KMR-Paulus Vor § 359 Rn. 18.

1150 Vgl. hierzu die Ausführungen im 5. Kapitel A I 2 d bb aaa.

1151 Eine Wiederaufnahme des Verfahrens zuungunsten des Angeschuldigten halten mit unterschiedlichen Begründungen für unzulässig Dingeldey NStZ 1985, 337, 339; U/C § 79 Rn. 20; Maurer JZ 1963, 666, 667; KK-v.Stackelberg 1. Auflage § 359 Rn. 35; Kneser AöR 89, 129, 160; AK-Loos Vor § 359 Rn. 28, 29; LG Aachen NJW 1962, 1973, 1975; eine Wiederaufnahme des Verfahrens zugunsten und zuungunsten bejahen mit unterschiedlichen Begründungen Bertram MDR 1962, 535; BVerfGE 15, 303, Reiff NJW 1960,1559; Unterscheidung zugunsten/zuungunsten passe nicht bei § 79 nach KK-Schmidt Vor § 359 Rn. 18; L/R-Gössel 25. Auflage Vor § 359 Rn. 168; vgl. BGHSt 18, 268, 270; L/R-Gössel 25. Auflage Vor § 359 Rn. 168; vgl. BGHSt 18, 268, 270; KMR-Paulus Vor § 359 Rn. 22; L/R-Meyer 23. Auflage Vor § 359 Rn. 31, 45; L/R-Gössel Vor § 359 Rn. 151.

zu den Rechtsbehelfen des Beschuldigten gegen die endgültige Verfahrenseinstellung nach § 153 a II gemachten Ausführungen verwiesen[1152].

c. Gegen die Ablehnung der vorläufigen Einstellung / der Abänderung der Sanktion

Der Beschluß, durch den die vorläufige Einstellung das Verfahrens oder die Abänderung der Sanktion abgelehnt wird, ist nicht anfechtbar[1153], da die Entscheidung schon nicht ausdrücklich ergehen muß, sondern auch stillschweigend getroffen werden kann. Wenn die Ablehnung der Abänderung im Hauptsacheverfahren erging, ist die Beschwerde nach dem Rechtsgedanken des § 305 ausgeschlossen[1154]. Da eine Einstellung während des gesamten Verfahrens auch noch in der nächsten Tatsacheninstanz erfolgen kann, kommt eine gesonderte Beschwerde gegen die Entscheidung nicht in Betracht[1155]. Ergibt sich die Ablehnung im Zwischenverfahren konkludent aus der Tatsache des Erlasses des Eröffnungsbeschlusses, ist sie ebenso wie der Eröffnungsbeschluß nach § 210 I nicht anfechtbar[1156]. Erging die Entscheidung durch ausdrücklichen Beschluß, so ergibt sich die Unanfechtbarkeit der Ablehnungsentscheidung im Zwischenverfahren aus § 201 II 2, wonach Entscheidungen über Anträge nicht der Anfechtung unterliegen[1157]. Außerdem ist für die Entscheidung über die vorläufige Einstellung immer das mit der Sache befaßte Gericht zuständig[1158].

Das im Rahmen der Verfahrensfortsetzung ergangene Urteil kann nicht mit einer Revision, die auf die Ablehnung der vorläufigen Einstellung gestützt wird, angefochten werden[1159], weil die Ablehnung keine dem Urteil vorausgehende Entscheidung i.S.d. § 336 ist.[1160] Gegen ein rechtskräftiges Urteil oder einen rechtskräftigen Strafbefehl ist nach h.M. auch ein Wiederaufnahmeverfahren nach § 359 direkt oder analog mit dem Ziel der Aufhebung der Entscheidung und der vorläufigen Einstellung nach §§ 153 ff nicht möglich[1161].

1152 Vgl. 5. Kapitel A I 2 d bbb.
1153 Kleinknecht § 153 a Rn. 55; HK-Krehl § 153 a Rn. 29; Pfeiffer § 153 a Rn. 7.
1154 L/R-Meyer-Goßner 23. Auflage § 153 Rn. 76.
1155 L/R-Meyer-Goßner 23. Auflage § 153 Rn. 76.
1156 L/R-Beulke 25. Auflage § 153 a Rn. 133; L/R-Rieß 24. Auflage § 153 a Rn. 103; L/R-Meyer-Goßner 23. Auflage § 153 a Rn. 94, 88, § 153 Rn. 76.
1157 L/R-Beulke 25. Auflage § 153 a Rn. 133; L/R-Rieß 24. Auflage § 153 a Rn. 103; L/R-Meyer-Goßner 23. Auflage § 153 a Rn. 94, 88, § 153 Rn. 76.
1158 M-G § 153 Rn. 35.
1159 M-G § 153 a Rn. 57.
1160 L/R-Meyer-Goßner 23. Auflage § 153 Rn. 83; Pfeiffer § 153 a Rn. 11.
1161 M-G § 153 a Rn. 57.

d. Gegen die Ablehnung der endgültigen Einstellung

Aus den gleichen Gründen, aus denen die Entscheidung, durch die die vorläufige Einstellung oder die Abänderung der Sanktion abgelehnt wird, nicht mit der Beschwerde angefochten werden kann, scheidet auch eine Beschwerde gegen die Ablehnung der endgültigen Einstellung aus[1162]. Insbesondere ließ die geltend zu machende fristgerechte Erfüllung der Sanktion ein Verfahrenshindernis entstehen, daß während des gesamten Verfahrens zu beachten ist[1163]. Die Rechtslage stellt sich somit beim Wiederaufnahmebeschluß wie bei der Ablehnung einer Einstellung wegen Vorliegens eines Verfahrenshindernisses nach § 206 a dar, bei der ebenfalls eine Beschwerde gegen die Ablehnung der Einstellung ausgeschlossen ist[1164].

Weil die Entscheidung, ob eine fristgerechte Erfüllung der Sanktionen vorliegt, die zu einem Verfahrenshindernis führte, der Urteilsfindung vorausgeht[1165], kann sie nur mit den gegen die Endentscheidung zur Verfügung stehenden Rechtsmitteln angefochten werden[1166]. Insbesondere hat eine Revision gegen ein Urteil zugunsten des Verurteilten bei vollständiger Auflagenerfüllung wegen Verstoßes gegen den Grundsatz des ne bis in idem Erfolg[1167].

Auch eine Wiederaufnahme eines trotz vollständiger und fristgerechter Sanktionserfüllung durch rechtskräftiges Urteil oder Strafbefehl abgeschlossenes Verfahren zugunsten des Verurteilten ist nach hier vertretener Meinung möglich[1168].

3. Zusammenfassung

Gegen „Entscheidungen“ im Zusammenhang mit einem Einstellungsverfahren hat die Staatsanwaltschaft folgende Handlungsmöglichkeiten:

a. Gegen ihre eigenen Entscheidungen hat die Staatsanwaltschaft, weil sie selbst gehandelt hat, keine Rechtsbehelfe. Ist jedoch kein Strafklageverbrauch eingetreten oder liegt nach nunmehrigem Kenntnisstand ein Verbrechen vor, so kann sie das Verfahren einfach – auch ohne Vorliegen neuer Tatsachen oder Beweismittel – fortsetzen.

1162 Vgl. hierzu die Begründungen im 5. Kapitel A III 2 c, wobei in diesem Fall nicht allein der Rechtsgedanke aus § 305, sondern diese Vorschrift selbst anzuwenden ist.
1163 OLG Düsseldorf MDR 1985, 867 f; OLG Stuttgart MDR 1980, 250.
1164 OLG Stuttgart MDR 1980, 250.
1165 OLG Stuttgart MDR 1980, 250.
1166 OLG Düsseldorf MDR 1985, 867 f; KMR-Müller 8. Auflage § 153 a Rn. 24.
1167 Vgl. hierzu die Ausführungen im Rahmen der Rechtsbehelfe des Angeschuldigten; L/R-Beulke 25. Auflage § 153 a Rn. 143; L/R-Rieß 24. Auflage § 153 a Rn. 110.
1168 Vgl. Ausführungen im 5. Kapitel A I 1 f bb bbb bbbb.

b. Die gerichtliche Zustimmungsverweigerung in der Sache ist für die Staatsanwaltschaft nicht anfechtbar, weil eine Beschwerde dem Beschleunigungszweck der Vorschrift entgegenliefe und eine Beschwerdebefugnis der Staatsanwaltschaft fehlt. Verweigerte das Gericht dagegen die Zustimmung, weil es sich für unzuständig oder die Einstellung für zustimmungsfrei ansah, so steht der Staatsanwaltschaft das Beschwerderecht zu, weil das Gericht ihr insoweit seine Mitwirkung an der Einstellungsentscheidung versagte. In diesen beiden letzten Fällen kann die Staatsanwaltschaft auch einfach eine neue Zustimmungsanfrage bei einem anderen zuständigen Gericht stellen.

c. Die Staatsanwaltschaft kann die vorläufige gerichtliche Einstellung und die Abänderung der Sanktion mittels einer Beschwerde trotz des Anfechtungsausschlusses des § 153 a II 4 erfolgreich wegen Verletzung elementarer prozessualer Voraussetzungen (fehlende Zustimmung und Vorliegen eines Verbrechen etc.) anfechten.

d. Die endgültige gerichtliche Einstellung kann von der Staatsanwaltschaft mit der Rüge des Nichteintritts der Sperrwirkung auch im Fall der Nichterfüllung der Sanktion mangels Rechtshängigkeit der Sache nach endgültiger Verfahrenseinstellung im Hinblick auf § 153 a II 5 nicht angefochten werden. Die Staatsanwaltschaft kann aber in diesem Fall ein neues Verfahren einleiten. Eine Wiederaufnahme des Verfahrens nach §§ 359 ff und § 79 I BVerfGG ist nicht möglich.

e. Die Staatsanwaltschaft kann die gerichtliche Entscheidung, das Verfahren nicht vorläufig einzustellen oder eine Sanktion nicht abzuändern, nicht anfechten.

f. Auch die Ablehnung der endgültigen Einstellung ist nicht anfechtbar. Gegen ein daraufhin ergangenes nicht rechtskräftiges Urteil bleiben der Staatsanwaltschaft die gegen dieses möglichen Rechtsmittel, gegen eine rechtskräftige Entscheidung der Antrag auf Wiederaufnahme des Verfahrens gem. §§ 359 ff.

B. Rechtsbehelfe gegen die Nebenentscheidungen

I. Wann ergehen Nebenentscheidungen?

1. Staatsanwaltschaftliche Einstellungsverfügung

Die vorläufige und die endgültige Einstellungsverfügung der Staatsanwaltschaft ergehen ohne Entscheidung über die Kosten und Auslagen oder eine Entschädigung für eine Strafverfolgungsmaßnahme[1169]. Eine Kostenentscheidung ergeht

1169 M-G § 153 a Rn. 45.

selbst bei einer Einstellung nach Klagerücknahme nicht nach § 467 a, weil nach der Regelung des § 467 V, der von § 467 a I 2 sinngemäß für anwendbar erklärt wird, der Staatskasse die notwendigen Auslagen des Beschuldigten nicht auferlegt werden können[1170]. Über eine Entschädigung nach § 3 StrEG, sofern man entgegen der hier vertretenen Meinung eine solche in den Fällen der endgültigen[1171] Einstellungen nach § 153 a für möglich hält[1172], entscheidet nicht die Staatsanwaltschaft. Vielmehr trifft auf Antrag des Beschuldigten das Amtsgericht am Sitz der Staatsanwaltschaft gem. § 9 I 1 StrEG oder in den Fällen des § 9 I 2 StrEG das Gericht, das für die Eröffnung des Hauptverfahrens zuständig gewesen wäre, diese Entscheidung[1173]. Über sein Antragsrecht und die zu wahrende Frist ist der Beschuldigte zu belehren gem. § 9 I 5 StrEG[1174].

2. *Gerichtlicher Einstellungsbeschluß*

Der gerichtliche Beschluß, durch den das Verfahren vorläufig eingestellt wird, ergeht ohne Entscheidung über die Kosten und Auslagen und über etwaige Entschädigungsansprüche für die Strafverfolgung[1175].

Der gerichtliche endgültige Einstellungsbeschluß ist dagegen[1176] mit einer Kostenentscheidung des Inhalts zu versehen, daß der Staatskasse die Kosten des Verfahrens nach § 467 I auferlegt werden, der Angeklagte seine notwendigen Auslagen nach § 467 V und regelmäßig nach § 472 II 2 auch die notwendigen Auslagen des Nebenklägers trägt[1177]. Der frühere Streit, ob der Angeschuldigten die notwendigen Auslagen des Nebenklägers tragen muß[1178], ist durch die Rege-

---

1170 L/R-Beulke 25. Auflage § 153 a Rn. 113; L/R-Rieß 24. Auflage § 153 a Rn. 83.

1171 M-G § 9 StrEG Rn. 1.

1172 Bejahend M-G § 3 StrEG Rn. 1, da § 153 a eine Ermessensnorm darstelle; KK-Schoreit § 153 a Rn. 62.

1173 M-G § 9 StrEG Rn. 4, 9; M-G § 153 a Rn. 45.

1174 M-G § 9 StrEG Rn. 3.

1175 HK-Krehl § 153 a Rn. 32; M-G § 153 a Rn. 50; Koch JR 1976, 230 Fußn. 2 bzgl. Kostenentscheidung; M-G § 8 StrEG Rn. 2 eine Entscheidung über einen etwaigen Entschädigungsanspruch setze eine endgültige, nicht bloß eine vorläufige Verfahrenseinstellung voraus.

1176 Außer den etwaigen Säumniskosten nach § 467 II.

1177 L/R-Beulke 25. Auflage § 153 a Rn. 130; L/R-Rieß 24. Auflage § 153 a Rn. 99; M-G § 153 a Rn. 55; Glaremin/Becker JA 1988, 602, 603; Pfeiffer § 153 a Rn. 9.

1178 Vgl. L/R-Rieß 24. Auflage § 153 a Rn. 100; LG Bremen AnwBl 1976, 25 ging von Möglichkeit der Auferlegung aus; zu den Gründen der dem Angeschuldigten in der Regel aufzuerlegenden Auslagen des Nebenklägers LG Stuttgart AnwBl 1979, 201.

lung des § 472 II 2 hinfällig geworden[1179]. In keinem Fall trägt die Staatskasse die Auslagen[1180].

Ob daneben gegebenenfalls eine Entscheidung über eine Entschädigung für erlittene Strafverfolgungsmaßnahmen ergehen kann, ist umstritten[1181].

Nach einer Auffassung kann eine Einstellung nach § 153 a einen Entschädigungsanspruch nach § 3 StrEG auslösen[1182], weil der Gesetzeswortlaut allein diesen Schluß zuließe[1183], da § 153 a eine „kann"-Regelung enthält, mit der der Gesetzgeber üblicherweise ein Ermessen umschreibe[1184]. Da zwischen der vorläufigen und der endgültigen Einstellung eine Einheit bestehe, die durch eine getrennte Betrachtung der Entscheidung anderenfalls in unnatürlicher Weise zerstört würde, müsse die Einstellung einheitlich als eine Ermessensentscheidung angesehen werden[1185].

Zutreffend verneint die Gegenmeinung die Anwendbarkeit des § 3 StrEG bei Einstellungen gegen Auflage und Weisung. Sie begründet dies damit, daß nur die vorläufige Einstellung dem Ermessen des Gerichts oder der Staatsanwaltschaft unterliege, dabei aber nicht zu einer endgültigen Verfahrensbeendigung führe, die endgültige Einstellung dagegen zwar das Verfahren endgültig abschließe, dabei aber nicht im Ermessen des Erlassenden stünde[1186].

Dieses Argument greift nach hier vertretener Meinung nicht, weil dem handelnden Organ aus eingangs erläuterten Gründen[1187] schon kein Ermessen bei der Frage der vorläufigen Einstellung eingeräumt wurde, so daß in keiner Weise eine Ermessensentscheidung, die § 3 StrEG voraussetzt, gegeben ist. Die Meinung

---

1179 KK-Schoreit § 153 a Rn. 63; AK-Schöch § 153 a Rn. 65; L/R-Beulke 25. Auflage § 153 a Rn. 130; vgl. L/R-Rieß 24. Auflage Nachtrag zu § 153 a Rn. 11.

1180 M-G § 472 Rn. 13; a. A. LG Bremen AnwBl 1976, 25, nach dem die Staatskasse die Auslagen des Nebenklägers zu tragen habe, wenn das Gericht diese nicht dem Angeklagten auferlege.

1181 OLG Hamburg MDR 1993, 948; OLG Karlsruhe MDR 1991, 978.

1182 Pfeiffer § 153 a Rn. 9; M-G § 153 a Rn. 55, § 3 StrEG Rn. 1; KMR-Plöd § 153 a Rn. 60; Schätzler/Kunz § 3 Rn. 20; KK-Schoreit § 153 a Rn. 62; AK-Schöch § 153 a Rn. 64; Meyer § 3 Rn. 14 a; LG Flensburg MDR 1978, 868, wobei die Gewährung einer Entschädigung die Ausnahme zu bleiben habe.

1183 Sojka Anm. zu OLG Hamburg MDR 1993, 948, 949.

1184 OLG Karlsruhe MDR 1991, 978: der Gesetzgeber habe sämtliche Ermessensentscheidungen mit § 3 StrEG erfassen wollen.

1185 OLG Hamburg MDR 1993, 948, 949; OLG Karlsruhe MDR 1991, 978.

1186 Vgl. OLG Stuttgart MDR 1991, 978; OLG Hamburg MDR 1993, 948, 949; Schätzler § 3 Rn. 12 (bzgl. der endgültigen Einstellung); K/M 39. Auflage § 3 StrEG Rn. 1, anders allerdings bei § 153 a Rn. 55; KMR-Müller 8. Auflage § 153 a Rn. 27 (zur vorläufige Einstellung – mangels Endgültigkeit); Grohmann, BA 1985, 233, 234.

1187 1. Kapitel C II 3 b.

trägt jedoch zutreffend weiterhin vor, daß eine Entschädigung für Strafverfolgungsmaßnahmen entsprechend der vom Gesetzgeber getroffenen Überlegungen hinsichtlich der Kosten- und Auslagentragung nicht in Betracht kommen kann, weil sie dem Zweck der Einstellungsnorm entgegenwirkt. Der Angeschuldigte hat aus diesem Grunde keine Anspruch auf Erstattung seiner notwendigen Auslagen. Entsprechende Konsequenz muß auch für die Frage einer Entschädigungsforderung gelten, deren der Gesetzgeber im Gesetzgebungsverfahren nicht bedacht hat[1188]. Zudem können erstattungsfähige Strafverfolgungsmaßnahmen bei der Wahl der Sanktionen bedacht werden[1189].

II. Anfechtbarkeit dieser Nebenentscheidungen

Eine Anfechtung der Entscheidung über die Kosten und Auslagen ist nach § 464 III 1 Hs.2 ausgeschlossen, weil die Hauptsacheentscheidung in Form der endgültigen Einstellung nach § 153 a II 5 unanfechtbar ist[1190].

Entsprechend den vorstehenden Darlegungen[1191] handelt es sich dabei um einen uneingeschränkten Anfechtungsausschluß für die endgültige Einstellungsentscheidung. Deshalb ist auch eine abredewidrige Kostenentscheidung, wie sie dem LG Koblenz[1192] vorgelegen hat, nicht anfechtbar. Die Auslegung des Anfechtungsausschlusses in § 464 III ergibt, daß er ausnahmslos gelten muß. Der Gesetzgeber hat durch die Schaffung dieser Vorschrift den bis dahin bestehenden Streit über die Möglichkeit einer Anfechtung von Nebenentscheidungen, wenn die Hauptsacheentscheidungen unanfechtbar sind, beilegen und eindeutig klarstellen wollen, daß in diesem Fall auch die Anfechtung der Nebenentscheidungen

---

1188 Schätzler § 3 Rn. 12.

1189 Schätzler § 3 Rn. 12.

1190 M-G § 153 a Rn. 58, § 464 Rn. 17; L/R-Beulke 25. Auflage § 153 a Rn. 138, § 153 Rn. 84; L/R-Rieß 24. Auflage § 153 a Rn. 71 Fußn. 174, Rn. 106, Nachtrag zu § 153 a Rn. 1; zum ehemaligen Streit vor Schaffung des § 464 III, ob die Unanfechtbarkeit der Hauptsacheentscheidung die Unanfechtbarkeit der Nebenentscheidung bedingte L/R-Rieß 24. Auflage § 153 Rn. 81; L/R-Hilger 25. Auflage § 464 Rn. 51; Meyer JurBüro 1981, 1762 ff; zur alten Rechtslage vor Einführung des § 153 a II 5 Koch JR 1976, 230 Fußn. 2, der eine Anfechtung zuließ, weil er die Rechtsgrundlage des Beschlusses in § 206 a sieht (andere sahen sie dagegen in § 153 a, vgl. 1. Kapitel C VIII).

1191 5. Kapitel A I 2 d.

1192 Vgl. LG Koblenz NJW 1983, 2458 zur alten Rechtslage der Kostentragung analog § 471 III 2; Hellmann MDR 1989, 952, 953 Fußn. 18, der auf die vorgenannte Entscheidung verweist.

ausgeschlossen ist[1193]. Hierdurch beabsichtigte er eine Verfahrensbeschleunigung und Justizentlastung durch die Eindämmung der erhöhten Anzahl von Rechtsmittelverfahren, die sich gegen die Kostenentscheidung richteten, zu erzielen[1194]. Ließe man eine Anfechtung der Kostenentscheidung ausnahmsweise für die Fälle der abredewidrigen Kostenentscheidung zu, so führte dies dazu, daß die endgültige Einstellungsentscheidung nach § 153 a II entweder ausnahmsweise oder immer nach § 34 begründet werden müßte. Eine ausnahmsweise Begründung dieser Entscheidung wäre aber nicht praktizierbar, weil das Gericht in den meisten Fällen – so im Falle des LG Koblenz – den Verstoß gegen die Abrede nicht bemerken dürfte und damit den Beschluss nicht gesondert begründen wird, um eine Überprüfung der Kostenentscheidung zu ermöglichen. Aber auch eine Verpflichtung zur Begründung jeder Einstellungsentscheidung kann vom Gesetzgeber, der die Kostenvorschrift besonders auch im Zusammenhang mit § 153 a II erwähnt[1195], nicht gewollt gewesen sein. Er begründete den Anfechtungsausschluß damit, daß eine Anfechtung der Kostenentscheidung der bezweckten Vereinfachung des Verfahrens entgegen stünde, weil sie dazu führte, daß das erstinstanzliche Gericht die Hauptsacheentscheidung, obwohl diese für sich genommen unanfechtbar und damit in Anbetracht des § 34 begründungsfrei wäre, nunmehr zu begründen hätte, um eine Nachprüfung der Kostenentscheidung zu ermöglichen. Die erste Variante, die der ausnahmsweisen Begründung, hat der Gesetzgeber ebenfalls nicht gewollt, da er die Gefahr sah, daß ein Verfahren, welches bereits abschlußreif ist, nur zum Erlaß der Kostenentscheidung fortgeführt wird, weil die hierfür erforderlichen Feststellungen einer Verfahrensfortsetzung bedürfen. Umgekehrt würde das Beschwerdegericht anderenfalls vielfach im Rahmen der Prüfung der Kostenentscheidung auch die unanfechtbare Hauptsacheentscheidung untersuchen müssen[1196]. Die Anfechtung der Nebenentscheidung könne aber aus rechtsdogmatischen Gründen nicht weitergehen als die der Hauptsache, deretwegen das Verfahren überhaupt erst betrieben wurde. Dieser Grundsatz sei auch auf dem Rechtsgebiet des Zivilprozeßrecht – speziell im Rahmen der §§ 91, 99 ZPO – anerkannt[1197]. Selbst eine gesetzeswidrige Kostenentscheidung, an der es vorliegend ohnehin fehlt, weil die Kostenentscheidung den strafprozessualen Kostenvorschriften entspricht, kann daher nicht angefochten werden[1198]. Eine abredewidrig erlassene Kostenentscheidung macht die Einstellungsentscheidung als Hauptsacheentscheidung auch nicht gesetzeswidrig, weil sie an der

1193 BT-Drucks. 10/1313, S. 39.
1194 BT-Drucks. 10/1313, S. 14, 39.
1195 BT-Drucks. 10/1313, S. 14.
1196 BT-Drucks. 10/1313, S. 39, 40.
1197 BT-Drucks. 10/1313, S. 39.
1198 L/R-Hilger 25. Auflage § 464 Rn. 54; M-G § 464 Rn. 18.

Richtigkeit der Hauptsacheentscheidung, nämlich der Feststellung, daß die Sanktionen ordnungsgemäß erfüllt worden sind und das Verfahren endgültig beendet ist, nichts ändert, sondern nur für sich genommen nicht der Zusage des Gerichts entspricht[1199].

Daß die Sanktionen eventuell höher ausgefallen sind, weil die Absprache bestand, daß der Angeklagte die Kosten des Nebenklägers nicht zu tragen habe[1200], und der Angeklagte nunmehr durch die Auferlegung der notwendigen Auslagen des Nebenklägers doppelt belastet wird, ändert an der Gesetzmäßigkeit der Kostenentscheidung nichts. Daß eine unabänderliche Kostenentscheidung getroffen werden sollte, zeigt sich bei der Einstellung des § 153 a II auch daran, daß die Kostentragung in den wesentliche Punkten gesetzlich bereits geregelt wurde, da die Verfahrenskosten immer von der Staatskasse und die notwendigen Auslagen des Angeklagten immer von ihm getragen werden. Nur die notwendigen Auslagen des Nebenklägers können ausnahmsweise statt dem Angeklagten auch dem Nebenkläger auferlegt werden.

Eine Gegenvorstellung gegen die Kostenentscheidung führt ebenfalls nicht zum gewünschten Ziel der Abänderung der Entscheidung, weil der endgültige Einstellungsbeschluß unanfechtbar, somit formell rechtskräftig und für das Gericht nicht abänderbar ist[1201].

Die Entscheidung nach dem StrEG – soweit man entgegen der hier vertretenen Meinung einen Entschädigungsanspruch für möglich hält – ist mit der sofortigen Beschwerde trotz Unanfechtbarkeit der Hauptsacheentscheidung anfechtbar. Durch die Neufassung des Wortlauts des § 8 III 1 StrEG durch das StVÄG 1987 ist der diesbezügliche Streit beendet worden[1202] [1203].

1199 Ob Absprachen im allgemeinen überhaupt für das Gericht bindend sind, ist umstritten vgl. Wolfslast NStZ 1990, 409, 415; BGH NJW 1989, 2270, 2271; M-G Einl. Rn.119 d, Landau/Eschelbach NJW 1999, 321, 322, 325; Kölbel NStZ 2002, 74 ff.

1200 Vgl. M-G § 472 Rn. 13.

1201 Vgl. M-G Einl. Rn. 166.

1202 L/R-Rieß 24. Auflage § 153 a Rn. 106 verneinte die Anfechtbarkeit mit Hinweis auf die Ausschlußnorm des § 153 a II 5; a. A. Meyer 1. Auflage § 8 Anm. 50, der unabhängig von der Anfechtbarkeit der Hauptsacheentscheidung eine Anfechtung der Entschädigungsentscheidung für zulässig erachtete, weil die Entscheidung nach dem StrEG im Gegensatz zu einer Kostenentscheidung eigenständiger Natur sei und § 9 II StrEG, der bei einer Entschädigungsentscheidung nach staatsanwaltschaftlicher Einstellung die sofortige Beschwerde für zulässig erklärt, allein diesen Schluß – auch und gerade für eine gerichtliche Einstellung – zuließe.

1203 Meyer § 8 StrEG Rn. 68; L/R-Rieß 24. Auflage Nachtrag zu § 153 a Rn. 8; Meyer-Goßner NJW 1987, 1161, 1168.

III. Zusammenfassung

1. Diė staatsanwaltschaftliche Einstellungsenscheidungen enthält keine Entscheidung über die Kosten und Auslagen sowie einer etwaigen Entschädigung für Strafverfolgungsmaßnahmen.

2. Der gerichtliche endgültige Einstellungsbeschluß enthält dagegen eine Entscheidung über die Kosten und – sofern man diese entgegen der hier vertretenen Meinung für zulässig hält – über eine etwaige Entschädigung für Strafverfolgungsmaßnahmen.

Diese Kostenentscheidung ist nach §§ 464 II 1 Hs. 2, 153 a II 5 unanfechtbar, während eine Entscheidung nach dem StrEG mit der sofortigen Beschwerde angegriffen werden könnte.

Ausblick

Die Vorschrift des § 153 a enthält, obwohl sie seit ihrer Schaffung vor 29 Jahren zahlreiche Male geändert wurde, noch immer keine gesetzliche Regelung jener Fälle, in denen es zu Leistungsstörungen gekommen ist oder in denen das Gericht oder die Staatsanwaltschaft Verfahrensfehler begangen haben. So sind in der Literatur und der Rechtsprechung verschiedene Lösungsmöglichkeiten für diese Fälle erarbeitet worden. Eine einheitliche Handhabung der Einstellungsvorschrift hat sich hieraus jedoch nicht entwickelt. Im Sinne der Rechtssicherheit und Rechtsklarheit erscheint es daher sinnvoll, daß jedenfalls folgende Punkte vom Gesetzgeber gelöst werden:

Insbesondere sollte die Frage nach der Art und Weise der Berücksichtigung einer erbrachten Teilzahlung auf eine Geldauflage als die häufigste verhängte Sanktion nach § 153 a dahingehend geregelt werden, daß diese im Fall einer späteren Verurteilung bei der Strafzumessung Beachtung findet.

Wesentlich wäre auch eine Kodifizierung der Folgen von aufgetretenen Verfahrensfehlern, die durch die Strafverfolgungsbehörden verschuldet wurden. In diesem Zusammenhang wären besonders solche Fälle zu nennen, in denen das Verfahren nach § 153 a eingestellt wird, obwohl die hierfür erforderliche staatliche Zustimmung fehlte, keine oder eine unbestimmte Sanktion festgelegt wurde oder die der Einstellung zugrundeliegende Tat als Verbrechen zu qualifizieren ist. Insoweit sollte sich aus der gesetzlichen Bestimmung ergeben, welche Verfahrensfehler so schwerwiegend sind, dass die Einstellungsentscheidung keine Sperrwirkung entfalten kann und der Beschuldigte insoweit einen Rückerstattungsanspruch für die auf diese Entscheidung hin erbrachten Leistungen besitzt.

Ferner bedarf zur Vermeidung von Unklarheiten hinsichtlich des Rechtsschutzes auch die Frage, welche der im Zusammenhang mit einer Einstellung getroffenen Entscheidungen einer Anfechtung zugänglich sind und welche Rechtsbehelfe den durch die Entscheidung Betroffenen hierfür zur Verfügung stehen, einer genauen gesetzlichen Regelung. Insbesondere wäre eine Klarstellung der Zulässigkeit eines Antrags auf Wiederaufnahme des Verfahrens in dem Fall erstrebenswert, in dem das Verfahren durch ein Urteil abgeschlossen wurde, obwohl der Beschuldigte die Sanktion ordnungsgemäß erfüllt hatte. Gleichfalls sind die Regelungen über das Klageerzwingungsverfahren in diesem Kontext ergänzungsbedürftig. Es empfiehlt sich, die dem Klageerzwingungsverfahren zugänglichen Sachverhalte in der Vorschrift im einzelnen zu benennen.

Schließlich sollte der bisher nicht gesetzlich behandelte Fall des Verzugs des Beschuldigten mit einer Teilzahlung auf eine festgelegte Geldauflage mit vereinbarter Ratenzahlung gesetzlich geregelt werden. Dabei müßte festgelegt werden, ob die vorläufige Sperrwirkung entfällt oder gleichwohl fortbesteht. Vorzugwürdig wäre eine Regelung dahingehend, daß die Sperrwirkung fortbesteht, wenn die Frist für die Erbringung der letzten Rate noch läuft.

Literaturverzeichnis

Achenbach, Hans: Neue Impulse bei der Rechtskraft des Strafbefehls; in: ZRP 1977, 86 ff

–: Strafprozessuale Ergänzungsklage und materielle Rechtskraft; in: ZStW 87 (1975), 74 ff

Ahrens, Wilfried: Die Einstellung in der Hauptverhandlung gem. §§ 153 II, 153 a II StPO. Eine empirische Analyse über neue Formen der Bekämpfung der Bagatellkriminalität; Göttingen 1978

Alternativkommentar: Kommentar zur Strafprozeßordnung; Hrsg.: Wassermann, Rudolf; Band 2 Teilband 1 (§§ 94-212b StPO) 1992

–: Band 3 (§§ 276-477 StPO) 1996; Neuwied, Kriftel, Darmstadt (zitiert: AK-Bearbeiter)

Bär, Hanns: Bedeutung und Anwendung des § 153 a Strafprozeßordnung in Verkehrssachen; in: DAR 1984, 129 ff

Bahlmann, Kai: Der verfassungsrechtliche Wiederaufnahmegrund nach § 79 Abs.1 des Bundesverfassungsgerichtsgesetzes; in: MDR 1963, 541 ff

Bandemer, Dagmar: Einstellung hinter der Einstellung – Absehen von Strafverfolgung nach § 154 I Nr.1 StPO bei Einstellung nach § 153 a StPO im Bezugsverfahren –; in: NStZ 1988, 297 ff

Berckhauer, Friedhelm: Schutzparagraph für Millionäre?; in: Kriminalistik 1987, 79 ff

Bertram, Karl Fr.: Einzelne Fragen zum Wiederaufnahmeverfahren nach §§ 79 I BVerfGG, 359 ff StPO; in: MDR 1962, 535 ff

Berz, Ulrich: Das Verfolgungshindernis der Verwarnung mit Verwarnungsgeld; in: VOR 1972, 328 ff

Beulke, Werner: Strafprozeßrecht; 6. Auflage, Heidelberg 2002

Blankenburg, Erhard: Die Staatsanwaltschaft im System der Strafverfolgung; in: ZRP 1978, 263 ff

Blankenburg, Erhard / Sessar, Klaus / Steffen, Wiebke: Die Staatsanwaltschaft im Prozeß strafrechtlicher Sozialkontrolle; Berlin 1978

Bloy, René: Zur Systematik der Einstellungsgründe im Strafverfahren; in: GA 1980, 161 ff

Böckenförde, Christoph: Anmerkung zu LG Hannover, Beschluß vom 24.11.1969 – 38 Qs 249/69; in: NJW 1970, 870 f

Böttcher, Reinhard / Mayer, Elmar: Änderungen des Strafverfahrens durch das Entlastungsgesetz; in: NStZ 1993, 153 f
Bohnert, Joachim: Grundriß des Ordnungswidrigkeitenrechts; Berlin, New York 1996 (zitiert: Bohnert OWiG)
–: Die Abschlußentscheidung des Staatsanwalts; Berlin 1992 (zitiert: Bohnert)
–: Die Einstellungsbeschlüsse nach §§ 206 a, 206 b StPO; in: GA 82,166 ff
Bornheim, Wolfgang: Strategien zur Verfahrenseinstellung; in: PStR 2000, 32 ff
Boxdorfer, Dietrich: Das öffentliche Interesse an der Strafverfolgung; in: NJW 1976, 317 ff
Braun, Eberhard: Die Verwarnung mit Strafvorbehalt – Entstehungsgeschichte, Vereinbarkeit mit dem Schuldprinzip und Verhältnis zu den §§ 153, 153 a StPO –; Achern 1979
Brößler, Leander / Terbach, Matthias: Das Gegensatzpaar staatsanwaltschaftliche „Prozeßhandlung" – „Justizverwaltungsakt"; in: Freiheit und Verantwortung in schwieriger Zeit; Hrsg.: Duttge, Gunnar; Baden-Baden 1998, Seite 85 ff
Büchner, Hermann: Der Begriff der prozessualen Tat; Würzburg 1976
Burhoff, Detlef: Wiederaufnahme auch bei § 153 a StPO?; in: PStR 2000, 100
Dalcke, A. / Fuhrmann, Ernst / Schäfer, Karl: Strafrecht und Strafverfahren; 37. Auflage, Berlin 1961 (zitiert: D/F/S)
Dencker, Friedrich: Die Bagatelldelikte im Entwurf eines EGStGB; in: JZ 1973, 144 ff
Die Rechtsprechung zum Strafverfahren: Kommentierung des Strafverfahrens anhand systematisch geordneter Leitsätze; Hrsg.: Bremer, Joachim / Schlothauer, Rheinhold / Taschke, Jürgen / Weider, Hans-Joachim; Stand 1999 (zitiert: Rspr. zum Strafverfahrensrecht)
Dingeldey, Thomas: Strafrechtliche Konsequenzen einer etwaigen Nichtigkeitserklärung des Parteienfinanzierungsgesetzes durch das BVerfG; in: NStZ 1985, 337 ff
Döhring, Silke: Ist das Strafverfahren vom Legalitätsprinzip beherrscht?; Frankfurt am Main, Berlin, Bern, New York, Paris, Wien 1999
Dölling, Dieter: Einstellung des Strafverfahrens gemäß § 153 a Abs.1 StPO und Rückfall; in: Kriminalistk und Strafrecht – Festschrift für Friedrich Geerds –; Hrsg.: Schlüchter, Ellen; Lübeck 1995, Seite 239 ff (zitiert: Dölling FS-Geerds)
Düwel, Peter: § 153 a StPO – Regelungsinhalt und Anwendungsmöglichkeiten; in: vom Nutzen und Nachteil der Sozialwissenschaften für das Strafrecht; Hrsg: Lüderssen, Klaus / Sack, Fritz; Frankfurt am Main 1980, Seite 479 ff
Eckl, Peter: Neue Verfahrensweisen zur Behandlung der Kleinkriminalität; in: JR 1975, 99 ff
Eisenberg, Ulrich: Jugendgerichtsgesetz; 10. Auflage, München 2004

Erb, Volker: Legalität und Opportunität: gegensätzliche Prinzipien der Anwendung von Strafrechtsnormen im Spiegel rechtstheoretischer, rechtsstaatlicher und rechtspolitischer Überlegungen; Berlin 1999
Erichsen, Hans-Uwe / Ehlers, Dirk: Allgemeines Verwaltungsrecht; 12. Auflage, Berlin 2002 (zitiert: Erichsen/Ehlers-Bearbeiter)
Feiter, Gregor: Die Bedeutung des Rechtschutzes nach § 23 ff EGGVG für den Bereich der Strafrechtspflege; Pfaffenweiler 1992
Fezer, Gerhard: Vereinfachte Verfahren im Strafprozeß; in: ZStW 106 (1994), 1 ff
Friedrich, Walther J. / Rostek, Holger: Strafprozeßordnung, Formularkommentierung für Strafverteidiger; Heidelberg 1989
Fünfsinn, Helmut: Die „Zumessung" der Geldauflage nach § 153 a Nr. 2 StPO; in: NStZ 1987, 95 ff
Gantzer, Peter: Die Rechtskraft strafprozessualer Beschlüsse und Verfügungen; München 1967
Geppert, Klaus: Gedanken zur Rechtskraft und Beseitigung strafprozessualer Beschlüsse; in: GA 1972,165 ff
–: Das Legalitätsprinzip; in: Jura 1982, 139
Gerlach, Götz: Absprachen im Strafverfahren. Ein Beitrag zu den Rechtsfolgen fehlgeschlagener Absprachen im Strafverfahren; Frankfurt am Main, Berlin, Bern, New York, Paris, Wien 1999
Glaremin, Friedhelm / Becker, Jörg: Das Adhäsionsverfahren und die gerichtliche Einstellung des Strafverfahrens gemäß § 153 a StPO; in: JA 1988, 602 ff
Göhler, Erich: Gesetz über Ordnungswidrigkeiten; 2. Auflage, München 1970 (zitiert: Göhler 2. Auflage)
–: 3. Auflage, München 1974 (zitiert: Göhler 3. Auflage)
–: 5. Auflage, München 1977 (zitiert: Göhler 5. Auflage)
–: 13. Auflage, München 2002 (zitiert: Göhler)
–: Aufhebung eines Bußgeldbescheides bei einer nachträglichen Verfahrenseinstellung nach § 153 a StPO wegen derselben Handlung; in: NStZ 1984, 158
Gössel, Karl Heinz: Anmerkung zu AG Grevenbroich, Urteil v. 13.12.1982 – 5 Cs 14 JS 821/82 jug.; in: JR 1984, 302 ff
–: Strafverfahrensrecht; Stuttgart, Berlin, Köln, Mainz 1977
Graßhof, Malte: Auswirkungen der neuen Sitzblockade-Entscheidung des BVerfG; in: NJW 1995, 3085 ff
Grezesch, Wolf: Auflagen gem. § 153 a StPO als Spende; in: wistra 1985, 183 ff
Grohmann, Peter: Zustimmung der Staatsanwaltschaft zur Einstellung nach § 153 a Abs. 2 StPO; in: DRiZ 1983, 265 ff
–: Führerscheinmaßnahmen im Lichte des Strafrechtsentschädigungsgesetzes; in: BA 1985, 133 ff

Groth, Klaus-Ulrich: Die Rechtskraft des Strafbefehls; in: NJW 1978, 197 ff
–: Anmerkung zu AG Lahn-Gießen, Beschluß v. 20.3.1979 – 56 Gs 3 Js 2356/79; in: MDR 1980, 595 ff
Hanack, Ernst-Walter: Das Legalitätsprinzip und die Strafrechtsreform; in: Festschrift für Wilhelm Gallas; Hrsg.: Lackner, Karl / Leferenz, Heinz / Schmidt, Eberhard / Welp, Jürgen / Wolff, Ernst Amadeus; Berlin, New York 1973, S. 339 ff (zitiert: Hanack FS-Gallas)
Hartung, Fritz: Anmerkung zu BGH Beschluß v. 31.1.1962 – 4 StR 340/61 (BayObLG); in: JZ 1963, 99 ff
Hecker, Bernd: Das Prinzip „ne bis in idem" im Schengener Rechtsraum (Art. 54 SDÜ); in: StV 2001, 306 ff
Heidelberger Kommentar: Strafprozeßordnung; Hrsg.: Lemke, Michael / Julius, Karl-Peter / Krehl, Christoph / Kurth, Hans-Joachim / Rautenberg, Cristoforo Erardo / Temming, Dieter; 3. Auflage, Heidelberg 2001 (zitiert: HK-Bearbeiter)
Heinitz, Ernst: Anmerkung zu OLG Hamburg, Urteil v. 19.7.1961 – Ss 107/61; in: JZ 1963, 131 ff
Heinz, Wolfgang: Strafrechtsreform und Sanktionsentwicklung – Auswirkungen der sanktionsrechtlichen Regelungen des 1. und 2. StrRG 1969 sowie EGStGB 1974 auf die Sanktionspraxis; in: ZStW 96 (1984), 632 ff
Heimler, Rainer: Ordnungswidrigkeit und Prozeßgegenstand; Erlangen-Nürnberg 1985
Hellmann, Uwe: Wiederaufnahme des Verfahrens zugunsten des Beschuldigten bei der Einstellung gegen Auflage; in: MDR 1989, 952
–: Strafprozeßrecht; Berlin, Heidelberg, New York 1998
Hergenröder, Carmen Silvia: Das staatsanwaltschaftliche Verfahren; Frankfurt am Main, Bern, New York 1986
Hertwig, Volker: Die Einstellung des Strafverfahrens wegen Geringfügigkeit. Eine empirische Analyse der Handhabung der §§ 153, 153 a StPO in der staatsanwaltschaftlichen und gerichtlichen Praxis; Göttingen 1982
Heuer, Carl-Heinz: „Sonstige Auflagen" bei der Einstellung des Steuerstrafverfahrens nach § 153 a StPO ?; in: DStZ 1985, 243 ff
Hobe, Konrad: „Geringe Schuld" und „öffentliches Interesse" in den §§ 153, 153 a StPO; in: Kriminologie, Psychiatrie, Strafrecht, Festschrift für Heinz Leferenz; Hrsg.: Kerner, Hans-Jürgen / Göppinger, Hans / Streng, Franz, Heidelberg 1983, Seite 629 ff
Hoffmann-Becking, Michael: Der Anspruch auf fehlerfreie Ermessensentscheidung – BVerwGE 39, 235; in: JuS 1973, 615 ff
Hohmann, Ralf: Anmerkung zu LG Hamburg, Beschluß v. 17.10.1990 – 35a StVK 720/89; in: NStZ 1991, 507 f

Hohendorf, Andreas: § 153 a I StPO als Radikalmittel zur Bewältigung der „Massen-Bagatellkriminalität“?; in: NJW 1987, 1177 ff

Homann, Klaus: Der Begriff des „öffentlichen Interesses“ in den §§ 376, 153 StPO und 232 StGB; Göttingen 1971

Jans, Sigrid: Die Aushöhlung des Klageerzwingungsverfahrens; Frankfurt am Main, Berlin, New York, Paris 1990

Jarass, Hans D./ Pieroth, Bodo: Grundgesetz für die Bundesrepublik Deutschland; 6. Auflage, München 2002

Jeutter, Friedrich: Sinn und Grenzen des Legalitätsprinzips im Strafverfahren; München 1976

Jörg, Wolfgang: Ordnungswidrigkeitenrecht; 2. Auflage, Stuttgart, München, Hannover 1980

Kaiser, Eberhard: Gerichtliche Überprüfung von Entscheidungen der Staatsanwaltschaft im Strafverfahren; in: NJW 1961, 1102

Kaiser, Günther / Meinberg, Volker: „Tuschelverfahren“ und „Millionärsschutzparagraph“? Empirische Erkenntnisse zur Einstellung nach § 153 a I StPO am Beispiel Wirtschaftskriminalität; in: NStZ 1984, 343 ff

–: Kriminologie: ein Lehrbuch; 3. Auflage, Heidelberg 1996 (zitiert: Kaiser Kriminologie)

–: Kriminologie: eine Einführung in die Grundlagen; 10. Auflage, Heidelberg 1997 (zitiert: Kaiser)

Kalomiris, Alexander: Wiederaufnahme bei der Verhängung von Geldstrafe trotz erfüllter Auflage nach § 153 a I StPO; in: NStZ 1998, 500 f

Kapahnke, Ulf: Opportunität und Legalität im Strafverfahren. Strafverfolgungsverzicht durch die Staatsanwaltschaft gemäß den §§ 154, 154 a StPO nach der Neufassung durch das Strafverfahrensänderungsgesetz 1979 (StVÄG 1979); Tübingen 1982

Kargl, Walter / Sinner, Stefan: Der Öffentlichkeitsgrundsatz und das öffentliche Interesse in § 153 a StPO; in: Jura 1998, 231 ff

Karl, Gerhard: Entstehung eines Verfahrenshindernisses nach § 153 a I 4 StPO trotz notwendiger, aber fehlender Zustimmung des Gerichts; in: NStZ 1995, 535

Karlsruher Kommentar: Kommentar zur Strafprozeßordnung und zum Gerichtsverfassungsgesetz mit Einführungsgesetz; Hrsg.: Pfeiffer, Gerhard; 1. Auflage, München 1982 (zitiert: KK-Bearbeiter 1. Auflage)

–: 3. Auflage, München 1993 (zitiert: KK-Bearbeiter 3. Auflage)

–: 5. Auflage, München 2003 (zitiert: KK-Bearbeiter)

Kausch, Erhard: Der Staatsanwalt – ein Richter vor dem Richter? – Untersuchungen zu § 153 a StPO; Berlin 1980

Keller, Rainer: Zur gerichtlichen Kontrolle prozessualer Ermessensentscheidungen der Staatsanwaltschaft; in: GA 1983, 495 ff

Kerl, Hermann-Jürgen: Das Opportunitätsprinzip als Magd des Legalitätsprinzips; in: ZRP 1986, 312 ff

Keunecke, Jürgen / Schinkel, August-Wilhelm: § 153 a Strafprozeßordnung und Ladendiebstahl; in: MschrKrim 1984, 157 ff

Kirstgen, Rudolf: Das Klageerzwingungsverfahren; Bonn 1986

Kleinknecht, Theodor / Meyer-Goßner, Lutz: Strafprozeßordnung, Gerichtsverfassungsgesetz, Nebengesetze und ergänzende Bestimmungen; 45. Auflage, München 2001 (zitiert: K/M-G)

Kleinknecht, Theodor: Strafpozeßordnung. Mit GVG, Nebengesetzen und ergänzenden Bestimmungen; 34. Auflage, München 1979 (zitiert: Kleinknecht)

–: Anmerkung zu BayObLG, Beschluß v. 14.7.1976 – RReg.2 St 85/76; in: JR 1977, 477 ff

–: Das Legalitätsprinzip nach Abschluß des gerichtlichen Strafverfahrens; in: Festschrift für Hans-Jürgen Bruns zum 70. Geburtstag, Seite 475 ff; Hrsg.: Frisch, Wolfgang / Schmid, Werner; Köln, Berlin, Bonn, München 1978 (zitiert: Kleinknecht FS-Bruns)

Klemme, Friedrich-Wilhelm: Die richterliche Kontrolle des staatsanwaltschaftlichen Ermittlungsverfahrens nach §§ 23 ff EGGVG; Bielefeld 1995

KMR: Kommentar zur Strafprozeßordnung und zum Gerichtsverfassungs- und Ordnungswidrigkeitengesetz, begründet von Kleinknecht, Theodor / Müller, Hermann / Reitberger, Leonhard; Hrsg.: Müller, Hermann / Sax, Walter; 6. Auflage, Darmstadt 1966 (zitiert: KMR-Bearbeiter 6. Auflage)

–: 8. Auflage, Neuwied, Kriftel 1990 mit Ergänzungslieferungen, Stand April 1999; Hrsg.: Fezer, Gerhard / Paulus, Rainer (zitiert: KMR-Bearbeiter 8. Auflage)

–: Stand Juli 2001; Hrsg.: Heintschel-Heinegg, Bernd von / Stöckel, Heinz (zitiert: KMR-Bearbeiter)

Knack, Hans Joachim: Verwaltungsverfahrensgesetz Kommentar; Hrsg.: Busch, Jost-Dietrich / Clausen, Wolfgang / Dürr, Hansjochen / Henneke, Hans-Günter / Meyer, Hubert; 7. Auflage, München 2000 (zitiert: Knack/VwVfG-Bearbeiter)

Kneser, Andreas: Der Einfluß der Nichtigerklärung von Normen auf unanfechtbare Entscheidungen – § 79 BVerfGG –; in: AöR 89, 129 ff

Koch, Hartmut: Die Anfechtbarkeit der Auslagenentscheidung bei Einstellung des Strafverfahrens; in: JR 1976, 230 ff

Kölbel, Ralf: Bindungswirkung von Strafmaßabsprachen; in: NStZ 2002, 74 ff

Kohlhaas, Max: Unzulässige Durchbrechung des Legalitätsprinzips; in: GA 1956, 241 ff

Koller, Christoph: Die Staatsanwaltschaft – Organ der Judikative oder Exekutivbehörde? Die Stellung der Anklagebehörde und die Gewaltenteilung des Grundgesetzes; Frankfurt am Main 1997
Kröpil, Karl: Die Bedeutung der Tatbegriffe für den Strafklageverbrauch; in: DRiZ 1986, 448 ff
Krümpelmann, Justus: Anmerkung zu OLG Celle, Beschluß v. 13.4.1966 – 4 Ws 96/66; in: NJW 1966, 1978 f
–: Die Bagatelldelikte; Berlin 1966
Kühl, Kristian: Unschuldsvermutung und Einstellung des Strafverfahrens; Die neuste Rechtsprechung des Europäischen Gerichtshofs für Menschenrechte zu Art. 6 II MRK; in: NJW 1984, 1264 ff
–: Unschuldsvermutung, Freispruch und Einstellung; Köln, Berlin, Bonn, München 1983
Kühne, Hans-Heiner: Strafprozeßrecht; 6. Auflage, Heidelberg 2003
Küpper, Georg: Das Klageerzwingungsverfahren; in: Jura 1989, 281 ff
Kunz, Karl-Ludwig: Die Einstellung wegen Geringfügigkeit durch die Staatsanwaltschaft (§§ 153 Abs. 1, 153 a Abs. 1 StPO): eine empirische Untersuchung in kriminalpolitischer Absicht; Königstein / Ts. 1980 (zitiert: Kunz)
–: Das Absehen von Strafverfolgung bei Bagatelldelinquenz – empirische Untersuchung der Entscheidungspraxis zu §§ 153, 153 a der Strafprozeßordnung –; in: KrimJ 1979, 35 ff
–: Das strafrechtliche Bagatellprinzip; Berlin 1984 (zitiert: Kunz Bagatellprinzip)
Lackner, Karl / Kühl, Kristian: Strafgesetzbuch mit Erläuterungen; 24. Auflage, München 2001
Landau, Herbert / Eschelbach, Ralf: Absprachen zur strafrechtlichen Hauptverhandlung; in: NJW 1999, 321 ff
Langer, Wolfgang: Staatsanwälte und Richter; Stuttgart 1994
Larenz, Karl: Allgemeiner Teil des Bürgerlichen Rechts; 8. Auflage, München 1997
Leipziger Kommentar: Kommentar zum Strafgesetzbuch; Hrsg.: Jescheck, Hans-Heinrich / Ruß, Wolfgang / Willms, Günther; Band 2 (§§ 32-60): 1985; 10. Auflage, Berlin, New York 1985 ff (zitiert: LR-Bearbeiter)
Löwe, Ewald / Rosenberg, Werner: Die Strafprozeßordnung und das Gerichtsverfassungsgesetz, Großkommentar; Hrsg.: Niethammer, Emil; 20. Auflage, Berlin 1958 (zitiert: LR-Bearbeiter 20. Auflage)
–: Hrsg.: Dünnebier, Hanns / Jagusch, Heinrich / Sarstedt, Werner / Geier, Friedr. Wilh. / Kohlhaas, Max / Schäfer, Carl; 22. Auflage, Berlin, New York 1971 (zitiert: LR-Bearbeiter 22. Auflage)
–: Hrsg.: Dünnebier, Hanns; 23. Auflage, Berlin, New York 1976 ff (zitiert: L/R-Bearbeiter 23. Auflage)

–: Hrsg.: Peter Rieß; 24. Auflage, Berlin, New York 1984 ff (zitiert: L/R-Bearbeiter 24. Auflage)
–: Hrsg.: Peter Rieß; 25. Auflage, Berlin, New York 1999 ff (zitiert: L/R-Bearbeiter 25. Auflage)
Loos, Fritz: Probleme der beschränkten Sperrwirkung strafprozessualer Entscheidungen; in: JZ 1978, 592 ff
–: Zur „schadensbegrenzenden" Auslegung strafprozessualer Vorschriften des Justizentlastungsgesetzes; in: Vertrauen in den Rechtsstaat, Festschrift für Walter Remmers, Seite 565 ff; Hrsg.: Goydeke, Jürgen / Rauschnig, Dietrich / Robra, Rainer / Schreiber, Hans-Ludwig / Wulff, Christian; Köln, Berlin, Bonn, München 1995 (zitiert: Loos FS-Remmers)
Lorenzen, Henning: Legalitätsprinzip und Opportunitätsprinzip; in: Strafverfolgung und Strafverzicht – Festschrift zum 125jährigen Bestehen der Staatsanwaltschaft Schleswig Holstein –, Seite 541 ff; Hrsg.: Ostendorf, Heribert; Köln, Berlin, Bonn, München 1992 (zitiert: Lorenzen FS-StA)
Maatz, Kurt Rüdiger: Problemfälle aus der Prozeßpraxis: Doppelverurteilung in den Fällen fortgesetzter Handlung; in: MDR 1986, 285
Männlein, Ulrike: Empirische und kriminalpolitische Aspekte zur Anwendung der Opportunitätsvorschriften §§ 153, 153 a StPO durch die Staatsanwaltschaft; Bielefeld 1992
Marquardt, Hanno: Die Entwicklung des Legalitätsprinzips. Ein historisch-empirischer Beitrag zur Gesetzgebung; Mannheim 1982
Marxen, Klaus / Tiemann, Frank: Die Wiederaufnahme in Strafsachen; Heidelberg 1993
Maunz, Theodor / Schmidt-Bleibtreu, Bruno / Klein, Franz / Ulsamer, Gerhard / Bethge, Herbert / Grasshof, Karin / Rozek, Jochen: Bundesverfassungsgerichtsgesetz Kommentar; 37. Ergänzungslieferung, Stand 9/03 (zitiert: Maunz-Bearbeiter)
Maurer, Christof: Möglichkeiten der Verfahrenseinstellung und Überblick über die Strafhöhe im Steuerstrafrecht; in: StuB 2000, 506 ff
Maurer, Hartmut: Allgemeines Verwaltungsrecht; 14. Auflage, München 2002
–: Strafurteil und verfassungswidriges Gesetz; in: JZ 1963, 666 ff
Meinberg, Volker: Geringfügigkeitseinstellungen von Wirtschaftsstrafsachen: eine empirische Untersuchung zur staatsanwaltschaftlichen Verfahrenserledigung nach § 153 a Abs.1 StPO; Freiburg 1985
Meyer, Dieter: Gesetz über die Entschädigung für Strafverfolgungsmaßnahmen (StrEG), Kommentar; Flensburg 1978 (zitiert: Meyer 1. Auflage)
–: Strafrechtsentschädigung; Kommentar zum Gesetz über die Entschädigung für Strafverfolgungsmaßnahmen (StrEG); 5. Auflage, Neuwied, Kriftel 2002 (zitiert: Meyer)

–: Die Unzulässigkeit einer isolierten Anfechtung der Kostenentscheidung bei nicht statthafter Anfechtung der Hauptsacheentscheidung; in: JurBüro 1981, 1762 ff
Meyer, Jürgen: Anmerkung zu OLG Hamm, Beschluß v. 19.12.1968 – 1 Ws 336/67; in: NJW 1969, 1360 f
–: Zum Begriff der Neuheit von Tatsachen oder Beweismitteln im Wiederaufnahmeverfahren; in: JZ 1968, 7
Meyer-Goßner, Lutz: Strafprozeßordnung, Gerichtsverfassungsgesetz, Nebengesetze und ergänzende Bestimmungen; 46. Auflage, München 2003 (zitiert: M-G)
–: Das Strafverfahrensänderungsgesetz 1987; in: NJW 1987, 1161 ff
Michel, Norbert: Die vorläufige Einstellung des Strafverfahrens nach neuem Recht; in: MDR 1993, 409 ff
Mitsch, Wolfgang: Recht der Ordnungswidrigkeiten; Berlin, Heidelberg, New York, Barcelona, Budapest, Hongkong, London, Mailand, Paris, Santa Clara, Singapur, Tokio 1995
Molière, Rainer: Anmerkung zu BayOLG, Beschluß v. 14.7.1976 – 2 St 85,76; in: JZ 1977, 192 ff
Momberg, Rolf: Strafvereitelung im Zusammenhang mit einstellungsfähigen Delikten. Die Auswirkungen der §§ 153 ff StPO auf § 258 StGB; in: ZRP 1982, 70 ff
Naucke, Wolfgang: Der Begriff der „geringen Schuld“ (§ 153 StPO) im Straftatsystem; in: Festschrift für Reinhart Maurach, Seite 197 ff; Hrsg.: Schroeder, Friedrich-Christian; Karlsruhe 1972 (zitiert: Naucke FS-Maurach)
–: Die Einstellung gem. § 153 Abs. 2 StPO in der Revision; in: Strafverfolgung und Strafverzicht – Festschrift zum 125jährigen Bestehen der Staatsanwaltschaft Schleswig-Holstein, Seite 459 ff; Hrsg.: Ostendorf, Heribert; Köln, Berlin, Bonn, München 1992 (zitiert: Naucke FS-StA)
Nelles, Ursula / Velten, Petra: Einstellungsvorschriften als Korrektiv für unverhältnismäßige Strafgesetze?; in: NStZ 1994, 366 ff
Neu-Berlitz, Mechthild: Bestandskraft der Einstellungsverfügung nach § 170 II 1 StPO; Münster 1983
Neumann, Erhard: Befugnis der Strafvollstreckungskammer zur Anrechnung von Geldbußen; in: NJW 1977, 1185
Niethammer, E.: Über die Anfechtbarkeit der Beschlüsse, durch die ein Gericht ein Privatklageverfahren wegen Geringfügigkeit von Schuld und Tat einstellt; in: JZ 1952, 297 ff
Paschmanns, Norbert: Die staatsanwaltschaftliche Verfahrenseinstellung wegen Geringfügigkeit nach §§ 153, 153 a StPO – Entscheidungsgrenzen und Entscheidungskontrolle; Frankfurt am Main, Bern, New York, Paris 1988

Peters, Karl: Strafprozeß; 4. Auflage, Heidelberg 1985
–: Anmerkung zu LG Freiburg/Br., Beschluß v. 5.12.1978 – VI Qs 565/78; in: JR 1979, 161 f
–: Beiträge zum Wiederaufnahmerecht; in: Festschrift für Eduard Kern, Seite 335 ff; Hrsg.: Rechtswissenschaftliche Abteilung der Rechts- und Wirtschaftswissenschaftlichen Fakultät der Universität Tübingen; Tübingen 1968 (zitiert: Peters FS-Kern)
Pfeiffer, Gerd / Fischer, Thomas: Kommentar zur Strafprozeßordnung; München 1995
Pfeiffer, Gerd: Kommentar zur Strafprozeßordnung; 4. Auflage, München 2002
–: Zum strafrechtlichen Wiederaufnahmeverfahren; in: Der verfaßte Rechtsstaat – Festgabe für Karin Graßhof –, Seite 271 ff; Hrsg.: Pfeiffer, Gerd / Burgermeister, Udo / Roth, Gerald; Heidelberg 1998 (zitiert: Pfeiffer FG-Graßhof)
Pieroth, Bodo/ Schlink, Bernhard: Grundrechte – Staatsrecht II; 19. Auflage, Heidelberg 2003
Pott, Christine: Die Aushöhlung des Legalitätsprinzips. Dargestellt anhand des Verhältnisses von § 258a StGB und §§ 153 ff StPO; in: Vom unmöglichen Zustand des Strafrechts, Seite 79 ff; Hrsg.: Albrecht, Peter-Alexis / Hassemer, Winfried / Jäger, Herbert / Kargl, Walter / Lüderssen, Klaus / Naucke, Wolfgang / Neumann, Ulfrid / Wolf, Ernst Amadeus; Frankfurt am Main, Berlin, Bern, New York, Paris, Wien 1995
Radtke, Henning: Zur Systematik des Strafklageverbrauchs verfahrenserledigender Entscheidungen im Strafprozeß; Berlin, Bern, New York, Paris, Wien 1994
Ranft, Otfried: Strafprozeßrecht; 2. Auflage, Stuttgart, München, Hannover, Berlin, Weimar, Dresden 1995
Rebmann, Kurt / Roth, Werner / Herrmann, Siegfried: Gesetz über Ordnungswidrigkeiten; 3. Auflage, Stand April 1998 (zitiert: R/R/H)
Reiff, Hans: Das Schicksal friedensgerichtlicher Entscheidungen nach dem Karlsruher Spruch; in: NJW 1960, 1559 ff
Reitberger, Leonhard: Die Einstellung des Verfahrens wegen Geringfügigkeit und der Nebenklageberechtigte; in: NJW 1963, 2260 ff
Rieß, Peter: Entwicklung und Bedeutung der Einstellung nach § 153 a StPO; in: ZRP 1983, 93 ff
–: Zur Weiterentwicklung der Einstellung nach § 153 a StPO; in: ZRP 1985, 212 ff
–: Anmerkung zu OLG Koblenz, Beschluß v. 13.1.1981 – 1 Ws 761/80; in: JR 1981, 522 ff
–: Überlegungen zur künftigen Ausgestaltung der Verfahrenseinstellung gegen Auflage; in: Strafverteidigung und Strafprozeß – Festgabe für Ludwig

Koch –, Seite 215 ff; Hrsg.: Brüssow, Rainer / Gatzweiler, Norbert / Jungfer, Gerhard / Mehle, Volkmar / Richter II, Christian; Heidelberg 1989 (zitiert: Rieß FG-Koch)
–: Die Zukunft des Legalitätsprinzips; in: NStZ 1981, 2 ff
–: Vereinfachte Verfahrensarten für kleinere Kriminalität; in: Strafprozeß und Reform, Seite 113 ff; Hrsg.: Schreiber, Hans-Ludwig (zitiert: Rieß Strafprozeß und Reform)
–: Anmerkung zu OLG Karlsruhe, Beschluß v. 30.4.1982 – 4 VAs 22/82; in: NStZ 1982, 435 f
Rönnau, Thomas: Absprache im Strafprozeß: eine rechtssystematische Untersuchung der Zulässigkeit von Absprachen nach dem geltende Strafprozeßrecht; Baden-Baden 1990
Rotberg, Hans Eberhard: Ordnungwidrigkeitengesetz Kommentar; Hrsg.: Kleinewerfers, Herbert / Boujong, Karl Heinz / Wilts, Walter; 5. Auflage, München 1975 (zitiert: Rotberg)
Roxin, Claus: Strafverfahrensrecht; 22. Auflage, München 1991; (zitiert Roxin 22. Auflage)
–: 25. Auflage, München 1998 (zitiert: Roxin)
Rüth, Karl: Die ab 1.1.1975 verkehrsrechtlich bedeutsamen Änderungen auf dem Gebiet des Straf- und Ordnungswidrigkeitenrechts; in: DAR 1975, 1 ff
Sailer, Christian: Anklageerhebung und Gleichbehandlung; in: NJW 1977,1138 f
Schäfer, Gerhard: Die Praxis des Strafverfahrens. An Hand einer Akte; 1. Auflage, Stuttgart, Berlin, Köln, Mainz 1976 (zitiert: Schäfer 1. Auflage)
–: 5. Auflage, Berlin, Köln 1992 (zitiert: Schäfer 5. Auflage)
–: 6. Auflage, Stuttgart 2000 (zitiert: Schäfer)
Schätzler, Johann-Georg: Gesetz über die Entschädigung für Strafverfolgungsmaßnahmen (StrEG); 2. Auflage, München 1982 (zitiert: Schätzler)
Schätzler, Johann-Georg / Kunz, Karl-Heinz: Gesetz über die Entschädigung für Strafverfolgungsmaßnahmen (StrEG); 3. Auflage, München 2003 (zitiert: Schätzler/Kunz)
Schenke, Wolf-Rüdiger: Verwaltungsprozeßrecht; 8. Auflage, Heidelberg 2002
Schirrmacher, Gesa: Neue Reaktionen auf umweltdeliktisches Verhalten: Zugleich ein Beitrag zur Konkretisierung des Anwendungsbereichs des § 153 a StPO; Osnabrück 1998
Schlieben, Eike von: Legalbewährung nach Einstellung des Strafverfahrens gemäß § 153 a I StPO: eine empirische Untersuchung bei der Staatsanwaltschaft beim Landgericht Nürnberg-Fürth; Erlangen-Nürnberg 1994
Schlüchter, Ellen: Das Strafverfahren; 2. Auflage, Köln, Berlin, Bonn, München 1983

Schmehl, Martin / Vollmer, Walter: Die Assessorklausur im Strafprozeß; 7. Auflage, München 2003
Schmid, Michael J.: Teilweise oder verspätete Auflagenerfüllung nach § 153 a StPO; in: JR 1979, 53 ff
Schmidhäuser, Eberhard: Freikaufverfahren mit Strafcharakter im Strafprozeß; in: JZ 1973, 529 ff
Schmidt, Eberhard: Lehrkommentar zur Strafprozeßordnung und zum Gerichtsverfassungsgesetz; Teil I, Göttingen 1952; Teil II, Göttingen 1957; Nachtragsband I zu Teil II, Göttingen 1967
–: Zur Rechtsstellung und Funktion der Staatsanwaltschaft als Justizbehörde (I); in: MDR 1964, 629 ff
Schmidt-Hieber, Werner: Verständigung im Strafverfahren. Möglichkeiten und Grenzen für die Beteiligten in den Verfahrensabschnitten; München 1986
Schmitt, Rudolf: Ordnungswidrigkeitenrecht; Köln, Berlin, Bonn, München 1970
–: Anmerkung zu OLG Düsseldorf, Urteil v. 15.5.1984 – 2 Ss 593/83 – 253/83 III; in: JR 1985, 376 ff
Schönke, Adolf / Schröder, Horst: Strafgesetzbuch; 26. Auflage, München 2001; (zitiert: SchSch-Bearbeiter)
Schreiber, Hans-Ludwig: Tendenzen der Strafrechtsreform; in: Strafprozeß und Reform, Seite 15 ff; Hrsg.: Schreiber, Hans-Ludwig; Darmstadt 1979
Schroeder, Friedrich-Christian: Zur Rechtskraft staatsanwaltschaftlicher Einstellungsverfügungen; in: NStZ 1996, 319 f
Schuth, Ulrich: Die Einstellung unter Auflagen im System der Verfahrensvorschriften des Sanktionsrechts; Gießen 1979
Sessar, Klaus: Legalitätsprinzip und Selektion – Zur Ermittlungstätigkeit des Staatsanwalts –; in: Kriminologie und Strafverfahren, Seite 156 ff; Hrsg.: Göppinger, Hans / Kaiser, Günther; Stuttgart 1976
Sieg, Hans O.: Fehlerhafte Einstellung nach § 153 a StPO; in: MDR 1981, 200
Sojka, Klaus: Entschädigung auch bei Einstellung nach § 153 a StPO möglich; Anmerkung zu OLG Hamburg, Beschluß v. 28.6.1993 – 2 Ws 322/93; in: MDR 1993, 948 f
Strubel, Bernd-Jochen / Sprenger, Wolfgang: Die gerichtliche Nachprüfbarkeit staatsanwaltschaftlicher Verfügungen; in: NJW 1972, 1734 ff
Systematischer Kommentar: zur Strafprozeßordnung und zum Gerichtsverfassungsgesetz; Gesamtred.: Rudolphi, Hans-Joachim; Frankfurt am Main 1986 ff (zitiert: SK-Bearbeiter)
Terbach, Matthias H.: Einstellungserzwingungsverfahren; Baden-Baden 1996
–: Rechtschutz gegen die staatsanwaltschaftliche Zustimmungsverweigerung zur Verfahrenseinstellung nach §§ 153 II, 153 a II StPO; in: NStZ 1998, 172 ff

Teske, Doris: Die Bedeutung der Unschuldsvermutung bei Einstellungen gemäß §§ 153, 153 a StPO im Steuerstrafverfahren; in: wistra 1989, 131 ff
Theerkorn, Gerd: Gewalt im sozialen Nahraum; Frankfurt am Main 1995
Thierfelder, Hans: Gerichtliche Überprüfung von Akten der Staatsanwaltschaft; in: DVBl. 1961, 119 f
–: Gerichtliche Überprüfung von Entscheidungen der Staatsanwaltschaft im Strafverfahren; in: NJW 1961, 1101 f
Treiber, Hubert: Die Macht der Routine oder Was geschieht nach dem Inkrafttreten eines (Reform-) Gesetztes. Zur Implementierungspraxis der §§ 153, 153 a beim Bagatelldiebstahl; in: Vom Nutzen und Nachteil der Sozialwissenschaften für das Strafrecht, Seite 444 ff; Hrsg.: Lüderssen, Klaus / Sack, Fritz; Frankfurt a.M. 1980 (zitiert: Treiber)
Trepper, Thomas: Zur Rechtskraft strafprozessualer Beschlüsse; Frankfurt a.M., Berlin, Bern, New York, Paris, Wien 1996
Tröndle, Herbert/ Fischer, Thomas: Strafgesetzbuch und Nebengesetze, Kommentar; 51. Auflage, München 2003
Umbach, Dieter C. / Clemens, Thomas: Bundesverfassungsgerichtsgesetz; Mitarbeiterkommentar und Handbuch; Heidelberg 1992 (zitiert: U/C-Bearbeiter)
Vogel, Horst: Das „öffentliche Interesse an der Strafverfolgung“ und seine prozessuale Bedeutung; München 1966
Vogel, Karl-Heinz: Das öffentliche Interesse an der Strafverfolgung bei Körperverletzungen (§ 232 Abs.1 StGB); in: NJW 1961, 761 ff
Wagner, Heinz: Wiederaufnahmeverfahren bei rechtskräftiger Zweitverurteilung von Ersatzdienstverweigerern?; in: JuS 1970, 380 ff
Walk, Felicitas: Die Beendigung des Ermittlungsverfahrens im Strafprozeß; Frankfurt am Main, Berlin, Bern, New York, Paris, Wien 1996
Waller, Hellmut: Empfieht es sich, § 153 a StPO zu erweitern?; in: DRiZ 1986, 47 ff
Warda, Günter: Dogmatische Grundlagen des richterlichen Ermessens im Strafrecht; Köln, Berlin, Bonn, München 1962
Wasserburg, Klaus: § 79 Abs. 1 BVerfGG im Spannungsverhältnis zwischen Rechtssicherheit und materieller Gerechtigkeit; in: StrV 1982, 237 ff
–: Die Wiederaufnahme des Strafverfahrens; Stuttgart, Berlin, Köln, Mainz 1984
Weber, Reinhold: Das öffentliche Interesse an der Strafverfolgung im neuen § 153 Abs. 2 StPO; in: NJW 1966, 1241 ff
Weigend, Thomas: Strafzumessung durch den Staatsanwalt? Lösbare und unlösbare Probleme bei der Verfahrenseinstellung unter Auflage (§ 153 a StPO); in: KrimJ 1984, 8 ff

Werner, Karin: Die Rechtsstellung des Verletzten im Strafverfahren bei staatsanwaltschaftlicher Verfahrenseinstellung aus Opportunitätsgründen; in: NStZ 1984, 401 ff
–: Der Einfluß des Verletzten auf Verfahrenseinstellungen der Staatsanwaltschaft: eine rechtsdogmatische und rechtstatsächliche Untersuchung über Beschwerdemöglichkeiten des Verletzten gegen staatliche Verfahrenseinstellungen; München 1986
Wissgott, Dieter: Probleme rechtsstaatlicher Garantien im Ermittlungsverfahren; Göttingen 1983
Woesner, Horst: Die Gegenvorstellung im Strafverfahren; in: NJW 1960, 2129 ff
Wolfslast, Gabriele: Staatlicher Strafanspruch und Verwirkung; Köln, Berlin, Bonn, München 1995
–: Absprachen im Strafprozeß; in: NStZ 1990, 409 ff
Wolter, Jürgen: Informelle Erledigungsarten und summarische Verfahren bei geringfügiger und minderschwerer Kriminalität; in: GA 89, 397 ff
Zätzsch, Jörg: Die Beteiligtenrechte des Verletzten im Strafverfahren (status activus) – eine kritische Betrachtung –; in: ZRP 1992, 167 ff
Zettel, Günther B.: Einstellungsverfügungen und -beschlüsse bei Zusammentreffen von Straftaten und Ordnungswidrigkeiten; in: MDR 1978, 531 ff

Kolibri 360 GmbH
Ferdinand-Jühlke-Straße 7
99095 Erfurt, Deutschland
produktsicherheit@kolibri360.de

Druck:
CPI Druckdienstleistungen GmbH
im Auftrag der
Kolibri 360 GmbH
Ferdinand-Jühlke-Str. 7
99095 Erfurt